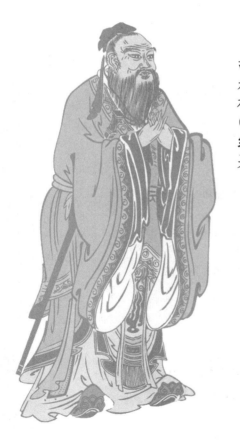

论语 一本通

胡承楷 ◎ 编著

中国言实出版社

图书在版编目（CIP）数据

《论语》一本通 / 胡承楷编著. -- 北京：中国言
实出版社，2015.3

ISBN 978-7-5171-0397-4

Ⅰ.①论… Ⅱ.①胡… Ⅲ.①儒家②《论语》—通俗
读物 Ⅳ.①B222.2-49

中国版本图书馆 CIP 数据核字（2015）第 037016 号

责任编辑： 周汉飞

出版发行	中国言实出版社
	地　　址：北京市朝阳区北苑路 180 号加利大厦 5 号楼 105 室
	邮　　编：100101
	编辑部：北京市西城区百万庄大街甲 16 号五层
	邮　　编：100037
	电　　话：64924853（总编室）64924716（发行部）
	网　　址：www.zgyscbs.cn
	E-mail：zgyscbs@263.net
经　　销	新华书店
印　　刷	北京天正元印务有限公司
版　　次	2015 年 4 月第 1 版　2015 年 4 月第 1 次印刷
规　　格	710 毫米×1000 毫米　1/16　24.5 印张
字　　数	388 千字
定　　价	60.00 元　ISBN 978-7-5171-0397-4

熟读经典　学会做人

——为《〈论语〉一本通》、《〈孟子〉一本通》而序

子张问仁于孔子。孔子曰："能行五者于天下为仁矣。""请问之。"曰："恭、宽、信、敏、惠。恭则不侮，宽则得众，信则人任焉，敏则有功，惠则足以使人。"（《论语·阳货第六章》）

孟子曰："无恻隐之心，非人也；无羞恶之心，非人也；无辞让之心，非人也；无是非之心，非人也。恻隐之心，仁之端也；羞恶之心，义之端也；辞让之心，礼之端也；是非之心，智之也。人之有是四端也，犹其有四体也。"（《孟子·公孙丑上第六章》）

手捧胡承楷先生所编著《〈论语〉一本通》、《〈孟子〉一本通》两部书稿，穿越 2000 多年的历史时空，重温孔子、孟子及其弟子的言行，《论语》和《孟子》处处闪耀着的思想和智慧，无不浸润我们的心田、荡涤我们的灵魂，让我们在心灵深处引发强烈共鸣。

《论语》和《孟子》等儒家经典教育了一代又一代中国人，影响了一代又一代中国历史。胡承楷先生高度评价《论语》和《孟子》历史贡献，让为"它的思想内容、思统合方式、价值取向都早已融入到我们民族的血液，沉潜在我们的生命中，熔铸成我们民族的个性。"

马克思有一个著名论断："人的本质不是单个人所固有的抽象物，在其现实性上，它是一切社会关系的总和。"人一旦降生于世，就必然结成一定的社会关系，必然面临如何在社会关系中立于世、行于世的问题。儒家思想的核心是"仁"，"仁"就是人与人的关系。"仁"所蕴含的人与人之间的各种关系，从血缘关系开始，由近及远，推而广之，衍生出亲朋、邻里、君臣、志士、家国等各种社会关系，延伸出人的言行举止、知情意行，为人处世的伦理关系。"仁"所彰显的是对家人的教悌亲慈；是对他人和社会的仁爱、诚信；是更宽泛的礼智信、恭俭让、勤勉好学、知行合一、仁德忠恕、义利廉

耻等各种做人的行为准则。就个体而言，是践行仁、义、礼、智、信等德行；对社会而言，是弘扬厚生、爱民，公平、正义，诚实、守信之道。

儒家把"仁"概括为人的道德的最高原则，认为其他的具体道德准则都是由"仁"衍生出来的。孔子要求人与人之间要"己欲立而立人，己欲达而达人"；要"己所不欲，勿施于人"。孟子继承孔子的"仁爱"思想，认为人都应有"恻隐之心"，要"老吾老，以及人之老；幼吾幼，以及人之幼。"对待别人，要将心比心，推己及人，推人及于万物，并认为仁是成人之道，不仁无以为人。儒家仁者爱人的主张，不仅体现在人与人、人与社会的关系上，而且也体现在人与自然的关系上，在一定程度上肯定了人的尊严和人的价值，这在当时是进步的，对后世的影响是巨大的。

当今社会，处理好人与人之间的关系（包括个人与家庭，与国家、与组织、与同事、与朋友等），构建稳定和谐的社会结果，具有十分重要的意义。党的十八大报告倡导富强、民主、文明、和谐、自由、平等、公正、法治、爱国、敬业、诚信、友善的社会主义核心价值观，从国家、社会、个人三个层面明确了人们的行为准则，实际上就是要求人们正确处理人与人、人与社会、人与自然等方面的关系。继承儒家"仁"的精神，培养人们同情他人、关心他人和爱护他人的道德意识，对弘扬社会主义核心价值观具有很大的积极意义和很强的针对性。我们读儒家经典，就要"学以致用"，做到"古为今用，推陈出新"，提升我们的道德修养，明白做人的道理，树立人生理想和价值追求。

胡先生的《〈论语〉一本通》、《〈孟子〉一本通》为我们全面准确理解和把握儒家思想精要提供了很好的范本。作者将《论语》二十篇和《孟子》七篇十四卷的每章（则）按原文、译文、注释、评析的体例编著为两部一本通，原文收录权威；译文既求语言规范又能源工业失信雅达；注释有答疑解之功用；评析则有感而发，洋洋洒洒，或旁征博引、融会古今，或演绎延伸、指点迷津，将《论语》和《孟子》及其儒家思想传导的为人为学为事为政，修身齐家治国平天下之道，阐释得通俗、透彻、易懂。两部著作结构完备、条理清晰、内容丰富，充分展现了胡先生深厚的文学功力和厚重的儒学功底，是胡先生致力于传播中华优秀传统文化的最新力作。

胡先生1936年出生，从教42年，滋兰树蕙，桃李满天。为人谦和，有君子气；为学勤勉，有儒者风度。他做人堂堂正正，光明磊落；做事兢兢业业，专心致志；做学问孜孜不倦，全神贯注。胡先生著述颇丰，而今，他推出《论语一本通》、《孟子一本通》，从普及中华传统文化的角度和层面，导引人们重新阅读文化经典，领悟做人道理，其精神可敬，其举动堪为楷模。让我们留连徜徉在作者的书香中，熟读经典，学会做人吧！

　　是为序。

刘发兴

2014 年 12 月于孝感卧龙

前　言

　　教育部《普通高中语文课程标准》指定书目中，《论语》是学生必读的丛书之一。按历史沿习的读音，《论语》的"论"字读"轮"，"论"是论纂、编纂的意思，而"语"则表示语言。现在通行的《论语》共20篇，约1.1万余字。后人从每篇第一句话里节取二三个字作为篇名，如《学而》、《述而》、《公冶长》等篇名之后可以加注篇目的序列数，如"篇第一"。旧时，为了研读方便，一部《论语》分上下两部。"上论"自《学而篇第一》至《乡党篇第十》，"下论"自《先进篇第十一》至《尧曰篇第二十》。

　　孔子是我国历史上伟大的思想家、教育家，儒家学派的创始人。他对我国古代文化的整理、研究和传播，他的思想和学说，为中国文化乃至世界文化，做出了不朽贡献。孔子，名丘，字仲尼，春秋时鲁国陬邑（今山东曲阜）人，生于公元前551年，卒于公元前479年。其先祖是宋国宗室，到孔子的六代祖孔父嘉，因宋国内乱，孔父嘉被其他贵族杀死，他的儿子逃到了鲁国陬邑地方。后来孔子的父亲叔梁纥是有名的武士，在战争中立了功，被鲁国封为陬邑大夫。叔梁纥先娶施氏，生九女而无子。其妾生一子名孟皮，但因有足疾，亦不宜继嗣。后娶青年女子颜征在，生孔子。他是叔梁纥的第二个儿子，为其晚年所生，所以，孔子的出身乃是贵族。

　　孔子3岁时，父亲叔梁纥病故，母亲颜氏带子离开陬邑，到国都曲阜的阙里居住，当时家境相当贫苦。孔子自幼聪明好学，11岁时，就跟鲁太师学周礼。到20岁时，已掌握了很多文化知识，有"博学好礼"的美誉。这一时期，孔子做过"相礼"，从事"儒"这一职业。从事这一职业的人，都是有一定文化礼乐知识的，专为贵族人家"相礼"，主持婚丧祭祀等重大典礼。后来做过"委吏"（仓库管理人员）、"乘田"（管理牧场牛羊），还做过贵族季氏家的史官。因为孔子曾做过"儒"，后来又成为著名学者，所以，由他创立的学派便称为"儒家"。

公元前 517 年，孔子 35 岁，鲁国发生内乱，国君被赶到了齐国。孔子深信并竭力维护"君君、臣臣、父父、子子"的伦常秩序，对此极为不满，也追随去了齐国，并做了齐国贵族高昭子的家臣。经高氏推荐，齐景公向孔子咨询过治国的道理。几年后，齐国大夫中有人想暗害孔子，他只得离齐返鲁。孔子虽然主张"学而优则仕"，而且回国后鲁国的掌权者也极力拉拢他，但孔子认为他们都不走正道，不愿合作，宁愿在家编修古代文献和讲学：他整理了《诗经》、《尚书》、《礼记》、《乐经》、《易经》等文化典籍，同时开坛设教，广收弟子，努力兴办教育事业。孔子 51 岁时，被鲁定公任命为中都（邑名，在今山东汶上西）宰，掌管一地的行政事务，颇有政绩。一年后任司空，主管建筑工程。又升任大司寇，主管司法两年。56 岁时代理宰相，兼管外交事务。孔子执政时将扰乱政事的大夫少正卯杀掉，以严肃法纪；整顿社会秩序，使百姓恪守礼法，路不拾遗，四方来客都得到照顾。孔子虽只代理宰相 3 个月，就把鲁国治理得有声有色。齐国见孔子主政，担心鲁国强盛了会对齐国造成威胁，便设法加以破坏。于是挑选女乐 80 人，良马 120 匹，华车 30 辆，送给鲁君。鲁国君接受了齐国的馈赠，沉湎于女乐，一连三天不上朝问政。孔子对鲁君大失所望，在公元前 497 年 56 岁时，离开鲁国，开始了他的"周游列国"之行。这次出行，孔子先后到过卫、曹、宋、陈、蔡、楚等国，历经 14 年而终不见用，于公元前 484 年 68 岁时返回鲁国。晚年回乡的孔子，一面继续整理文化典籍，专心编修鲁国的史书《春秋》；一面大规模开办教育事业，相传收弟子多达 3000 人，其中精通六艺的著名弟子有 72 人。公元前 479 年，孔子 73 岁时，大病 7 天而卒。

《论语》的出现，标志着中国私人著书立说的开始。作为新世纪的读者，我们应当怎样看待《论语》呢？

首先，我们应把《论语》看作是资料，是研究孔子及儒家思想最可靠的第一手资料。有了《论语》，我们就可以从头脑里抛开封建统治者神化了的、高不可及的"先圣"，也抛开作为封建文化代表的"孔老二"，用我们自己的眼睛去发现孔子、理解孔子。也许读完了《论语》，你会有这么一个印象，孔子就是这么一个循循善诱的师长。他知道每个学生的个性，子路性子急躁，他就劝他三思而后行；冉有性情和缓，他就教他闻义而行，不要犹豫，这就叫因材施教。他就是这么一个理想的热烈追求者，他周游列国，推行自己的政治主张，"知其不可而为之"，不论遇到怎样的困厄也不退缩。他就是这么

一个谈笑风生的老者，像普通人一样有着喜怒哀乐，时光的流逝让他伤感，高兴起来还会跟学生开开玩笑。

其次，我们应该认识到《论语》对中国历史的影响，是无论如何估计都不过分的。它的思想内容、思维方式、价值取向都早已融入我们民族的血液，沉潜在我们的生命中，熔铸成我们民族的个性。《论语》一书集中论述了孔子思想的核心是"仁"，作为人，孔子最鲜明的个性也是仁。"仁者人也"。仁就是人性，就是人之为人的那点精质。以人释仁，是简洁地把握了仁的最根柢的涵义。仁的其他丰富的内容都是根植于这一点的。孔子一生的顽强执著，也是为了这一点。他一生"发愤忘食，乐以忘忧，不知老之将至"，目标不过是：其一，自己老老实实地（不要聪明求捷径走旁门左道）做一个真正的人；其二，使社会成为行仁道的社会，这样使天下人都过人的生活、成为纯粹善良的人。孔子一生行道不倦，他说："克己复礼为仁"，"刚毅木讷近仁"。真正做一个人不是那么容易的，必须刚毅、克己，热闹风光、咋咋唬唬最易失人性。要使天下归仁就更不容易了。首先要厚道，要有敏感的同情心。梁漱溟先生讲孔子，说"仁是情厚"，"仁是一种柔道笃厚之情"，仁是"柔嫩的心，又是敏锐的心"，是与人相关"无微不至"，所以"凡是知痛痒就是仁"，"果真是仁没有一个细微的地方，他不感觉着的，没有一点麻木，一点忽略"。也就是说，仁就是不忍见人受苦，不忍见人不好，不忍见人离善为恶。从这里出发，付诸积极的行动，就成为关心人、爱护人、努力改善人的生活条件，努力教育开导和提高人。因此，孔子主张减税、宽刑，主张"归与！归与！吾党之小子狂简，斐然成章，不知所以裁之"，决心为教导人尽最后一份力量。

说到为人处世，孔子提倡的是自爱和爱人。孔子对天命持谨慎的态度，他更相信自己的力量。他认为人"性相近也，习相远也"（《阳货》），一切要看个人后天的努力。他鼓励年轻人要发奋向上，"后生可畏"，怎么见得后来的人不如现在的人呢？在人际交往中，孔子强调的是忠和恕。"忠"就是以忠实诚信的态度对人，以恪尽职守的态度待事；"恕"就是要推己及人，"己所不欲，勿施于人"，"君子成人之美，不成人之恶"。从忠恕的原则出发，孔子最讨厌"巧言令色"，讨厌人刻意去掩饰自己的错误或真实想法。人不怕犯错误，只要勇于改正就行。孔子就常言自己这方面或那方面不如自己的弟子；言行不当的时候，一经别人指出，他会立即道歉并改正。他的弟子子贡就曾

感慨过："君子之过也，如日月之食焉：过也，人皆见之；更也，从皆仰之。"（《子张》）

　　说到为政治国，孔子重视民生疾苦，呼唤仁政，希望统治者以仁义之心待民，要勤政、节用、有信、不烦政扰民。他尖锐地指出"苛政猛于虎"。鲁国遭遇灾害，国库空虚，鲁哀公问孔子的学生有若该怎么办？有若说可以减税，哀公不解。有若说："百姓足，君孰与不足；百姓不足，君孰与足。"（《颜渊》）孔子要求最高统治者在选拔任用官吏时，一定要慎重，不仅要"听其言"，还要"观其行"。强调无论什么法令法规，统治者都要首先以身作则，"其身正，不令而行；其身不正，虽令不从"。抛开具体的政治措施，这些施政原则，时值今日不是仍可为人们所奉行吗？

　　在中国历史上，儒家学说，一直被统治者和普通人民视为修身、齐家、治国、平天下的大道理，有着深远的影响。从汉代起，《论语》便是学习儒家学说的入门书，宋代更成为科举考试的必读书，历朝历代的读书人几乎都能出口成诵。古人对《论语》的推崇，有时甚至近乎神话。据史书记载，宋代宰相赵普每次在朝廷议事，都决断如流而且没有什么错误，深为当时人佩服。他去世后，家人打开他的书箱，只有《论语》二十篇。这就是传说中的，"半部《论语》治天下"。

　　当然，《论语》中也有一些思想是与历史的潮流相背离的，如他对阶级社会等级、秩序的过分强调，他的内敛人格价值的取向等，这一切不容否认地给中国社会的发展带来了负面影响，需要我们用现代意识加以修正。但瑕不掩瑜，在人类文明刚刚露出曙光的先秦时代，我们的祖先就具有如此深刻的生命智慧，是足以让我们后人为之骄傲的。

　　《论语》是语录体散文，主要是记言，是孔子弟子及其后学对孔子言行的追记，也有一些是孔子弟子言行的记录。用口语写成，有着简练、晓畅、雍容和顺、迂徐含蓄的风格。许多句子内涵丰富，用意深远，成为人们耳熟能详的经典之语："岁寒，然后知松柏之后凋"、"吾日三省吾身"、"见义勇为"、"既往不咎"、"敏而好学，不耻下问"、"小不忍则乱大谋"、"三思而后行"、"举一反三"、"任重而道远"、"后生可畏"、"欲速则不达"、"道不同不相为谋"、"三军可夺帅也，匹夫不可夺志也"等，至今都还被人们频繁引用，足见它有鲜活的生命力。《论语》的许多篇章有着很强的现场感，寥寥数语，人物情态及场景毕现。读着它，你会恍然以为自己正置身孔门弟子中，聆听着孔子的教诲，而不会感到太多的时空和语言的隔膜。这一切奠定了《论语》在中国散文发展史和修辞学上的地位。

《论语》作为中华文化的代表，早在秦汉时期就传入了朝鲜和日本，日本《大宝令》还指定它为日本学生的必修课。1594年，意大利传教士利玛窦将它译为拉丁文后，它又被转译为意、法、德、美、俄等多种文字，在西方各国广泛传播。当今在全球123个国家和地区，已建立465所孔子学院。《论语》是中国的，也是世界的，唯其已经走向世界，我们中国人才更应该珍视它，用现代人的眼光，好好审视它，自觉地取其精华，让祖国优秀的传统文化更加发扬光大。

我编著这本书，"是为了提高中学生、大学生语文素质，增强语文现代意识，大力推进新型学习方式的需要"。语体释译，力求文笔简洁流畅；内容分析，力求深入浅出，有创新、可读、实用之功效。希望它能成为中学生、大学生学习《论语》的"良师"，也能成为广大中青年同志研读《论语》的"益友"。

编著者

2004年3月于阳春书屋

目 录

上　册

学而篇第一

"学而"是篇名。语录整理者,取文章开头的二字或三字作为篇名,是战国学者命题的一种方式。"第一"是篇次,即第一篇(以下各篇类推)。战国时期儒家学者对孔子特别推崇的是他的教育事业,故将孔子谈论学习的语录编在第一篇、第一则,主要讲"务本"的道理,引导初学者入"道德之门"。

【原文】

子曰:"学而时习之,不亦说乎?有朋自远方来,不亦乐乎?人不知而不愠,不亦君子乎?"

【译文】

孔子说:"学习了知识就按一定时间去实践它,不也愉快吗?有志同道合的人从远方来,不也快乐吗?人家不了解我,我却不恼恨,不也是道德上有修养的人吗?"

【注释】

子:先生,对男子的尊称。这里指孔子。曰:说。而:顺接连词,就。时:按一定的时间;一说,时时;时常。习:实践;一说,复习、温习。之:它,指代知识。亦:也。说:同"悦",愉快、高兴。乎:吗,疑问语气词。朋:朋友,这里指志同道合的好朋友。而:转折连词,却。愠(yùn 运):恼恨。君子:有时指统治者,有时指道德上有修养的人,这里指后者。

【评析】

这一则,一是谈学习方法:"学而时习之",在知识与实践的关系上,孔子把学习和实践看得同等重要,不能只懂道理,还要按时实践。"学而时习之"是关键。学,求学,学习,接受教育。孔子学习的主旨是为了做人,做事,做学问。后两句讲:志同道合,八方云集,交流感悟,探索做人的道理,

交流为学求益的方法，长心得，砺学行，以求共进；或晓民情习俗、人文风物，知事理，增见识，值得高兴，何乐不为！若有人对我不解其衷，我不怨、不恼、不怒、不恨，"大着肚皮容物，立定脚根做人"。果能做到这一点，也就达到了一种做人的高度，一种人生的境界，为有道德修养之君子风范。三句贯通，正是人生上进征途中的三个历程。首句贵于"志"，次句贵于"悟"，末句贵于"行"。从三个排比的反诘问式看，虽然意思是肯定的，但语气平和、亲切，似乎在与人探讨、协商，让听者、读者如沐春风。《论语》辑录者将此章置于全书之首，后世学者认为此则乃全书之纲，是可以成立的。

【原文】

有子曰："其为人也孝弟，而好犯上者，鲜矣；不好犯上，而好作乱者，未之有也。君子务本，本立而道生。孝弟也者，其为仁之本与！"

【译文】

有子说："他的为人孝顺父母、尊敬兄长，却好触犯上级，（这种情况）极少；不好触犯上级，却好作乱造反的，那是从来没有的。道德高尚的人修身做学问要追求根本，树立了根本，'道'（思想体系）在头脑里就牢固了。孝顺父母、尊敬兄长，这就是'仁'的根本啊！"

【注释】

有子：姓有，名若，孔子的学生。其：他，泛指代词。也：句中的停顿语气词。孝弟：孝，奴隶社会时期所认为的子女对待父母的正确态度；弟，同"悌（tì 剃）"，弟弟对待兄长的正确态度。封建时代也把"孝悌"作为维护那时候的社会制度、社会秩序的一种基本道德力量。而：却，转折连词。者：指代词，上级。鲜（xiǎn 显）：少。矣：了，这里不译出。未之有："未有之"的倒装，"之"，指代词，那。务：努力追求。而：顺接连词，译不出，因现代汉语这里不用连词。道：这里是指孔子以"仁"为核心的思想体系。者：表句末停顿语气，无实意。与：即欤，啊，语气词。

【评析】

这一则，是讲"孝悌"为"仁"的根本，符合孔子的思想体系。这是我国上古以家族为本位的宗族奴隶制的反映。那时一个国家就是一个大家族，

卿、士、大夫都是国君的同姓，是这个大家族的各个分族。所以孝顺父母、尊敬兄长的人很少有"犯上"的，"不好犯上"的也就不会闹乱子造反。春秋以来特别是战国时期，以家族为本位的宗族奴隶制及其观念逐渐被破坏殆尽；但是以家族为本位的封建宗族制，却延续了2000多年。从有若的这段话中可以看出，"孝悌"跟社会的安定与否有着直接关系，我们对此应有清醒的认识，去其糟粕，取其精华，充分发挥道德观念在社会安定方面所应有的作用。

然而，在今天经济腾飞科技进步的日子里，社会上不孝爹娘、不敬兄长的事时有发生。针对这种情况，讲点"孝悌"之道，确实是有必要的。我们不难想象，一个对自己父母、兄弟最起码的感情都没有的人，他怎么能对社会产生爱心，怎么能为社会尽到自己应尽的职责呢？

【原文】

子曰："巧言令色，鲜矣仁。"

【译文】

孔子说："满口是讨人喜欢的花言巧语，满脸是讨人喜欢的伪善神色，这种人，仁德就很少了。"

【注释】

巧：好。令：善。色：脸色。"令色"，指满脸堆笑，阿谀逢迎。"鲜矣仁"：是主谓倒装句。鲜（xiǎn 显）：少。矣：了，语气词。

【评析】

这一则，仅七个字，说尽了天下阿谀逢迎之态。"巧言""令色"两两相对，结构并列，花言巧语，说得好听，胁肩谄笑，表情动人；说好听的话给你听，做好看的脸色给你看，他们的内心如何呢？"鲜矣仁"，包藏祸心，口蜜腹剑。

"仁者爱人"，从人与人之间的交往来看，重在主动理解，真诚宽容；重在倾心关注，力行扶助；重在见贤思齐，举贤荐能。仁者这番"爱人"的功夫，是那些巧饰外表专求取悦的人永远办不到的。

【原文】

曾子曰："吾日三省吾身：为人谋而不忠乎？与朋友交而不信

乎？传不习乎？"

【译文】

曾子说："我每天在三件事情上检查自己：替人家谋划事情是不是尽心呢？同朋友交往共事是不是诚信呢？向学生传授知识是不是熟练呢？"

【注释】

曾子：姓曾，名参（shēn 伸），字子舆，孔子的学生。日：每天。省（xǐng 醒）：检查、反省。为（wèi 未）：替、给。而：顺接连词，译不出。传：指曾参向学生传授知识。

【评析】

这一则，讲曾子每日"三省"的事。曾子这个人的特点是庄敬谨慎。他做学问，"以修身养性为宗旨"。修是学习，是精进；养是保持，是完善，是最后受用。这有各种各样的方法，如用书籍来充实自己，用音乐来陶养自己，树立崇高理想以激励自己，投入某种事业以造就自己，等等。曾子的一个重要方法，是不断反省，严格要求自己。的确，人们容易犯错误，时时反省自己，可以保持清醒头脑，避免错误；犯了错误之后，反省自己，可以检讨灵魂，自责悔过，改正错误。孔门弟子的这种道德修养方式，在今天仍有借鉴之处，因为它强调的是自觉性。

不过，对曾子的"谨事省修"，也有人提出了批评：曾子一辈子只知道谨守自己的心性，而根本不理解孔子实行仁爱大同之治的"大道"。康有为进而认为：孔子学说的师传有两派，一派是有子（有若），以实行仁德于天下为己任，真正贯彻了孔子的"大道"，是孔子学派中的"大乘"，是"广大的慧能"；一派是曾子，以成一己之仁（谨言慎行、修身养性，达到自我完善）为主旨，只贯彻了孔子学说的一个次要方面，是孔子学派的"小乘"，是"谨严的神秀"。

康有为的"二宗"说是否能成立，暂且不论。他所批评曾子学说的缺点，他所指出的一味"终日省身寡过"，不能有大作为，却是很有道理的，应该为我们所汲取。

【原文】

子曰："道千乘之国，敬事而信，节用而爱人，使民以时。"

【译文】

孔子说："领导一个有一千辆兵车的国家，要谨慎地处理各种事务和严格遵守信用，要节约费用和爱护人，役使民众只能在农闲的季节。"

【注释】

道：同"导"，领导。乘（shèng 剩）：古代称四匹马拉的战车，一辆为一乘。敬：谨慎、认真。事：指各种政事。人：指贵族——奴隶主和已经转化为地主阶级的原奴隶主。民：指由奴隶解放而来的、有自己田地的独立的农民。时：农时。

【评析】

这一则，讲孔子治国安邦的主张。千乘之国，是指拥有千辆战车的国家，即诸侯国。春秋时代，一般国家的强弱是以战车的数目来评价。千乘之国，只是一般的国家。治理一个介乎强弱之间的国家，统治者最关键的是守信用。孔子认为，那就是勤于政事，以严肃认真的态度日理万机，恪守信用，以自己的实际行动获取天下民众的支持；对于国家的财政开支，也须做到精打细算，切忌铺张浪费，过度奢靡；对于朝廷的官员更要加倍爱护，使之忠心耿耿；在役使百姓时，千万要注意不违农时，尽可能安排在农闲季节，如此就不会对农业生产产生影响。

如果我们站在平民百姓的角度来分析孔子的主张，他主要是为统治阶层、当权者出谋划策。毕竟孔子身处那种特殊环境，再者，他也希望自己成为一位治理国家的官员，因此，我们应充分认识时代的局限性。

在现实生活中，作为一位领导，要是能把孔子这一治国思想引到工作当中去，相信会从中受益的。

【原文】

子曰："弟子入则孝，出则弟。谨而信，汎爱众，而亲仁，行有余力，则以学文。"

【译文】

孔子说："年轻人在家孝顺父母，走到社会上要平易近人，善于和人相处。要谨慎和诚实，要泛爱众人，亲敬有仁德的人，做到了这些还有余力，就用来学习文化。"

【注释】

弟：同"悌"，但这里不是尊敬兄长之意，而是"平易近人"的意思。而：连词，相当于"和"、"与"。汜：同"泛"，意为广泛。文：指"六艺"，即礼、乐、射、御、书、数。

【评析】

这一则，讲"人以德为本，学为末"。这是符合孔子的教育思想的。儒家"泛爱"的特殊含义有三点：一是"博施于民而济众"，即广泛地给人以好处，广泛地帮助人；二是有不忍见人遭遇困难和不幸的恻隐之心。孟子认为这是一个为善的种子（"善端"），对它加以培育，就可以长出仁德和仁政的大树；三是实行"己所不欲，勿施于人"的恕道，不过分地要求别人，能理解和原谅他人的缺点，孔子把它称做人应终身奉行的道理。"泛爱"，只是基本的要求。在此基础上，还应更进一步：亲仁。《礼记》上说：交了很多朋友，但不选择有德能的加以亲近，君子是不这样做的。因此，要与正直、诚信、知识广博的人交友，以多亲近贤能的朋友为快乐，使贤能的人发挥更大的作用。以上的事情都做到了，还有剩余的精力，然后再"学文"，爱做文学家也可以，爱做科学家也可以，爱做艺术家也可以，爱做什么都可以，那是你的志向所在，兴趣问题，但要量力而行。德行是根，学问是叶。想根深叶茂吗？就听一听孔老夫子的教诲吧！

【原文】

子夏曰："贤贤易色；事父母，能竭其力；事君，能致其生；与朋友交，言而有信。虽曰未学，吾必谓之学矣。"

【译文】

子夏说："尊重贤人，要改变平时对人随随便便的态度，恭恭敬敬地对待他；侍奉父母，能够竭尽自己的能力；侍奉君主，能够在必要时献出自己的生命；和朋友交往，说话要讲信用。这样的人就是有人说他没有学习过，我一定说他学习过的。"

【注释】

子夏：姓卜，名商，字子夏，孔子的学生。皇侃《义疏》引曰："上'贤'字，犹尊重也。下'贤'字，谓贤人也。言若欲尊重此贤人，则当改易之其色，更起庄敬之容也。""贤贤"的第一个"贤"字为名词作动词用。"事父母"、"事君"的二"事"字，意为"侍、奉"。虽：后省一"或"字；"虽或曰"即"有人说"。

【评析】

这一则，是子夏讲尊重贤人、侍奉父母、君主和对朋友交往守信用的事。子夏认为：一个人有没有学问，他的学问的深浅，不能只看他的文化知识，而应当看他能不能实行"孝"、"忠"、"信"等传统伦理道德。如果一个人"尊重贤人，恭恭敬敬地对待他，侍奉双亲尽心尽力，报效君主不惜生命，与朋友交往恪守信用"，即使他并未经过正规的教育，谁又会说他没有学问，没有修养呢？

通过子夏的谈论，我们再一次看到，孔子的教育，把道德修养放在首位的基本观点。

【原文】

子曰："君子不重则不威，学则不固。主忠信，无友不如己者，过则勿惮改。"

【译文】

孔子说："君子言行不庄重就没有威严，所学的知识就不会牢固。做人要以忠诚信实为根本，不要与自己志趣不相近的人交朋友，有了过错就坚决改正，不要害怕困难。"

【注释】

主：郑玄注："主，亲也"；释为"根本"更妥当。段玉裁《说文解字》注："如，凡相似曰如"，《广雅·释诂》三："似，类也"。"无友不如己者"，即不要和自己志趣不相近的人交朋友。惮：畏难。

【评析】

这一则，反映了孔子理想中做人的完美品德。一是君子在学习方面要仪态庄重，否则就会缺乏威严，学过的东西难以巩固。有的人在学习过程中，哼哼哈哈，嬉皮笑脸，知识只是在他头脑中稍做停留，如此又怎能谈做学问呢？二是说君子为人处世，最要讲究忠诚和信誉。忠于国家，忠于事业，办事讲信誉，不欺不诈。做到了这一点，就能赢得别人的尊重，使自己永远立

于不败之地。三是说君子处世交友，应是志同道合的人，不要和自己志趣不相近的人交朋友。因为"近朱者赤，近墨者黑"。四是说君子要敢于正视自己的缺点，勇于改正错误。"人非圣贤，谁能无过"，难得的是知错能改。作为具有高尚人格的君子，"过则勿惮改"就是对待错误和过失的正确态度。

总之，孔子的"庄重威严、认真学习、慎重交友、过而能改"的思想，闪烁着真理的灿烂光辉，反映了孔子理想中的完美品德，为"我们如何做人"提供了很好的借鉴。

【原文】

曾子曰："慎终追远，民德归厚矣。"

【译文】

曾子说："要慎重地办理父母的丧事，虔诚地追念祖先，这样民众就会受到感化，趋于忠厚了。"

【注释】

终：死，指父母逝世。远：指祖先。德：此指社会风气。厚：忠厚、老实。

【评析】

这一则，是曾子谈"慎终追远"与"民德"淳朴厚道的关系。作为晚辈，应当谨慎地安排父母的后事，追念远代祖先。因为这个问题处理得好坏，并非一家一户的事，而是众望所归，民心所向，关系到整个民风淳厚的大问题。现在有些人对"慎终"产生了误会，认为做子女的一定要把父母的丧事办得热热闹闹，隆隆重重，父母的坟墓做得考考究究，堂堂皇皇，才是"慎终"。曾子的所谓"慎终"，旨在提醒世人，父母虽去，落葬仍须诚信，祖宗虽远，追念不可遗忘。做晚辈的，在父母健在时，应好好地奉养，去世了应谨慎安排后事，从而养成一种淳厚的人品，这样，对家庭的和睦、社会的安定，都是功德无量的。

【原文】

子禽问于子贡曰："夫子至于是邦也，必闻其政。求之与？抑与之与？"子贡曰："夫子温、良、恭、俭、让，以得之。夫子之求之也，其诸异乎人之求之与！"

【译文】

子禽向子贡问道："老师每到一个国家，一定能知道这个国家的政事。是自己想办法得到呢？还是人家自动提供的呢？"子贡说："老师温厚、善良、恭敬、节制、谦逊，这样对待人就能知道他所要知道的情况。老师得到情况的方法，大概与别人得到情况的方法不相同吧！"

【注释】

子禽：陈亢，字子禽，有的记载说他是孔子的学生。子贡：姓端木，名赐，字子贡，孔子的著名弟子。他善于经商，并善于外交辞令，孔子周游列国及回鲁国之后得到子贡的许多帮助、资助。夫子：这里指孔子，本来大夫可称夫子，孔子曾为鲁大夫，后来泛称老师为夫子。闻：知道。其：代词，指所到的那个国家。抑：副词，表推断，相当于"还是"。其诸：表示揣度的语气，相当于"或者"、"也许"。

【评析】

这一则，讲孔子周游列国，凭他"温、良、恭、俭、让"的品格，而得知各个国家的政事。要了解一个国家的政治情况，其消息来源多种多样，有求来的，比如打听、刺探、窃取等。这种方法，大都是政治阴谋家使用的。然而，孔子每到一个国家，总有好多关于该国的政治消息，进入耳朵。他对政治消息的知晓，完全依靠他的为人处世的高贵品质——温厚、善良、恭敬、节制、谦逊而获得的。完全是以人格的力量打动对方，使对方国人出于对他的信任，主动透露给他的。今天，我们如能把孔夫子的这套君子作风，引用到人际关系之中来，提高自身修养，是有实际意义的。

【原文】

子曰："父在，观其志；父没，观其行。三年无改于父之道，可谓孝矣。"

【译文】

孔子说："父亲在世时，看他的志向；父亲去世后，看他的行为。三年不改变父亲为人做事的原则，就可以说是尽孝了。"

【注释】

其：他的，指孩子的。没：同"殁"，终、死。

【评析】

这一则，讲孔子从另一个侧面观察儿子对父亲尽孝的事。"父在观其志"的这个"志"，古人的文字"志"为"意志"之意，包括了思想、态度。为什么要父亲在世观其志呢？在孔子生活的年代，孩子的所作所为，主要还是听父亲的。如此，孔子提出观察孩子志向的建议，自然就入情入理了，有志就有所作为，后必有所成就。为什么要父亲去世观其行呢？这就牵涉对于先人的思慕留念，乃至事业继承吸收，以及发扬光大的问题。为什么要以三年为限呢？中国封建社会的丧制，双亲去世，子女要守孝三年。

具体地说，儒家思想认为，孝包括赡养父母、安葬父母，主要不在于物质的享受，而在于感情的抚慰。父母最感欣慰的莫过于子女有所作为，因此，遵循父亲的训诫也是孝的一种具体表现形式。其次，在传统社会中，老年人的经验很值得借鉴，一般情况下不可轻易否定，从这个意义上说，孝又是保持传统延续的手段。

【原文】

有子曰："礼之用，和为贵。先王之道，斯为美；小大由之。有所不行，知和而和，不以礼节之，亦不可行也。"

【译文】

有子说："礼的施行，以和谐为贵。古代圣明君主的治国原则，好就好在这里；小事大事都遵从它。有时也行不通，单独地强调和谐，为和谐而和谐，不用礼来节制，也是行不通的。"

【注释】

礼：指规定社会行为的法则、规范、仪式的总称。用：施行、实行。斯：代词，表近指，相当于"这"。即上文的"礼之用，和为贵"。由：遵从。之：它，指"礼之用，和为贵"。知：这里指"单独"的意思。即"单独"地强调"和"，"不以礼节之"，是不行的。

【评析】

这一则，是有子讲"和为贵"，并用"礼"来调节的事。有子讲的"礼之用，和为贵"，就是"礼"的哲学。礼是干什么的？是起中和作用，说大一点就是使国家和平。这也就是"礼"的思想。人与人之间会有偏差，事与事之间彼此有矛盾；中和这个矛盾，调整这个偏差，就靠礼。假如没有礼，社会就没有秩序，这怎么行？所以人与人之间要有礼。而礼的作用，"和为贵"，就是调整均衡。中国是礼仪之邦，古代崇尚礼，又崇尚和。万事万物，都以和谐、中正为贵，如此不激不厉，不偏不倚，就能进能退，左右逢源。同时，孔门认为礼的推行和应用要以和谐为贵。然而，凡事都要讲和谐，或者为和谐而和谐，"不以礼节之，亦不可行也"。所以礼义的基本精神，是调节一切事物，中和一切事物，但是有一定的限度，超过了这个限度，又要重新调整。天下万事万物，离不开因时制宜，因地制宜，因人制宜，一味中和，只会走向事物反面，与自己美好的初衷相去太远，这是人们不希望看到的。

在当今人们的日常生活与工作中，无论领导与群众，无论办事或处世，也有一个在规章制度、道德法律指导下的和谐问题。万事不及固然不行，太过亦非好事，物极必反嘛！这时，来个适度的和谐，双方都能接受，皆大欢喜。在中国，还是以"和为贵"好。

【原文】

有子曰："信近于义，言可复也；恭近于礼，远耻辱也；因不失其亲，亦可宗也。"

【译文】

有子说："诺言要是接近于义，那是可以实践的；恭敬要是接近于礼，那与耻辱就不相干了；所依靠的人不脱离自己的亲族，这也是处世的根本啊。"

【注释】

信：诺言。义：是"仁"的辅助概念，合乎仁的就是义。复：实践。因：依靠。其：反身代词，指自己、亲族。宗：这里作根本的意思。

【评析】

这一则，有子讲"信"与"恭"是为人处世的基本态度。一个人要在社会上说话算数、远离耻辱，并且站稳脚根，你与别人的诺言就要符合义，不能离义太远；你与别人的交往要保持一份庄重，因为这样可以彼此拉开一定距离，不至于因过于亲近而有亵渎之事；当你初涉人生，可以凭借关系亲近的人，了解社会中的人情世故，他们能给你适当的帮助。有若讲的这三条都

是处世做事的原则，是符合孔子思想的。

【原文】

子曰："君子食无求饱，居无求安，敏于事而慎于言，就有道而正焉，可谓好学也已。"

【译文】

孔子说："君子不追求饮食的满足，不追求居住的安逸，做事敏捷而言语谨慎，向道德高尚的人求教，以纠正自己的缺点，这就可以说是好学了。"

【注释】

君子：指有德者。饱：满足。就：动词，亲近。有道：有德者。正：动词，端正、纠正。焉：之于，在那里。也已：的了，语气词连用。已：同矣。

【评析】

这一则，是孔子从另一个侧面谈君子应有的道德修养的内容。君子的生活不要太奢侈，"食无求饱"，尤其在艰难困苦中，不要有过分的、满足奢侈的要求，"居无求安"，住的地方，只要适当，能安贫乐道，不要贪求过分的享受。这两句话的意义，是不求物质生活的享受，而重视精神生活的升华。"敏于事而慎于言"，包括了一切责任、一切应该做的事，要敏捷——马上做。"慎于言"，不能乱说话。"就有道而正焉"，这个"道"是指学问、修养。只要有空余时间，就会到有学问、有教养的仁人志士那里去请求帮助，向他们讨教做人的标准，借以提高自己，充实自己。

在现实社会中，年轻人创业维艰，把精力过多地放在生活享受上，只会使意志消沉，精神萎靡，"白了少年头，空悲切"。然而，学习永远不晚，奋起永远不晚。如果在逆境中重新审视自己，端正人生态度，生活上低标准，在学习、工作、道德上对自己高要求，"皇天不负苦心人"，终有一天，会达到理想的境界。此时，在条件许可下，适当地改善一下生活，吃好一些，住好一些，也未尝不可。

【原文】

子贡曰："贫而无谄，富而无骄，如何？"子曰："可也，未若贫而乐，富而好礼者也。"子贡曰："《诗》云：'如切如磋，如琢如磨'，其斯之谓与？"子曰："赐也！始可与言《诗》已矣。告诸往而知来者！"

【译文】

子贡说："贫穷却不谄媚，富贵却不骄傲，这样的人怎么样？"孔子说："应该肯定，但是不如贫穷却快乐，富贵却好礼的人。"子贡说："《诗经》上说：君子的修养'如同细切细磋，如同精雕精磨'，就是说的这个意思吧？"孔子说："赐啊！达到这种境界，可以和你谈论《诗经》了。知道过去的事，就能够推知未来的事，这就是求学的方法啊！"

【注释】

谄（chǎn产）：奉承，献媚，俗话"巴结人"。可：肯定。磋（cuō撮）：用锉子锉平。琢：用刀雕刻。其：大概。斯：这，指孔子说的"未若贫而乐、富而好礼者也"的话。始：方才。已矣：语气词，连用。加强语气。诸：之于。之，这里指第二人称"你"。

【评析】

这一则，子贡同孔子谈论了"贫者"与"富人"在待人处世时，各自应有的、最好的精神境界。"贫而无谄，富而无骄"是消极的表现；而"贫而乐道，富而好礼"是积极的表达。"如切如磋，如琢如磨"，子贡引的两句诗，在《诗经·卫风·淇奥》篇，是说君子的道德修养如同雕琢玉器一类的艺术品，要精雕细刻。子贡从孔子回答他的问题得到启发——"贫而无谄，富而无骄"已经很不容易，但还要加强修养，要达到"贫而乐，富而好礼"，"如切如磋，如琢如磨"就是说的这修养过程啊，孔子听了很高兴，鼓励子贡。"告诸往而知来者"是推理的方法，也是创造性的学习方法。

虽然"金钱不是万能的，但没有金钱万万不能"。人生在世，小到吃、穿、住、行，大到兴国安邦，都少不得金钱。所以我们提倡勤劳致富，按劳取酬，多劳多得。君子固穷，要穷得有志，穷而无谄，贫而乐道固然是好，如果通过自己的双手与汗水，合法致富，同样是好事。

当今社会，仍存在分配不公、贫富不均，仍存在勤劳与懒惰、节俭与奢侈，存在贫而走险，为富不仁，所以，子贡、孔子师徒的这一席话，仍具有相当的教育意义。

【原文】

子曰："不患人之不己知，患不知人也。"

【译文】

孔子说："不忧愁别人不了解我，忧愁的是自己不了解别人。"

【注释】

患：忧愁、担心。"不己知"：是"不知己"的倒装。

【评析】

这一则，孔子告诫弟子，要少考虑自己，多了解他人，向第二者、第三者学习。对照别人的优缺点，加以自省。这是为人的处世之道，是一种积极的入世态度。譬如，一个人当了领导，如果不知人，就错过人才了。其实，孔子的真正意图是：在了解别人的过程中，也使别人了解了你的思想、品格、需求，乃至兴趣、爱好。

为政篇第二

《为政》这一篇，主要讲治理国家的道理和方法。

【原文】

子曰："为政以德，譬如北辰，居其所而众星共之。"

【译文】

孔子说："国君用道德教化治理国家，就好比北极星处在它所在的位置上，而众多的星环绕在它的周围。"

【注释】

以：用。北辰：北极星。共：同"拱"，环绕。这句以"众星拱之"比喻国君受到人民的拥戴。

【评析】

这一则，谈"为政以德"的事。"德"字在出土的甲骨文中没有发现，它是周初统治者讲得比较多的一个概念。郭沫若说，"德"就是要把心思放端正。两千多年前，孔子就提倡"为政以德"，治理国家，应明德慎刑，以德为本。君主以德治国，实行仁政，群臣、百姓自然就会自动围绕你旋转，拥护爱戴你，自然国泰邦兴。

以此类推，不管在何时何地，身为领导者，除在工作上有必要的规章制度、科学管理之外，还应遇事以身作则、严以律己，处处不忘以德感人、以德聚人，这样，又何愁人心涣散、众叛亲离呢？

【原文】

子曰："《诗》三百，一言以蔽之，曰：'思无邪'。"

【译文】

孔子说："《诗经》三百篇，用一句话来概括它，就是说：'思想纯正，

没有邪念'。"

【注释】

《诗》：指《诗经》。《诗经》共有305篇。"三百"是举其整数。"一言以蔽之"，即"以一言蔽之"。言：句，有时"一言"指一字。蔽：概括。"思无邪"：出自《鲁颂·駉》，是描写马的。"思"，句首助词，无实义；"无邪"，表示马快跑时不能随意转弯倾斜。孔子引用它，把"思"当思想；把"无邪"当纯正、无邪恶改。

【评析】

这一则，是孔子对《诗经》一书的评价。总的说来，是"思无邪"，即思想纯正，没有邪念。之所以将它放在《为政》篇中，应当这样理解："此章言为政之道，在于去邪归正，故举《诗》以言之。"

从政当去邪归正，做人又何尝不是如此？每个人都自觉地、认真地去邪归正，这个世界将和平、昌盛，生活一定多姿多彩。

【原文】

子曰："道之以政，齐之以刑，民免而无耻。道之以德，齐之以礼，有耻且格。"

【译文】

孔子说："用政府法令引导他们，用刑罚约束他们，民众可以免于犯罪，却没有羞耻之心。用道德引导他们，用礼来约束他们，民众就会有羞耻之心，而且能自动纠正自己不合礼的行为。"

【注释】

道：同"导"，治理、引导。齐：制约、约束。免：避免。无耻：没有耻辱之心。且格："格"者，正也，而且纠正自己不合礼的行为。

【评析】

这一则，是讲德治与法治的不同之点。孔子认为，政令与刑罚只能使人避免犯罪，只是制裁犯罪于已然，却不是治本的行为，不能使人懂得犯罪是可耻的道理。如果治理国家以道德和礼仪为主，既能使百姓循规蹈矩，又能使百姓有廉耻之心。法治只能抑制犯罪，不能解决社会的长治久安，而德治却可以提高全体社会成员的道德水平，从根本上消除社会的丑恶现象和不稳定因素，孔子理所当然选择了德治。孔子的这一认识至今仍具有指导意义。

然而，我们必须强调指出，中国先秦法家提倡的法治并不是现代国家的平等法，而是带有浓厚封建色彩的等级法，君主是凌驾于法律之上不受法律限制的立法者和执法者，而且他出言为法，这种法治实际上是人治。与孔子为代表的儒家不同的是，这种人治是由一个专制的君主执行的。这就是为什么实行法治的秦国出现了秦始皇暴政的根本原因。而孔子主张的德治并不完全反对治国中使用刑法，而只是不赞成将它摆在政治的中心位置。如果刑法只是德治的辅助和补充，孔子也是赞成的。他说："名不正则言不顺，言不顺则事不成，事不成则礼乐不兴，礼乐不兴则刑罚不中，刑罚不中则民无所措手足。"（《论语·子路》）也就是说，刑罚只要按照德治的原则符合礼乐文化的要求，同样是可以采用的。在现实社会中，如果一时犯罪猖獗，严重影响着社会安定，那只有政令刑罚和道德礼仪双管齐下，才会收到良好的效果。

【原文】

子曰："吾十有五而志于学；三十而立；四十而不惑；五十而知天命；六十而耳顺；七十而从心所欲不逾矩。"

【译文】

孔子说："我十五岁立志求学；三十岁能用礼来约束自己的行为；四十岁能不被邪说所迷惑；五十岁懂得天命；六十岁听别人的话，能心耳相从，明辨是非；七十岁就可以随心所欲，想的和做的不会越出规矩了。"

【注释】

有：同"又"。立：指遵守礼制，才能立身处世。而：这句话中的"而"字，都是承接连词，相当于"就"、"则"。惑：迷惑、迷乱。耳顺：指好话、坏话都听得进，立即能分辨出它的是非、真假。逾矩：逾，超过；矩，规矩、法度。

【评析】

这一则，孔子把他学习和修养的过程进行了自我描述。这个过程，是随着年龄的增长、思想逐步提高的过程。人的一生，最基础、最根本的是立志。志，就好比是颗种子，有了种子，才有根苗花果，才有成材大树。孔子"十有五而志于学"，这个学，不是一般的学问，而是人生社会的根本道理，即是

仁、礼、天命等。"三十而立，四十而不惑"。立，就是站住了，就是学有所成，由知而信，有了坚定的信念。孔子的信念是礼与仁。立，就是立于礼，立于仁。不合礼制、不合仁道的东西，孔子是坚决抵制的。他能不为其它各种各样的事情和道理所迷惑。立和不惑，这两点直接相联。立于所学，这才有了标准；有了标准，就能不惑；不惑，才能坚定地去实行，这样人生才充实、有意义。"五十而知天命"。要真正不惑，不仅要立，而且还要进一步知天命。任何理论，任何伟人，可以从自己的角度去对待人生矛盾，但却不能否定人生矛盾。合理的东西不能实行，实行的东西尽有不合理；为善得恶报，为恶得善终；好人受屈，奸人得志……这些矛盾常使人迷惑不解。其实，事物各有自身的规律，决非任何一己的愿望所能改变。自己作为存在之一，也有自身的使命，自己所能做和应做的，就是尽自身的使命。所谓知天命，就是真正认识这一点。认识了这一点，才能不惑，才能立。所以，知天命是由立与不惑发展起来的一种人生的高境界，同时却又反过来为立与不惑提供真正坚牢的保证。不知天命的人，是很难始终不惑，很难真正立住的。"六十而耳顺"的"耳顺"可以和天命联系起来，因为知道万物自有规律，所以尽管无奇不有，但既有就不奇了，这样就没有什么不能接受的。能接受，就祛除了不必要的心理刺激，就能够顺应客观规律，通达从容了。也可以把它同"从心所欲不逾矩"联系起来。任何事物到了心里都能立刻理解，能够"不思而得"做出正确反应。从心所欲不逾矩，是心性与天道的合一，心性所为，即天道所为，也就无所谓规矩不规矩了，提出规矩两字，不过是借规矩而言无需规矩罢了。

孔子讲完了他一生的思想修养、发展过程，但不能认定它完全符合孔子的思想历程。别人说他是"知其不可而为之者"。据《左传》、《公羊传》、《谷梁传》记载，孔子晚年心情是相当悲观和痛苦的，并不是"随心所欲"而怡然自得。孔子73岁亡故，这则语录当在七十岁或七十岁稍后。

【原文】

孟懿子问孝。子曰："无违。"樊迟御，子告之曰："孟孙问孝于我，我对曰'无违。'"樊迟曰："何谓也?"子曰："生，事之以礼；死，葬之以礼，祭之以礼。"

【译文】

孟懿子问怎样才算孝子。孔子说："无违（不要违背父母的意愿）。"樊迟给孔子赶马车，孔子告诉他说："孟孙向我问孝道，我对他说'无违'。"樊迟说："这是什么意思呢?"孔子说："父母活着，按照礼节来侍奉他们；死了，按照礼节埋葬他们祭祀他们"

【注释】

孟懿（yì 艺）子：鲁国的三家大夫之一，姓仲孙，名何忌，"懿"是谥（shì 市）号。君主时代，帝王、贵族、大臣等死后，依其生前事迹所给予的称号。如诸葛亮谥"忠武"，岳飞谥"武穆"等。樊迟：姓樊，名须，字子迟，孔子的学生。御：赶车。孟孙：指孟懿子。

【评析】

这一则，讲尽孝道的事。孟懿子问怎样才算孝子。孔子回答说："无违"，就是不要违背父母的意愿。那个时代的孝道，专重一个"顺"字，即和悦的面色、绝对的服从，否则，便是不孝。孝顺是周礼对孝的基本规定，当然"无违"，也就是"无违礼"。即是父母在世的时候，按礼节来侍奉他们；父母去世了，按礼节来安葬他们。这也是顺从父母的意愿。在孔子看来，如超越礼仪的规定为父母办丧事、举行祭礼，都是违背父母的心愿，也是不孝。

作为现代人，对待自己的父母已没有孔子时代那么多的"礼"，但也是要孝敬父母、生养死葬的。因为，孝敬父母是我们中华民族优良的传统，它不是封建文化，它是伦理道德中最优秀的一部分。

【原文】

孟武伯问孝。子曰："父母唯其疾之忧。"

【译文】

孟武伯问怎样才算是孝子。孔子说："孝子，父母只需对他的疾病担忧。"

【注释】

孟武伯：即季武子，是孟懿子的儿子，名彘（zhì 志），武伯，是他死后的谥号。其：代词，指孝子，相当于"他"。

【评析】

这一则，还是讲尽孝道的事。孟武伯问怎样才算是孝子。孔子回答：孝

子除了生病，没有什么事可使父母为他担忧的了。言外之意就是，你做子女的不要做坏事，让你的父母为你担忧就是。孔子回答孟武伯问孝的答案，揭示了孝行最起码的要求。

孟懿子与孟武伯，父子二人先后问孝，答案不一，可知孔子回答问题会根据问者的情况，因材施教，针对性极强。

【原文】

子游问孝。子曰："今之孝者，是谓能养。至于犬马，皆能有养，不敬何以别乎？"

【译文】

子游问怎样才算孝子。孔子说："现在所谓的孝子，好像只要能侍奉父母就行了。但是犬马，也能服侍人。如果没有尊敬，又怎么能分辨这二者呢？"

【注释】

子游：姓言，名偃，字子游，孔子的学生。

【评析】

这一则，再讲尽孝道的事。子游问怎样才算孝子。孔子认为孝子最主要的是对父母心存孝敬之情，这是人和动物本能的主要区别。"至于犬马，皆能有养"，指犬马也有所养于人。古代的贯例是犬马并列，一向被认为对人可以有所服务：犬替人看门，马替人拉车。孟子讲："君子视臣如犬马，则臣视君如国人。"现在我们也说，你对我这么好，有机会我要效犬马之劳。讲犬马，就是特指为人服务的。

子女可以奉养父母，犬马也能服务于人，如果子女对父母不尊敬，跟犬马服务于人不是一样吗？所以，"孝"应以尊敬为本。

【原文】

子夏问孝。子曰："色难。有事，弟子服其劳，有酒食，先生馔，曾是以为孝乎？"

【译文】

子夏问怎样才算孝子。孔子说："最难的是在父母跟前经常保持恭敬顺从的脸色。如果只是像学生侍奉老师那样，有事要做，学生效劳，美酒佳肴，

让老师吃喝，这样对待父母难道就是孝吗?"

【注释】

色：脸色，这里指儿子侍奉父母的脸色、态度。馔（zhuàn 撰）：吃喝。曾（céng 层）：竟然。是：这。

【评析】

这一则，继续讲孝道的事。子夏问怎样才算孝子。孔子说：最难的是在父母跟前经常保持恭敬顺从的脸色。孔子认定"恭敬顺从"是孝的本质。同时以"学生"对"老师"关心、照顾做比，从而启发子夏自己想到：儿子对父母的"孝"，不能只是像学生对待老师那样服侍尊敬，还必须有进一层的东西，即对父母的由衷之爱。这样，才可以称做一个孝子。

【原文】

子曰："吾与回言，终日不违，如愚。退而省其私，亦足以发，回也不愚。"

【译文】

孔子说："我和颜回谈论，他整天不提相反意见，好像愚笨。颜回听完讲授退下，我对他进行观察，发现他私下的言行，也足以使人受到启发，可见颜回并不愚笨。"

【注释】

回：姓颜，名回，字子渊，又叫颜渊，是孔子最得意的学生。省（xǐng 醒）：观察。

【评析】

这一则，讲颜回的好学风。孔子每次讲学，颜回都是思想集中，全神贯注，静静地听着，从不发表不同的意见，令人感觉他有点愚笨。但是他回到家里和到社会上，能将老师讲的道理、传授的知识，恰到好处地用到生活实际中去。颜回这种默不做声、学以致用、躬行实践的好学风，确实十分值得人们称道。

【原文】

子曰："视其所以，观其所由，察其所安。人焉廋哉!人焉

廋哉！"

【译文】

孔子说："看他所做的事情，仔细看他所做好事或坏事的原因，反复审察他所喜欢的是什么。这样，谁能隐藏他的真面目呢！谁能隐藏他的真面目呢！"

【注释】

视：看。观：仔细察看。察：反复审察。三句话中的"其"字，都是代词，相当于"他"，这里是泛称，不定所指。以：为，做。由：原因。安：乐意、喜欢，指心里乐于什么。焉：怎么。廋（sōu 搜）：隐藏。

【评析】

这一则，讲孔子观察别人的方法。主要有三点：一，要看这个人平时的行为举止怎样；二，这个人为什么有这样的行为举止，他的最终动机是什么；三，这个人做了一件事情，他的内心是否安稳。通过全面观察，他再也无法遮掩、隐瞒自己了。这是孔子的经验之谈，是当时他从政多年或周游列国期间说的。此经验对于不同时代、不同阶层的人都有参考价值。

【原文】

子曰："温故而知新，可以为师矣。"

【译文】

孔子说："温习旧有的知识而能够得到新知识，就可以做一个合格的老师了。"

【注释】

温：温习；复习。故：旧。这里指旧的知识，即已经学得的知识。而：顺接连词。新：新的知识，即过去不知道的知识。矣：语气词，表肯定的语气。

【评析】

这一则，谈学习方法，谈个人修养。在新知识与旧知识的关系上，孔子认为"温故"可以"知新"，也只有"温故"、"知新"的人才能当老师。这里谈了复习在学习过程中的作用，特别强调了"新知"。只要能从复习中获得新的体会或心得，就具有一种开拓创新的精神。这样从已有知识推论出新的知识，在一定限度内是合理的。把它用于教学，启发学生，无疑是一个创造。

【原文】

子曰："君子不器。"

【译文】

孔子说："君子不要像器具那样，只有一种用途。"

【注释】

君子：这里是就才能而言，君子不要像器具那样，只有一种用途，而应该是全才。不器：古语中"不"字可加在一个名词之前，现在很少这样用了。不器，即不能做成一个器具。

【评析】

这一则，是说君子不应该像个器具，只有一种用途。在儒家学说中，对君子有一种比较完美的道德要求。在孔子的心目中，君子是最具有理想性格的人，非凡夫俗子。为什么君子不是器具呢？这是因为君子之德，无所不施，他的道德，他的知识，他的求知面，他的作用，至少应该不像器具那样，作用有所限制。孔子说：君子应该博学多识，具有多方面才干，不只局限某个方面，因此，他可以通观全局，领导全局，成为合格的领导者。"君子不器"的思想在今天仍有可取之处。

【原文】

子贡问君子。子曰："先行，其言而后从之。"

【译文】

子贡问君子是怎样的。孔子说："君子先实践，言论放在实践以后。"

【注释】

宋沈括《梦溪笔谈》："《论语》'先行'当为句，'其言'自当后也。"宋郝敬《论语详解》："'先行'断句，谓不语而行也。'其言'，谓凡言，'而后'，谓行之后。"

【评析】

这一则，反映了孔子对"君子"品格的又一认识。即君子应默默无闻地

做事，把事情做好了再说。这是孔子针对当时人们说空话、大话，说了不做的社会风气而发的。当然"古人"也不可能都是说到做到，但孔子提倡的确是一种美德。

【原文】

子曰："君子周而不比，小人比而不周。"

【译文】

孔子说："君子亲密团结，而不结党营私；小人结党营私，而不亲密团结。"

【注释】

周，比：都是人际关系亲密之意。周，合群，是褒义词。比，勾结，带有贬义味。

【评析】

这一则，讲君子与小人的人际关系。孔子认为君子与小人的区别点之一，就是小人结党营私，与人互相勾结，不能与大多数人融洽相处；而君子则不同，他胸襟广阔，与众人相处融洽，公正无私，忠信坦荡。孔子的这种思想，在今天仍不失其积极意义。

【原文】

子曰："学而不思，则罔；思而不学，则殆。"

【译文】

孔子说："学习书本知识而不思考，就会迷惑而无所得；思考而不学习书本知识，就会徒增疲劳。"

【注释】

罔（wǎng 往）：同"惘"，迷惘，迷惑。殆（dài 代）：疲惫不堪，这里指精神疲劳，昏昏欲睡。

【评析】

这一则，是讲"学"与"思"的关系。孔子认为学习与思考必须结合，二者缺一不可。只读书而不通过自己的头脑加以思考，就会感到迷惑；只是一味空想而不读书，就会弄得精神疲惫。这里着重指出学习与思考必须结合，

才能有所提高的道理。这里孔子所说的"学"似乎不仅仅是单指读书，而是包括一切感性知识。如果是这样，那就是孔子在实践中，初步接触到了理性思维和感性知识的关系。在教学方法这个范围内，他提出了思、学并重的见解，对于教育以至对于认识论的发展，都是有积极意义的。即使"学"仅指读书，提出思、学并重，也是一个创造性的贡献。

【原文】

子曰："攻乎异端，斯害也已。"

【译文】

孔子说："专向反对的一端用力批判，这就是祸害啊！"

【注释】

攻：指批判。异端：指与我不同的另一端。斯：这。也已：同"也矣"！

【评析】

这一则，是孔子告诫学生"不要专向反对的一端用力。凡事皆有上下、左右、前后、正反、表里、好坏……两端，而任何一端对另一端来说都是不同的、相异的。深案值"攻守异端，斯害也已"，不能不看到两端之间的"中"，也就必然扩展到人们常说的"中庸之道"。从方法论角度切入，中庸之道比较容易被人理解。庸，即"用"，中庸即用中、执中，与之相对立的是偏执、片面、走极端。《礼记·中庸》记载孔子这样的话："执其两端，用其中于民"。简称执两用中。执两用中是孔子分析和处理问题的基本思想方法。执两用中与今天说的"一分为二"而后"合二为一"比较接近，不过，在这个对立统一原则上，孔子更强调统一。"执其两端，用其中于民"和"攻乎异端，斯害也已"两句话是一个意思，一句是从正面说教，一句是从反面警示。"

同时，"攻乎异端，斯害也已"也可以这样理解：批判与自己立场不同的观点，难免会带来后遗症。孔子主张"道不同，不相为谋"，他不会去批判的，因为你批判了别人，别人也会批判你呀！

【原文】

子曰："由！诲女知之乎！知之为知之，不知为不知，是知也。"

【译文】

孔子说："由啊！教给你，要记住啊！（对待知识），知道就是知道，不知道就是不知道，这才是求知的态度。"

【注释】

由：姓仲，名由，字子路，又字季路，是长期跟随孔子的学生。诲（huì汇）：教导。女：同"汝"，你。第一个"知"：同"志"，记住。后面三个"知"，都是知道的意思。之：都指孔子教给的学问。

【评析】

这一则，讲在知识问题上要有老老实实的态度。"知之为知之，不知为不知，是知也。"孔子讲出了一个深刻的道理。这个道理，就是实事求是：知道就是知道，不知道就是不知道，这本身就是真知的体现。要是不懂装懂。无论对于你本人，还是对于社会来说，都是一种可怕的悲哀。但有人把最后那个"知"读成"智"，那就错了，这里谈的是求知的方法。

【原文】

子张学干禄。子曰："多闻，阙疑，慎言其余，则寡尤；多见，阙殆，慎行其余，则寡悔。言寡尤，行寡悔，禄在其中矣。"

【译文】

子张要学求官职得俸禄的方法。孔子说："多听，有疑问的地方悬着，不要说，没有疑问的地方，说起来也要谨慎，这样，就可以减少言论错误；多看，有疑问的地方悬着，不要做，没有疑问的地方，做起来也要谨慎，这样，就可以减少事后改悔。言论很少错误，做事很少事后改悔，俸禄就在其中了。"

【注释】

子张：姓颛（zhuān专）孙，名师，字子张，孔子的学生。干：求。"禄"：俸禄，即朝廷发给官员的薪俸。尤：过错。阙：悬着。殆（dài代）：犹疑，疑惑。

【评析】

这一则，讲孔子教子张"为政"的方法。作为从政的人，身居高位，应

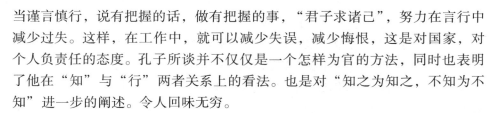

当谨言慎行，说有把握的话，做有把握的事，"君子求诸己"，努力在言行中减少过失。这样，在工作中，就可以减少失误，减少悔恨，这是对国家，对个人负责任的态度。孔子所谈并不仅仅是一个怎样为官的方法，同时也表明了他在"知"与"行"两者关系上的看法。也是对"知之为知之，不知为不知"进一步的阐述。令人回味无穷。

【原文】

哀公问曰："何为则民服？"孔子对曰："举直错诸枉，则民服；举枉错诸直，则民不服。"

【译文】

哀公问道："怎样做才能使民众服从？"孔子回答说："选拔正直的人，把他安置在邪曲的人上面，民众就会服从；选拔邪曲的人，把他安置在正直的人上面，民众就不服从。"

【注释】

哀公：姓姬，名蒋，鲁国的国君。"哀"是谥号。举：选拔，举用。直：正直。错：同"措"，安置、放置。诸："之于"的合音。枉：邪曲。

【评析】

这一则，讲鲁哀公问孔子如何治理国家的事。孔子回答说：执政者很重要的一条，是要注意选用人才的标准。要想得到老百姓的信服，首要一条是选用什么人，因为政策法令是靠各级官吏实施贯彻的。孔子把人分为正直的和邪恶的两种。统治者亲君子，远小人会形成清明政治。如果亲小人，远君子就会造成政治黑暗。国家政治清明，老百姓安居乐业，自然会对统治者的政策法令信服；反之，就会面临民怨沸腾，国家被颠覆的事情发生。

魏征、包拯、海瑞均以正直无私、刚正不阿有名于世，老百姓不反对他们，信服他们，而且称颂有加，呼为"青天"。秦桧、魏忠贤都是邪恶阴险之人，统治者重用他们，老百姓怨声载道，痛苦不堪。孔子的这条用人之道，在今天仍有积极作用。这条语录当是孔子周游列国而回到鲁国以后讲的。

【原文】

季康子问："使民敬、忠以劝，如之何？"子曰："临之以庄，则敬；孝慈，则忠；举善而教不能，则劝。"

【译文】

季康子问："使民众对上尊敬、忠实和努力工作，应该采取什么办法？"孔子答道："你对待他们的态度庄严，他们就会对你尊敬；你对父母孝顺，对儿女慈爱，他们就会对你忠实；你表扬干得好的，教育干得不好的，他们就努力工作了。"

【注释】

季康子：姓季孙，名肥，鲁国的大夫，鲁哀公时最有权力的人。"康"，是谥号。以：连词，相当于"与"、"和"。劝：努力工作。临：对待。之：他们，指百姓。

【评析】

这一则，是孔子回答季康子如何"使民敬、忠以劝"的问题。孔子说：作为当政者，面对百姓要仪容端庄，以身作则地孝敬爹娘，慈爱儿女，提拔贤德有才的人，教育不能为善之人。如能这样，老百姓就能对执政者尊敬、忠实、而努力工作了。这一对话，当在孔子刚回鲁时，从语气看，似乎此时季康子还在考虑是否任用孔子。

【原文】

或谓孔子曰："子奚不为政？"子曰："《书》云：'孝乎惟孝，友于兄弟。施于有政。'是亦为政，奚其为为政？"

【译文】

有人对孔子说："先生为什么不从事政治？"孔子说："《尚书》上说，'孝啊，孝敬父母，友爱兄弟。可以影响政治。'这也就是从政，为什么一定是做官才是从政呢？"

【注释】

或：代词，泛指人或事物，相当"有人"、"有的"。谓：告诉，对……说。"奚"：疑问词，相当于"何"，"为什么"。施：蔓延，延续，即影响到。有：名词词头，无实义。其：代词，指做官。

【评析】

这一则，孔子谈论了"政"与"孝"的关系。反映了他的两方面的思想主张。一是国家政治以孝为本，孝父友兄的人才有资格担任国家的官职。表明了孔子的"德治"思想主张。二是孔子从事教育，不仅仅是教授学生的问题，而是通过对学生的教育，间接参与国家政治，这是他的教育思想的实质。我们今天的"科教兴国"，就是"德治"思想的一种落实。

虽然孔子因种种原因未能在政治上一展才华，但他却以大学者、大思想家、大教育家的深邃思想，深刻地影响着从古至今的当权者。

【原文】

子曰："人而无信，不知其可也？大车无輗，小车无軏，其何以行之哉？"

【译文】

孔子说："一个人如果不讲诚信，他还有什么值得肯定的地方呢？大车没有辕端横木，小车没有曲钩横木，它们怎么能够走呢？"

【注释】

而：连词，如果。信：诚实。其：代词，指代"无信"之人。可：肯定，意为"无信"之人，没有一点可以肯定的。輗（ní 泥）：辕端横木。軏（yuè 月）：曲钩横木。以车作比，喻无信之人，寸步难行。

【评析】

这一则，是谈诚信的问题。孔子说，一个人，无论从事什么样的工作，无论在何种环境之下，都应讲诚守信，才能立足于社会。否则，无诚无信，就难以为人们所认同，为社会所容纳，如宋代王安石所说的："人无信不立。"孔子把"信"作为"仁"的主要表现之一，也是儒家传统的准则之一。

自古以来，不管从政、从商，还是朋友间的交往，信誉至关重要。人无信不立，要是在重要问题上失信于人，今后谁敢和你打交道？

"信誉第一"，时刻不要忘记这一处世信条。

【原文】

子张问："十世可知也？"子曰："殷因于夏礼，所损益，可知也；周因于殷礼，所损益，可知也。其或继周者，虽百世可知也。"

【译文】

子张问："十代以后的礼仪制度可以知道吗？"孔子说："殷朝沿袭夏朝的

礼制，所减少的、所增加的，是可以知道的；周朝沿袭殷朝的礼制，所减少的、所增加的，是可以知道的。将来也许有继承周朝的，就是百世以后也是可以知道的。"

【注释】

世：一世，如同现在说的一代人，"三十年为一世"。因：沿袭。损：减少。益：增加。其：时间副词，相当于"将"、"将来"。或：或许、也许。也：同"耶"。

【评析】

这一则，讲孔子认为"礼"是随时代的发展变化而演进的。孔子说：商朝在继承夏朝礼、周朝在继承商朝礼的过程中，均有所增减，这是不言而喻的事实；那么，继承周朝礼，哪怕是百世之后，也必然会有所增减，有所变化发展。把握历史发展的脉络，才可以高瞻远瞩，窥见一个相当时期社会历史的演变。孔子的"其或继周者，虽百世可知也"的见解，虽有着一定的承前启后的推理依据，但也无可讳言，这种推理在很大程度上是受历史发展的阶段性，以及人类认识时代的局限性所制约的。

【原文】

子曰："非其鬼而祭之，谄也。见义不为，无勇也。"

【译文】

孔子说："不是他自家祖先的鬼而去祭祀，那就是谄媚。看到应当挺身而出的事情，而不敢去做，那就是没有勇气。"

【注释】

鬼：指已死去的祖先，也泛指鬼神。而：顺接连词。之：他们，指不该祭祀的鬼。谄（chǎn 产）：谄媚：巴结。

【评析】

这一则，是孔子讲谄媚与义勇之事。按照周礼与习俗不能祭别族的鬼，应该是祭自家祖先的鬼。春秋以来各国国君或大夫为了政治目的，常常"非其鬼而祭"，故孔子斥责之。《论语集解》注：义，所宜为。符合于仁、礼要求的，就是义。勇，作"果敢"、"勇敢"解。孔子把"勇"作为实行"仁"的条件之一，"勇"必须符合"仁、义、礼、智"，才算是勇，否则

为"乱"。

　　中国人痛恨阿谀奉承，歌颂正直勇敢，这方面的故事举不胜举。今天的"见义勇为"这一成语，就是由"见义不为，无勇也"演变而来。

八佾篇第三

《八佾》这一篇，"皆论礼乐之事"。集中论述这一问题的，《论语》中只有这一篇。但并非其他篇章就不谈论礼乐了。

【原文】

孔子谓季氏："八佾舞于庭，是可忍也，孰不可忍也？"

【译文】

孔子评论季氏说："季氏用八列、六十四人的舞蹈队在大厅里表演，像这样的事情他都能忍心做了，还有什么事情他不能忍心去做呢？"

【注释】

季氏：季孙氏，这里指季平子，鲁国的大夫。谓：评论。佾（yì 意）：古代乐舞的行列，一行八人叫一佾。按周礼的规定：天子用八佾，六十四人；诸侯，六佾，四十八人；大夫，四佾，三十二人；士，二佾，十六人。这是西周以来等级制度的一种观点，是不能逾越的。孰：疑问词，什么。是：代词，表近指，相当此、这样。

【评析】

这一则，是孔子评论季氏破坏周礼的事。季氏这位权臣，孔子深有了解。有人告诉他季氏八佾舞于庭，在家里摆天子的排场时，孔子就说，这要注意！季氏的野心不小，像这样的事情，他能忍心去做，还有什么事情他不忍心去做呢？这是典型的破坏周礼的事件。由此观之，叛变、造反季氏都做得出来。古代的礼，从广义来看，礼仪之外，还广泛涉及典章制度、行为规范等，是为维护国家机器正常运转、社会生活有序进行的必要典章。如果礼制紊乱，那么国将不国了。由于这个原因，孔子才大力呼唤礼制，正体现了他对当时社会秩序渐趋紊乱的内心忧虑。

【原文】

三家者以《雍》彻。子曰："'相维辟公，天子穆穆。'奚取于三家之堂？"

【译文】

孟孙、叔孙、季孙三家祭祀祖先时，唱着《雍》这首诗歌来撤除祭品（天子祭祖时才唱这首诗歌）。孔子说："'助祭的是诸侯王公，天子严肃地主祭。'三家在家庙里祭祖唱这首诗歌，取它的哪一点意义呢？"

【注释】

三家：指孟孙、叔孙、季孙，鲁国的三家大夫，他们当时掌握了鲁国的政权。《雍》：《诗经·周颂》的篇名，这是周天子祭祀宗庙后撤去祭品祭器时所唱的乐歌。彻：同"撤"，撤除。相（xiàng项）：助祭的人。维：语助词，无意义。辟公：指诸侯。天子：指主祭的周天子。穆穆：态度庄严肃穆。奚（xī西）：何。堂：祭祖的庙堂。

【评析】

这一则，孔子批评季氏三家权臣在家庙祭祀祖宗时的越礼行为。他们眼里不但没有顶头上司的鲁君，就连中央的周天子也不放在眼里。季氏三家在家庙里祭祀祖宗时，唱着《雍》这首诗歌来撤除祭品，这是十分越礼的行为。所以孔子引用古代的诗说："相维辟公，天子穆穆。"其意是说在中央政府奏《雍》这支国乐的时候，天子站在中央，辟公（即当时的诸侯）站在两边拥护着天子，然后天子从中间走过。因为天子本身代表国家的精神，所以态度也非常庄严，绝不会左右乱看。而现在这三家权臣，拿了中央天子用的这种庄严的国乐到家庙里祭祀祖宗，真不知道他们的用意何在？换句话说，一个时代的社会风气开始变坏，是由有权势的人所引导的，因此孔子非常感伤。在那个时代，天子有天子的礼，诸侯有诸侯的礼，大夫有大夫的礼，各守各的礼，才可以使天下安定。可以看出，"礼"是孔子政治思想体系中的重要范畴。

【原文】

子曰："人而不仁，如礼何？人而不仁，如乐何？"

【译文】

孔子说："一个人如果没有仁爱之心，还能讲礼吗？一个人如果没有仁爱之心，还能讲乐吗？"

【注释】

而：假设连词，相当于"如果"。如礼何：即"奈礼何"，拿礼怎么办，这里指谈不上讲礼。

【评析】

这一则，是孔子讲"礼乐"与"仁"的关系。礼和乐的根本就是"仁"。仁是孔子学问的中心，礼与乐是一种文化。一个人没有中心思想，"如礼何"？"如乐何"？文化是靠每一个人自觉自发，自省自悟的；文化不是法律，不能由他人来管的。一个人如果不省悟，文化与艺术对他有什么用呢？仁是中国儒家学派道德规范的最高原则，孔子思想体系的理论核心。他说："志士仁人，无求生以害仁，有杀身以成仁。"孔子把仁作为人生追求的最高理想，这是对人类文明和情操的一大贡献。仁，既包括同情人，尊重人，又包括博爱、谦让、宽容等多个方面，这就说出了人道与人权的真谛，值得我们进一步探索、研究。

【原文】

林放问礼之本。子曰："大哉问！礼，与其奢也宁俭；丧，与其易也宁戚。"

【译文】

林放问礼的根本。孔子说："你提的问题很重大啊！就一般礼仪说，与其铺张浪费宁可朴素俭约；就丧礼来说，与其办得周全，还不如使悲哀的气氛浓重些。"

【注释】

林放：鲁国人，字子邱。当时不是孔子的学生，据说后来成为孔子的学生。戚：悲哀。

【评析】

这一则，孔子阐述了什么是"礼"的根本。鲁国人林放向孔子问礼的根本。孔子回答的基本精神是不重形式，而重内容、重实质。当时贵族们只重形式的隆重，铺张浪费，把礼仪弄成一套虚文，所以孔子说"与其奢也宁俭"；贵族们对待丧礼只求仪式之周到而没有悲哀的心情，所以孔子说"与其易也宁戚"。礼节仪式只是表达礼的一种形式，但礼的根本不在形式而在内心。不能只停留在表面仪式上，更重要的是要从内心和感情上领悟礼的根本，符合礼的要求。

【原文】

子曰："夷狄之有君，不如诸夏之亡也。"

【译文】

孔子说："边疆地带的夷狄部族虽然有首领、君长（他们不注重礼制），还不如中原没有君主。"

【注释】

夷狄：古代汉族对少数民族的称呼。夷，指住在东方的少数民族；狄：指住在北方的少数民族。不如：不及。诸夏：指中国，即华夏族居住的中原一带，各诸侯国。亡：同无。

【评析】

这一则，孔子讲，虽有政权的存在，而没有文化精神（即礼制）是不行的。文化落后的夷狄，虽有君主而无礼仪，中国虽偶无君主，若周、召共和之年而礼仪不废。共和行政结束，周宣王即位，无君时期十四年，故曰："夷狄之有君，不如诸夏之亡也。"孔子说这话含有言外之意：中国若只是名义上有君主，而实际上"礼坏乐崩"，还不是和野蛮人一样吗？一吐不快之情。

【原文】

季氏旅于泰山。子谓冉有曰："女弗能救与？"对曰："不能。"子曰："呜呼！曾谓泰山不如林放乎？"

【译文】

季康子要去祭祀泰山。孔子对冉有说："你不能阻止他吗？"冉有回答说：

"不能。"孔子说:"唉呀!难道说泰山之神还不如林放知礼吗?"

【注释】

季氏:季康子,鲁国大夫。旅:祭名,祭祀山川为旅。于:到。泰山:山名,在鲁国。当时按规定只有天子和诸侯才有祭祀泰山的资格,季氏是大夫,也去祭泰山,是一种越礼的行为。冉有:姓冉,名求,字子有,孔子的学生,当时为季康子的家臣。女:同"汝",你。弗:不。救:阻止。与:同"欤",语气词。曾(céng 层):表示疑问,相当于"何"、"难道"。

【评析】

这一则,写孔子批评冉有不阻止季康子祭祀泰山的事。根据礼制,诸侯国疆土内的山岳,应该由诸侯来主持祭祀,季康子是大夫,要去祭泰山,是一种越礼的行为。当时冉求正担任季康子的家臣,所以孔子责问他为什么不阻止季康子。当"季氏旅于泰山"之事已经无可挽回时,孔子便说了"难道泰山之神还不如林放知礼吗"?这句话有两层意思:一是希望季康子懂得不当祭而祭,神是不会领受的道理,从而停止越礼行为;二是以林放(曾向孔子讨教过礼的根本)来勉励冉有,在大是大非问题上不能掉以轻心。孔子于鲁哀公十一年应季康子的邀请回到鲁国,但季康子(他实际上掌握着鲁国的政权)并没有任用孔子。

【原文】

子曰:"君子无所争。必也射乎!揖让而升,下而饮。其争也君子。"

【译文】

孔子说:"君子对于什么事情都不争。如果是有所争,那就一定是比赛射箭了!比赛双方互相作揖然后登堂,射箭完毕走下堂来,然后喝酒。这是君子之间有礼貌的争。"

【注释】

所争:要争的事情。"所"字加在动词之前,就指动作达到的对象。也:停顿语气词。射:射箭,这里指当时的一种射箭比赛。"必也……乎":是个固定句式。揖(yī 医)让:作揖和谦让,是古代宾主相见的礼节。升:指升堂。下:指下堂。

【评析】

这一则，孔子讲"君子"之间无所争，即使有所争，也是以礼让为先。这反映了孔子和儒家思想的一个重要特点，即强调谦逊礼让而鄙视无礼的、不公正的竞争。君子之间也有争的时候，比如举行射箭时，就不得不争一下。这种争也极体面：射前彼此作揖，然后登堂而射，等到比试完毕，计算中靶多少，中靶少的则认输吃罚酒，仅此而已，别无他事。

今天的君子，也应该有所争、有所不争。有关国家民族的利益的事，必争；有关个人名誉、地位的事，不争。在体育比赛中，各个运动员都必有所争，争第一，争金牌。在国际比赛运动中运动员争得的荣誉首先是国家的荣誉，所以要强调争。但争归争，要不失其君子风度，胜不骄，败不馁，否则，就不为君子之争了。

【原文】

子夏问曰："巧笑倩兮，美目盼兮，素以为绚兮，何谓也？"子曰："绘事后素。"曰："礼后乎？"子曰："起予者，商也！始可与言《诗》已矣。"

【译文】

子夏问道："美好的笑貌两个酒窝啊，黑白分明的眼珠转动如秋波啊，洁白的底子上正好画花卉啊，这几句诗是什么意思呀？"孔子说："先有洁白的底子然后才好画花卉。"子夏又问："是不是人们有了仁的思想然后才能实行礼呢？"孔子说："启发我的是你卜商啊！这样，就可以跟你讨论《诗经》了。"

【注释】

倩（qiàn 欠）：美丽。盼：眼睛黑白分明。绚（xuàn 眩）：色彩华丽。绘：绘画。素：白底。礼后乎：礼在后面吗？在什么后面，原文没有说出，这里当是指礼在仁之后。起：启发。已矣：语气词连用。

【评析】

这一则，讲孔子师生平等讨论、互相启发学《诗经》后的心得体会。体现了孔子"教学相长"的想思。子夏问孔子三句古诗是什么意思。孔子回答"绘事后素"。其意是绘事后于素，即先有洁白的底子，然后才好画花卉。《诗

经》所说的美人先是素质好，然后修饰打扮，因而更美。子夏听了，同礼联系起来，问道："礼后于仁吗？"意思是人们有了"仁"的素质，礼对他才有意义吗？孔子肯定子夏这个看法，并且说他受到了子夏的启发。以上文字有两层意思：一是师生平等讨论，互相启发，教学相长；二是这里可以看出孔子对仁与礼关系的见解，没有"仁"的内容，礼就变成了虚文。孔子认为，外表的礼节仪式同内心的仁的道德情操应是统一的，如同绘画一样，质地不洁白，便无法画出丰富多彩的图案的。

【原文】

子曰："夏礼，吾能言之，杞不足徵也；殷礼，吾能言之，宋不足徵也。文献不足故也。足，则吾能徵之矣。"

【译文】

孔子说："夏朝的礼制，我能说出来，但它的后代杞国不足以做证明；殷朝的礼制，我能说出来，但它的后代宋国不足以做证明。这是杞国和宋国的历史文献和熟悉历史情况的贤人不足的缘故。如果它们的文献充足，那我就可以用来作为证明了。"

【注释】

杞（qǐ 起）：国名，在今河南杞县一带，相传杞国国君是夏禹的后代。徵：证明、验证。文：文字资料。贤：熟悉历史的贤人。

【评析】

这一则，孔子讲"夏"、"殷"之礼难以考证的事。由于缺乏历史文献和熟悉历史掌故的人，所以孔子对于自己关于夏礼、殷礼的说法不敢自信。可见他做学问的态度是十分谨慎的。同时也表现了孔子面对夏、殷后代——杞国和宋国缺少历史资料和贤人，发出了深深的无可奈何的感叹。

【原文】

子曰："禘自既灌而往者，吾不欲观之矣。"

【译文】

孔子说："现在行禘祭的礼，将酒献于太祖以后，我就不愿意观看了。"

【注释】

禘（dì 帝）：古代一种极为隆重的祭祀祖先的典礼，五岁一祭，只有天子代表全民才能举行。周成王因周公旦建立莫大功勋，许他禘祭，鲁国国君竟沿袭成了惯例，因此孔子不想看。灌：祭祀开始，首次向受祭者献酒。既：已经。

【评析】

这一则，讲了孔子对当时鲁国国君长期沿袭禘祭之礼的不满。孔子认为，一个人的名分等级，不仅生时不能改变，死后亦不能改变。生时是尊者、贵者，死后仍是尊者、贵者，后人如果改变，是对他们的一种亵渎。对越礼之风愈演愈烈的现实，孔子只能采取视而不见、消极逃避的态度。

【原文】

或问禘之说。子曰："不知也。知其说者之于天下也，其如示诸斯乎！"指其掌。

【译文】

有人问关于禘祭的具体规定。孔子说："我不知道。让懂得禘祭之礼的人去治理天下，它就像把东西放在这里一样容易吧！"他一边说，一边指着自己的手掌。

【注释】

或（huò 货）问：有人问。其：它。示："置"，意为摆、放。诸：介词，之于的合音。斯：指示代词，相当于"此"、"这"。指其掌："其"，反身代词，即自己。上文"斯"：代"指其掌"的"掌"。

【评析】

这一则，是孔子回答不知什么叫"禘之说"的事。其实，他是知道"禘之说"即"禘祭"的涵义的。孔子认为，在鲁国的禘祭中，名分颠倒，不值一谈。如果说出来，等于是暴露了国家和君主的缺点，有悖于"为尊者隐"的准则。在这种场合，他也只能回答不知道。但是，他马上又说，谁能懂得"禘祭"的道理，治理天下就容易了，就可以改变紊乱不堪的"礼"了。这就等于孔子提示询问者，他其实是知道谛祭的内涵的，说不知道，是另有原因。

【原文】

祭如在；祭神如神在。子曰："吾不与祭，如不祭。"

【译文】

孔子祭祀祖先时就好像祖先真在那里；祭神时就好像神真在那里。孔子说："我要是不亲自进行祭祀，是不请别人代理的。"

【注释】

祭：指祭祖，谓之"孝"。祭神：指祭外神，谓之"敬"。与：参与。如：好像、当。

【评析】

这一则，是孔子讲，"祭祀"时，祭祀的人要诚心诚意。"祭祀"绝对不能请人代理。当时社会上层中有些人物请人代理祭祖、祭神，孔子认为这是不合"祭祀"之"礼"的。祭祖先，祭鬼神，如同祖先与鬼神在自己面前一样。孔子对于鬼神的事，不愿过多提及，只是"敬鬼神而远之"，这里"认为鬼神真的实实在在存在"，只是强调参加祭祀的人要诚心诚意，祭祀不仅仅是一种形式，更主要的是表示内心虔诚的感情。

由此可知，孔子主张进行的祭祀活动主要是道德的表现，而不是宗教的表现。

【原文】

王孙贾问曰："与其媚于奥，宁媚于灶，何谓也?"子曰："不然。获罪于天，无所祷也。"

【译文】

王孙贾问道："与其巴结奥神，宁可巴结灶神，这是什么意思?"孔子说："不对。如果得罪了上天，就没有地方可以祈祷了。"

【注释】

王孙贾：卫国的大夫。媚：谄媚，讨好，巴结。奥：屋内的西南角，古人认为那里有神，这里指奥神。灶：这里指灶神。古人认为奥神比灶神更尊贵，但灶神地位虽低，却能"上天言善事"，能通天。"与其媚于奥，宁媚于灶"：大概是当时的俗语。意思是说，与其巴结地位高的人，不如巴结地位低，而有实权的人。然：对的。

【评析】

这一则，孔子借王孙贾的问话，巧妙地说出"获罪于天，无所祷也"的观点。古人认为，室内西南角为尊位，是奥神住的地方，其职位高于灶神，但灶神有"上天言事"的特权。所以就有"与其媚于奥，宁媚于灶"的俗语。这一俗语颇似我们今天说的"与其巴结阎王，宁肯巴结小鬼"。但，孔子对这种说法不赞成，他说："如果得罪了上天，巴结谁都没有用。"也就是：只要你犯了罪，请求宽恕，巴结阎王没有用，巴结小鬼更没有用，他们已无回天之力。反过来说，只要你行得端，坐得正，合于"礼"，不做亏心事，谁都不用巴结。无论何时何地，我们都要好好把握自己。

【原文】

子曰："周监于二代，郁郁乎文哉！吾从周。"

【译文】

孔子说："周朝的文化（礼乐制度）借鉴于夏商两代，它是多么丰富多彩啊！我尊从周朝的。"

【注释】

监：借鉴，参照。二代：指夏、商两朝，商自盘庚后迁殷，故也有以"殷"或"殷商"来称商朝的。郁郁：丰富，繁盛。文：文化，礼乐制度。

【评析】

这一则，孔子讲"夏、商、周"朝代的文化（礼乐制度）的演变及赞美周代文化精神。中国夏、商、周三个朝代文化的演变是：夏尚忠，商尚质（鬼），周尚文。尚的意思就是崇尚、偏重的意思。夏的文化偏重于忠诚、朴实。殷商的文化仍是重质朴，但是宗教观念很强。周代文化呢？我们今天讲孔孟思想中的中国文化，就是周代文化，重在人文文化。"周监于二代"，是说周朝所建立的文化是集上古之大成。我们今天的中国文化，是以周代文化做代表的。孔子对夏、商、周文化即礼乐制度有深入的研究，发现周代的礼乐制度是如此的完备，所以不住地赞叹："郁郁乎文哉！吾从周。"

【原文】

子入太庙，每事问。或曰："孰谓鄹人之子知礼乎！入太庙，每事问。"子闻之，曰："是礼也。"

【译文】

孔子进了鲁国的太庙——周公庙，每件事都要问。有人就说："谁说鄹邑

叔梁纥的儿子懂得礼啊！他进了太庙，每件事情都要问别人。"孔子听了这话，说道："这正是礼啊！"

【注释】

太庙：祭祀开国君主（太祖）的庙。这里指周公庙，周公旦是鲁国最先受封的君主。鄹（zōu 邹）：鲁国地名，在今山东曲阜东南。孔子的父亲叔梁纥（hé 河）曾经做过鄹邑大夫。"鄹人之子"：指孔子。

【评析】

这一则，孔子讲"每事问"，就是向别人请教的一种"礼"。一次，孔子参加了代表国家、代表王室的宗庙大典。他进去以后，对每件事都要问个清楚，向别人请教。求学问、做事也是一样，诚恳向人请教，就是礼的精神，也是做人的道理。学问之道，一则在学，一则在问。孔子这样做了，获得了渊博的知识，我们才称他为"圣人"。

【原文】

子曰："射不主皮，为力不同科，古之道也。"

【译文】

孔子说："比赛射箭，不一定要穿透靶子，因为每个人的体力不同，这是古时候的规定。"

【注释】

射：射箭，这里指演习礼乐的射，不是军中的射。皮：用兽皮做成的箭靶子。孔子认为演习礼乐的射不以射透箭靶子为主，而以射中箭靶的红心为准。为（wèi 未）：因为。科：等级，类别。

【评析】

这一则，是孔子借"射箭"，讲学"礼"的事。古代比赛射箭有两种情况：一种是演习礼乐的文射，一种是军中操练的武射。演习礼乐的射，是一种舞蹈，射的时间、动作，不决于瞄准的那一刹那，用力的程度不决于能否射穿箭靶，它只重在"礼乐"。在这里，孔子告诉我们的是：只要肯学习有关礼的规定，不管学到什么程度，都是值得肯定的。为人做事，够不够道德的标准，只问合不合正道，并不苛求他对事功成名就的程度。

【原文】

子贡欲去告朔之饩羊。子曰："赐也！尔爱其羊，我爱其礼。"

【译文】

子贡打算把每月初一行"告朔"的礼时要杀的那只活羊去掉不用。孔子听后说："赐啊！你爱的是那只羊，我爱的是行'告朔'的礼。"

【注释】

去：去掉。告朔：古代的一种祭庙仪式。朔是农历每月初一。古代在每年秋冬之交，周天子把第二年的历书颁发给诸侯，诸侯把历书藏在祖庙。按照历书的规定，每月初一，诸侯来到祖庙，杀一只活羊祭庙，然后回到朝廷听政，这就叫"告朔"。到子贡的时候，鲁国国君每月初一不但不亲临祖庙，而且也不听政，只是杀一只活羊做个样子。所以子贡认为现在的"告朔"只是走个过场，主张不杀活羊。但孔子认为保留这一点形式，比什么都不保留总要好一些。饩（xì戏）羊：祭祀用的活羊。尔：你。第一个"其"：代词，那。第二个"其"：也是代词，代指"告朔"之礼。

【评析】

这一则，讲孔子和子贡对"告朔之饩羊"的不同观点。"告朔"是古时非常慎重的祭典之一。每月的初一，主政者要代表国家，向天地祖宗，禀告所作所为，这就是所谓的"告朔"。用现在观念来说，就是发表政见。对谁发表呢？对天地鬼神。现在对大众发表政见，讲了不兑现的也有。当时对天地鬼神讲的话，如不兑现自己就害怕了，有一种看不见的力量在监视管制。所以告朔这件事也很郑重。到春秋战国时代，社会风气已开始衰败，这些礼仪的精神，也慢慢地跟着衰落变化了，所以子贡当时准备去掉告朔时候用的饩羊。孔子听后，对子贡说，你的主张也对，为了经济上的节省而不用羊也好，为了表示诚恳而不必用羊也好，不过我不主张去掉，不是为了这只羊要不要省，而是因为它代表了一种精神。你子贡爱这只羊，而我更重视这礼仪和它的精神内涵。其实，子贡这种实事求是的作风倒是值得学习的。

【原文】

子曰："事君尽礼，人以为谄也。"

【译文】

孔子说："尽心尽力地按照臣子的礼节去侍奉君主，别人却认为是向君主献媚讨好。"

【注释】

谄（chǎn 产）：谄媚，献媚，讨好，奉承。

【评析】

这一则，是孔子讲为人处世的艰难。一个人想做个忠臣，有时候也很困难。对主管、领导，处处尽忠合礼，而旁边的人认为是拍马屁。凡是当过领导也当过部下的人，都有这种感受。如果自己毅力不坚定，见解不周到，受环境影响，只好变了。那该怎么样呢？还是以礼为准，人格还是建立在自己身上。别人尽管不了解，只看自己内心真正的诚与不诚。诚真的建立，久后自知。自己的见解与人格的精神，等待时间来考验，等待时间来证明并不是他人说的那么一回事，也就心安理得了。

【原文】

定公问："君使臣，臣事君，如之何？"孔子对曰："君使臣以礼，臣事君以忠。"

【译文】

鲁定公问："君使用臣，臣侍奉君，应该是怎样的？"孔子回答说："国家使用臣子应该按照礼节，臣子侍奉国君应该忠心耿耿。"

【注释】

定公：姓姬，名宋，鲁国的国君。"孔子对曰"：是语录者加的，因为与鲁君对话，所以称"孔子"，不称"子"，"对曰"，也是下对上之辞。

【评析】

这一则，是孔子回答定公的话，强调了君臣双边的义务和责任。身为国君，以礼对待和使用臣子，尊重、关心臣子，不专横跋扈、颐指气使；作为臣子，忠于职守，勤勤恳恳，任劳任怨，竭尽全力辅助国君。做到了这一点，君臣之间就会和谐相处，就不愁国家不兴旺，就不愁人民不安居乐业。这则语录，不仅强调了君臣双边的义务和责任，而且"君使臣以礼"是前提，孟

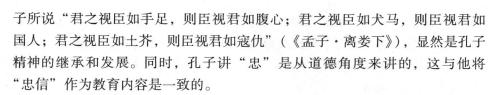

子所说"君之视臣如手足，则臣视君如腹心；君之视臣如犬马，则臣视君如国人；君之视臣如土芥，则臣视君如寇仇"（《孟子·离娄下》），显然是孔子精神的继承和发展。同时，孔子讲"忠"是从道德角度来讲的，这与他将"忠信"作为教育内容是一致的。

【原文】

子曰："《关雎》乐而不淫，哀而不伤。"

【译文】

孔子说："《关雎》这首诗快乐而不放荡，忧愁而不悲伤。"

【注释】

《关雎（jū 居）》：《诗经》中的第一篇。这诗写一个男子追求一个少女的忧思，以及想象结婚的喜悦。淫：本义为过度，这里意译为"放荡"。

【评析】

这一则，是孔子对《诗经》全书开卷篇《关雎》的评价。中国人素来对于性、情及爱的处理，是有一个原则的，就是所谓"发乎情，止乎礼"。用现在的话来说，就是心理的、生理的感情冲动，要在行为上止于礼。只要合理，就不会成为罪恶，所以孔子说《关雎》乐而不淫。但，还是有哀怨的。"求之不得，辗转反侧"。这个"求"字，就是现代白话文的"追呀！追呀！追不到的时候睡不着呀！睡不着还在床上翻来复去打滚哩"，但古文用"辗转反侧"四个字都形容尽了。可见这中间还有哀怨，并不到伤感悲观的程度。就是说一个情感的处理要适中，合乎中道。我们现在的诗歌、音乐等文化，能不能做到乐而不淫，哀而不伤呢？所以，人们的修身要具备"诗"的感情，从政更要把握"诗"的情操。

【原文】

哀公问社于宰我。宰我对曰："夏后氏以松，殷人以柏，周人以栗。"曰："使民战栗。"子闻之，曰："成事不说，遂事不谏，既往不咎。"

【译文】

哀公问宰我关于社稷坛与历史文化的演变有什么关系。宰我回答说："夏

朝社稷坛栽的是松树，殷朝社稷坛栽的是柏树，周朝社稷坛栽的是栗树。"宰我又说："栽栗树，是为了使民战栗（吓唬民众）。"孔子知道了这番话，告诫宰我说："已经形成的事就不必再说了，已经完结的事就不必纠正了，已经过去的事就不必追究了。"

【注释】

哀公：姓姬，名蒋，鲁国的国君。社：这里的社，就是社稷的简称，如有形的社稷坛，是代表国家和天人之间的象征。宰我：名予，字子我，孔子的学生。遂：已经完成，完结。谏（jiàn 剑）：规劝君主、尊长或朋友，使之改正错误。咎（jiù 救）：责备、追究。

【评析】

这一则，写哀公问宰予，社稷坛与历史文化演变有什么关系以及孔子含蓄地批评宰予。宰予告诉哀公夏朝社稷坛上栽的是松树，殷朝栽的是柏树，周朝栽的是栗树（有如现在的国花，是国家的标志），不过他说栗树栽得不好，栗树使人看了会害怕，战战兢兢。宰予后来回到孔子这里，报告见哀公的回答，孔子听后就感叹了。

孔子这番话，虽然看起来是对历史的一个宽恕，实际上透过这个宽恕，表明了孔子认为周朝的这件事是有问题的。因为社稷坛栽的树，就像是一个民族文化、国家精神的标志。如日本人以樱花为国花，虽然很烂漫，但总是开得不长久；其他各民族、国家也都有标志。宗教方面也不例外。基督教的十字架，佛教的莲花。再看欧洲人的标志用猛兽，有虎、有狮，印度人用的是飞禽；美国人用老鹰，中国文化则用龙，龙是水、陆、空三栖的神物。

【原文】

子曰："管仲之器小哉！"或曰："管仲俭乎？"子曰："管氏有三归，官事不摄，焉得俭？""然则管仲知礼乎？"子曰："邦君树塞门，管氏亦树塞门；邦君为两君之好，有反坫，管氏亦有反坫。管仲而知礼，孰不知礼？"

【译文】

孔子说："管仲的器量很小啊！"有人说："管仲不是懂得节俭吗？"孔子说："管仲收三处的市租，委派官员从不兼职，怎么能说是节俭呢？"那人又

问："那么管仲懂得礼节吗?"孔子说："国君的宫室大门之内有影壁,管仲的住宅的大门之内也有影壁;国君为了和别国国君的友好交往,堂上有放置酒杯的台子,管仲的堂上也有放置酒杯的台子。管仲如果懂得礼,还有谁不懂得礼呢?"

【注释】

管仲:姓管,名夷吾,齐国人,做了齐桓公的宰相,辅佐齐桓公成为春秋时有名的霸主。"三归":指齐桓公赏赐管仲收取三处的市租。摄:兼,这里指兼职。塞门:即大门之内、二门之间的影壁。反坫(diàn 店):用来放置酒杯的台子,设在大厅前部东、西两柱的中间。而:假设连词,相当于"如果"。

【评析】

这一则,是孔子评论管仲"小器",不能称"俭",也不"懂礼"。管仲不过帮助齐桓公完成霸业而已,但未能走入正道,这样的器量就嫌小了。这是孔子评论历史人物的感叹。孔子说了管仲的器量小,别人并不和他争论这个问题,而提出来问管仲是不是够得上"俭"德的修养。孔子的答复,从个人来说,以管仲有"三归"的市租为己有,可以说他在经济生活上非常浪费。我们可以从历史上看到汉文帝的俭朴、节省,是皇帝中有名的,一件袍子,穿了一二十年还补起来穿。后来景帝、武帝时代的经济繁荣,就是他打下的基础,所以管仲的生活,诚如孔子说的并不俭朴。另外在公事上,孔子又说他"官事不摄"。在公家的政治制度上,又不能做扼要统筹。只知因人设官,重重叠叠设置了太多的部门,其实可简化而没有简化,这是在行政上的不俭,那他怎么算得"俭"呢?要真正处理好公事,制度与编制的紧缩很重要,法令也不可繁琐,这是孔子对管仲两方面的批评,也是我们后人应该警惕的地方。

中国文化以礼仪为中心,懂礼是很重要的,但孔子认为管仲在这方面的修养还不够。虽然管仲是个大政治家,但他还不能担负领导历史文化的重任。在中国的古礼,只有国君、诸侯才可以有塞门,可是管仲的宰相府也摆起这样东西来,这就是不懂礼。其次国君为了外交的关系,有反坫之坛,这是两国元首见面时用的,而管仲的家里也有反坫。就凭这两点,如果说管仲懂礼的话,还有哪个不懂礼?这是孔子对管仲的批评。

【原文】

子语鲁太师乐，曰："乐其可知也：始作，翕如也；从之，纯如也，皦如也，绎如也，以成。"

【译文】

孔子教鲁国太师演奏古乐的法则，说："音乐是可以精通的：开始，演奏协调的曲子；展开后，五音齐鸣，音律和谐、节奏明朗，持续不绝，这就成乐了。"

【注释】

语（yù 玉）：告诉。太师：主管音乐的官。本句为双宾语，"鲁太师"和"乐"都是"语"的宾语。其：可以，表劝勉或命令。翕（xī 西）：合，配合协调。如：形容词词尾。从（zòng 纵）：放纵，展开。纯：精粹不杂，如五音是纯正的。皦（jiǎo 绞）：明朗，清晰，如节奏、高低起伏之类。绎（yì 义）：连续不断。以：就，表结果。

【评析】

这一则，是谈孔子教鲁太师演奏古乐的事。他以一直代表国家民族精神的曲子为例：音响开始的时候，好像含苞待放的花蕾，轻轻地舒展，慢慢地发声。跟着下来，由小而大，但是很纯正。后来到了高潮，激昂慷慨，或非常庄严肃穆，最后这个乐曲奏完了，但还是余音缭绕，后面好像还有幽幽未尽之意。这便是成功的音乐。由此可知，孔子是有很深的音乐修养的。音乐既贯古今，又横穿国界，不分民族，不分人种，把我们的精神生活引到一个神妙的感觉世界中去，从而提高人的情操，陶冶人的灵魂。音乐能起到移情作用，谁都可以从中获得至高无上的美的享受。

【原文】

仪封人请见，曰："君子之至于斯也，吾未尝不得见也。"从者见之。出曰："二三子何患于丧事？天之无道也久矣，天将以夫子为木铎。"

【译文】

仪地的边防官请求会见孔子，说："凡是有道德的君子到这里来，我没有不能会见的。"跟随孔子的学生带他去见孔子。他出来后对孔子的学生说："你们何必操心没有官做呢？天下黑暗的日子已经很久了，上天将把你们的老师作为传播光明政治的喉舌。"

【注释】

仪：卫国地名。封人：镇守边疆的长官。斯：这里。二三子：诸位，几个。丧（sàng）：丧失，这里指没有官职。木铎（duó夺）：以木为舌的铜铃，古代宣布政教法令时摇它来召集听众。这里用来比喻孔子是宣扬政教的圣人。

【评析】

这一则，是写"仪封人"赞美孔子有学问，有道德，将大为影响后世人的事。古代天子发布政令时，摇木铎来召集群众，因此，用木铎比喻宣扬教化的人。在春秋时代，孔子是极有影响的人，尤其是在礼制方面，令世人甚为信服。"仪封人"在见了孔子之后，就认为上天将以孔夫子为圣人号令天下，对孔子大加赞美，可见佩服之极，令人叫绝。

【原文】

子谓《韶》："尽美矣，又尽善也。"谓《武》："尽美矣，未尽善也。"

【译文】

孔子评论《韶》乐说："《韶》乐美极了，内容又好极了。"孔子评论《武》乐说："《武》乐美极了，但内容不十分好。"

【注释】

《韶》：舜时的乐曲名。《武》：周武王时的乐曲名。"美"、"善"："美"，就艺术性而言；"善"，是指的内容。

【评析】

这一则，是孔子对礼乐文化的批评，韶是舜乐，代表那个时代、国家民族历史文化的精神，他说很好，很美，也很善。以现在西方观念来说，真、善、美的价值都具备了。但武王时代的音乐，代表那时代的历史精神，好是好，美是真美，可不能说它是至善。作为一个时代的乐曲来说，它所表现的主题是那个时代的文化气息。舜时禅让，用今天的话讲是和平过渡，武王是用战争取得天下的（征伐纣王）。孔子对军事手段或回避不谈，或加以贬低，

也就是这里的"未尽善"。当然，孔子对文、武之道，还是竭力肯定的。

【原文】

子曰："居上不宽，为礼不敬，临丧不哀，吾何以观之哉？"

【译文】

孔子说："处在领导地位的人不宽宏大量，举行祭祖祭神时没有恭敬的态度，在参加丧礼时没有悲哀的表现，这种样子我怎么看得下去呢？"

【注释】

居上：指国君、诸侯、大夫之类的人。为礼：指祭祖、祭神之礼。

【评析】

这一则，是孔子对春秋末期"礼崩"、"乐坏"的社会风气提出的批评。领导人以及各单位的主管，对部下和对他人并不宽厚，这是很严重的偏差。"居上要宽"，要求别人过严，别人没这个本事，天下无全才。"为礼要敬"，并不是只限于下级对上级行礼要恭敬，上面对下面的爱护，也包括在礼的范围之内。而且都要敬，就是都要做到诚恳、真挚，不真诚没有用。同样，做领导的对部下的爱护、关怀，也要有诚敬之心，假的关怀没有用。"临丧不哀"，我们到丧家或殡仪馆吊丧，没有一点哀戚之意，毫不相关，何必去呢？但这个"丧"是狭义的，广义的是对于一件沉重的大事，假如没有沉痛的心情，也是属于"临丧不哀"的一种表现。孔子主张以"礼、德"治国，倘若执政者连最起码的"礼"的要求都做不到，自身道德修养不够，一个国家又怎么能治得好呢？这一点，正是当时社会"礼崩乐坏"的具体表现，无怪乎孔圣人嗤之以鼻了！

里仁篇第四

《里仁》这一篇，大部分是讲仁德的重要和修养方法问题，可同《颜渊篇》、《雍也篇》有关讲"仁"的各则合看。

【原文】

子曰："里仁为美。择不处仁，焉得知？"

【译文】

孔子说："居住的地方都是有仁德的人，才是最好的住处。选择住处，如不安排在有仁德的人居住的地方，怎么能算得上明智呢？"

【注释】

里：住所，这里作动词用，有"居住"的意思。处：作动词用：安排，安顿。焉：怎么，哪里。知：同"智"。《论语》里的"智"，皆作"知"。

【评析】

这一则，孔子强调的是邻里环境对人的思想影响。这个见解是正确的、深刻的。每个人的道德修养既是个人自身的事，又必然与处所的外界环境有关。重视居住的环境，重视对朋友的选择，这是儒家一贯强调的问题。与仁人相处能经常受到仁的熏陶。因此，对于着意修身的人来说，选择与仁人相处是明智的。"近朱者赤，近墨者黑"嘛！

【原文】

子曰："不仁者不可以久处约，不可以长处乐。仁者安仁，知者利仁。"

【译文】

孔子说："没有仁德的人不可能长期处于贫困中，不可能长期处于安乐

中。有仁德的人不计利害，安于仁德；智慧的人则是知道仁德对自己有利，才去实行仁德的。"

【注释】

两个"以"字当"能"讲。约：穷困之意。知：同"智"。

【评析】

这一则，孔子讲没有仁德的人在贫困环境中，或安乐环境中都会变坏。贫和富对人是一种考验。正如《红楼梦》中说的"守得贫，耐得富"。没有仁德的人不可能长久地处在贫困或安乐之中。否则，他们就会胡作非为或骄奢淫逸。孔子在这里是希望人们注意个人的道德情操，在任何环境中做到矢志不移，保持气节。亦即"富贵不能淫，贫贱不能移，威武不能屈。"世上唯有仁者安贫乐道，唯有仁者安仁，行仁。

【原文】

子曰："唯仁者能好人，能恶人。"

【译文】

孔子说："只有有仁德的人能够爱人，能够恨人。"

【注释】

唯：是"独"，只有。"好"：读 hǎo，不读 hào，亲爱的意思。"恶"（wù 务）：憎恨、憎恶的意思。

【评析】

这一则，孔子讲，只有具备仁德之心的人，才能爱人，才能恨人。因为仁者不怀偏私，仁者爱人。仁人，当自己爱别人却得不到别人的亲爱时，他会反问自己是否仁；治理别人却未能治理好，他会反思自己是否聪明；以礼待人却得不到相应的回答，他会反而更加敬爱别人。这些只有仁人才可以做到。《汉书·董仲舒传》曰："仁人者，正其谊不谋其利，明其道不计其功。"正因为仁者无私、无怨、无敌，所以最能做到喜欢好人，憎恶坏人。

【原文】

子曰："苟志于仁矣，无恶也。"

【译文】

孔子说："诚心诚意地立定志向实行仁，就不会做坏事了。"

【注释】

孔安国、皇侃、朱熹皆释"苟"为诚。志：立志，动词。"恶"字读作è，做坏事。

【评析】

这一则，孔子还是讲只有具备仁德之心的人，才能爱人，才能恨人。一个人真正有了仁的修养，就不会特别讨厌别人了，好比一个大宗教的教主，对好人固然要去爱他，对坏人也要设法改变他、感化他，最好也使他能进"天堂"，这样才算对。所以说，一个真正有志于仁的人，看天下没有一个人是可恶的，对好的爱护他，对坏的也要怜悯他、慈悲他、感化他。曾国藩在他的遗嘱里写道："若但知私己，而不知仁民爱物，是于大本一源之道已悖而失之矣。"与"苟志于仁矣，无恶也"其意思如出一辙，体现了曾国藩把"仁"已溶进了自己的血液，也是一大儒者的表现。是否可以这样下结论：专心致于仁的人不会作恶，而居心做恶的人不可能有仁。

【原文】

子曰："富与贵，是人之所欲也，不以其道得之，不处也；贫与贱，是人之所恶也，不以其道得之，不去也。君子去仁，恶乎成名？君子无终食之间违仁，造次必于是，颠沛必于是。"

【译文】

孔子说："富和贵，是人人所盼的，不以仁德的道路而有所得，这样就可以富贵了，但是君子拒绝用这种办法得到富贵；贫和贱，是人人所厌恶的，不以仁德的道路而有所得，这样就可以不贫贱了，但是君子拒绝用这种办法摆脱贫贱。君子抛弃了仁德，怎么能成就荣誉呢？君子不会有吃一顿饭的时间违背仁德，匆忙急遽的时候，念念不忘仁德，颠沛流离的时候，也念念不忘仁德。"

【注释】

这则中第二个"不以其道得之"的"得"字，应是"去"字之误。恶（wū乌）乎：哪里、怎么。终食：吃完一顿饭。造次：匆忙，仓促。于：即"为"，这里指不忘，实行。是：这，指仁德。

【评析】

这一则，孔子讲君子一时一刻不能违背"仁德"，在任何困境下都要坚持"仁德"。孔子说，富与贵，每个人都喜欢，都希望有富贵功名，有前途，做事得意，有好的职位，但如果不是正规得来的不要。相反的，贫与贱，是人人讨厌的，即使一个有道德修养的人，对贫贱仍然是不喜欢的。可是要以正规的方法上进，一步一步脱离贫贱，而不应该走歪路。"君子去仁，恶乎成名？"君子没有"仁"这个境界，就没有中心思想，那还靠什么成名呢？为人处世，应有"无终食之间违仁"。孔子坚持他认为是正确的"仁德"之道，抛弃大司寇的职位"周游列国"。他所到之国，国君不采纳他的主张，他就不任职。他此时不但"无位"，而且"贫困"，但总不改其"仁德"之道。这也是"造次必于是"，"颠沛必于是"。

这则语录，是孔子去鲁"周游列国"期间说的。他自己是这样做的，他教育随他"周游列国"的学生也是这样做的。

【原文】

子曰："我未见好仁者，恶不仁者。好仁者，无以尚之。恶不仁者，其为仁矣，不使不仁者加乎其身。有能一日用其力于仁乎？我未见力不足者。盖有之矣，我未之见也！"

【译文】

孔子说："我没有见过喜爱仁德的人，憎恶没有仁德的人。喜爱仁德，没有比它更高尚的事。憎恶没有仁德的人，他还不能算是有仁德的人，只有使不仁德的东西从不仁者的身上去掉（才能是真正有仁德的人）。有能整天都在努力加强自己仁德修养的人吗？我没有见到有谁因为力量不够而无法进行仁德修养的。也许有吧，我没有见到过啊！"

【注释】

好（hǎo 郝）：爱人，好人。恶（wù 务）：憎恨、憎恶。乎：于，在。"加乎其身"：加在他的身上。盖：发语词，有"大概"的意思。未之见："未见之"的倒装。

【评析】

这一则，孔子讲有些人说喜爱仁德，但只是空说，没有真正地加强思想

修养，树立仁德。他说我没有看过一个真正喜欢仁的人，讨厌那个不仁的人，看不起那个不仁的人。如果讨厌不仁的人，看不起不仁的人，那么他还不能说是个仁者。一个仁者，看到一个不仁者，应该是同情他、怜悯他，想办法怎样把他改变过来，这才是真正仁者的用心。仁是很难的修养，人本来有爱人之心。仁是人人可以做到的，但几乎没有人能在一天当中，用心、处世，完全合于仁道。假使有，他仁的修养必然很高超。只要立志，没有说因力量小而达不到仁的境界。

这篇从开头第一则，到这里为止，都是讲仁的体与用。所谓体是指内心的修养，如何做到仁、爱人；仁的用，是指推己及人的精神，心胸宽大，包容万象，能够感化他人。

【原文】

子曰："人之过也，各于其党。观过斯知仁矣。"

【译文】

孔子说："人们所犯的错误，都受社会人际关系的影响。观察一个人犯的错误，就可以引发自己仁的修养。"

【注释】

党：指乡党，包括朋友在内，就是现代社会的人际关系。斯：就。

【评析】

这一则，孔子是讲"仁"的修养方法。人的毛病，各于其党。古代宗法社会的乡党，就是现代社会的人际关系。交朋友等社会的人际关系对一个人的影响很大。孔子说，一个人会有过错，往往都是社会关系的因素。我们在社会关系中看到一个人的过错，譬如某人做人的态度非常坏，而我们看得清楚，那么自己就要反省，是不是有同样的过错，假如有，就改过来，假如没有，就更加勉励。所以，看看人家的过错，就可以引发仁的修养。

【原文】

子曰："朝闻道，夕死可矣。"

【译文】

孔子说："我早晨听到道的实行，当晚死去也安心了。"

【注释】

朝（zhāo 招）：早晨。道：道理，指真理。

【评析】

这一则，孔子所讲的道就是"真理"。所谓真理，也就是客观事物及其规律在人的思想意识中的正确反映，"道存则国存，道亡则国亡"（《韩诗外传》），从道与国的关系看足见道的重要。以己身论，"道德当身，故不以物惑"（《管子》），说明人不被外界不正之风诱惑全赖于心存道。所以，人要修德守道。孔子在这里讲的是人道，即人生的真谛，也就是人生的真实意义和人生的真实价值。孔子毕生东颠西踬、朝斯夕斯，把追求人生的真谛作为终生的理想。他庄严宣布：即使早上得知"道"，晚上便死去，那也心甘情愿，死而无憾。

【原文】

子曰："士志于道，而耻恶衣恶食者，未足与议也。"

【译文】

孔子说："一个知识分子立志向把实现以道治天下作为奋斗目标，如果又以穿破衣吃粗粮为耻辱，那就不能够和他讨论问题了。"

【注释】

士：春秋时代，"士"有"武士"和"文士"。此指"文士"，是新产生的一个阶层。而：如果。足：能够。

【评析】

这一则，是孔子对知识分子提的一个不成文的要求，应有安贫乐道的自觉性。如果讲究口体之奉，追求安乐，过不了平淡甚至艰苦的生活，以粗食布衣为苦，这种人不会为真理而奉献自己的精力、才能和智慧。对这种人很难和他切磋学问，互相探讨人生真谛。孔子主张"食无求饱，居无求安"，像子路的衣敝缊袍而不耻，颜渊的箪食瓢饮而不改其乐那样，才是安贫乐道的典范。但是今天的时代毕竟大不一样了，一些"乐道"之士，未必"安贫"。君子爱财，取之有道，他们投身商海，以求厚报，发挥他们的商业管理和营销才能，精神变物质，以求经济繁荣，以求己利，无可厚非，安贫毕竟不是人类生活的目的。

【原文】

子曰："君子之于天下也，无适也，无莫也，义之与比。"

【译文】

孔子说："君子对于天下的人，没有厚，也没有薄，唯对主张仁义的人亲近。"

【注释】

适（dí 迪）：厚。莫：薄。比：近、亲的意思。

【评析】

这一则，孔子讲"义之与比"，是君子做人的重要标志之一。谈到仁的用世，一个大政治家处理国家的事情，没有自己固执的成见。"无适也"是说并不希望自己一定要发多大的财，做多大的官。虽然这样没有成见，也不是样样都可以。"无莫也"就是有所为，有所不为。那么应该走哪一条路呢？"义之与比"，义就是仁的用，只问应不应该做，为道德应该做的就做了，不应该做的就不做。在孔子的哲学思想体系中，义是仅次于仁的道德观念。有高尚人格的君子，为人公正、友善、处世严肃灵活，不会厚此薄彼，表现了崇高的品质。推知个人的立身处世，也是一样的道理，这是讲仁的修养条件。

【原文】

子曰："君子怀德，小人怀土，君子怀刑，小人怀惠。"

【译文】

孔子说："君子安于品德高尚，小人安于他所得到的土地；君子安于既定的（礼法）模式，小人安于他所得到的财物。"

【注释】

这一则里的四个"怀"字，都当"安"讲。土：土地，田地，相当于现代的财富。刑：同型，本义是铸造器物的模子，引申为法式、模式。惠：恩惠，也可以说是财物。

【评析】

这一则，是孔子讲君子与小人在品德（即仁）上的不同点，君子的思想中心在道德，违反道德的事不干；小人则不管道德不道德，只要有土地就干

了。古时候的土地，相当现代的财富。有钱就是好的，小人想念的都是财富、利益。"君子怀刑"，君子最怕的事，是自己违反德性，其次怕做犯法的事情。法律和门锁一样，防君子不防小人，小偷真正要偷，锁是没有办法的。法律也是一样，真要犯法的人，很多是精通法律的，当然也有不懂法的人。因此，要以道德作基础，才能补救法律之不足。君子怀畏刑法，小人怀思福惠——处处讲利害，只要有好处就干了。过去商场上有句话："杀头的生意有人做，蚀本的生意没有人做。"就是这个道理。孔子认为有高尚道德的君子，胸怀远大，视野开阔，考虑的是社会的进步，国泰民安的大事；而小人的所思所想，多为眼前利益，乡土物产，于己实惠等，只是个人与家庭的生计。这是君子与小人在品德上的不同点。

【原文】

子曰："放于利而行，多怨。"

【译文】

孔子说："依据人的私利去做事，必定招致很多怨恨。"

【注释】

放：同"仿"，效仿，依据。

【评析】

这一则，孔子讲一个人基于利害而做人做事，最后招来的是怨恨。理由很简单，自私，小则妨碍他人利益，中则妨碍集体利益，大则妨碍整个社会的利益，如此后果，岂不招致怨恨吗？

【原文】

子曰："能以礼让为国乎？何有？不能以礼让为国，如礼何？"

【译文】

孔子说："能以礼让来治理国家吗？以礼让来治理国家有什么困难呢？不能以礼让治理国家，那又把礼放在哪里呢？"

【注释】

礼让：按照礼的原则进行谦让。"何有"："何有"之前省"以礼让为国"，这是古人的省略句。如礼何：奈礼何，拿礼怎么办。孔子认为谦让是礼

的实质，没有谦让的精神就不能实行礼，更不要说治理国家。

【评析】

这一则，孔子讲以"礼让为国"的精神。古代的诸侯立国的大原则，是要谦让就位，最后又功成不居，所以老子就说："功成，名遂，身退，天之道也。"这是上古文化的传统思想，后来儒道两家都奉为圭臬。中国文化真诚谦虚的精神，是孔子非常赞成的事，他大加赞扬身退之道。尤其他对吴泰伯、伯夷、叔齐等不肯当帝王，最后逃走了的这些人，称扬得不得了。这并不是他鼓励人不要当皇帝，不要搞政治，而是说你有才干的话，就好好干一番，成功了退隐而不居功。所以孔子在这里感叹，能以礼让为国的人哪里有呢？不以礼让为国，用争夺来的，或用手段骗来的，那么文化的精神就不要谈了。在孔子的思想中，"礼"占有重要地位，小到立身，大到治国。如："礼，与其奢也，宁俭"，"君使臣以礼"，"事君尽礼"。现在他把"礼"推而广之，用于国与国之间的交往，可见对"礼"之器重。

在孔子的时代，所谓之"国"，亦即诸侯国，是中国境内的兄弟国家，是血肉同胞，彼此相互礼让，在情理之中；然而在近代，曾有人主张对侵略我国的西方霸权主义国家，采取"礼让"为国的原则，这是一种"卖国主义"思想，与孔子的"礼让为国"有着本质的不同。

【原文】

子曰："不患无位，患所以立。不患莫己知，求为可知也。"

【译文】

孔子说："不要担心没有职位，所担心的是任职的才干。不要怕别人不了解自己，谋求的是去做为他人所了解的事。"

【注释】

患：担心，愁。"莫己知"：即"莫知己"的倒装。莫：副词，相当于"不"。

【评析】

这一则，孔子讲一个人不愁没有职位，最担心的是怕自己没有做事的本领。任职的本领是在长期学习、实践中培养的，能否得到这个职位，那是机会的问题。机会是可遇而不可求的。只要自己能在工作中发挥特长，干出成

绩，别人是否知道，无关紧要，这些是君子应有的修养。孔子经常同弟子探讨这方面的问题，他并非"不食人间烟火"的人，而是希望他的弟子在成名之前首先立足于自身的学问、修养、才能的培养，具备足以胜任官职各方面的素质及技能。这一点，很有现实意义。

【原文】

子曰："参乎！吾道一以贯之。"曾子曰："唯。"子出，门人问曰："何谓也？"曾子曰："夫子之道，忠恕而已矣。"

【译文】

孔子说："参啊！我的学说贯串着一个中心思想。"曾子回答："是。"孔子走了出去，其他学生问曾子："中心思想是什么啊？"曾子说："老师的学说，用'忠恕'二字可以概括了。"

【注释】

"一以贯之"，即"以一贯之"。为了突出"一"而提前。吾道：是孔子的政治之道。贯：贯串，贯通。忠：忠心耿耿。恕：宽厚仁慈。

【评析】

这一则，讲曾参用"忠恕"二字概括孔子的学说。忠恕是儒家处理人与人之间关系的原则。什么是"忠恕"呢？曾子说："为人谋而不忠乎？""尽己之谓忠，推己之谓恕"（《四书集注》，朱熹），"己欲立而立人，己欲达而达人"（《论语·雍也》）。自己想在社会上站得住也要使别人在社会上站得住，自己想达到的也帮别人达到是忠；"己所不欲，勿施于人"（《论语·卫灵公》），自己不想做的事，就不要强加给别人是恕。前者尽于自己，后者推己及人，从而成为孔子伦理道德中的一个重要组成部分。在中国，无论孔子或老子，都能将自己的学说最后概括成一个字或一句话，这在方法论上是很高明的。比如孔子说："吾道一以贯之。"老子说："天得一以清，地得一以宁"等。

【原文】

子曰："君子喻于义，小人喻于利。"

【译文】

孔子说："对君子要说明是非，对小人却只能说明利害。"

【注释】

喻：说明，明白，懂得。孔子的"义"：是"仁"的范畴的辅助概念。凡合乎"仁"的为"是"，背乎"仁"的为"非"。与"利害"对应，这里把"义"译为"是非"。

【评析】

这一则，是孔子讲"君子"与"小人"的"义"、"利"观。与君子谈事情，他们只问道德上该不该做；跟小人谈事情，他们只是想到有没有利可图。在孔子的思想中利和义是相对的。孔子说："见利思义。"见利能想到义是君子的行为，见利而不顾义是小人的行为。做事要合道义，不合道义的事君子不做。"多行不义必自毙"（《左传·隐公元年》），只顾利益而不注意仁义，必然是自取灭亡之道。"见义不为，无勇也"（《论语·为政》），"义，天下之良宝也"（《墨子·耕柱》）。古代人非常看重义，不仅提出"见利思义"，而且往往把义看得比生命还重要。宋代欧阳修说："宁为死不苟幸生，而视死如归。"因此，在孔子的心目中，就有了这样一把用来衡量君子与小人的尺子："君子喻于义，小人喻于利。"

【原文】

子曰："见贤思齐焉，见不贤而内自省也。"

【译文】

孔子说："见到贤人要和他看齐，见到不贤的人就反省自己：有没有和他同样的缺点错误。"

【注释】

而：承接连词，相当于就。省（xǐng 醒）：反省，检查。

【评析】

这一则，是孔子谈道德修养的方法。唐太宗说：以铜为鉴，可以正衣冠，以人为鉴，可以正得失。孔子在这里所说的话，就是要人们"以人为鉴"。不过，以人为镜子来照自己，不是那么简单的事。世上睁眼便是人，能"以人为鉴"的又有几个呢？没有向善、向上的迫切愿望，你就不可能通过认识别人而警励自己。同时，还要有正确的态度：如见了值得钦佩的人，不是嫉妒，就是白白羡慕，没有行动，甚至自暴自弃，认为自己总是不行的；见了可恶

的人，不善于反省自身，而只是以评判官的态度表示自己的轻蔑，这样，又怎能以别人做自己的镜子呢？从现实来讲，每个人身边，满是各色各样的人。善于取人之长，补己之短；善于见人之短，自为鉴戒。这样的人，不论做什么，不论地位高低，都是很可观的。

【原文】

子曰："事父母，几谏；见志不从，又敬不违；劳而不怨。"

【译文】

孔子说："侍奉父母，父母有不对的地方，要在没有外人在场的时候加以劝止；看见父母有不听从的意思，仍然要恭恭敬敬，不要违背父母的意志；父母不听劝止，虽忧愁但不埋怨。"

【注释】

几（jī 基）：微，"微"当隐蔽讲。所以"几谏"译为：在没有外人在场的时候加以劝止。劳：忧愁。而：转折连词。

【评析】

这一则，孔子讲如父母有了错误，也要和善地加以劝阻。中国宋儒以后论道学，便有"天下无不是之父母"的名训出现。因此"五四运动"要打倒孔家店时，这也成为罪状的重点。其实，孔子的思想并不是这样的。天下也有不是的父母，父母不一定完全对。作为一个孝子，对父母不对的地方，就要尽力地劝阻。"见志不从"，就是父母不听从劝导的话，那么就"又敬不违，劳而不怨"，只有跟在后面叫、哭、闹，因为你是我父母，你要犯法，我也没有办法。但是我要告诉你，这样做是不对的。在这种情况下做子女的，仍要对父母表示恭顺。即使为父母不能改正错误和缺点而内心担忧，却不能心怀怨恨。

【原文】

子曰："父母在，不远游，游必有方。"

【译文】

孔子说："父母在世，不要远离家乡。如果外出，对父母一定要安排妥当。"

【注释】

"游必有方"的"方"，不是指方向的"方"，而是兼指安顿老人的方法和外出的地方。

【评析】

这一则，孔子讲的是儒家论"孝道"的具体内容之一。古人担心，父母老了，怕没人照应，而不远游，即使要远游，也一定要有个方向。这种解释恐怕欠妥，有哪一个出门的人没有一定方向而乱走呢？到月球上去旅行，也还是个方向。我们认为"游必有方"的"方"是指方法的方。父母老了没人照应，子女远游时必须有个安顿的方法，这才是孝子之道。同时"儿行千里母担忧"，也得有个明确的去处。今天的社会已不同于孔子时代，但父母对子女的爱心是天性，子女的一言一行，一动一静，都牵挂着父母的心。特别是远在他乡工作的子女，应通过一切途径，让父母知道自己一切平安，这就是一种孝道。

【原文】

子曰："三年无改于父之道，可谓孝矣。"

（这一则与《学而》篇内容重复，不赘述。）

【原文】

子曰："父母之年，不可不知也。一则以喜，一则以惧。"

【译文】

孔子说："父母的年纪，不可不记在心里。一方面因为父母高寿而喜欢，一方面又因为父母高寿而恐惧。"

【注释】

知："记忆"的意思。以：因为，表动作、行为。

【评析】

这一则，孔子讲孝顺子女关注年高父母的心理状态。做子女的人，对父母的年龄不能不知道。为什么呢？有两种心理，一是因为父母的年龄多了一岁，寿又添了一岁而高兴；但同时又害怕，因为父母年岁越高，距离人生的

终点站越近，作为儿女与父母相处行孝的时间也越短。所以有两种矛盾的心理存在。

【原文】

子曰："古者言之不出，耻躬之不逮也。"

【译文】

孔子说："古时候的人不轻易把话说出口，因为他们以说得出而做不到为可耻。"

【注释】

躬：自己，自身。这里译为"他们"。逮（dài 代）：本义为"及"，通俗地说，就是"赶上"。

【评析】

这一则，孔子讲古代人不轻意说话，说到做到。行仁的人，有信义的人，往往不轻意答应，不轻意发言。答应了，一定要做到。随便答应一件事，往往不能兑现守信。孔子正是针对当时说空话、大话，说了不做的社会风气而发。当然，"古人"也不可能都是说到做到，但孔子提倡的的确是一种美德。

【原文】

子曰："以约失之者，鲜矣。"

【译文】

孔子说："因为约束自己而出现差错的人，是很少的。"

【注释】

以：因为。约：约束，是个广泛的概念，不要任意而行，不要想做什么就做什么。鲜（xiǎn 显）：少。

【评析】

这一则，孔子讲的是为人能约束自己，就能不犯错误，或者少犯错误。约就是约束、检束、小心、谨慎，意思是要常常约束自己。谨慎的人，过失比较少；放荡的人，容易犯错误；讲话随便的人，就容易失信。如果个人的道德行为能自我约束、自我管理，失败的事情就少了。因此，个人的修养也好，处理大事也好，处理小事也好，都要注重孔子的这一教导。"以约失之者，鲜矣"，确是含有真理的因素。

【原文】

子曰："君子欲讷于言，而敏于行。"

【译文】

孔子说："君子说话要迟缓，行动要敏捷。"

【注释】

欲：要。讷：说话迟钝，内向。讷，从言，内声，形声字，声中有义。

【评析】

这一则，孔子讲作为君子，应该少说话，多做事。"讷"，是嘴巴好像笨笨的；利嘴除了教书、说相声、吹牛以外，没什么用。真正的仁者，不说空话，做起事来，行动上却很敏捷。换句话说，先做后说，不要光吹不做。事业是干出来的，不是说出来的。没有勤劳敏捷的工作，就没有事业的成功，就像懒于耕作的农夫，不会有好收获一样。汉代桓宽说过："自古及今，不施而得报，不劳而有功者，未之有也。"这话的确不假。

【原文】

子曰："德不孤，必有邻。"

【译文】

孔子说："道德高尚的人不会孤独，必定有志同道合的人跟他在一起。"

【注释】

邻：邻居。这里的意思为团结在一起。

【评析】

这一则，孔子说有德者，必定有与你同行的人。古人云："德厚者流光，德薄者流卑。"道德高尚的人能留芳千古，所以不可能被孤立；道德低下的人只能欺世一时，不会久远。如果你正在修身进德，就大可不必为没人了解，没人亲近而苦恼了。如果真为道德而活，绝对不会孤苦伶仃，一定有与你同行的人，有你的朋友。

【原文】

子游曰："事君数，斯辱矣；朋友数，斯疏矣。"

【译文】

子游说："进谏君王过于频繁，就会遭受耻辱；劝告朋友过于频繁，就会造成疏远。"

【注释】

子游：孔子的著名学生，姓言名偃，字子游，吴国人。数（shuò 朔）：屡次，频繁。斯：就。

【评析】

这一则，子游说要讲仁爱之"行"，也要懂得方法，讲究策略。君王有了不对，每次见了劝他，次数多了，硬要做忠臣，就是自己跟自己过不去，有时命都丢了。对朋友也是一样，朋友不对，你劝他劝多了，他不听你的，就会变成冤家了。但是如果随时随地都把"事君数，斯辱矣；朋友数，斯疏矣"这两句话牢记，做人家的部下也好、朋友也好，就变成滑头，不负责了，那又不是仁道。所以我们研究孔孟学说，懂得了人生，才知道做人真不容易，的确须要多多体会历史，多多体会人生。

公冶长篇第五

　　《公冶长》这一篇，主要讲古今人物的贤否得失，记录了孔门学生的故事和孔子的教育方法。

【原文】

　　子谓："公冶长，可妻也。虽在缧绁之中，非其罪也。以其子妻之。"

【译文】

　　孔子说："公冶长，（我）可以把女儿嫁给他。虽然他曾被关在监狱里，但实际上不是他的罪过。于是，我就把自己的女儿嫁给了他。"

【注释】

　　《广雅·释诂》二："谓"，说也，"子谓"，就是孔子说，与以下两则的"子谓"有所不同。公冶长：姓公冶，名长，孔子的学生。妻（qì 汽）：把女子嫁给某人，这里当动词用。缧绁（léi xiè 雷谢）：捆绑犯人的绳子。这里指监狱。其：反身代词，即自己。子：古代指儿子和女儿，这里指女儿。之：代词，第三人称，相当于"他"。

【评析】

　　这一则，讲孔子选女婿的标准。"以其子妻之"的"子"就是女儿。古时候"子"字是男女通用的，所谓女子、男子都是"子"。因此，古代中国文化对自己女儿可以称子；兄弟姊妹之间，妹妹可以称女弟；到后世反不大习惯用，也可说从另一方面看，中国过去是男女平等的。现在就孔子讲公冶长的资料，只知道他坐过牢，为什么坐牢不知道，在史书上查不出来。在杂书上，却有一则关于他的故事：公冶长懂鸟语，有一次，鸟对他说："公冶长！公冶长！南山有头羊，你吃肉，我吃肠。"结果公冶长忘记了，把整只羊

连肚里的东西都吃掉了，鸟没东西吃，就想害他。后来又对公冶长说南山有只羊，公冶长跑去，羊没有见，而看到了一个被杀死的人，有口难辩，结果坐了牢。当然这仅是个传说而已。但是孔子认为公冶长坐牢，不是罪有应得，因此孔子把自己的女儿嫁给他。由这件事看来，我们可知孔子的为人，绝对不是要选一个有财、有势或有学位的人，才把女儿嫁给他。而且最妙的是，他把女儿嫁给坐过牢的公冶长，又把侄女儿嫁给南容——南宫适。为什么呢？再看下则语录的内容。

【原文】

子谓南容："邦有道，不废；邦无道，免于刑戮。"以其兄之子妻之。

【译文】

孔子评论南容："国家有道的时候，他不被废弃；国家无道的时候，他免于遭受刑罚。"于是孔子把自己哥哥的女儿嫁给他。

【注释】

谓：评论。南容：姓南宫，名适（kuò 扩），字子容，孔子的学生。废：弃置不用。戮（lù 路）：杀了人，还把尸体暴露野外。

【评析】

这一则，讲孔子为哥哥选女婿的标准。孔子的出身很苦，他的生母是继室，孔子的前娘留下来一个残废的哥哥，家里很贫穷。孔子十一二岁间，就负担起家庭生活，一切艰难困苦都尝过，他是从艰苦中站起来的一个人。他的道德、学问、文章被后世称道，这不是偶然的。他对哥哥留下来的这个女儿，也是尽心地照应，最后将这个侄女嫁给南容。南容，在国家政治清明时未遭废弃，说明他治国有才干；当国家政治黑暗时免于刑罚，说明他明哲保身。在孔子时代，南容能够这样，确是一件不易之事，足见他的才华超群。

我们把这一则和上一则结合起来研究，就可看出孔子处事有一定的原则。南容虽然善于自处，但公冶长在学问修养上，有更深的功夫，所以遭遇困逆能够不怨不尤，涵养得平平淡淡。事实上比起来，他认为公冶长比南容更了不起。但是，假如孔子把侄女嫁给公冶长，很可能遭到社会的批评，说他没存好心，把侄女嫁给坐过牢的公冶长，而把自己女儿嫁给世家公子的南容。

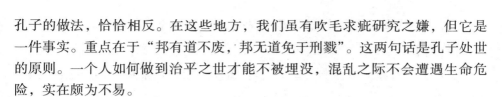

孔子的做法，恰恰相反。在这些地方，我们虽有吹毛求疵研究之嫌，但它是一件事实。重点在于"邦有道不废，邦无道免于刑戮"。这两句话是孔子处世的原则。一个人如何做到治平之世才能不被埋没，混乱之际不会遭遇生命危险，实在颇为不易。

【原文】

子谓子贱："君子哉，若人！鲁无君子者，斯焉取斯？"

【译文】

孔子评论子贱："君子啊，子贱这个人！鲁国如果没有君子，他从哪里汲取这种好品德呢？"

【注释】

子贱：姓宓（fú 服），名不齐，字子贱，鲁国人，孔子的学生。若：代词，这个，指子贱。斯：两个都是代词，第一个，相当于"其"，指子贱；第二个，相当"这"。焉：哪里。

【评析】

这一则，是孔子对学生子贱学问、德行的评论。周公之后封于鲁，鲁国保存的文化风规，是周代文化的代表。从春秋战国直到秦汉之间，都是如此，也是中国文化中心所在。仅从这一则语录里，我们就可以看到，当时的人，对鲁国文化也有感叹，指出文化要没落了，至少一些人物已经没落了。孔子特别提子贱，对同学们说，你们看，不论内在的修养品德，或者发挥于外的才能，宓子贱都可称得上是个君子。在宓子贱的身上，孔子看到了他的君子品质；又从宓子贱的身上，得知鲁国是君子之邦。如果鲁国没有君子，宓子贱的优秀品质，又从哪儿学来？在此隐约透露出：第一，文化精神教育的目的，是在于培养承先启后的继起人才。第二，注意奖励后起之秀，导之使他发扬光大。

【原文】

子贡问曰："赐也何如？"子曰："女器也。"曰："何器也？"曰："瑚琏也。"

【译文】

子贡问道："我这个人怎么样啊？"孔子说："你呀，好比一件器具。"子

贡又问：“是什么样的器具呢？”孔子说：“是宗庙里祭神的瑚琏。”

【注释】

女：第二人称，相当于“你”。器：器具。瑚琏：宗庙里祭神用的器具，都是比喻意。

【评析】

这一则，是孔子用“瑚琏”作比，来对子贡进行评价。孔子说，你是个“瑚琏”。它是古代用来供于庙堂之上的，它是“高”、“贵”、“清”的象征。子贡形成这种精神的典型，未免有点太高、太贵、太清了。古代要在国家大典的时候，才请出瑚琏来亮一下相。平常的时候，只好锁在柜子里藏起来，保护起来。子贡就是这样一个被存起来、保护起来的人物。从历史上，我们可以看到，后来孔子自己的父母之邦——鲁国——有难，孔子想要出马自己解决，同学们劝老师，您老人家不要去，让我们去替国家办外交。孔子说，自己国家的事，不能不管了，还是要去。后来子贡来了说，老师，我去。孔子同意了。子贡是政治、经济、外交、工商，样样皆通的大通才。国际上走一趟，游说诸侯，就把鲁国稳定下来了。我们知道吴越之战等大战争，最后的决战，是子贡挑起来的。子贡为什么要把战争挑起来？因为齐国要打鲁国，他就从吴齐之战开始，一路挑下来，把越、晋也挑动了，这么一来，鲁国就泰然无事了。子贡才能之高，本事之大，由此可见。后来，他官不想当，什么都不想做，专门去做生意，而且做生意总发财，孔子晚年的生活也都是靠他照应的。子贡这个人就是豪迈慷慨，什么都不能拘束他，但是他绝不骄傲。所以孔子说他形成了高、贵、清的风格。对低下的不屑去做，就成这“瑚琏”的典型了。

通过这段对话，可以感觉出孔门师生间的融洽关系，以及老师对学生成器成材的由衷高兴。

【原文】

或曰：“雍也仁而不佞。”子曰：“焉用佞？御人以口给，屡憎于人。不知其仁，焉用佞？”

【译文】

有人说：“冉雍有仁德却不会巧言善辩。”孔子说：“何必要巧言善辩呢？

快嘴利舌地同人家顶撞，常常被人家憎恶。我不知道冉雍是不是有仁德，但哪里用得上巧言善辩呢？"

【注释】

雍：姓冉，名雍，字仲弓，孔子的学生。佞（nìng 泞）：有口才，能言善辩。御：防御，这里指争辩、顶嘴。口给（jǐ 挤）：言辞敏捷，快嘴利舌。不知其仁：孔子不是真的不知道冉雍是否有仁德，只是说得很委婉，不明确地肯定也不在这个方面进行评论。

【评析】

这一则，孔子讲冉雍"仁而不佞"是一大优点，否定了他不善于谈吐是一大缺点。对于"言"来说，当言则言，"言不妄发，发必当理"（《朱子语类》），"言不欺心，言所以喻心"（《意林·吕氏春秋》），这里对言提出了一个高标准。相反，"言不中，行不谨，辱也"（王通《中说·王道篇》），这正为夸夸其谈者定了戒律，并集中快嘴利舌人的要害——不中不谨。他们往往心浮气躁，待人不忠诚，不厚道，言心相离，言不持正，言过辞，言苟出，使人好生反感。至于冉雍是不是有仁心仁德，孔子婉转地避开了这个问题，但在孔子看来，能说会道不见得可取，当为"言不惭，行不耻"（扬雄《法言·学行》）。

【原文】

子使漆雕开仕。对曰："吾斯之未能信。"子说。

【译文】

孔子叫漆雕开去做官。漆雕开回答说："我对出去做官这事还没有信心。"孔子听了很高兴。

【注释】

漆雕开：姓漆雕，名开，字子若，孔子的学生。仕：做官。斯：代词，指做官（仕）。说：同"悦"，很高兴。

【评析】

这一则，是孔子赞扬漆雕开严格要求自己，虚心学习的事。有一天，孔子对漆雕开说，你的学业、修养已经可以为社会服务了，出去做官吧。可是漆雕开说，老师，谢谢您！对这件事，我还没有信心。这句话蕴含的修养很

高。漆雕开对做官没有把握，愿跟老师进一步学习。所以，孔子感到高兴。因为在他的学生中，也有许多是急功好利的。

【原文】

子曰："道不行，乘桴浮于海，从我者，其由也与！"子路闻之喜。子曰："由也好勇过我，无所取材！"

【译文】

孔子说："如果我的政治主张没法实行了，就坐上木筏子到海外去，跟随我的，也许是子路吧！"子路听到这话很高兴。孔子说："子路爱好勇敢的精神超过我，可子路也没有地方去取木材来做漂海的木筏呀！"

【注释】

桴（fú 扶）：用木或竹编成的渡水的"筏子"。浮：渡水。其：副词，表示揣度，相当于"也许"、"大概"。由：姓仲，名由，字子路，孔子的学生。

【评析】

这一则，据"道不行"，"浮于海"来推测，记叙的事情可能发生在孔子访问列国后期或晚年回到鲁国后，现实使他遭受一连串打击，于是发出一番感喟。孔子的人生理想和政治主张始终是看不见的海上仙山，摸不到的海市蜃楼，心失意随，无限悲凉而有去国之思，自然是一闪而过的思绪，并非刻意的行动准则，不由自主地在弟子面前随意吐露："我们的主张无法实现，真能跟随我乘着大木排漂浮在茫茫大海之上的人，大概只有子路吧！"子路听到老师这番信赖和赞赏，不禁志得意满，喜上眉梢。接着孔子又说出"由好勇过我，无所取材"之论，意为：子路好勇超过了我，有些莽撞，一事当头缺乏主心骨，不知如何裁度。赞耶，非耶，一分为二，正是实事求是之鉴。

【原文】

孟武伯问："子路仁乎？"子曰："不知也。"又问。子曰："由也！千乘之国，可使治其赋也，不知其仁也。""求也何如？"子曰："求也，千室之邑，百乘之家，可使为之宰也，不知其仁也。""赤也如何？"子曰："赤也，束带立于朝，可使与宾客言也，不知其仁也。"

【译文】

孟武伯问："子路有仁德吗？"孔子回答说："不知道。"他又问。孔子回答说："仲由呀！在一个拥有一千辆兵车的国家里，可以让他主管军政工作，但我不知道他是否有仁德。"孟武伯又问："冉求这个人怎么样呢？"孔子回答说："冉求这个人呀，千户人家的城市，兵车百辆的家族，可以使他做总管，但我不知道他是否有仁德。"孟武伯再问："公西赤怎么样呢？"孔子回答说："公西赤这个人呀，穿上礼服，站在朝廷上，可以让他接待各国来宾，但我不知道他是否有仁德。"

【注释】

赋：兵赋，这里指军政工作。邑（yì义）：古代居民聚居的地方（相当于后来的城镇），包括它周围的土地。分公邑、采邑两种。公邑，直接由诸侯管辖。采邑，则是诸侯分封给卿、大夫的领土。千室之邑，指公邑。家：诸侯分封给卿、大夫的采邑。宰：一县的县长，大夫家的总管，都叫"宰"。赤：姓公西，名赤，字子华，鲁国人，孔子的学生。束带：束紧衣带，指整理好礼服。

【评析】

这一则，是写孔子对几个学生的总评以及讲话的艺术。孟武伯，是鲁国的一位大夫，当时的当政者，向孔子征询人才——要他介绍学生。因为孔子学问的最高境界是仁。所以他先就孔子学生中最出名的几个人问起，问他们有没有学养到"仁"的最高境界。作为老师，孔子回答得头头是道，如数家珍，对三个弟子的才能一一作了评价。子路、冉求都是孔门政事科的高材生，所以孔子说他俩有能力治军理政；公西赤在礼容、礼仪方面颇显擅长，所以孔子说他能为国家接待宾客。当谈到三位弟子仁还是不仁时，孔子都一律用不知道来回答。因为在他的眼里，仁既包涵道德，又高于道德的人生最高境界，所以孔子不轻易在仁的问题上对别人进行赞许。

【原文】

子谓子贡曰："女与回也孰愈？"对曰："赐也何敢望回？回也闻一以知十，赐也闻一以知二。"子曰："弗如也，吾与女弗如也。"

【译文】

孔子对子贡说："你和颜回相比谁优胜？"子贡回答说："我端木赐哪敢和颜回相比？颜回知道一点就能推知十点，我知道一点只能推知两点。"孔子说："比不上他，我和你都比不上他。"

【注释】

女：第二人称，相当于"你"。孰：谁。愈：胜。望：比。闻：知，知道，懂得。弗（fú服）：副词，不。

【评析】

这一则，写孔子对颜回的称赞，对子贡的勉励。有一天，孔子问子贡："你和颜回相比较，哪一个强一些。"子贡回答得干脆利落，毫不做作和遮拦，更不夸张和勉强："我端木赐怎敢和颜回相比！颜回呀闻一而知十，我呀闻一只知二。""闻一知十"与"闻一知二"，定量说明，相差之大，有如天渊。孔子认为子贡有自知之明，为了给子贡一番安慰，把自己也摆进去："是比不上，我和你都比不上。"从语言环境和语言递进情况来看，孔子的谦虚和平等待人的态度是十分清楚的。细细读来如闻其声，如见其人，给人以温馨谦和之感，谦谦师者之风，让人敬之仰之。

【原文】

宰予昼寝。子曰："朽木不可雕也，粪土之墙不可杇也；于予与何诛？"子曰："始吾于人也，听其言而信其行；今吾于人也，听其言而观其行。于予与改是。"

【译文】

宰予大白天睡觉。孔子说："腐朽的木头无法雕刻，粪土垒成的墙壁无法粉刷，对于宰予还能给他什么指责呢？"孔子又说："起初我对于人，听了他的话就相信他的行为；现在我对于人，听了他的话却还要观察他的行为。从宰予的表现我得到了改正。"

【注释】

寝：卧息。朽：腐烂。雕：同彫，彫刻。杇（wū屋）：同"圬"，涂墙，这里指粉刷。诛：指责。于予与改是："予"、"与"倒置，顺言即"于与予改是"。是：正。

【评析】

这一则，讲"听其言而观其行"，是判断一个人的正确方法。孔子好学，容不得弟子有懒惰行为，看到宰予白天睡觉，大大浪费了学习的美好时光，又与他平时说的好学的话联系起来，因而对他予以严厉的批评。"朽木不可雕也，粪土之墙不可杇也"。言外之意是宰予这个人不可救药了，没有教育好的希望了。孔子又说，他从宰予的行为改正了自己的"听其言而信其行"的错误，而要"听其言而观其行"了。可见孔子是善于体察生活实际的。但是，在这件事情上，他责备宰予未免过甚，判定其不可救药也违背了他提倡的循循善诱的为师之道。后来事实证明宰予并不是没有出息的。孔子晚年也很看重宰予。他说："德行：颜渊、闵子骞、冉伯牛、仲弓；语言：宰予、子贡；政事：冉有、季路；文学：子游、子夏。把宰予算做十个好学生之一。

"宰予昼寝"这段语录，当是孔子从政之前教学时说的。

【原文】

子曰："吾未见刚者。"或对曰："申枨。"子曰："枨也欲，焉得刚？"

【译文】

孔子说："我没有见过刚强的人。"有人回答说："申枨是。"孔子说："申枨欲望太多，怎么可能刚强呢？"

【注释】

刚：刚强不屈。枨（chéng 成）：姓申，名枨，字周，孔子的学生。欲：欲望，情欲。

【评析】

这一则，孔子讲到人无求品自高。一天，孔子感叹地说，我始终没有看见过一个够得上刚强的人。刚强的人是方正，并不一定脾气大，普通讲这个人很别扭，高帽子戴不上，骂他也不改变，这差不多有点像"刚"，但还要看他的品德、智慧、修养。孔子这里的"刚"，是指有本领没脾气的人而言。孔子讲了这句话，有个人说，有嘛！申枨，他不是很刚吗？孔子说："枨也欲，焉得刚？"申枨这个人有欲望，怎么能说是"刚"呢！一个人有欲望是刚强不

起来的，碰到你爱好的，就非投降不可。历史上有些人，"天子不能臣，诸侯不能友"。请他出来做官，他不干；任何权势拉拢他，理都不理。但是中国政治上有一个传统的手法，只要在人上者，肯"礼贤下士"，管你什么人，都会应聘，投降。有人认为你是天下第一，你不出来，奈天下苍生何？这时候你想想，觉得还不错，不妨出来试试。真正刚强的人是没有欲望的——无欲则刚。孔子认为，一个人如果欲望太多，不仅做不到"义"，更不可能做到"刚"。虽然他不普遍反对人们的欲望，但是想成为有崇高理想的君子，只有做到：不追求个人私利，不孜孜于富贵，不汲汲于贫贱，如此方可刚毅不屈，担当大任。

【原文】

子贡曰："我不欲人之加诸我也，吾亦欲无加诸人。"子曰："赐也，非尔所及也。"

【译文】

子贡说："我不愿意别人欺侮我，我也不愿意欺侮别人。"孔子说："赐啊，这不是你可以达到的。"

【注释】

欲：愿意。之：语助词，无实义。加：陵也，陵同"凌"，凌驾，即今语的"欺侮"。诸：介词，是"之于"的合音。"非"：承前省略代词"斯"，相当"这"。尔：代词，你。"所"：可以。及：至也，达到。

【评析】

这一则，是子贡向老师讲自己学问修养的心得。他说，我不喜欢人家加到我身上的那些事，我也不想有同样的情形加到别人身上。譬如有人骂我，我会觉得不高兴，因此我也不骂任何人。孔子听后便说：子贡呀！这是你做不到的呀！为什么呢？世界上任何一个人，只要是活着，一定烦恼了别人，这是必然的道理。譬如我们在这里研究《论语》，蛮轻松的，等会儿回家一看："老伴，怎么搞的？饭没做好！"我们在这里享受，那顿美餐的事就要老伴去做了。人活在世上是互助的，我们的幸福享受，一定有赖于人，甚至妨碍了别人。不过，如能常生警觉，想到妨碍了别人时，尽量少妨碍一点，已经是最好的道德了。所以说，绝对无私，绝对无欲，是做不到的。子贡的这

番话，正是孔子的"己所不欲，勿施于人"的补充。

【原文】

子贡曰："夫子之文章，可得而闻也；夫子之言性与天道，不可得而闻也。"

【译文】

子贡说："老师关于《诗》、《书》、《礼》、《乐》方面的学问，我们能够懂得；老师关于人性与天道的谈论，我们没能弄懂。"

【注释】

文章：此指《诗》、《书》、《礼》、《乐》。得：能，能够。而：句中助词，无实义。闻：知，懂得。

【评析】

这一则，是子贡追思孔子时所说的话。他说，我们跟了老师这么多年，所晓得的，只是他的文章。在他一生的教育事业中，对于人的本性与天道，极少谈到。除了"性相近也，习相远也"，其他的不得而闻。由于天道包含着天体自然变化与人间吉凶福祸的关系，所以对于一向不谈怪力乱神的孔子来说，就更加远避三舍了。虽然偶有"死生由命，富贵在天"的观点，却没有更多的玄虚之论。也有另一种说法，孔门的教育有不同的等次，不达到一定的水平不能越级，因为人的本性与天道的见解高深，所以学生们很少有机会听到。

【原文】

子路有闻，未之能行，唯恐有闻。

【译文】

子路得到一项知识，还没有去实行，就恐怕再得到知识。

【注释】

"有闻"：有，得到；闻，知识。有闻，是得到知识的意思。之：吴昌莹《经传衍释》卷九："之，犹有也"。这则最后一句中的"有"，同"又"。唯：发语词，无实义。

【评析】

这一则，讲子路力求言行一致的学风。子路尽管那么粗暴，那么冲动，但子路的品德特别好，武功也好，孔子的确喜欢他。他是后来在卫国出大乱的时候战死的。临亡时一身都是创伤，但他认为儒者之死，应该整其衣冠，扣好扣子，死得端正。这种精神修养，太不容易，他能如此，决非偶然。所以这里说子路最怕听到孔子讲话，为什么？因为他怕听到了，做不到，有愧于为学。道理明白了，行为要配合得上，此即所谓"履践"的工夫。学习的目的就是付诸实践。子路闻道则喜、闻道则行的处世态度，令人佩服。

【原文】

子贡问曰："孔文子，何以谓之'文'也?"子曰："敏而好学，不耻下问，是以谓之'文'也。"

【译文】

子贡问道："孔文子，为什么在他死后给他的称号叫'文'呢?"孔子说："他聪明并且爱好学习，向下面的人请教不以为耻，所以死后称他为'文'。"

【注释】

孔文子：姓孔，名圉（yǔ宇），字仲叔。春秋时期卫国大夫。"子"是尊称，"文"是谥号。谥号是根据一个人生前的表现，在他死后加的。"文"有"美"和"善"的意思。敏：聪明。而：并列连词，相当于并且。下：指社会地位比自己低的人和学问不及自己的人。

【评析】

这一则，是讲孔子对孔文子的评价。卫国大夫孔圉，死后谥作文。子贡问孔子"何以谓之文也"？孔子说："敏而好学，不耻下问，是以谓之文也。"一个人聪明——聪明的人不大好学的，而且聪明的人往往以为自己的学问够了，尤其我们现代人，容易犯这个毛病，好像自己什么都懂；现代人犯了一个更大的毛病，地位越高，好像自己的学问也随之而越高深了，这是很成问题的。要敏而好学，越聪明越好学，为自己，为事业都好，这才是了不起的人物。第二点更难了："不耻下问"，比我不如的人，也要虚心向他请教求证。人要有自知之明，那样行就是行，即使行了，也能问于不能，作为参考，这

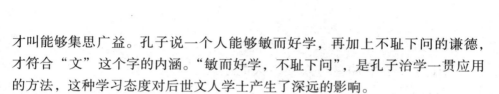

才叫能够集思广益。孔子说一个人能够敏而好学，再加上不耻下问的谦德，才符合"文"这个字的内涵。"敏而好学，不耻下问"，是孔子治学一贯应用的方法，这种学习态度对后世文人学士产生了深远的影响。

【原文】

子谓子产："有君子之道四焉：其行己也恭；其事上也敬；其养民也惠；其使民也义。"

【译文】

孔子评论子产说："他具有君子的四种美德：本人的行为，严肃庄重；他侍奉君主，恭敬谨慎；他供养民众，他重实惠；他役使民众，合乎时宜。"

【注释】

子产：姓公孙，名侨，字子产。郑国的贤相，是一位杰出的政治家。这则的四个"其"：都是代词，相当于他，指子产。四个"也"：为句中语助词，无实义。"行己"：倒装，即"己行"。恭：严肃庄重。事：侍奉。上：君主。敬：谨慎。养：供养。惠：恩惠，好处。义：宜也。

【评析】

这一则，是孔子对子产具有君子四种美德的评价。子产是历史上有名的好宰相，好政治家，孔子非常佩服他。他说子产自己严肃得很，管理自己非常恭谨，不马虎，这是很难得的。一个人对自己最易放松，往往认为错总是他人的，很少对自己的错误反省，而子产做到"行己也恭"，实在难得。同时又"事上也敬"，子产做首相，对于主上非常恭敬。恭是自己内心的肃诚，敬是对人对事态度上的严谨。"其养民也惠"，他能促使经济繁荣，对于社会百姓，大家能得其所养，安定生活，对社会有贡献，有恩惠给人民，因此老百姓感恩于他，他有命令下达时，个个服从。但是"其使民也义"，他又非常合理、合时、合法，人家乐意听他用，的确是大政治家的风范。我们拿这四点来做人处世，就是成功的一半，所谓君子之道，大有可望。孔子经过郑国，"与子产如兄弟"。郑国夹在晋、魏两大国之间，子产对内整顿、改革，对外不卑不亢，使郑国得到安全，受到尊重。子产有显著的政绩，是中国古代一位杰出的政治家和外交家。

【原文】

子曰："晏平仲善与人交，久而敬之。"

【译文】

孔子说："晏平仲善于和人交朋友，相交久了还是互相尊敬。"

【注释】

晏平仲：姓晏，名婴，字仲，"平"是谥号。他是齐国的大夫，曾任齐景公的宰相。而：副词，相当于"还"。敬之：互相尊敬。之：这个代词乃是《马氏文通》所说的没有"前词"的代词，所指代的是朋友双方。

【评析】

这一则，孔子讲晏平仲与人交朋友的事。晏平仲是齐国的贤大夫，任过齐景公的宰相，个子矮小，形容委琐，是很不起眼甚至丑陋的一个人，但在政治上大有作为，是历史上很有名的大政治家。孔子在这里说的不是他的执政作风，而是他的与人之道。他不大容易与人交朋友，如果交了一个朋友，就全始全终。我们都有朋友，但全始全终的很少，所以古人说："相识满天下，知心能几人？"到处点头都是朋友，但不相干。晏婴对朋友能全始全终，"久而敬之"，交情越久，他对人越恭敬有礼，别人对他也越敬重；朋友之道，最重要的就是这四个字——"久而敬之"。在此，孔子一方面是赞扬晏婴，一方面则是希望他的众弟子以晏婴为榜样，学习他的"善与人交"，互敬互爱，成为有道的人。

【原文】

子曰："臧文仲居蔡，山节藻棁，何如其知也？"

【译文】

孔子说："臧文仲给大乌龟壳盖了一间很讲究的房子，斗拱上雕刻着山景，梁柱上画着水草，为什么他的智慧水平竟是这样呢？"

【注释】

臧文仲：姓臧孙，名辰，鲁国的大夫。居蔡：使蔡居住。蔡，古代人称大乌龟为"蔡"。古人卜卦用龟，认为越大越灵。节：柱上头拱。棁（zhuō卓）：梁上短柱。

【评析】

这一则，是讲孔子批评臧文仲的玩物丧志。鲁国大夫臧文仲居蔡，把一个大乌龟藏在自己家里，修了一间房子，把这大乌龟供起来。这间供大乌龟的房子，漂亮极了。"山节藻棁"，就是古代木质的建筑物，在梁柱上雕刻有山水。"藻"是海藻的花纹浮雕。为了供一只乌龟，特别在家里修一栋建筑物，又修得那么漂亮、华丽、奢侈。一般人认为臧文仲很有智慧，很有学问。孔子就说："何如其知也？"——这个"知"读"智"——像他做这样事情的人，为什么一般人说他很有智慧呢？孔子认为臧文仲做这件事太不懂事，几乎是近于无知。他相信一个人到了某种地位时，一举一动，都会影响到社会风气。现代社会如果一个有权位的人家，给一只小狗盖栋小洋房，那就太过分了。当一个社会正处在艰难困苦的时期，这样做更是不应该的，这怎能算是智呢？

【原文】

子张问曰："令尹子文，三仕为令尹，无喜色；三已之，无愠色。旧令尹之政，必以告新令尹，何如？"子曰："忠矣。"曰："仁矣乎？"曰："未知，焉得仁。"曰："崔子弑齐君，陈文子有马十乘，弃而违之。至于他邦，则曰：'犹吾大夫崔子也。'违之。之一邦，则又曰：'犹吾大夫崔子也。'违之。何如？"子曰："清矣。"曰："仁以乎？"曰："未知，焉得仁？"

【译文】

子张问道："令尹子文，曾三次被任命为令尹，他没有喜悦的脸色；三次被免职，他没有恼怒的脸色。他每次被免职时都是把以往的事告诉新令尹。这个人怎么样？"孔子说："是一位忠臣啊！"子张说："可算是仁者吗？"孔子说："不知道，怎么能算得上仁者呢？"子张又说："崔杼杀了齐国的国君，陈文子有四十匹马，舍弃不要，离开齐国。到另一个国家去，到了这个国家，了解一些情况之后就说：'这里当权的人和我国大夫崔杼一样。'离开这个国家。又到另一个国家，了解一些情况又说：'这里当权的人和我国大夫崔杼一样。'又离开这个国家。这个人怎么样？"孔子说："可以说清白了。"子张说："可以算是仁者吗？"孔子说："不知道，怎么能算得上仁者呢？"

【注释】

令尹：春秋时楚国执政者上卿称令尹，相当后世的宰相。子文：曾为楚国令尹，辅佐楚成王称霸。三仕：三次做官，"三"，这里当实指。"三已之"：已，罢免，黜退。之：代词，指令尹职位。崔子：齐国大夫崔杼。齐君：齐庄公。弑（shì 示）：古代称臣杀君为弑。陈文子：齐国的大夫，即须无。十乘（shèng 剩）：四十匹马。四匹马为一乘。弃：舍弃。违：去，离开。之：代词，指齐国。"之一邦"的"之"：动词，去到之意。

【评析】

这一则，讲孔子对楚令尹子文和齐大夫陈文子的评价，说前者"忠"，后者"清"。如果做官，必须学学令尹子文，三次上台，不喜；三次下台，不愠。上台应该的，你交给我做，只要能够做的，我尽力去做；下台，最好，我休息休息，给别人做，心理无动于衷。这还不怎么难，最难的是："旧令尹之政，必以告新令尹。"自己所做的事情，一定详详细细告诉后面接任的人该怎么办。普通交接，只说："这事我办了一半，明天你开始接下去。"就这样了事。令尹子文，则把事情的困难、机密，都全部告诉接印的新人。这说的是令尹子文对国家的尽忠负责。陈文子也是齐国的大夫，和崔子是同事，地位相当。古代的交通工具，一部车子为一乘，用四匹马驾驶。"有马十乘"，就是有十部马车，一共四十匹马。"弃而违之"，对崔子的叛变看不下去，偌大财产都丢掉不要，逃离了齐国。"之于他邦"，又流浪到别的国家。春秋战国时，整个世界都一样，都在混乱中，大臣都和崔子一样，没有一个好东西！子张问孔子，老师，像陈文子这个人，您看，了不起吧？孔子说，好！很清高。孔子认为，子文和陈文子，一个忠于国君，算是尽忠了；一个不与逆臣谋事，算是清高了。但俩人都算不上"仁"。在孔子看来，忠只是仁的一方面，清只是为维护礼而献身的殉道精神。可见"仁"是修身最高尚、最完美、最理想的境界，不是那么容易达到的。

【原文】

季文子三思而后行。子闻之，曰："再，斯可矣。"

【译文】

季文子做事总是经过三次考虑后才行动。孔子听到以后说："思考两次，就可以了。"

【注释】

季文子：姓季孙，名行父，"文"是谥号，鲁国大夫。"三思"：当为实指，不是多次的意思。"再"：下承上文"三思"，省略"思"字。斯：副词，相当于"则"、"就"。

【评析】

这一则，讲孔子批评季文子做事太小心，太仔细，不好。季文子是鲁国大夫，据《左传》所记先后做事，非常计较个人得失祸福，过于世故，他的"三思而后行"，往往流于琐屑和徇一己之私。所以孔子说：两次，也就够了。一个人总是纠缠在个人得失祸福之中，心境难以和平，处世难以从容，对于他人他事，容易失之偏颇，对于自己，活得很累，也难踏实。深于世故的人往往为世故左右，牵念于蝇头微利，蜗居虚名，还有什么胸怀来容纳这个世界。人世间本自有起起落落，坎坎坷坷，失失得得，竟没有一刻之平静，人生因此显得益发的仓促和匆忙。如果再是庸人自扰，万般欲念牵绕心头，更何以有广博的胸怀顾及他人他物。

【原文】

子曰："宁武子，邦有道，则知；邦无道，则愚。其知可及也，其愚不可及也。"

【译文】

孔子说："宁武子，国家政治清明，他就发挥才智；国家政治昏暗，他就装傻。他的智慧别人可以赶得上，他的装傻别人是赶不上的。"

【注释】

宁武子：姓宁，名俞，"武"，是谥号，卫国大夫。知：同"智"。愚：这里指装傻。

【评析】

这一则，孔子讲宁武子的聪明可以学到，愚蠢则学不到。经历卫国，由卫文公到卫成公，两个朝代完全不同，宁武子却安然地做卫国的两朝元老。"邦有道则知"，国家政治上了轨，他的智慧、才能发挥出来，了不起！可是后来到了卫成公的时候，政治、社会，一切都非常混乱，情况险恶，他还在

朝，也参加了这个政治，可是他在"邦无道"的时候，却表现得愚蠢鲁钝，好像什么都很无知。但从历史上看出他并不笨，他对于当时的政治、社会，在无形之中，在局外人看不见的情况下，在努力挽救。表面上好像他碌碌无能，没有什么作为，可是他对于国家、社会真的做了事。所以孔子给他一个断语："其知可及也，其愚不可及也。"他说宁武子那种聪明才智的表现，有的人还可做得到，但处于乱世的那种愚笨表演，就学不到了。的确，聪明难，糊涂更难。无怪乎清代名怪郑板桥奋笔狂书"难得糊涂"了。

【原文】

子在陈曰："归与！归与！吾党之小子狂简，斐然成章，不知所以裁之。"

【译文】

孔子在陈国时说："回去吧！回去吧！我家乡的学生们志向远大而行为粗疏简略，文彩也很可观，但不知怎样来节制自己。"

【注释】

陈：国名，约在今河南东部和安徽北部一带。与：同"欤"，语气词。党：户籍基层单位，五百户为"党"。这里指故乡。小子：学生。狂简：志向远大而行为粗率。斐（fěi 匪）：有文彩的样子。成章：文理成就可观。裁：节制。

【评析】

这一则，讲孔子周游列国，到晚年的时候，要想回来讲学的自白。孔子周游列国，对于国家天下大事，了然于心。"狂简"是两个典型。豪迈、慷慨，多半年轻人喜欢的个性和作风就是"狂"。轻易、草率，对国家天下事掉以轻心，就是"简"。"吾党之小子狂简"，是说跟自己的这般年轻人，蛮有豪气，看天下事太容易了。虽然文采不错，"斐然成章"议论纷纷，毕竟还未成器。像现代许多年轻人搞的书刊著作，大谈国家天下事，头头是道，但文章是文章，天下事是天下事。要做到事理合一，非有几十年亲身艰苦的经历，是不会了解的。"不知所以裁之"这句话，是说年轻人有够狂的豪气，凡事看得太容易太简单。文章见解固然有，却不知道仲裁，不知道节制。如何是该不该？怎样是能不能？都不考虑。学问之道，最难的是如何中肯仲裁。像做

衣服的技师一样，要把一块布裁剪成一件合身而大方的衣服，这是一门不简单的学问。所以孔子一心要回到鲁国，为了教育好后一代，献身于文教的千秋事业。

【原文】

子曰："伯夷、叔齐不念旧恶，怨是用希。"

【译文】

孔子说："伯夷、叔齐不记旧仇，因此怨恨他们的人很少。"

【注释】

伯夷、叔齐：商朝末年孤竹君的两个儿子。父亲死后，他们二人因互让君位出逃。周灭商后，他们耻食周粟，隐居在首阳山，采薇而食，终于饿死。旧恶：凤怨，旧仇。"怨是用希"：皇侃疏："希，少也"；"是"，表示因果关系，相当于"因此"，"用"，虚词，无实义，起声音调节作用；这是一个倒装句，顺着说，即"是用怨希"。希：同"稀"，少。

【评析】

这一则，孔子讲伯夷、叔齐不怀恨别人、宽容别人的美德。伯夷、叔齐，是商朝末年孤竹君的两个儿子。父亲死后，兄弟二人互相让位，都逃到周文王那里。周武王起兵伐纣，他们认为这是以臣弑君，不忠不孝，也是"以暴易暴"，曾加以阻拦。待周统一天下后，他们以吃周朝的粮食为耻，最终因守节而饿死在首阳山中。孔子到处提到他们，非常尊敬他们、崇拜他们。在这里又提到伯夷、叔齐不念旧恶的美德。过去有人对不起他们的，过去了就算了，不怀恨在心。孔子从他们不念别人旧恶的角度，对其大加赞扬，因此别人就不记他们的旧怨了。其实，这也是为人处世应有的态度。

【原文】

子曰："孰谓微生高直？或乞醯焉，乞诸其邻而与之。"

【译文】

孔子说："谁说微生高这个人直爽？有人向他要点醋，他向邻居转要了一点给人家。"

【注释】

微生高：姓微生，名高，鲁国人，以直爽著称。醯（xī 西）：醋。焉：之

于，即向他。与之：给他，指讨醋的人。

【评析】

这一则，讲微生高"乞诸其邻事"。孔子批评微生高不实事求是，认为向邻居去转要香醋，有"借花献佛"之嫌。但具体事情要作具体分析。也可能正因为微生高家无香醋，为解讨醋人的急时之需，无醋而去借，这恰恰说明其诚信可嘉，况讨醋的并不相识，更不知谁家有醋。这是情由之事，只要微生高说明情况，也是无可厚非的。

【原文】

子曰："巧言、令色、足恭，左丘明耻之，丘亦耻之。匿怨而友其人，左丘明耻之，丘亦耻之。"

【译文】

孔子说："花言巧语，假装和善，过分卑恭，左丘明认为可耻，我也认为可耻。内心隐藏着对人的怨恨而表面上装出友好的样子，左丘明认为可耻，我也认为可耻。"

【注释】

足恭：过分恭顺。左丘明：鲁国的史官，相传，是《左传》的作者。匿（nì 逆）：隐藏。友：结交，动词。

【评析】

这一则，讲孔子正好与贤人左丘明的思想不谋而合。孔子说，左丘明讨厌说假话做假事的人，我也和左丘明一样，讨厌这种人。明明对人有仇怨，可是不把仇怨表现出来，暗暗放在心里，还去和所怨恨的人故意周旋，像这样的人，他的行径就太不对，用心也太奸险了。孔子反对"巧言令色足恭"、"匿怨而友其人"的恶习，正好与贤人左丘明的思想不谋而合。

【原文】

颜渊、季路侍。子曰："盍各言尔志?"子路曰："愿车马、衣裘与朋友共，敝之而无憾。"颜渊曰："愿无伐善，无施劳。"子路曰："愿闻子之志。"子曰："老者安之，朋友信之，少者怀之。"

【译文】

颜渊、子路站立在孔子的座位旁边。孔子说："何不各人讲讲自己的志

愿?"子路说:"我愿把自己的车马、皮袍和朋友共同享受,用坏了也没有什么不满意。"颜渊说:"我愿做到不夸耀自己的好处,自己认为劳苦的事情,不交给别人做。"子路说:"愿意听听老师的志愿。"孔子说:"让老年人安逸,让朋友互相信任,让年少的人得到关怀。"

【注释】

季路:即子路。侍:侍立,地位低的人陪伴在长者的身边。盍(hé 何):何不。尔:你们。裘:皮衣。"裘"字前原有"轻"字,根据考证,"轻"字是后人误加的,故删去。"敝之":敝,坏;之,用。敝之,为倒装句,顺说,即"之敝"。憾:不满意。伐:夸耀。施:交给,给予。劳:劳苦的事。

【评析】

这一则,是师生闲谈,说到今后的志向。一天颜渊和子路站在孔子旁边,闲谈。孔子就说:你们年轻一代,把自己的愿望、志向讲出来听听看。子路是很有侠气的一个人,胸襟很开阔。他说,我要发大财,家里有好多小轿车,冬天有好的皮袍、大衣穿,还有其他很多富贵的豪华的享受。但不是为自己一个人,希望所有认识我的人,没有钱,向我要;没饭吃,我请客;没房子,我给住。凡是我的朋友,衣、食、住、行都给予上等的供应。"与朋友共"的道义思想,绝不是个人享受。"敝之而无憾",用坏了拉倒!颜渊却是另一面的人物,他的道德修养非常高,与子路完全是两个典型。他说,我希望有最好的道德行为、最好的道德成就,对于社会虽有道德贡献,却不骄傲。"无伐善",有了好的表现,可是并不宣传。"无施劳",自己认为劳苦的事情,不交给别人做。"施劳"的意思,这样解释好。圣贤则不想把自己的烦恼、痛苦放在别人的肩膀上,而想担起天下人的烦恼与痛苦。所以颜渊讲"无施劳",就是说不要把自己的烦恼痛苦放在别人身上,这是颜渊的所谓"仁者之言"。孔子听了以后,还没说话。子路连忙说:"老师,说说您的心愿看。"孔子说了:"老者安之,朋友信之,少者怀之。"这就是《礼运》篇中大同思想的实现,这是最难达到的。"老者安之",社会上所有老年的人,无论在精神和物质方面,都有安顿。"朋友信之",社会上朋友之间,能够互相信任,人与人之间,没有仇恨,没有怀疑。"少者怀之",年轻人永远有伟大的怀抱,永远有美好的理想、美丽的盼望。也可以说永远要爱护他们,永远关爱年轻的一代。我们仔细研究,如果这三点都能做到,真是了不起的人。因为这三点,对上一代,自

己这一代，以及下一代都有交代。此即圣人境界也！师生畅谈各自的志向，想想这种情景，真是令人羡慕。年龄不同，性格各异，视角有别，所述志向有所不同。然而，这种交流是积极的、有益的、惬意的，值得我们学习、借鉴的。

【原文】

子曰："已矣乎！吾未见能见其过而内自讼者也。"

【译文】

孔子说："算了吧！我没有看见过谁能发现了自己的错误就能从内心对自己进行责备的。"

【注释】

已：完了。讼：责备。第一个"见"字，义为看见，见到；第二个"见"同"现"，是发现。其：反身代词，即自己。而：连词，相当于"则"、"就"。内：内心，心里。

【评析】

这一则，孔子讲人性最大的弱点，就是原谅自己。例如吸烟的人，戒烟非常难，看见了烟，理智告诉自己要戒，然而手却下意识地会伸出去取烟。其实人生随时随地都是如此，每个人都有理智，都很清醒，有的事不愿做，但欲望一起，就压不下去，理智始终克服不了欲望。同时，人们对于别人的错误容易注意，但自己的错误往往忽视了。即使有人明知自己有错，也因顾及面子或其他原因而拒绝认错，更谈不上从内心责备自己。更有甚者，自己犯了错误，不肯认真检查自己，反把责任推向别人，这是多么的可悲。一个人如果不在外力的作用下，当自己犯下错误，能进行及早的自我反省，自我检查，自我责备，如此就是最难能可贵的了。

【原文】

子曰："十室之邑，必有忠信如丘者焉，不如丘之好学也。"

【译文】

孔子说："就是有十户人家的小村子里，必定有像我孔丘这样忠诚、信实的人，却没有像我孔丘这样爱好学习的。"

【注释】

邑：人群居的村落，三十家为邑。"十室之邑"，是一个很小的村落了。

【评析】

这一则，是孔子的自我点评。孔子说，在十户人家的小村子里，也一定有讲学问道德的人。对事的忠，对人的信，都像我一样，只是不像我一样肯努力去多方学习而已。孔子认为许多人有天才，但没有加上学识的培养，因此没有成就。就道德心理而言，问题也是一样。任何人都有道德的基本因素，只是因为没有学养，不知道把这种道德心理的基本因素培养出来。要使这种心理上善良的本质见之于行动，就必须加上学问的陶冶。忠信和好学，是一个人立身处世应具备的基本品质，两者都为社会上每人所必备的。孔子，作为一代圣人，他认为自己的忠信不是最突出的，因为在只有十户人家的小村子里，就有像他那样讲求忠信的人。但他断言自己很好学，表明他承认自己的德性和才能是学来的，并不是"生而知之"。可见，孔子是一个十分坦率直爽的人，这就是圣人的本色。

雍也篇第六

《雍也》这一篇，谈以德进升的事，继续拿实例来说明孔门的"学问"之道。

【原文】

子曰："雍也，可使南面。"

【译文】

孔子说："雍也，可以让他做一个地方的长官。"

【注释】

雍：姓冉，名雍，字仲弓，孔子的学生。南面：面向南。古代以面向南的座位为尊，天子、诸侯，卿大夫坐堂听政，都是面向南。使南面：这里指可做卿大夫之类的大官。

【评析】

这一则，孔子说冉雍有做官的才能。冉雍本来是最可怜的人。他的父亲出身于贫贱家庭，如以阶级观念来讲，他的父亲是所谓下等人，可是他的儿子却资质非凡。从这件事可以看出孔子在上古时代那种注重阶级的社会里，并不考虑这些。他只问一个青年是不是人才，如果是一个人才，该如何就如何。所以，后来他一再鼓励冉雍。当然，冉雍对于自己的出身、自己的家庭，难免心理上有种自卑感。孔子告诉他，不必存有这种心理，一个人要靠自己站起来。在众弟子中，冉雍是一位属于德行超群、才干出众的君子。作为老师，孔子对诸弟子都有深刻的了解，所以他认为冉雍是一个做官的人才。

【原文】

仲弓问子桑伯子。子曰："可也，简。"仲弓曰："居敬而行简，以临其民，不亦可乎？居简而行简，无乃大简乎！"子曰："雍之言然。"

【译文】

仲弓问子桑伯子这个人怎么样。孔子说："这个人还可以，处事简要。"仲弓说："平时严肃认真，因而处事简要，这样来治理他管辖之下的民众，不也可以吗？平日怠惰因而处事简单草率，那恐怕就太简要了！"孔子说："冉雍的话很对。"

【注释】

子桑伯子：人名，事迹不详。敬：严肃慎重。而：因果连词，相当于"因而"、"所以"。简：简要。临：治，治理。其：代词，他。居：平时。此处第一个"简"字义为"怠惰"，第二个"简"字义为"简单草率"。大：古代词"太"，副词，表示程度过分。无乃：副词性结构，一般与"乎"字等语气配合，组成测度句，带有感叹和反问的语气，相当于"恐怕"、"莫不是"、"是不是"等。

【评析】

这一则，孔子同意冉雍对子桑伯子的评价。孔子说子桑伯子从简，一切都是简单，近乎豁达，批评得简单明了。冉雍却提高到他的思想，说做一个领导人"居敬而行简"，如果对一件事、一个人，都是敬重的心理，事情自然就可以简要。这样来处理老百姓的事情，和一般社会的事务，就对了。但如果说内心，没有尊重这件事情，没有重视行政组织，没有"敬业"的心理，只是满不在乎，以此来标榜简要，以简要的目的来实行简要，就变成一种权术、一种手段，就不是政治的道德，这样就未免过分简要。冉雍认为，简要只是手段，不是根本目的。如果丢弃了以德立身的大目标，单纯简要是毫无意义的。

【原文】

哀公问："弟子孰为好学？"孔子对曰："有颜回者好学，不迁怒，不贰过。不幸短命死矣。今也则亡，未闻好学者也！"

【译文】

鲁哀公问："你的学生中有哪些是好学的呀？"孔子回答说："有一个叫颜回的好学，他不把心里积下的怒气迁向别人，他不重复自己犯过的错误。不

幸他的寿命短，已经死了。现在就没有了，不知道有谁好学了！"

【注释】

贰：副词，居于次要地位，引申为重复。亡：同"无"。闻：知道的意思。

【评析】

这一则，写孔子对颜回的称赞之词。现在要研究的是"不迁怒，不贰过"，这六个字我们一辈子都做不到。孔子也认为，除了颜回以外，三千弟子中，没有第二个人了。"迁怒"，就是对别人乱发脾气。唐代魏征在朝廷上当面劝谏，唐太宗觉得尊严受伤，回到后宫，怒气冲冲地说：魏征这个乡巴佬，处处与我过不去，我要杀了他。自己有过失不反省，反而恨别人，这就是迁怒了。"不贰过"，即不重复错误，只犯一次即接受教训。尽管颜回以及孔子未必能够做到，但是"不贰过"这个提法却是深刻的，终身"无过"的圣人是没有的，"不贰过"就是很了不起的了。

【原文】

子华使齐，冉子为其母请粟。子曰："与之釜。"请益。曰："与之庾。"冉子与粟五秉。子曰："赤之适齐也，乘肥马，衣轻裘。吾闻之也：君子周急不继富。"

【译文】

子华出使齐国，冉有替他母亲请求补助谷子，孔子说："给她六斗四升。"冉有请求再增加一些。孔子说："再给她二斗四升。"冉有给了她谷子1280斗。孔子知道后说："公西赤前往齐国，坐的是肥壮的马拉的车子，穿的是又轻又暖的皮袍。我听说，君子只救济急切待救的人，不给富裕的人增加财富。"

【注释】

子华：姓公西，名赤，字子华，孔子的学生。冉子：《论语》中，孔子弟子称"子"的不过曾参、有若、冉有几个人，因之这冉子，当然就是冉有。粟（sù 诉）：谷子。釜（fǔ 府）：古代器量名，六斗四升为一釜。益：增加。庾（yǔ 羽）：古代器量名，二斗四升为一庾。秉（bǐng 丙）：古代器量名，十六斛（hú 胡）为一秉。十六斗为一斛。适：前往。骑：春秋典籍不见"骑"

字，这里说的"乘肥马"，即坐着肥马拉的车子。衣：穿，动词。周：周济，救济。继：接济。

【评析】

这一则，乃孔子借题发挥之文。其题乃是公西子华出使齐国，因时日紧迫，无暇顾家，去后其母生活窘迫。冉有得知，便想周济公西子华之母，于是告知老师。师闻其状，即刻允诺，并说出给公西子华母的米数。然冉有未遵师意，擅自多给，故孔子借"题"发挥，而说出好钢用在刀刃上，帮人帮到关键处，周济人应当是雪中送炭，绝不是锦上添花，使富人更富。孔子的借题发挥之言，极富生活真谛，他见缝插针，不失时机地对弟子进行教诲，很值得今日为人父母、为人师长的人们好好学习。

【原文】

原思为之宰。与之粟九百。辞。子曰："毋！以与尔邻里乡党乎！"

【译文】

原思当了孔子家的总管。给他谷子九百（斗）。原思辞谢不受。孔子说："别！拿去分给你的同乡邻居嘛！"

【注释】

原思：姓原，名宪，字子思，孔子的学生。孔子在鲁国当司寇（司法官）时，原思在孔子家当总管。宰：大夫家的总管。之：无前词的代词，指孔子。与之："之"，代词，指原思；"与"字前省略了主语，即孔子。毋（wú 无）：别。以：用、拿。与：给予、分给。尔：你。邻里乡党：这里指原思家乡的穷人。古代以 5 家为邻，25 家为里，12500 家为乡，500 家为党。

【评析】

这一则，讲孔子对原思无私之心的赞美。孔子当政时，"原思为之宰"。这个"宰"是家宰，用今天的职务来说，相当于总务。孔子"与之粟九百"，这个九百的数字，到底有多少，无法考据，总之很多。"辞"，原思谢绝不受，但是，孔子说，你不要推辞，你用不完可以周济那些贫穷的乡亲邻里嘛！

这里两则语录记载孔子出仕当政时，两种不同的态度。公西赤外放当大使，同学帮忙，要求多发一点安家费，孔子认为并不需要；而原思经济状况

较差，当他为孔子当总务的时候，孔子把他的待遇提得特别高，原思不要，孔子却反而劝他收下。从这个故事，我们看到孔子做之君、做之亲、做之师的风范。除了是行政长官的身分之外，还身兼父母、师长之责，随时以生活的事例来教育学生，这也就是后世儒家所该效法其教化精神的重点之处。

【原文】

子谓仲弓曰："犁牛之子骍且角，虽欲勿用，山川其舍诸？"

【译文】

孔子评论仲弓时说："耕牛生的小牛，毛色赤，角也长得周正（正是做祭品的材料）；虽然人们不想用它做祭品，山川之神难道会舍弃它吗？"

【注释】

仲弓：即冉雍。犁牛：耕牛。骍（xīng星）：赤色。角：周正。据说仲弓的父亲是贱人，犁牛，比喻仲弓的父亲；犁牛之子，比喻仲弓。"犁牛之子骍且角"，比喻仲弓有做官的才能。这里指仲弓虽然出身贫贱，但仍可做官。山川：山川神，这里比喻上层统治者。其：难道。舍：舍弃。

【评析】

这一则，讲孔子以"犁牛之子"作比，再次劝冉雍在心理上不必有自卑感。"犁牛"是一种杂毛牛的名称。但在古代这种杂毛牛，除了耕种，没有其他的用途。尤其在祭祖宗、祭天地等庄严隆重的典礼中，一定要选用色泽光亮纯净的牛为牺牲。但这条杂毛牛却生了一条赤黄发亮、头角峥嵘的俊美小牛。虽然杂毛牛的品种不好，但是只要这头小牛本身条件好"虽欲勿用"，即使在祭祀大典中，不想用它，"山川其舍诸"？山川神灵也不会舍弃它的。在这里，孔子是说，天地之神也一定启示人们，不会把有用的人才弃之不用的。这也是告诉冉雍，你心里不要有自卑感，不要介意自己的家庭出身如何，只要自己真有学问，真有才能，真站得起来，别人想不用你，天地鬼神都不会答应的。这样，你就不必为得失而萦绕在心，因穷达而悲喜于怀，人生便可以看得平淡豁达。所以，后生弟子，不要怕人不知你重用你，只怕自己没有本领。

【原文】

子曰："回也，其心三月不违仁，其余则日月至焉而已矣。"

【译文】

孔子说："颜回呀，他的思想能在很长时期内不违背仁德，其他的人，不过是偶然能达到不违背仁德罢了。"

【注释】

三月：指时间长。日、月：指时间短。

【评析】

这一则，讲孔子赞叹颜回的仁德。孔子说颜回能把仁的境界一直保持上三个月。至于其他的同学们，只是偶然地"日月至焉"而已。或是一天有一次仁的境界，或是几天有一次，或者一个月有一次。颜回是孔子最得意的门生，颜回对仁的不停地追求发现，持之以恒地沉静体验，是孔子一直倡导的品德。所以孔子一再赞叹颜回！

【原文】

季康子问："仲由可使从政也与？"子曰："由也果，于从政乎何有？"曰："赐也可使从政也与？"曰："赐也达，于从政乎何有？"曰："求也可使从政也与？"曰："求也艺，于从政乎何有？"

【译文】

季康子问："仲由这个人可以让他治理国家大事吗？"孔子说："仲由做事果断，对于治理国家大事有什么困难呢？"季康子又说："端木赐可以让他治理国家大事吗？"孔子说："端木赐通达人情事理，对于治理国家大事有什么困难呢？"季康子又说："冉求可以让他治理国家大事吗？"孔子说："冉求多才多艺，对于治理国家大事有什么困难呢？"

【注释】

季康子：姓季孙，名肥，"康"是谥号，鲁国的大夫，哀公时任宰相。从政：指的是治理国家大事，作季氏的家臣，不在其内。与：同"欤"，疑问语气词。果：果断。达：通达事理。艺：多才多艺。

【评析】

这一则，讲孔子对他的学生从政能力充满了自信与自豪。季康子，鲁国的大夫、权臣。有一天向孔子打听他学生的才干。孔子一一做答。由此我们

可以看出这些学生们的性格，同时也可以看出孔子认为从政所必备的学养。总的来说，他们三人"从政"，是能胜任愉快的。这不是盲目的推许，而是在了解了每个学生的基础上做出的评论。子路果敢有决断能力，端木赐通达有洞察的智慧，冉求多才多艺有优游容与挥洒自如的气质。虽然不是通才，但各有所长，如能有所发挥，"从政"有何难哉！

从政与达成仁境是不同的。从政是以其所学而致力于对现实的运用，可以因其不同的特长、不同的角度而达成不同的成就，所以孔子对他的学生是赞许的，充满了信心，同时也表达了量才为用、知人善任的用人看法。人们需要有勇气和信心，但也需要有自知之明。

【原文】

季氏使闵子骞为费邑宰。闵子骞曰："善为我辞焉！如有复我者，则吾必在汶上矣。"

【译文】

季氏派人来告诉闵子骞说让他做费邑的长官。闵子骞对来人说："你好好地替我推辞掉吧！如果再来找我，我就逃到汶水的北边去了。"

【注释】

季氏：季孙氏，鲁国的大夫。闵子骞（qiān 牵）：姓闵，名损，字子骞，孔子的学生。费：季氏的封邑，在今山东费县的西北。宰：县长级的官。复我：再来召我。汶（wèn 问）：汶水，在山东，当时流经齐国和鲁国之间。汶上：即汶水之北，暗指齐国。

【评析】

这一则，讲闵子骞不愿做费邑的长官。在闵子骞看来，季氏"富于周公"，得的是不义之财，超过了他的爵位，故不愿在他的手下当官。联系上一则看，其实也有含义在。孔子推荐学生出来为季氏做事，其内心是不愿意的，却又承认他推荐的学生的确有"从政"的才能。只是要表明自己的态度：不是不能做，而是不愿做。所以这一则就记述了闵子骞辞官的事。这是对上一则语录的补充说明，虽然有用世之心，也有用世之能，但并非毫无选择。有才能还得有道义之辨。儒家思想并不是鼓励人们盲从统治者，做统治者的驯服工具。

【原文】

伯牛有恶疾，子问之，自牖执其手，曰："亡之，命矣夫！斯人也而有斯疾也！斯人也而有斯疾也！"

【译文】

伯牛患了大麻疯，孔子去看望他，从窗户里握着他的手，说："没办法呀！这是命呀！这样的人竟有这样的病！这样的人竟有这样的病！"

【注释】

"伯牛有恶疾"：现存《论语》各本都无"恶"字；《史记·仲尼弟子列传》引此可有"恶"字，按下文，伯牛所患绝非普通疾病，理应有"恶"字，无"恶"字，盖传抄时遗漏。"恶疾"，究竟是患什么毛病？《淮南子》曰："伯牛癞"。"癞"，即大麻疯。伯牛：姓冉，名耕，字伯牛，孔子的学生，孔子认为他有德行。牖（yǒu 友）：窗户。因为伯牛患了恶疾，不愿见人，孔子只能从窗户伸手进去握他的手。"亡之"：亡，同"无"，没有的意思；之，代词，指代下文"斯人也而有斯疾也"。斯：这。

【评析】

这一则，记孔子关心、探望伯牛的疾病。伯牛是孔子的学生，孔子探病站在窗外而不进去，又如此沉痛，这样的人竟有这样的病！人在伤心悲痛的时候往往呼天喊地，在无可奈何的境地，最容易委任于命运，这是人心情感自然的流露。孔子说：没有办法呀，命呀！是对伯牛的不幸发出内心真挚的同情，和慈父一般的牵挂、焦虑和担忧。可见所谓命，就是一种无可奈何的实际遭遇，人力所无法挽回，也不知其所由来的事。

【原文】

子曰："贤哉，回也！一箪食，一瓢饮，在陋巷，人不堪其忧，回也不改其乐。贤哉，回也！"

【译文】

孔子说："道德高尚啊，颜回！他用一个箪吃饭，一个瓢喝水，住在简陋的小巷子里，别人都忍受不了这种困苦，颜回却不改变他自有的快乐。道德高尚啊，颜回！"

【注释】

贤：贤有两义，指德行和才能，这里着重的是德行。箪（dān 丹）：古代盛饭的圆形竹器。瓢：剖葫芦做成的饮水器。"在陋巷"：在，居住于；陋，狭隘简陋。堪：可，能。忧：困难，困苦。

【评析】

这一则，孔子主要赞叹颜回的德行。这几句话看起来非常简单，但是要自己身体力行，历练起来，就不简单了。孔子第一句话就赞叹颜回，然后说他的物质生活，"一箪食"、"一瓢饮"、住在贫民窟里一条"陋巷"中。任何人处在这种困苦的环境，心里的忧愁、烦恼都是吃不消的。可是颜回仍然不改其乐，心里同样畅快。这实在很难，物质环境苦到这样的程度，心境竟然恬然依旧，在"三千弟子"当中，唯有颜回才有这个修养。人，总是要有一点精神的。为了自己的理想，就要不断追求，即使生活清苦困顿，也要自得其乐。这，正是孔圣人要告诉我们的知心话。

【原文】

冉求曰："非不说子之道，力不足也。"子曰："力不足者，中道而废，今女画。"

【译文】

冉求说："我不是不喜欢老师的学说，是我的力量不够。"孔子说："力量不够的人，是走到中途走不动了才停止，现在你是先划定一个界限停止不进了。"

【注释】

说：同"悦"。女：同"汝"，你。画：划定一个界限，停止前进。

【评析】

这一则，讲孔子对冉求的批评。有一次，冉求对孔子说，老师，您不要老是说我不努力，我对您的学问非常敬仰，只是我做不到，力不能及。"今女画"，是孔子对冉求尖锐、严肃的批评，也是对于冉求所说"非不说子之道，力不足也"的驳斥，并警告冉求不要中途而废，与师决裂。孔子与冉求这一对话，当在孔子归鲁后与作为季康子总管的冉求发生尖锐矛盾之后，大概就在季氏伐颛臾，孔子反对，而冉求支持之时。

【原文】

子谓子夏曰："女为君子儒！无为小人儒。"

【译文】

孔子对子夏说："你应该去做君子式的儒者！不要去做小人式的儒者。"

【注释】

女：同"汝"，你。

【评析】

这一则，是孔子教子夏应做怎样的"儒者"。"儒"是人类社会所需要的人，所以在"人"字旁边加一个需要的"需"字，便成了儒。社会当中不可缺少的人，这就是"儒者"。我们都称孔孟思想为儒家学说，但是究竟什么样子才能叫"儒"呢？孔子提出来分为两种：一种叫君子之儒，一种叫小人之儒。书读得很好，文章写得很好，学理也讲得很好。但除了读书以外，把天下国家交给他，就出大问题，这就是所谓的书呆子——小人儒。所以，处理国家天下大事，不但要才、德、学三者兼备，还要有真正的社会体验，如果毫无经验，只懂得书本上的那一套，拿出来是行不通的。不知道天下事的现实情状就行不通。比如说，美国总统到了中东，他在那里讲些什么？如果说报纸上有新闻，报纸上登的，和原有的真话，不知相差多远。根据报纸你就可以评论天下事，这是书呆子之见。君子之儒有什么不同？因为他们是以探求、推行大道，或发蒙启愚、传道授业为己任的人，就是人情练达，深通世故者。如前面所讲的，子路的"果"，子贡的"达"和冉求的"艺"，这一类的人就是"君子儒"。

【原文】

子游为武城宰。子曰："女得人焉尔乎？"曰："有澹台灭明者，行不由径，非公事未尝至于偃之室也。"

【译文】

子游做了武城的长官。孔子说："你在武城得到过人才吗？"子游说："有个叫澹台灭明的人，行事不依常规，除非公事，没有到过我的办公室。"

【注释】

子游：姓言，名偃（yǎn 演），孔子的学生。武城：鲁国的小城邑，在今

山东费县境内。宰：县长。女：同"汝"，你。焉：同"于"，在的意思。尔：此的意思，这里指武城。乎：吗，语气词。澹（tán 谈）台灭明：姓澹台，名灭明，字子羽，为人公正，后成孔子学生。"行不由径"：此指行事不依常规，不循常道，有点满不在乎的味道。

【评析】

这一则，讲孔子对人才的重视、关心。一次，子游回来看老师，孔子第一句话，就问他在地方上发掘到人才没有。因为任何一个地方，任何一个时代都要人才。子游回答说：有，"有个澹台灭明"，号子羽的。他"行不由径"，从表面上看来，行事有时不依常规，不循常道，有点满不在乎的味道。但是他有一个很大的长处——很讲义气，绝对无私，不是为了公事，从来不到子游的办公室里来。孔子曾经见过他，也许是因为他的相貌太丑陋了，也许是因为行事太不循常规了，老先生当时没有发现人才。后来他还是成了孔子的授业弟子，老先生也曾感叹：人不可以貌相，"以貌取人，失之子羽"。其实，在南方，澹台灭明和弟子们很受诸侯的重视，颇有英豪之气，名动诸侯。

【原文】

子曰："孟之反不伐，奔而殿。将入门，策其马，曰：'非敢后也，马不进也！'"

【译文】

孔子说："孟之反不夸耀自己，（在抵抗齐国侵犯时）鲁军溃败，他走在最后。将回城门时，鞭打着他的战马，说道：'不是我敢于走在最后，是马跑得不快啊！'"

【注释】

孟之反：人名，鲁国的大夫。伐：夸耀。奔：逃跑，败走。殿：行军走在最后。策：本义为马鞭子，引申为用马鞭子打马，其意是鞭打他坐的战车之马，春秋无骑兵。

【评析】

这一则，孔子讲孟之反不居功。有一种人不屑功名，飘然高举，人称高士；有一种人不为功名，一旦国家有难，舍身以赴，是鲁仲连所说的："所贵于天下之士者，为人排患释难，解纷乱而无所取也。"是义士也。鲁仲连是，孟之反也是。鲁国当时有难，孟之反是鲁国大夫，参加作战为统帅之一，那一次鲁国是打了败仗，孟之反在后面掩护退军，不仅勇敢，还有智慧和镇定自如的气势。不但不夸耀，反而说："不是我敢于殿后，是我的马不肯向前。"这，自然是谎言，但很是善解人意，婉转得体，是体及别人的感受，也是对人情世事的明白，这就是智慧了。而这番用心不仅不夸耀，也展示了一个人的涵养和胸襟。

【原文】

子曰："不有祝鮀之佞，而有宋朝之美，难乎免于今之世矣。"

【译文】

孔子说："卫灵公不爱祝鮀的才能，而爱宋朝的美色，卫国就难以避免走上今天这个世道了（父子争夺君位）。"

【注释】

祝鮀（tuó 驼）：鮀，是人名，字子鱼，有口才，是卫国的士；祝，是当时的官名，管宗庙、国家祭祀的官。宋朝：是宋国的公子，公子是世袭的官名。他的名字叫朝，长得很漂亮。不有：有，同"友"，友爱；不有，就是不爱。而有：有，同"友"，友爱；而有就是而爱，而，是转折连词。佞（nìng 宁）：传统的训释为"才能"、"口才"，是一个褒词。孔子首用"佞"为贬词，如"巧言佞色。"

【评析】

这一则，孔子谈卫灵公因爱男子宋朝而惹祸的事。鲁定公四年即卫灵公二十九年，祝鮀经大夫子行敬子推荐，作为随员，跟着卫灵公赴周天子的代表刘文公召开的有大小十余国家参加的盟会（此次盟会议伐楚事），盟誓时要把蔡国安排在卫国的前边。于是祝鮀向苌弘力争，侃侃而谈五百二十二言，终于说服了苌弘，苌弘又与刘文公、范子（大国晋国的代表）商议，"乃长卫侯盟"。从祝鮀的说辞可知，他不仅善于外交辞令，而且熟悉历史典籍，机智灵活，可谓才智之士。虽然祝鮀表现了相当卓越的才华，为卫国立了功，但卫灵公并不喜爱和重用他。卫灵公喜爱和重用的是美男子宋朝，宋朝与卫灵公夫人南子通奸欺瞒灵公。后来卫灵公中了南子等人的计谋而将太子蒯聩赶

出国去。卫灵公在位43年，于公元前493年去世，在夫人南子主持下立了蒯聩的儿子辄为君。蒯聩虽被赶出国去，但他的太子名义未被废除。他在晋国和国内一部分势力的支持下积极谋取复国，于是出现父子争国、内乱不已的世道。孔子最后一次到卫国时（此时卫公辄称要重用孔子），正是父亲蒯聩在外、儿子辄在内激烈争国之时。无疑，这一则语录就是孔子此时有感时事而发的。

【原文】

子曰："谁能出不由户？何莫由斯道也？"

【译文】

孔子说："谁要出外能够不经过门户呢？为什么没有人走我指出的这条道路呢？"

【注释】

户：门户。莫：同"没"，没有。斯：代词，相当于这。

【评析】

这一则，孔子以"门户"作比，教育人们必须走正道。在孔子心目中，礼义是人生出入和行走的必由之孔道。以之启发弟子：大家都从门里进出，为什么没有人从正道（义道）行走呢？人生在世，光景几十，应当走正道，道虽宽广，然有迹可寻，那就是道德伦理。因此，他要求人们接受道德伦理标准的检验和约束。孔子这一思想仍有其生命力。此则两处用比喻，形象生动，以形象之语表达深刻道理，化抽象为具体，尤其"出必由户"是人所共知、不教而会、天经地义之理，可走正道就困难了。通过这一浅显比喻，更让人可知、可感，以达到更好的教育效果；从语气论，可知此则含孔子之怨、之责、之愤、之惋……

【原文】

子曰："质胜文则野；文胜质则史。文质彬彬，然后君子。"

【译文】

孔子说："质朴超过文彩就粗陋了，文彩超过质朴就浮华了。文彩与质朴兼备，然后才成为君子。"

【注释】

胜：超过。野：粗野。史：繁琐、浮华。彬：文质杂半，这个"杂"字是结合、配合的意思。然后：连词性结构。然，本是个代词；然后，实际上是"如此而后"，可译为"然后才"。

【评析】

这一则，孔子讲了"文质彬彬"的道理。"质"是朴素的气质；"文"是人类自己加上去的许多经验、见解，累积起来的这些人文文化。但主要的还是人的本质。原始的人与文明的人，在本质上没有两样，饿了就要吃饭，冷了就要穿衣，但必须加上文化的修养，才能离开野蛮的时代，走进文明社会的轨道。孔子提出"质胜文则野"，完全顺着原始人的本质那样发展，文化浅薄，则流于落后、野蛮。"文胜质则史"，如果是文化进步的社会，文化知识掩饰了人的本质，那也不好。"文质彬彬，然后君子"，这两样要均衡地发展。后天文化的熏陶与人性本有的敦厚、原始的朴素气质互相均衡了，那才是君子之人。总之，孔子这样强调适度，经由"文质彬彬"均衡的发展而进入到理想的境地，这不仅是对君子的说法，也是对整个人类文化进程的一种说法。

【原文】

子曰："人之生也直，罔之生也幸而免。"

【译文】

孔子说："一个人能在社会上生存是由于正直，邪曲的人能在社会上生存是侥幸避免了祸害。"

【注释】

罔：同"枉"，邪曲。幸：同"倖"，由于偶然的原因得到成功或免去灾祸。

【评析】

这一则，孔子谈儒家的道德规范之一——"直"。直，是指正直、坦率、正派，与虚假、奸诈、狡猾相对立。做人要做正直的人，这是为人处世、立足社会的一个根本基础。但是，真正靠正直而生存的人甚少，而许多伪善之人，凭着聪明脑瓜，靠碰运气在世上瞎混，并因此活得不赖。但是，如从理性的状况而论，邪曲的人也能侥幸生存，侥幸有短促的意义在。所谓短促，

就是可以生存，却无精神的寄托，也不能得到永恒。而正直得以生存，其真正的意义还在于精神的永存。正直的人凭一股浩然正气，屹立于天地之间，令伪善者胆寒心惊。这就是两种人不同的活法。

【原文】

子曰："知之者不如好之者，好之者不如乐之者。"

【译文】

孔子说："懂得学问的人不如爱好学问的人，爱好学问的人不如以研究学问为快乐的人。"

【注释】

乐之：乐，快乐；后面加"之"做宾语，就有"认为"之义，以……为快乐，意动用法。

【评析】

这一则，孔子讲人们学习的三种境界。比如说"想得到，做不来"，有许多事情我们都想得到，但做起来的时候，就硬做不来。也就是说学问、道理虽然懂得，但身体力行时，却做不到。所以"知之者不如好之者"。对学问必须养成习惯，一日不可无它。第一篇《学而》中说，"学而时习之，不亦说乎！"那个"习"字就是要"好之"。"好之者不如乐之者"，爱好它，喜欢虽然喜欢，并不认为是生活中的一种乐趣。以现在最流行的打太极拳来说，绝没有打麻将那么受人欢迎。因为打麻将的人视此事为一乐也，坐在那里快乐得很；而打太极拳，知道对身体有益，是"知之者"，天天打，是"好之者"，可是摸两下，觉得今天好累，明天再打，那还不是"乐之者"。欲期学问的成就，进入"乐之"的境界，那就不简单了。孔子在这里说的是学习的三种不同境界。了解、喜欢、以之为乐各有程度的区别，对学习所起的作用当然有所不同。对于求学的人来讲，则要由了解自觉地上升到喜欢，并以之为乐，它是一种循序渐进、层层递进的关系。包咸曰："学问，知之者不如好之者笃，好之者不如乐之者深。"这是孔子的教育经验之谈。

【原文】

子曰："中人以上，可以语上也；中人以下，不可以语上也。"

【译文】

孔子说："中等天资以上的人，可以告诉他高深的学问；中等天资以下的人，不可以告诉他高深的学问。"

【注释】

中人：指中等的天资，即所谓"先天禀赋"。语上：语，告诉；上，高也。

【评析】

这一则，表现了孔子"因材施教"的观点。人的智慧不能平齐，姑且把它分作上、中、下三等的差别。"中人以上"的天资，可以告诉他高深的学问；至于"中人以下"的天资，在教育方面，教导方面，对他们就不要作更高的要求，不妨作低一点的要求。但"中人以下"的人，他们的成就，又不一定永远在"中人以下"，只要他们努力，最后的成就，和"中人以上"的会是一样的。这是孔子"因材施教"，根据不同对象确定不同的教学内容与方法。孔子"因材施教"的原则，对我国教育学的形成和发展作出了积极的贡献。

【原文】

樊迟问知。子曰："务民之义，敬鬼神而远之，可谓知矣。"问仁。子曰："仁者先难而后获，可谓仁矣。"

【译文】

樊迟问怎样才算明智。孔子说："促使民众快往'义'的道路上走，尊敬鬼神却远离它，这样可以说是明智了。"樊迟又问怎样才算有仁德。孔子说："有仁德的人先做艰难的工作，然后考虑收获，这样可以说是有仁德了。"

【注释】

樊迟：姓樊，名须，字子迟，孔子的学生。知：同"智"。务：致力，专心从事。之：往、到。而：却、然而。

【评析】

这一则，孔子同樊迟谈"智"与"仁"。有一天，樊迟问孔子，什么叫真智慧，这个"智"包括了科学、哲学，但在这里却偏向于政治哲学。孔子

答复得很妙："务民之义，敬鬼神而远之，可谓知矣。"是谁"务民"？是行政领导者，作为从政的领导者，便是务民，促使民众快往"义"的道路上走。什么是"义"？刘宝楠说："'民之义'者，《礼运》（按：《礼运》是《礼记》的一篇）曰：'何谓人义？父慈子孝，兄良弟恭，夫义妇听，长惠幼顺，君仁臣忠，十者谓之人义'。"尊敬鬼神，祭祀鬼神，但要远离它们。中国殷商时代，就出现"率民以神，先鬼而后礼"（《礼记·表记》）的情况。中国之所以没有像印度那样，尊神事鬼，发展出严密的宗教，与孔子是有很大的关系的。康有为说：孔子不主张以鬼神为"教"，但对鬼神本身，却也不予否定。其原因有三：一是从认识论上说，鬼神这东西，说有说无都无法取得凭证；二是从社会功用上说，完全否认鬼神，一般人就容易无所忌惮，所以不妨让它存在，使人们有所害怕；三是从心理价值上说，完全否定鬼神，人没有了前生后世，赤裸裸的就是今生几十年，亲人一死，一切也都不复存在，这些也容易使情感失去依据。于是，孔子采取一个在他那个时代来说十分高明的办法：对鬼神敬而远之。孔子所说的"先难后获"，也就是我们现在所说的"吃苦在前，享受在后"的人生观，在今天对我们仍有激励作用。

【原文】

子曰："知者乐水，仁者乐山。知者动，仁者静。知者乐，仁者寿。"

【译文】

孔子说："明智的人的快乐像流动的水，有仁德的人快乐像稳重的山。明智的人活跃，有仁德的人安静。明智的人快乐，有仁德的人长寿。"

【评析】

这一则，是孔子对"知者乐"和"仁者寿"的理解。"知者乐水"。智者的快乐，就像水一样，悠然安详，永远是活泼泼的。"仁者乐山"。仁者之乐，就像山一样，崇高、伟大、宁静。仁者的乐是静性的，像山一样。有些人的学问修养，活泼泼的，聪明人多半都活泼，所谓"杨柳岸，晓风残月"、"滚滚长江东逝水"就是这么个气魄，这么个气度。仁慈的人，感情多半是深厚的，宁静得和山一样。所以下面的结论："知者乐"，智者是快乐的，人生观、兴趣是多方面的；"仁者寿"，宁静有涵养的人，比较容易不大发脾气，也不容易冲动，看事情冷静，先难而后获，寿命也要长一些。仁与智的不同倾向，既是天生气质，也有后来学养。水之灵动，山之庄严，都是美好品性，若能清泉出山罅，自更佳美。

【原文】

子曰："齐一变至于鲁，鲁一变至于道。"

【译文】

孔子说："齐国一变革就会达到鲁国现在这个样子，鲁国一变革就会达到'天下有道'的时代了。"

【评析】

这一则，表达了孔子对当时文化政治发出的感慨。孔子时期，鲁国的文化还大有可观之处。孔子认为要把中国传统文化保留起来，乃至于振兴起来，就要以齐国的文化为基础，再加上好的转变，就可达到相当鲁国的情况；再把鲁国的文化，提高一点水准，就可以恢复中国传统文化的"道"。孔子在这里所讲的"道"是治国安邦的最高准则。此处的"变"是指政治和教育方面的改革。在春秋时代，齐国的封建经济发展较早，而且实行了一系列经济改革，成为当时最富强的诸侯国家。而孔子认为，齐国虽强，可是实行霸道；鲁国虽弱，可是循守礼仪。所以，如果齐国的政治和教育一旦实行改革，就能达到鲁国礼仪之邦的精神文明水准。鲁国的政治和教育一旦进行改革，那就更进一步达到先王仁政，合于王道的地步了。

【原文】

子曰："觚不觚，觚哉！觚哉！"

【译文】

孔子说："觚不像觚的样子了，这哪里是觚啊！这哪里是觚啊！"

【注释】

觚（gū 姑）：古代盛酒的器具，上圆下方，有四条棱角，后来改成圆形而没有棱角了。

【评析】

这一则，与上一则同，还是孔子发出的感慨。觚，依考据是一种上圆下

方有四条棱角的酒杯，到故宫博物院，应找得到这种东西。后来改成圆形而没有棱角了。所以孔子在感叹说，这个时代什么都在变，连酒杯都跟着时代在演变了，人更是永远在演变，历史是拉不回来的。这是孔子假借酒杯对文化演变的感叹。每个时代有每个时代的历史，每代历史有每代历史的精神，小到人们日常生活用的"酒杯"，也不例外。

【原文】

宰我问曰："仁者，虽告之曰，'井有仁焉'，其从之也?"子曰："何为其然也? 君子可逝也，不可陷也，可欺也，不可罔也。"

【译文】

宰我问道："有仁德的人，假如告诉他说，'井里面掉下去一位有仁德的人哩'，他会跟着跳下去吗?"孔子说："为什么要这样做呢? 君子可以到井边去设法救人，不能自己陷入井中! 君子可以被人借用正当的理由欺骗，不能被人无理愚弄。"

【注释】

"其"：他，代指救人的"人"。二"其"：代指事，即宰我所言仁者被告知"'井有仁焉'其从之也"。然：是。逝：往，这里指往井边设法挽救掉下井去的仁人。陷：陷入井中。救人者自己陷入井中，不但不能救人，而且自己有生命危险，所以说"不可陷也"。罔：诬罔，愚弄。

【评析】

这一则，谈孔子反对有人借仁德来愚弄人。宰我问孔子的这个问题，显然具有挑战性。有仁德的人当然不能见死不救，然而，纵井救人，不仅达不到救人的效果，反而会白白地牺牲了生命。不纵井救人，仁者的仁爱之心如何体现，"己欲立而立人"又如何落实? 看来，宰我给孔子出了一道难题。但是孔子并没有正面回答宰我的提问，而对他的提问方式提出了批评。孔子说：你为什么要这样想问题呢? 君子可以杀身成仁，却不能设计一个没有道理的场景陷害他;可以欺瞒他，却不可以愚弄他。"仁"是一种道德，一种精神，是处理社会中人和人的关系的准则，因此，必须从积极的方面宏观的角度去把握它和理解它，不能嘲弄它，或者钻牛角尖来否定它。孔子对宰我的批评，正是这个意思。

【原文】

子曰："君子博学于文，约之以礼，亦可以弗畔矣夫！"

【译文】

孔子说："君子广博地学习文化典籍，用礼来约束自己，这样也就可以不至于离经叛道——犯上做乱了。"

【注释】

文：指文化典籍，即历史文献。"约之以礼"：约，约束；之，代词，指自己；以，用；礼，礼仪。即"以礼约之"。畔：同"叛"。矣夫：语气词。

【评析】

这一则，是孔子对"文"和"礼"的推荐与赞许。孔子说"博学于文"，这个"文"不仅是文学，而是指文化典籍。博就是渊博，样样要懂，才能成为通才。但是渊博的人，常是样样都懂，门门不通。所以先求渊博，后要求专精。要渊博而专精，并且还要约束自己，做人处事在于合礼，即是《礼记》所包涵的文化精神。儒家是用世的，他的理想是人与社会与世间的和谐，所以他提倡的君子应是容世的大器宇，包括广博的见识和对物欲人欲有着节制的约束。不管人生有多么的不同，时代经历有千差万别，但历史经验却有很多的相似。文献的记载是对过去经验的重复和述说。广博的学习是对过去文化的吸取和反思，是为了更深刻地思索和完善今后的人生。孔子对于"文"和"礼"的推荐赞许，还有着一种更为亲近的意味。如果做到这样，大体上人生的道路，就可以走得出来，不会离谱太远了。"弗畔"，就是没有离经叛道、犯上做乱的意思。

【原文】

子见南子，子路不说。夫子矢之曰：予所否者，天厌之！天厌之！

【译文】

孔子会见南子，子路不高兴。孔子发誓说："我如果做了不合礼的事，老天会抛弃我！老天会抛弃我！"

【注释】

南子：卫灵公的夫人，当时把持朝政，作风淫乱。说：同"悦"。矢：同

"誓"。予所否者：我如果不对。所，如果、若；否，不对。厌：憎恶、厌弃、抛弃。之：反身代词，指孔子自己。

【评析】

这一则，讲孔子见南子，子路不悦的事。南子是卫灵公的宠姬，非常漂亮。如同大多数美丽的女子一样，因为国君的迷恋，有把持朝政之嫌，名声也一样的不好。当时南子托人对孔子说，愿见孔子。孔子推辞了一次，第二次做礼节性的拜访，但南子对他非常守礼尊重。子路是个直性子的人，见孔子拜见南子而不悦。除了因为南子名声不佳的缘故，恐怕也出于对女祸的反感。古代男子们占尽风光，国家一有问题，只有美丽女人可以当替罪羊的，千夫所指马上集于一身，好像所有的坏事都是女人一手操纵，国君只是受蛊惑而已。那么这个国君岂不是虚设的么？孔子是怎么想的？自然已经无从揣摩当时的情形，但孔子是说"如果……如果"，当然是虚拟。恐怕孔子认为自己拜访南子并无错处，与子路的态度大有不同。这就是孔老先生知人论事的一面。

【原文】

子曰："中庸之为德也，其至矣乎！民鲜久矣！"

【译文】

孔子说："中庸作为一种品德，它是最高的品德了！民众缺少这种品德已经很久了！"

【注释】

中：比如射箭"中的"，无过，无不及。庸：常，守常不变。中庸：是孔子提倡的一种最高的道德标准，主张一切言行要不偏不倚，守常不变。鲜（xiǎn 险）：少。

【评析】

这一则，孔子讲"中庸"是儒家心目中的妙境，是至高至美的理想。我们现在说"中庸"，就是能够中和的中庸之作用。我们中国文化中《易经》的道理，是说天下的事物，随时随地在变，每秒钟都在变，没有不变的事。如何能适应这个变，如何能领导这个变，这是学问的中心。同时《易经》告诉我们，变是对立的变，任何一件事都是相对立的，有正面必有反面，有好

必有坏，你说对的，同时也就产生了不对的。一切都是相对的。在这个相对的中间，有一个中和的道理。所以"中庸"便提到中和的作用，孔子是说两方面有不同的意见，如果有最高的领导德业的人，使它能够中和，各保留其对的一面，各舍弃其不对的一面，那就对了。那才是"中庸之为德也，其至矣乎！"孔子同时感叹说："民鲜久矣！"一般的人，很少能够善于运用中和之道，大家走的多半都是偏锋。不过在实际中，信奉中庸思想的人却经常出现问题。他们把中庸看作折中、调和、一般，不痛不痒。这样一来，中庸就成了一种模棱两可、圆滑平庸的处世哲学。比如，双方发生争执，不分是非，两方各打一把摸一把，两面都不得罪，两面讨好，在折中含糊中一点责任都不负。又比如，居职办事，八面玲珑，按常规完事大吉，整天尽在人事关系、教条成规圈子里打转转，不思进取，无所建树，甚至做一天和尚撞一天钟，使人觉得他无可称道，但却也无可指责，就像大家所说的，"做官不做事"……这种种色色，都是中庸的劣子，与孔子所说的中庸完全不是一回事。

【原文】

子贡曰："如有博施于民，而济众者，何如？可谓仁乎？"子曰："何事于仁，必也圣乎！尧舜，其犹病诸！夫仁者，己欲立而立人，己欲达而达人。能近取譬，可谓仁之方也已。"

【译文】

子贡说："如果有人能够广泛地给民众各种好处，并且能够救济有困难的民众，怎么样？可以说是有仁德的人了吧？"孔子说："哪里仅仅是有仁德，那一定是圣人啊！就是尧舜，他们也难以做到啊！什么是仁，就是自己想在社会上站得住还要使别人在社会上站得住，自己想遇事行得通还要使别人遇事行得通。能够从切近处着想，推己及人，可以说，这就是实行仁的方法。"

【注释】

者：古逸丛书何晏《集解》本、皇侃《义疏》本，有"者"字，他本无。按语法应有"者"字，"者"，指人。如：如果。而：并列连词，相当于"并且"。济：救助。事：同"止"，副词，相当于仅、只。尧、舜：传说中的两位上古的圣君。病：难，为难之义。诸：句尾叹词，"之于"的合音。犹：均、同样的。其：代词，相当于他们。近取譬：以自身作比方，即推己

及人的意思。

【评析】

这一则，谈孔子同子贡讨论"仁"的问题。对"仁"，孔子则简言之为：立人、达人，推己及人。要成为仁人君子，孔子认为在立身行事当中，首先要奉行"忠恕"之道。"忠"就是"己欲立而立人，己欲达而达人"；"恕"就是"己所不欲，勿施于人"。对仁，子贡从远大的理想和广阔的视角言之，孔子从切身（也叫切己）的和眼前的角度审视。子贡的话阳春白雪，曲高和寡，对一般人来说，犹如云中鹤，雾中花，可望不可及，缺乏可行性。孔子的话，言浅意深，将心比心，由近及远，由己及人，一步一个脚印去做，就找到了实践仁德的一条浅近易行的正道。

述而篇第七

《述而》这一篇，谈诲人不倦的事，等于是《论语》开端篇《学而》的注解，引伸了学问之道。述，即是叙述、记述的意思。

【原文】

子曰："述而不作，信而好古，窃比于我老彭。"

【译文】

孔子说："阐述古籍却不创作，信仰并且喜爱古代的文化，私下里我把自己比作老彭。"

【注释】

老彭：人名，但究竟指谁，学术界说法不一。有的说是老子和彭祖两个人，有的说是殷商时代的彭祖，有的说是殷商时代一位"好述古事"的"贤大夫"。

【评析】

这一则，讲"述而不作，信而好古"是孔子继承文化遗产的观点。孔子整理历史文献的原则是"述而不作"，尽量保持文献的原始面貌，只进行阐述、传达，而不进行改造或创作。有人说，孔子提倡"述而不作"，就是不主张创造，是一种文化保守主义。这话不对。孔子说的"述而不作"是有条件有选择的。在孔子之前，还没有人系统整理过中国文化，如果不用"述而不作"的客观态度，如何能保留真实的文化遗产？其次，"述"什么，有个选择的标准；怎样"述"，有个叙述的角度。这里都能反映阐述者的思想立场和价值观念，并不是消极保守的。

孔子整理和研究过的历史文献包括《诗》、《书》、《礼》、《乐》、《易》、

《春秋》，这些文献被后世儒家奉为经典。这些经典成了中华文化的元典，对中国文化的发展产生了巨大而深远的影响。这些文献其实并不神秘，它们是孔子在几十年教育活动中选择积累起来的。《史记·孔子世家》说："孔子以《诗》、《书》、《礼》、《乐》教弟子，盖三千焉，身通六艺者，七十有二人，如颜涿邹（即颜涿聚）之徒，颇受业者甚众。"说明这些文献在孔子早期的教育活动中已经作为教材使用。如果孔子几十年教学没有教材，要成功地培养这数千弟子，简直是不可设想的。孔子晚年只不过对这些早已熟悉的文献进行了最后整理、加工、编定而已。晚年的孔子，不仅有充足的时间从事这项工作，而且怀着强烈的文化责任心。他不愿意华夏文化传统和文、武、周公的文化精神失传，把全部的心血都倾注在这项伟大的事业之中了。

【原文】

子曰："默而识之，学而不厌，诲人不倦，何有于我哉？"

【译文】

孔子说："默默地把学得的知识记在心里，学习永远不会满足，教育人不知道疲倦，这些长处，哪一样我能有呢？"

【注释】

默：口里不说。识（zhì 志）：记住。厌：满足。诲：教导。"何有于我哉"：是"于我何有哉"的倒装。意思是说，以上这些长处我哪能有呢？这是孔子自谦之词。

【评析】

这一则，孔子从严格要求自己出发，提出了三条标准，即三个努力方向。其一，"默而识之"，就是"思"的具体化，"思"的具体途径和方法。要把所见所闻，以及从书本上看到的知识变成自己的东西，不经过自己的独立思考是不行的。对学过的知识要默记于心。其二，"学而不厌"，要有一颗永远进取的心，永不满足。其三，"诲人不倦"，要有责任心，要充满热情地教育学生。做到这三点，须有一定的道德修养。孔子作为教师的表率，在教育学生的过程中很好地发挥了教师的作用。包括道德示范、授业解惑、启发诱导各个方面。然而，孔子并不满意自己，于是说了这句话。如果我们每一个教师都能像孔子这样对待学生，对待工作，对待自己，我们的教育事业一定会有一个更大的发展，我们的国家将会有更多的有用之材。

【原文】

子曰："德之不修，学之不讲，闻义不能徙，不善不能改，是吾忧也。"

【译文】

孔子说："品德不去修养，学问不去讲习，懂得合乎义理的事不能全力以赴去做，自己有缺点不能迅速改正，这些都是我所忧虑的。"

【注释】

闻：知道，即懂得。徙（xǐ喜）：迁移、改变。这里指见善则迁。

【评析】

这一则，讲孔子为人们担忧的四点通病。孔子那个时代，一般人不讲修养自己的品德，不讲求真正的学问。最可怕的是懂得了义之所在，自己也知道这个道理是对的，只是自己的劣根性改变不了，明明知道自己的路走得不对，又不肯改。为什么不能改？时代环境的风气，外在的压力，自己又下不了决心，所以只好因循下去。孔子忧虑的"德之不修，学之不讲，闻义不能徙，不善不能改"，这四点正体现了他对自己的严要求、高标准；除了自勉，他也希望世人经常用这几点来检查自己。也只有如此，人们的个人修养才可以完善，人们的学识才可以丰富。

【原文】

子之燕居，申申如也，夭夭如也。

【译文】

孔子在家闲住的时候，容貌舒展，表情和悦。

【注释】

燕：同宴，安、闲。申申：指容貌舒展。夭夭：指脸色和悦。如：样子。

【评析】

这一则，是孔门弟子记述老师闲居时的仪态。孔子不仅重视言教，同时也重视身教，所以孔门弟子也把老师的行为、仪态，作为学习的典范。这里"燕居"的"燕"与"宴"相通，在文学上也叫"平居"，就是在家的日常生

活。这里说孔子平常在家的生活"申申如也"，很舒展，不是皱起眉头一天到晚在忧愁。"夭夭如也"，非常爽朗，而且和蔼喜悦。所以，孔子尽管忧国忧民，他还是能保持爽朗的胸襟，活泼的心情，能够自己挺拔于尘俗之中！但是，他乐的是人生的平淡，知足无忧；愁的不是为己，为天下苍生。

【原文】

子曰："甚矣，吾衰也！久矣，吾不复梦见周公。"

【译文】

孔子说："唉呀，我太衰老了！很长时间了，我再没有梦见周公。"

【注释】

周公：姓姬，名旦，周文王的儿子，武王的弟弟，成王的叔父，鲁国国君的始祖。传说西周的礼乐制度是他制定的，孔子认为周公是一位圣人，对他非常崇拜。孔子以继承周公之道自命。甚：太也。

【评析】

这一则，写孔子对传统文化的向往。在孔子以前，凡说到中国文化，必提到周公，因为自周朝建国以来的人文文化，都是由周公一手整理而付诸实行的。等于我们后世，一提到中国文化，便提到孔孟。我们现在每一个人都可以借用这句话，改说："唉，我老了，很久没有梦见孔子了！"这句话是形容和感叹之词，春秋末期的社会，乱成这个样子，我真是无法再挑起这个担子。当然，这只是孔子的感慨而已，结果担子还是挑下来了。梦不见周公没有关系，他到底很清醒地担负起中国文化承先启后的担子，所以我们要注意孔子思想中究竟藏有哪些精神。在《里仁》中讲到了孔子的全副精神，这则中更清晰地提出来了。

【原文】

子曰："志于道，据于德，依于仁，游于艺。"

【译文】

孔子说："立志目标在道，据守在德，依托在仁，而活动在礼、乐、射、御、书、数六艺之中。"

【注释】

四个"于"：都是介词，译为"在"。道：这里指天道、人道，也就是我

们现在说的哲学思想。据：据守。依：依靠、依托。游：游乐。古人认为学习之道有张有驰。艺：指礼、乐、射、御、书、数。

【评析】

这一则，是孔子概括地讲自己的政治主张和道德修养。"志于道"，立志要高远，这个"道"，包括了天道与人道，至于是否做得到，是另一回事。"据于德"，所谓天人合一的天道和人道是要从道德的行为开始。"志于道"是搞哲学思想，"据于德"是为人处世的行为。古人解说德就是得，有成果即是德。"依于仁"，仁有体有用。仁的体是内心的修养，所谓性命之学、心性之学，这是内在的。表现于外用的则是爱人爱物，譬如墨子思想的兼爱，西方文化的博爱。"依于仁"，是依傍于仁，也就是说道与德如何发挥，在于对人对物有没有爱心，有了这个爱心，爱人、爱物、爱社会、爱国家、爱世界，这就是仁的发挥。"游于艺"，孔子当年的教育以六艺为主。其中的"礼"，以现代而言，包括了哲学的、政治的、教育的、社会的所有文化。至于现代艺术和舞蹈、影剧、音乐、美术等则属于"乐"。"射"，属于军事、武功方面，过去是说拉弓射箭，等于现代的射击、击技、体育等。"御"，也就是驾车，以现代来说，当然也包括驾飞机、太空船。"书"，包括文学方面及历史方面。"数"则指科学方面的。凡是人才的培养，生活的充实，都要依六艺修养。"艺"绝不是狭义的艺术。"志于道，据于德"包括了精神思想，加上"依于仁，游于艺"作为生活处世的准绳。

孔子在这里是对学生们讲修身治学的次序。即由立志发端，以修身为基础，把仁德作为目标，通过学习"六艺"来涵养德行，从而使自己能够得到全面均衡的发展。

【原文】

子曰："自行束修以上，吾未尝无诲焉。"

【译文】

孔子说："从十五岁以上来求学的，我从来没有不教导他的。"

【注释】

束修：束发修饰。古代男孩到十五岁就束发为髻，以示成童，并开始接受成童的教育。未尝：未曾，从来没有。

【评析】

这一则，讲孔子收学生的起码年龄。孔子有三千弟子，其中贤人七十二。除鲁国的以外，还有学生来自卫、宋、齐、陈、秦、吴等国，学生有宿舍、教室，其规模相当宏大，其学费是不可能很低的，"子罕言利"，因此，学费多少是不必多讲的。来孔子这里求学的，都是十五岁以上的人。孔子说：从十五岁以上来求学的，我没有不教导的（即没有不收他作学生的）。这是合情合理的、合乎历史事实的。

另外，南怀瑾先生对这句话的讲解是："凡是那些能反省自己，检束自己而又肯上进向学的人，我从来没有不教的，……所谓自行束修，就是自行检点约束的意思。"这是别出心裁之谈，很有新意。

【原文】

子曰："不愤不启，不悱不发。举一隅不以三隅反，则不复也。"

【译文】

孔子说："不到学生用心思索还不理解它的意思的时候，不去开导他；不到学生口里想说又不能明确说出来的时候，不去启发他。（一个物体四个角）如果告诉他一个角，他不能推知其他三个角，就不去重复教他，让他自己想。"

【注释】

愤：心里苦苦思索，尚未想通的样子。悱（fěi 匪）：口里想说而不能明确说出来的样子。隅（yú 余）：角落。

【评析】

这一则，谈启发式教学。启发式教学必须是教与学的双向参与。学生必须积极主动地学习，能够发现和提出问题，教师必须有充分的知识积累，能够抓住学生所提出问题的关键予以引导，学生在教师的启发引导下，应能够积极思考，举一反三。在教学的过程中，教与学始终是矛盾的两个方面，矛盾的主导方面会随着教学活动的开展而在教与学两方相互转化。当学生"不愤"、"不悱"也就是说没有求知欲望、发现不了问题的时候，矛盾的主要方面在学生，因为学生没有学习兴趣和学习的积极性、主动性，教学就不会有效果。反之，当学生有了求知欲望，向教师提出问题时，矛盾的主要方面就

转向了教师，教师是否能抓住问题的要害正确引导学生积极思考，就成了教学成败的关键。当然，从整体上看，教师是教育者，学生是受教育者，教师总是处于更加主动的地位，学生的学习兴趣和学习积极性、主动性也要靠教师来培养，启发式教学方法也要靠教师自觉地去实行。因此，教师在教学活动中应该发挥也能够发挥更加重要的作用。

"启发式"与"填鸭式"，是两种教育方法，它们的性质截然不同。实践证明，采用启发式教学，"讲之功有限，习之功无已"（清·颜元语），而采用填鸭式教学只能"以其昏昏，使人昭昭"（《孟子·尽心下》）。启发式在于开发学生智能，填鸭式在于急于向学生灌输知识。

【原文】

子食于有丧者之侧，未尝饱也。子于是日哭，则不歌。

【译文】

孔子进餐时，如果有举办丧事的人在旁边，从来没有吃饱过。孔子在一天吊丧哭了，就不再唱歌。

【注释】

侧：旁边。哭：吊丧哭泣。

【评析】

这一则，写孔子对死者的哀戚。一个生命的消失就像流星闪过，流星对于天空而言，只是个瞬间，人生对于人类而言，只是很渺小很短暂的停留，但也总会留下一些什么值得深思的东西。他的家人，他的亲友，都会怀念他。特别是对一位有广博的同情心和深刻思想的人，生命的生与逝是同样值得尊重的，孔子就是对死者充满了哀戚之情。

【原文】

子谓颜渊曰："用之则行；舍之则藏。惟我与尔有是夫！"子路曰："子行三军，则谁与？"子曰："暴虎冯河，死而无悔者，吾不与也。必也临事而惧，好谋而成者也！"

【译文】

孔子对颜渊说："有人任用我，就实行自己的政治主张；没有人任用我，

就蓄藏起来等待时机。唯有我和你能够这样做吧!"子路说:"老师您若是率领军队,那要同谁共事呢?"孔子说:"徒手同老虎搏斗,徒步涉渡黄河,这样死了还不后悔的人,我是不愿和他共事的。(我愿和他共事的)必定是面临重大任务而恐惧戒备,善于谋略而能把事做成功的人啊!"

【注释】

二"之"字:反身代词,相当于"我"、"自己"。二"则"字:副词,用于判断句,表示肯定,相当于"就"。舍:同"捨",置,即放在一边,不用。惟:同"唯",义为"只有"、"只是"、"独"。尔:第二人称代词,你,指颜回。有:相当于"为"。子:老师,指孔子。与:党与、朋友,引申为共事。三军:这里泛指军队。暴虎:赤手空拳和老虎搏斗。冯河:徒步过黄河。冯,同"凭"。

【评析】

这一则,孔子再次赞美颜回,批评子路。因为颜回在孔门是道德修养最好的学生。至于其他的三千弟子,相形之下,就逊色多了。一个人,要是时代真的不需要你的时候,你能不怨天,不尤人,默默无闻地活下去,那是很难做到的。一个人总有自己的牢骚,尤其是知识分子,总认为:"当今天下,舍我其谁?"要是让我出来,比诸葛亮更高明。当一个人没有完全认识自己,要隐退是很难的,因此孔子对自己的得意弟子颜回说:只有你我俩才做得到。

子路之勇,不是大勇。孔子的学问中,智、仁、勇三个字是相连的。真正的大勇,一定有智有仁;真正的仁,一定有智有勇;真正的智,也一定有仁有勇,三者是不能分开的。孔子说,一个统帅的修养,一定要做到"临事而惧,好谋而成"。所谓临事而惧,并不是怕事,而是说任何一件事到手上,开始时就是怕失败,所以要考虑周详,不自做聪明;到事情终于来了,则"好谋而成",不怕了,必须用智慧,各方面都设想周到,促其成功,这才是统御人才的基本修养。

【原文】

子曰:"富而可求也,虽执鞭之士,吾亦为之;如不可求,从吾所好。"

【译文】

孔子说:"财富如果能不违背道就可以求得的话,即使做市场的守门卒我

也干；如果不违背道就不能求得财富，那就依据我自己的爱好去做了。"

【注释】

而：如果，假设连词。执鞭之士：据周礼，执鞭有两种人，一是在天子和诸侯出入时，有二至八人执鞭，使他人让道。二是市场守门人，执鞭以维持秩序。

【评析】

这一则，讲孔子的取财之道。人生在世，经常有各种各样的欲望和企求，富贵就是其中之一。同时，对于精神也有所追求。因此，人就难免有着这样那样的选择，是听从欲望，还是听从道义？"安能摧眉折腰事权贵，使我不得开心颜"！李白有挥洒自如的飘然韵致，很直接很豪放地表达了自己的好恶之情。孔子和李白有同样的思想感情，但他表达得含蓄、委婉、沉着、蕴藉，见出谦谦君子的涵养。孔子认为，只要合乎道义，富贵就可以追求；不合乎道义，富贵就不能追求。"君子爱财，取之有道"。孔子不反对做官，不反对发财，但必须符合道义，这是原则问题。

【原文】

子之所慎：齐，战，疾。

【译文】

孔子所慎重对待的是：斋戒，战争，疾病。

【注释】

齐：同"斋"，即斋戒。古代在祭祀之前，不饮酒，不吃荤，不与妻妾同房，穿整洁衣服，以表示虔诚，叫做斋戒。

【评析】

这一则，讲孔子平时特别小心处理三件事。古人在举行国家大典或祭天地、祖先的时候，先要斋戒。所谓斋戒沐浴，就是清心寡欲，并不像现在的人，称吃素为吃斋。古代的斋是内心的修养，要注重气质的变化。在《礼记》中变化气质的第一步工夫，就是要"斋心"，"毋不敬，俨若思"。按现代的语汇，就是心理的净化。所以，孔子对"斋"是最谨慎，最小心的。其次，是战争，历史给我们展现的是无休止的战争和祸乱。我们讲军事哲学思想史，也经常引用孔子的话。他的军事哲学理论很高明，只是平常不轻意谈论战争。

三是疾病：指卫生、保健的事，这是养生之道。他非常注意自己的身心健康。在2500多年前，孔子能活73岁，那是高寿。

【原文】

子在齐闻《韶》，学之，三月不知肉味。曰："不图为乐之至于斯也。"

【译文】

孔子在齐国听到《韶》乐，学习《韶》乐，好几个月吃肉尝不出味道来。于是，孔子说："没有想到演奏《韶》乐，竟可达到这般境界。"

【注释】

学之：现有《论语》各本皆无"学之"二字，据《史记·孔子世家》引文补。历代注家几乎无人注意到无"学之"不通，独清儒刘宝楠注意了这个问题。两汉孔安国注《论语》所用的版本《古论》有"学之"二字。无此二字，则不通。图：料想，料想到。为：作，练习，演奏。斯：代词，指"不知肉味"这种生理状态。

【评析】

这一则，写孔子听《韶》乐、学《韶》乐，对《韶》乐的赞叹。《韶》是古代的一种音乐名称。孔子听了、学了《韶》乐以后，"三月不知肉味"，心境之宁静，思想之专一，的确到了忘我的境界。音乐有一种穿越时空的感召力，有着令人想象的空间，得与古人相遇，得与古风融合，在此艺术的境界中，可以想象到人生诸多幻境和理想，乃至于心灵得到陶冶慰藉而忘了身之所在，甚至于忘了世俗的纷乱和缺憾，而其余韵不绝，尽善尽美，令人想见古人之风而心有渴慕，焕发出一种积极向上的情感和精神。《韶》乐是赞美舜的乐章，据《史记·孔子世家》载：孔子当时正是35岁，鲁国大乱，鲁昭公逃奔到齐。孔子到了齐地，与齐国太师谈论音乐，得以欣赏《韶》乐而叹为观止。后潜心学习《韶》乐，沉醉于其中。对《韶》乐的沉醉和推崇，寄寓了对现实的沉思和对传统文化的理想与向往。

【原文】

冉有曰："夫子为卫君乎？"子贡曰："诺，吾将问之。"入，曰："伯夷、叔齐，何人也？"曰："古之贤人也。"曰："怨乎？"

曰："求仁而得仁，又何怨!"出，曰："夫子不为也。"

【译文】

冉有说："老师会帮助卫君（辄）吗?"子贡说："好吧，我去问问他。"子贡到了孔子屋里，说："伯夷、叔齐，是什么样的人?"孔子说："他们是古代的贤人。"子贡说："他们是不是后来又埋怨自己不应该这样做呢?"孔子说："他们求的是仁，得到的是仁，又有什么埋怨呢!"子贡走了出来，说："老师不会帮助卫君（辄）。"

【注释】

为：帮助。卫君：指卫出公蒯辄。诺：答应的声音（表示同意）。伯夷、叔齐：商朝末年孤竹君的两个儿子。父亲临终前，遗命立叔齐继位。父亲死后，叔齐让他哥哥伯夷继位。伯夷不愿违背父亲的遗命，便逃走，叔齐也跟着逃走。周武王伐纣，他们扣马而谏。周灭商后，他们耻食周粟，隐居在首阳山，采薇而食，终于饿死。

【评析】

这一则，通过子贡同老师巧妙对话，反映了孔子对卫君蒯辄的态度。据《左传》定公十四年和哀公二年载：卫灵公太子蒯聩因为得罪君夫人南子，出奔到晋。后卫灵公死，立孙子辄，就是蒯聩的儿子，为卫出公。晋国为了进攻卫国，故意把蒯聩送回卫国戚城，卫出公用重兵包围戚城，父子之间开始了争夺王位的战争。孔子当时正在卫国，于是有学生猜测老师是否会帮助卫出公。子贡很会言辞，借伯夷、叔齐两个历史人物婉转地试探孔子的态度。伯夷、叔齐是古代孤竹君的儿子，为让王位双双逃走。后来反对周武王的伐商，不食周粟，饿死在首阳山，被称为高士、义士。伯夷和叔齐这样做，是生怕对王位的争夺而导致战争，因为个人的欲望而殃及百姓，招致不仁。孔子体会伯夷、叔齐的仁心，所以回答子贡说："求仁得仁，有什么好怨悔的呢?"也是借此表明自己对卫出公一事的看法和态度。子贡不直接问孔子对辄的态度，可能是因为此时师生身在卫国，这样问不方便，怕有涉政之嫌。由此我们可以推知，孔子师生"敏于事而慎于言"的一个侧面。

【原文】

子曰："饭疏食饮水，曲肱而枕之，乐亦在其中矣。不义而富

且贵，于我如浮云。"

【译文】

孔子说："吃糠咽菜喝凉水，弯着胳膊做枕头，快乐也在其中了。违背道义而得来财富和地位，对我说来就像天上的浮云。"

【注释】

饭：吃，动词。疏食：菜食，吃糠咽菜之义。曲：弯曲。肱（gōng 公）：胳膊上从肩到肘的部分，也泛指胳膊。枕：枕着，动词。

【评析】

这一则，讲"不义而富且贵"是非常可耻的。这才可以看到孔子学问修养的境界。人生的大乐，各人有各人的乐趣，并不需要靠物质，不需要虚伪的荣耀。不合理的，非法的，不择手段地做到又富又贵是非常可耻的事。孔子说，这种富贵，对我来说等于浮云一样。人生一世，也像浮云，聚散不定，看通了这点，自然不受物质环境、虚荣的惑乱，便可以建立自己的精神人格了。

【原文】

子曰："假我数年，吾以学《易》，可以无大过矣。"

【译文】

孔子说："上天多给我几年寿命，让我用这个时间学习《周易》，就可以不犯大错误了。"

【注释】

《论语》现存各本皆作："加我数年，五十以学《易》，可以无大过矣。"这里择优而从，校为："假我数年，吾以学《易》，可以无大过矣。"这就是说：蓝本把"吾"错为"五十"，把"假"借为"加"（或"加"为假借字）。如此校正，则文从字顺而义洽。

【评析】

这一则，孔子讲把《易经》搞通了，人生就没有大过了。《易经》是我国古代第一部经典性占卜之作。它包含着许多深刻的哲理，易就是交易，强调变化发展。书里面主要是 64 卦的卦辞和 384 爻的爻辞，孔子对它推崇备至。"五十而知天命"，他把学《易经》和天命联系在一起。他主张认真研习《易经》，是为了使自己的言行符合于"天命"，即事物的客观规律。据《史记·孔子世家》记载，孔子读《易经》，曾把穿竹简的皮带翻断了很多次。这表明孔子活到老、学到老的刻苦钻研精神，值得我们学习。

【原文】

子所雅言，《诗》、《书》，执礼，皆雅言也。

【译文】

孔子所说的话是普通话，讲解《诗经》、《书经》，主持礼仪，都说普通话。

【注释】

这条语录是孔子再传弟子的记事。雅言：普通话，与方言相区别。雅，常用的。执：主持。

【评析】

这一则，一讲孔子虚心接受意见；二讲孔子使用普通话的场合。春秋时各诸侯国的语言不能统一，各国都有方言。雅言是中夏语言，是正音，类似于今天的普通话。孔子讲述《诗经》、《尚书》或者主持礼仪时都用普通话，以便于阐发本义，倡导传统文化和道德。中夏文化代表了中国传统文化，包括它所拥有的文献和语言。语言虽然只是一种表述形式，但在这种形式之中同样蕴涵了传统的某种因由和意味，隐含着超于形式以外的一种传统精神，对于表达形式的选择同样也是一种尊重的态度。这也说明孔子的思想言行，都是有根据的，足以承先启后，继往开来的。

【原文】

叶公问孔子于子路，子路不对。子曰："女奚不曰，其为人也，发愤忘食，乐以忘忧，不知老之将至，云尔。"

【译文】

叶公向子路询问孔子是怎样的人，子路没有回答。孔子说："你为什么不说，他的为人，发愤起来就忘记吃饭，快乐起来就忘记忧愁，不知道自己快要衰老了，如此而已。"

【注释】

叶（shè 社）公：姓沈，名诸梁，字子高，楚国的大夫，封地在叶城（今河南叶城南），故称叶公。女：同"汝"，你。奚（xī 西）：何。云尔：代词和语气词的连用形式，"云"，代词，如此；"尔"，语气词，同耳，而已。

【评析】

这一则，讲孔子学习、修养的过程。叶公有一天问子路，孔子是一个什么样的人，子路没有答复他。子路不答复，非常高明，因为站在子路的立场，他实在不便说什么。同时孔子这样伟大的人，真的教人不知从何说起，就是说了，叶公也未必能了解孔子。叶公走后，子路把此事告诉了老师。孔子听后说，你就讲："他是一个为了发愤求学问，常常穷得没饭吃，连自己肚子饿了，都无所感觉，而忘了人是必须吃饭的那种人；当学问上有所获益，就快乐得忘记了忧愁，根本忽略了衰老的威胁。"孔子这种为学的精神，也是我们要效法的地方。孔子的人生修养，是永远年轻的，所以他的学问道德，能"苟日新，日日新，又日新。"永远是进步的，随时有新的境界。

【原文】

子曰："我非生而知之者，好古，敏以求之者也。"

【译文】

孔子说："我不是生来就有知识的人，而是爱好古代文化，勤奋努力地去追求知识的人。"

【评析】

这一则，孔子说我的学问是爱好传统，靠勤敏而求得的。他告诉学生或朋友们，我并不是生来的天才。生来便能自知的天才真有吗？那还是一个问题。古史记载，如黄帝、尧、舜，都有生而知之的天才，不过后人并不相信。人生是一个很长的生长和思索过程，文化是一种思索的积累，人生既然生生不息，人类的文化又如何可以断绝？喜爱古代文化不是一种倒退，而是承认文化的渊源有自，是对今天的积累和发展，温故而知新，没有渊源容易枯竭。这是一种发展的眼光。天才和勤敏，同样是一种相辅相成的关系，天才的背后往往有着无数用功的痕迹和汗水。古与今，天才和用功，其中便蕴含了人生因果之道。而在孔子，还蕴涵着他的人文倾向和对现实的理想追求。事实

上，现实并不可能没有人类的积极进取和人类对完美的追求而自动走向完美。这是合乎朴素的唯物主义观点的。

【原文】

子不语怪、力、乱、神。

【译文】

孔子不对人讲述怪异、勇力、叛乱、鬼神。

【评析】

这一则，讲孔子不谈怪、力、乱、神的事。不谈论"勇力"，是因为孔子提倡仁义，不赞成好勇斗狠，遇事诉诸武力。不谈论"叛乱"，是因为孔子主张用礼乐规范人们的行为，使其各安其份，不赞成僭（jiàn 见）越制度，更不赞成以武力破坏礼乐秩序。至于不谈论"怪异"和"鬼神"，则体现了孔子所主张的最基本的文化精神。殷商时期，统治者十分信仰鬼神。他们相信人类的命运完全掌握在鬼神手里，一切怪异灾变，都是鬼神对人类的警告或惩罚。人类只有祈求鬼神的保佑，或者获得鬼神的指点，才能避凶趋吉，免除祸患。信仰鬼神与相信天命是一致的。殷商统治者不以人事为意，只相信天命。纣王不听臣下的劝谏，就是因为他相信只有天才能决定他的命运，其他的一切都只能受他的役使。因此，他肆无忌惮地对待臣下，疯狂镇压一切敢于对他的所作所为提出意见或进行批评的人。由于殷人尊神敬鬼，重视祭祀，好谈怪异，因而那些所谓能交通鬼神、解释怪异的神职人员，在商代有很高的社会地位。神权与政权合一，是商代社会最基本的政治特点。孔子不谈论"怪异"和"鬼神"，表明了他对殷商文化所持的批判立场。

【原文】

子曰："三人行，必有我师焉：择其善者而从之，其不善者而改之。"

【译文】

孔子说："几个人一起走路，其中必定有我的老师：选择他们善良的行为加以学习，他们当中不善良的行为，如果自己也有，就加以改正。"

【注释】

三人：并非实指，是说几个人。焉：于此，在其中。两个"而"都是顺

接连词。从之：跟随他，这里是指学习他。善者：指优点、长处。不善者：指缺点、短处。改之：改正它。这里不是说要改正别人的缺点，而是把别人的缺点当作一面镜子，照着它来改正自己身上类似的缺点。

【评析】

这一则，是从学习方法和学习态度来谈的。孔子提出了从师的原则，即不论其地位高低，社会上时时处处都有可以做老师的人。我们要对他们的优点加以学习，对他们的缺点加以剔除，这其中也包含着利用"反面教材"的思想。

【原文】

子曰："天生德于予，桓魋其如予何！"

【译文】

孔子说："上天把圣德赋予了我，桓魋又能把我怎么样！"

【注释】

桓魋（tuí 颓）：宋国的司马（主管军事行政的官）。据《史记》记载：孔子离开卫国去曹国时经过宋国，与弟子在大树下演习礼仪。桓魋想杀死孔子，砍掉大树。孔子于是离去，弟子们催他快跑，孔子便说："天生德于予，桓魋其如予何！"

【评析】

这一则，写孔子临危不惧、处之泰然的态度。桓魋是宋国的大夫，想要杀害孔子，学生们催他快逃。孔子有一种自信，他对学生们说，上天生下了我，把历史、文化的责任放在我身上，桓魋怎敢伤害我？结果证明桓魋无法把孔子怎么样。这是不是傲慢？不是的，是自信。我们要从这里了解，有时候对某些事要有绝对的信心，没有这种信心就不行。学过中国武功的人就知道，学军事的更知道，如果丧失了自信，功夫再好，也会被打垮的。尤其是个子矮小的人与体格魁梧的人打斗，如先自失去了信心，一定失败。自信在很多地方，对很多事情，都是很重要的。

【原文】

子曰："二三子！以我为隐乎？吾无隐乎尔。吾无行而不与二三子者，是丘也。"

【译文】

孔子说："学生们！以为我对你们有什么隐瞒吗？我没有什么向你们隐瞒的。我做的事没有你们不参与的，这就是我孔丘的为人。"

【注释】

二三子：诸位，几个人，孔子在这里指他的学生。"吾无行而不与二三子者"："不与"，"与"，参与；"不与"即不参与。因突出"不与"，故将"不与"提在"二三字"之前，按今日语法则是"吾行无二三子而不与者"，即我做的没有你们不参与的。"而"字是语助词，无实义。

【评析】

这一则，孔子讲"学问"就是从生活经验得来的。做"学问"容易犯一个毛病，都怕老师会留一手。尤其中国古代学武功的人，老师很可能会留一手。留一手，以防徒弟打老师。可是这一留，留到最后就没有了。孔子说，我并没有保留，我的学问很简单，本身就是教材，表现在平时做人、处世、言行间，学问就在里面，告诉你们，千万不要只在书本上死念书。孔子的教育法是在日常生活行为上，处处表达无遗，不要有神秘感，不要有好奇心，他随时随地都在教学，学问都是从生活经验得来的。在书本上是求知识，求前人的经验和前人的见解与心得。但是要把这些知识、见解与心得用到自己身上，就要加以体验了。所以他说，"吾无行而不与二三子者"，没有哪一次、哪一个地方不表现学问的道理。你们要在这方面去了解、去学习。

【原文】

子以四教：文，行，忠，信。

【译文】

孔子从四个方面教育学生：文化知识，社会实践，忠心耿耿，坚守信约。

【评析】

这一则，讲孔子教育学生的四个方面的内容。孔子所教的"文"是西周流传下来的历史文化典籍，包括一些经周人整理的商代文献，它实际上囊括了商周教育中除军事教育之外的全部教育内容。《诗》、《书》、《礼》、《乐》、《易》、《春秋》被作为新的"六艺"成为儒家教育的经典文本，并把培养善

于进行文治教化的官员作为教育的第一要务。基于这一教育目标，"文"便成为孔子教育的基本内容。然而，仅仅懂得历史文献和文治教化知识是不够的，还必须身体力行，努力实践儒家理论道德和社会理想，才能充分发挥人才培养的作用。在孔子看来，完善个人的道德修养不仅是实现以礼治国目标的基本保证，也是影响社会政治发展方向的关键因素。因此，"忠信"教育便摆上了孔子教育内容的最高层面。用今天的话说，孔子的教育内容包括文化知识教育（"文"）、社会实践教育（"行"）和伦理道德教育（"忠"、"信"）。文化知识教育是基础，社会实践教育是手段，伦理道德教育是目的。也就是说，孔子教育学生重在伦理道德，这种伦理道德必须以广博的文化知识做基础，并且通过社会实践表现出来。孔子对教育内容在结构上的这种安排，体现了他的以德育为中心的教育思想。

几千年来，中国教育一直把德育放在首位，不能不说是受到了孔子思想的直接影响。当然，这种影响有正负两方面的效应。道德是处理人际关系的基本准则，作为社会的人，是不能不考虑道德因素的。一味强调文化知识学习而忽视道德培养，这样的教育肯定是失败的，因为它培养的可能是社会的破坏者而不是建设者。另一方面，极端的道德中心主义教育也是不可取的，因为缺少文化知识的深厚基础和社会实践检验的道德，是极易成为伪君子的空洞说教和不学无术者的护身符，对科学文化的发展不会带来任何好处。孔子的"文、行、忠、信"是一个整体，并没有片面性的毛病。至于后人对他的思想的误解或从某一方面极端发挥，所造成的不良后果，责任是不能由孔子承担的。

【原文】

子曰："圣人，吾不得而见之矣；得见君子者，斯可矣。"子曰："善人，吾不得而见之矣；得见有恒者，斯可矣。亡而为有，虚而为盈，约而为泰，难乎有恒矣。"

【译文】

孔子说："圣人，我不可能见到了，能见到君子，就可以了。"孔子又说："善人，我不可能见到了，能见到有恒心（不做坏事）的人，就可以了。没有却装作有，空虚却装作丰满，穷困却装作奢华，这样的人是难以有恒心（不做坏事）的。"

【注释】

圣人：虚拟的全能全智的人。斯：就。善人：即只做好事、不做坏事的人。恒：恒心，这里指不做坏事。亡：同"无"。三"而"：为转折连词，相当于"却"。三"为"：同"伪"，义为装作、假装。约：穷困。泰：安宁，这里作奢华。

【评析】

这一则，讲孔子对当时风气的变化大发感叹！在孔子那个时候，是一个变乱的时代，在变乱的时代，各种坏的现象都会出来。所以孔子的忧愁，就是深恐国家民族的文化命脉断绝。他说，古代的圣人过去了，我见不到了，但是学圣人之道的总有吧！如果能看到照圣人所教的道去学，虽然没有学完全，但已经够得上称君子的，我就已经满足了。这是他无限感叹的话，可见那个时候，真正够得上称君子的人都很难看得见了。接着他又说，真正的善人，历史上有过，现在没有了，至少我没有见过。只要看到一个有恒心的人，做到"守死善道"，甚至天塌下来也不管，一定走自己这个路子的，这样有毅力的人，能够见到，也就好了。反之，有的人"亡而为有"，架势摆得挺大，乱充蛮有学问的样子。这些人是碰不得的，他一开口就完了。"虚而为盈"，社会变乱中，有的人内在本来空虚得很，可是还引为自满，自认为对。我们从社会上可以看到，凡是过分傲慢的人，他的下意识中一定有很重的自卑感。要原谅他的傲慢。"约而为泰"，在变乱的时候，有很多人本应节约的，但很少这样，都是要充面子，讲排场，没有米下锅了也不管。有了这三种情形当中任何一类型的人，一定不会有恒心向学问、道德努力的。因为他的心理上就已经不健全了。这是社会的病态，也是个人的病态。所以处在这样变乱的时代中，我们就要特别注意，加强自己的修养了。

【原文】

子曰："钓而不纲，弋不射宿。"

【译文】

孔子说："钓鱼，而不用大网；射猎，不射睡在巢里的鸟。"

【注释】

现存《论语》各本无"子曰"，皆作"子钓而不纲……"《太平御览》引

《论语》上题"子曰"。按：应有"子曰"，这是以钓鱼与射鸟比喻人事，含有深刻的哲理，如无"子曰"，就成了孔子本人钓鱼、射鸟的事实记载，殊无义理。纲：网上的大绳。用一根大绳系住网横断水流，再在网上用生丝系许多鱼钩来钓鱼，叫纲。弋（yì 亦）：用带生丝的箭来射。宿：指归巢、歇宿的鸟。

【评析】

这一则，写孔子做人做事的态度。如文人式的渔樵生涯，则是一种隐逸生活的态度。但也有陶冶性情，或者寻求某种机遇，如姜太公钓鱼，而八十遇文王，施展了他的政治才华，所以后来有典故：姜太公钓鱼——愿者上钩。在儒家，钓和射也或者是一种恒心和礼仪的训练。孔子钓鱼而不用网，习射而不射已经栖息在巢的鸟，是仁心的推及，不愿以心机来获取，心存仁厚，以小事推及大事，也可以见出生活的态度，有心机则有权术，有权术则有害于仁。哪怕是一件平常小事，也是一个人修养取舍的体现。身教重于言传，弟子们可以有所体会。其实"钓而不纲，弋不射宿"不是说的捕鱼、捉鸟的事，而是用来比喻政治——"法治尚宽"之意。即有禁的同时要有所放，给人留出路。这是孔子从政时的经验之谈。

【原文】

子曰："盖有不知而作之者，我无是也。多闻，择其善者而从之；多见而识之；知之次也。"

【译文】

孔子说："有一种自己不懂却凭空创作的人，我没有这样做过。多听，选择其中好的照着去做；多看，把看到的东西记在心中；这样得来的知识仅次于'生而知之'的。"

【注释】

盖：发语词，无实义，多用于句首。识（zhì 志）：记住。次：次一等，差一等。这里指学而知之比生而知之次一等。

【评析】

这一则，讲孔子最讨厌的是"不知而作之"的人。知的第一境界是什么？大概是生而知之，是天才。但是孔子说，我不是天才，所以我也不故弄玄虚，凭空杜撰。然而，不是天才的人，却也可以用勤学好问来弥补先天的不足。多听、多看、多实践，这是一条学习的途径。孔子反对那种本来什么都不懂，却在那里凭空创造的做法；反对不懂装懂、夸夸其谈的行为。这是他对自己的要求，同时也要求众弟子这样去做。

【原文】

互乡难与言，童子见，门人惑。子曰："与其进也，不与其退也，唯何甚？人洁己以进，与其洁也，不保其往也。"

【译文】

互乡这个地方的人难以交谈，一个童子受到了孔子的接见，学生们对此迷惑不解。孔子说："支持人家进步，不支持人家倒退，为什么唯独对互乡人做得那样过分呢？人家洁身自好，以求进步，我是支持他的进步，不是庇护他的以往。"

【注释】

互乡：地名，考据家有说在河南鹿邑县的，有说在江苏沛县的，有说在山东滕县的（今滕州市），皆难以考实。二"与"：都是支持的意思。二"其"字：都是代词，相当于"他们"、"人家"。唯：独，只有。甚：过分，承上省略了互乡人。洁：动词，意为大家洁身自好，以求进步。保：保护、庇护。

【评析】

这一则，讲孔子对于一般有过失人的态度是宽容的。人往往因为地域观念的偏见，而影响了对个人的评价。孔子接见了互乡一个少年，"门人惑"，这三个字多么严重？学生们都奇怪，怀疑老师怎么和这个地方的人讲话。到底孔子与众不同，他告诉学生们说，肯求上进的人，我们一定要帮助他，不要使人没有进步的机会，不能使人退步。"唯何甚？"孔子对学生说，你们太过分了，怎么有这样一种狭隘的胸襟和态度？孔子在批评学生，我们自己也要反省：有时我们觉得某人不好，当他真的做了好事，我们还不愿认为他好，人的心理往往会有这种毛病。"人洁己以进，与其洁也，不保其往也！"孔子说，即使是一个坏人，他能够自己反省过来，等于洗了一个澡一样，把自己弄得很干净，来求进步，只要能够这样，不就好了吗？如果说昨天有一点错

误，今天即使有了好的表现，却仍不以为然，那世界上就没有一个人可以做朋友，也没有一个人才可用了。所以这一则是说教育的态度，也是说自己度量的培养。

【原文】

子曰："仁远乎哉？我欲仁，斯仁至矣。"

【译文】

孔子说："仁德离我很远吗？我想要达到仁的境界，仁就到了。"

【注释】

欲：想要。斯：副词，相当于则、就。

【评析】

这一则，是孔子谈仁的运用。"仁"是儒家最高的德行范畴，是孔子心目中最高的道德标准。但孔子又说，仁离我们不远，仁就在我们每个人的心中，它不是高不可攀的，只要去追求，去实践，是可以具备的。也就是说，仁义并不是摸不着、看不到、很高远的。只要在观念上引发仁慈心，去爱别人，有一点爱心存在，就是仁爱的道理，就可达于仁道，不要去向外地驰求。孔子在这里强调的是人进行道德修养的主观能动性，有其重要的现实意义。

【原文】

陈司败问："昭公知礼乎？"孔子曰："知礼。"孔子退。揖巫马期而进之曰："吾闻君子不党，君子亦党乎？君取于吴，为同姓，谓之吴孟子。君而知礼，孰不知礼？"巫马期以告。子曰："丘也幸，苟有过，人必知之。"

【译文】

陈司败问："鲁昭公懂得礼吗？"孔子说："懂得礼。"孔子退了出来。陈司败向巫马期作了个揖，并且向前走了一步对他说："我听说君子不偏袒什么人，君子也讲偏袒吗？这位鲁君娶了吴国的女子，和她是同姓，称呼她为吴孟子。这位鲁君如果懂得礼，哪还有谁不懂得礼呢？"巫马期把陈司败说的这些话告诉了孔子。孔子说："我孔丘真幸运，假若有错误，人家一定知道。"

【注释】

陈：陈国。司败：即司寇，主管司法的官。昭公：鲁国国君。巫马期：

姓巫马，名施，字子期，孔子的学生。而：并列连词，相当于"并且"。进：前进。之：代词，他，指巫马期。党：偏私、偏袒。取：同"娶"。为同姓：鲁国的国君是周公的后代，姓姬；吴国的国君是泰伯的后代，也姓姬。按照当时的礼法，同姓不能结婚。吴孟子：鲁昭公的夫人。春秋时代，国君夫人的称号，一般是她出生的国名加上她的本姓，这位夫人是吴国人，姓姬，本应称为吴姬。但称吴姬就标明她和鲁昭公是同姓，明显地违犯了"同姓不婚"的礼法。为了掩盖真相，便不称吴姬，而称吴孟子。而：假设连词，假若、如果。苟：如果。

【评析】

这一则，讲古时"同姓不婚的优生学"。鲁国是讲文化的礼义之邦，陈国的司败，就问到鲁昭公知礼不知礼。孔子站在国家的立场只有说："那当然知礼。"孔子讲了这话就走了。陈司败就对孔子的学生巫马期作揖行礼，在外交礼貌上，进一步靠近巫马期身边，低声说，据我所了解，真正了不起的君子，是没有偏袒的，不对自己存私心的。你老师孔子是一代圣人，了不起的君子，可是他也免不了私心。我刚才问他鲁昭公娶了吴国的一个女子做夫人，取名吴孟子——古代是同姓不婚的。吴国与鲁国都是周公之后，依礼是不能通婚的。鲁昭公这样做，是不是知礼？你老师说他知礼，假若鲁昭公是知礼，各个都知礼了，还有哪一个不知礼？！现在我们要研究一下，为什么中华民族发展得这么好，成为世界上优秀民族？这和我们古礼同姓不结婚的制度有关系。从现代优生学的观点来看，这是古代了不起的好制度。同姓结婚，只要三代以后，人种就完了。往往有表兄妹结婚，生下来的孩子，脑子非常笨，乃至变成白痴，这是血统问题。讲礼制问题，更不可以。所以，我们现代的风气通常同姓结婚，要出了五服以外。巫马期听了陈司败这样批评老师，回来就向孔子报告了。孔子说，我实在非常幸运，只要我有一点错误，别人就会指出来。

【原文】

子与人歌而善，必使反之，然后和之。

【译文】

孔子同人一起唱歌，如果音正，必定要他再唱一遍，然后自己又跟着和一遍。

【注释】

而：假设连词，如果。善：美好，此指"音正"。反：反复，重复。和（hè 贺）：跟着唱。

【评析】

这一则，写生活的艺术。孔子在齐国听音乐，曾三月不知肉味，可见他对艺术有很高的修养。艺术代表了一种对性情的陶冶和生活的情趣，把艺术融入生活，又是一种境界。孔子深知这个道理，因此，非常注意乐感教化。他听到别人歌唱得好，一定要求对方再唱一次。当他学会了，"而后和之"。这里描述的情景，是孔子虚心和善于学习的表现。他人唱歌唱得好，孔子让他再唱一遍，是要弄清楚好在什么地方；然后再应和，这是学习别人的长处。说到"和"，我们常常会在诗题上看到："和某某先生诗"或"步某某先生韵"这类题目，"步"与"和"的差别是："和"就是照原来的曲调和内容再做一篇；而"步"又不同了，意思是前面有人在走，我们一步一步都跟前面的脚步走。就是只照他的声调，而内容并不一定要跟着原歌的内容意思，这就叫步韵。

【原文】

子曰："文，莫吾犹人也；躬行君子，则吾未之有得。"

【译文】

孔子说："文化知识方面，大概我和别人一样；做一个身体力行的君子，那我还没有什么成就。"

【注释】

文：文章。莫：大约。犹：相同，同等，和。躬行：实践，实地去做。

【评析】

这一则，讲知易行难的事。学习道理比较容易，但身体力行做到却难。历史上有赵括纸上谈兵之说，赵括熟读兵书，但一上战场，带兵作战，到真正交锋时便束手无策。原因虽然很多，但赵括的死读书而不知实践和应变也是其中之一。又像中国古代的文人，叫着要归隐的不计其数，田园生活在他们笔下充满了宁静和理想，而且渴慕、向往之情溢于言表。但是真正归隐的有几个？能归田力行躬耕的人，恐怕也只有陶渊明一个而已。作为"传道授

业解惑"者，孔子既要给学生传授书本知识，也要重视培养学生的实际能力。他说自己在身体力行方面，还没有取得君子的成就，希望自己和学生们尽可能地从这个方面再作努力。

【原文】

子曰："若圣与仁，则吾岂敢！抑为之不厌，诲人不倦，则可谓云尔已矣。"公西华曰："正唯弟子不能学也。"

【译文】

孔子说："如果说圣与仁，那我不敢当！不过是工作和学习不敢厌烦，教诲弟子不知疲倦，那是可以这样说的。"公西华说："这正是学生学不到的。"

【注释】

抑：不过是，可是。为：指工作和学习。唯：发语词。云尔："云"，代词，如此；"尔"语气词。"已矣"：连用，加强感叹语气。

【评析】

这一则，是孔子对自己再做一次评价。"圣者和仁者"的境界，我没有达到，而且相差很远。至于"为之不厌，诲人不倦"，我是在这样做。也就是说自己对待工作、求学，永远没有满足，没有厌倦，只求进步；不管今天，只有明天，今天成就不自以为是，再向前走；任何事业，都如此"为之不厌"。教人家，有人来请教，知无不言，言无不尽，不会说同一个问题有人问了三次，第四次还来问就觉得讨厌。否则，就不算有仁慈之心。就这两点，的确，我们一辈子都很难做到。

【原文】

子疾病，子路请祷。子曰："有诸？"子路对曰："有之。《诔》曰：'祷尔于上下神祇'。"子曰："丘之祷久矣。"

【译文】

孔子患了重病，子路请求祈祷。孔子说："有这样的事吗？"子路回答说："有这样的事。《诔》上有这样的话：'为你向天神地祇祈祷。'"孔子说："我自己已经祈祷很长时间了。"

【注释】

疾病：两词连用，表示重病。祷（dǎo 岛）：祷告，祈祷。诸：即急读

"之于"为"诸",语助词。诔（lěi垒）：这里指向鬼神祈祷的文章。尔：你。祇（qí奇）：地神。"丘之祷久矣"：久，指时间长。意思是说不必再祷告了。这是委婉地劝阻子路为他祈祷。

【评析】

这一则，写孔子重病，吃药不灵，医生已经束手无策。弟子们急得要做祷告，可见师生之间的感情非同一般。即使在病中，孔子的谈话还非常诙谐幽默，生死在他已经看得平淡和从容了。这也许是孔子的生活态度，活着积极向上，病苦老死安之若素、泰然处之。他向学生们说，无须向神祇祈祷，我已经以我一生的言行向天地神祇做了交代。在病重时能说出这样的话，并不是很容易的，只有一生磊落和无愧的人，才能说出这样的话。

【原文】

子曰："奢则不孙，俭则固。与其不孙也，宁固。"

【译文】

孔子说："奢侈就显得不恭顺，节俭就显得简陋。与其不恭顺，宁可简陋。"

【注释】

孙：同"逊"，恭顺。不孙：不恭顺，这里指超越礼的规定，有"越礼"的意思。固：陋，简陋，这里指没有达到礼的要求。二"则"字：都是副词，表示前后二事的条件、因果关系，相当于"即"、"就"。"与其不孙也，宁固"：孔子认为不恭顺和简陋都不好。但越礼就会犯上，所以两者相比，宁可简陋。

【评析】

这一则，孔子讲"由俭入奢易，由奢入俭难"。人生的修养，"奢则不孙"。这个奢侈不只是说穿得好，打扮漂亮，家庭布置好，物质享受的奢侈。是广义的奢侈，如喜欢吹牛，做事爱出风头，都属于奢侈。奢侈惯了，开放惯了的人，最容易犯"不逊"的毛病，一点都不守规矩，就是桀傲不驯。"俭则固"。这个俭也是广义的。不只是用钱的俭省，什么都比较保守、慎重、不马虎，脚步站得稳，根基比较固定。用现代的话来说就是脚跟踏实一点。孔子说："与其不孙也，宁固。"做人与其开放得过了，还不如保守一点好。保

守一点虽然成功机会不多，但绝不会大失败；而开放的人成功机会多，失败机会也同样多。以人生的境界来说，还是主张俭而固的好。同时，以个人而言奢与俭，还是传统的两句话："从俭入奢易，从奢入俭难。"历史上许多人，像吕蒙正，当了宰相，生活仍然清苦。历史上有许多名臣都是尚俭，乃至许多大臣，有的临到死了，连棺材都买不起。不但一生没有贪污一文钱，连自己薪水积蓄都没有，后代子孙都无力为他买棺材，要由老朋友来凑钱，这就是"俭"的风范。

【原文】

子曰："君子坦荡荡，小人长戚戚。"

【译文】

孔子说："君子心胸坦率宽广，小人经常忧愁。"

【注释】

坦：开朗、坦率。荡：宽广、广大。戚：忧愁、恐惧。

【评析】

这一则，是孔子谈"君子"与"小人"的胸怀。君子要做到"坦荡荡"，胸襟永远是光风霁月：像春风吹，清爽舒适；像秋月挥洒，皎洁光华。内心要保持这样的境界，无论得意的时候或艰困的时候，都是很乐观的。但不是盲目的乐观，而是自然的胸襟开朗，对人也没有仇怨。像包公、赵清献都做到这样的境界，这是"君子坦荡荡"。至于小人呢？"小人长戚戚"，小人心里是永远有事情的，慢慢就变成狭心症了。小人永远是憋闷的，不是觉得某人对自己不起，就是觉得这个社会有毛病。心里忧愁、烦闷、痛苦。孔子的这两句话，可以作为我们的座右铭，贴在桌旁，随时注意自励，养成坦荡荡的胸怀。

【原文】

子温而厉，威而不猛，恭而安。

【译文】

孔子温和又严厉，威严却不凶猛，肃敬又安详。

【注释】

一、三"而"：并列连词，相当于"又"。二"而"：转折连词，却。恭：

严肃庄重。

【评析】

　　这一则，写弟子们给老师"拍照"，总的描绘孔子外部的神态。第一是温和的：对任何人都亲切温和，但也很严肃，在温和中又使人不敢随便。第二是威而不猛。说到威，一般人的印象是摆起那种凶狠的架子，这样并不是威。真正的威是内心道德的修养，坦荡荡的修养达到了，就自然有威。尽管是和煦如春风，而在别人眼中，仍然是不可随便侵犯的。不猛是不凶暴。第三是恭而安。孔子对任何事、任何人都非常谨慎恭敬，也很安详。一幅孔子的肖像描写，是学生眼中所见的先生，也使后世人可以想象孔子的神韵。

泰伯篇第八

《泰伯》这一篇，主要讲孔子、曾子的言论，及对古人的评赞。

【原文】

子曰："泰伯，其可谓至德也已矣。三以天下让，民无得而称焉。"

【译文】

孔子说："泰伯，他的品德可以说是最高尚的了。三次把王位让给他的弟弟，但（由于事迹隐没）民众无法了解他三让王位的事迹，从而加以赞美。"

【注释】

泰伯：即"太伯"。他是周朝的祖先古公亶父的长子。古公亶父有太伯、仲雍、季历三个儿子，季历的儿子就是姬昌（后来的周文王）。据说古公亶父预见姬昌有圣德，就想把位传给三子季历，而不传给长子太伯，以便季历把君位传给姬昌。太伯为了顺从父亲的意愿，便同二弟仲雍避居于勾吴（成为吴国的始祖）。后来，姬昌继位后国势强大，他的儿子姬发（即周武王）灭了殷商，统一天下。"至德"：至，极点，到达极点，即最崇高的品德。"三以天下让"：实际上是三让周国王位。泰伯让王位于季历，又经过周文王、周武王而灭殷，统一了天下，故云"三以天下让"。得：了解。而：因果，连词，相当于因而、所以。称：颂扬。

【评析】

这一则，孔子赞颂泰伯是道德最高尚的人。泰伯是谁，孔子如此推崇？泰伯是周文王的大伯父，周武王的大伯公。当年文王祖父想要推翻商朝，第一位诸侯的继承人应该是泰伯，但是泰伯不愿继承逃掉归隐，于是让给三儿子季历，季历又传位给文王，到武王时周朝才真正统一了天下。泰伯为什么

不愿为王侯，据后人的说法是泰伯以为父亲推翻商朝不合于传统之礼，但违背父命是为不孝，于是一走了之。也许并非如此，也许是认为革命会有战争，而战争会带来百姓的苦难，不忍心为之。也许他是生性淡泊，也许是认为自己的道德不足以为王。一切大约都只是猜测了，而结果是一样的，便是他弃帝王而不为，从此隐名埋姓，最后是武王才发现了这一族。孔子所推崇的恐怕是泰伯的这种"弃天下如敝屣"的大器和淡泊，也许还有他的行则行之，不行则止的明智和仁德。

【原文】

子曰："恭而无礼则劳，慎而无礼则葸，勇而无礼则乱，直而无礼则绞。君子笃于亲，则民亲于仁，故旧不遗，则民不偷。"

【译文】

孔子说："恭敬如果不用礼节制，就会变成谄媚；谨慎如果不用礼节制，就会胆小怕事；勇敢如果不用礼节制，就会犯上作乱；直率如果不用礼节制，就会走向邪路。君子厚待自己的亲族，民众就会向往仁，不遗弃故人旧友，民众就不会行为轻薄。"

【注释】

劳：谄媚。葸（xǐ 喜）：畏慎。绞：刺，义为邪曲。笃（dǔ 睹）：忠实、厚道。偷：薄，指行为轻薄的意思。

【评析】

这一则，孔子讲人生修养的境界。以礼倡导人心、倡导世风，使民心仁厚、人情淳朴，这是礼的教化，德政的感召。恭敬、慎重、勇气和正直是人的修养，但是如果不以礼来节制，很容易过激。所谓过犹不及，都是不足的缺憾。孔子重视适度合宜，是建立在对事物有其辩证和相对的认识基础上的。恭、慎、勇、直作为一种美好的品德，如果不加以适当的运用，也可能转化为品行的缺憾。"君子笃于亲，则民兴于仁"，我们中国人讲孝道，如果对于自己的父母、兄弟、姊妹、朋友都没有感情，亲情不笃，而要他爱天下、爱国家、爱社会，那是空洞的口号，是不可能的。说他真的有爱心，他连父母、兄弟、姊妹、朋友都没有爱过，怎么会爱天下、国家、社会？爱天下、国家，就是爱父母、兄弟的发挥。儒家讲爱是由近处逐渐向外扩充的，所以先笃于亲，然后民兴于仁。从亲亲之义出发，整个风气就是仁爱，人人都会相爱。"故旧不遗，则民不偷"。故旧有两种解释：一是老朋友、老前辈，像古人说的"念旧"，老朋友的交情，始终惦念他，即所谓"滴水之恩，涌泉相报"。如韩信一碗饭难报的故事，他倒楣的时候，饿得不得了，在溪边吃了一个洗衣服老太婆的饭，匆匆忙忙，没有问清姓名就走了。后来他封了王，想找这个老太婆报答，找不到，只好将千金放在水里。可是今天的社会，这样的事就很少了。有的人环境好了，看到老朋友，要问贵姓了。二是传统的意思，故旧不遗就是传统观念不要放弃。如果你要推翻传统，最好先推翻你自己，因为你是父母生的，是从祖宗传统而来的。没有父母这个传统，就轮不到你的手里，万事总有个来源，所以说"故旧不遗"。一个伟大的人物，一定有真感情，可以做英雄，也可以做烈士，有真感情才肯牺牲，才付得出来。有这种血气。"则民不偷"，"偷"是偷巧，是行为轻薄。不偷巧，行为不轻薄，社会风气就稳了。

【原文】

曾子有疾，召门弟子曰："启予足，启予手！《诗》云：'战战兢兢，如临深渊，如履薄冰。'而今而后，吾知免夫！小子！"

【译文】

曾子病了，召集他的学生们说："看看我的脚，看看我的手（有损伤吗）！《诗经》上说：'小心谨慎啊！好像站立在深渊的岸边，好像行走在很薄的冰层上。'从今以后，我知道我的身体不会受损伤了！（曾子就要去世了）年轻人啊！……"

【注释】

启：同"晵"，看。《诗》：指《诗经》。后引诗见《诗经·小雅·小旻》，意思是做人要小心谨慎才能避免祸害。小子：长辈称晚辈，或老师称学生。

【评析】

这一则，是曾子谈学问修养的经验。通常一个人生机的消逝，往往从脚部开始。试看婴儿，躺在小床上玩，最早期是用两脚蹬着玩，手不大动，这时候生命力在脚部，脚就是根。到了幼儿时期，小孩是坐不住的，两只脚总要跑，因为他生命的活力，在不断地生长。到中年以上，渐渐脚不想动，而

动手、动脑筋。年纪再大一点，一坐下，"二郎腿"翘起来了。再到晚年，"二郎腿"都不翘，最好是身子一仰，靠在椅背上，两只脚架到写字台上去了，因为脚上没有力气了。以前看相的说，老年人到冬天而脚心还发热的，是长寿之相，其实是生理上两脚还有生命的活力。且看老人，脚活动不灵活，走路吃力，脚已近死亡。越老下面越僵化，生命力没有了，最后手也懒得动，只用脑筋。到了临死的时候，一般情形，也是脚先失去知觉。所以曾子说："启予足，启予手。"因为他的病严重到快要死了，连自己的手脚在哪里，都不知道，自己不能指挥了。只有叫学生们，替他把手脚摆摆好。"战战兢兢，如临深渊，如履薄冰"，曾参引用《诗经》的句子来说明自己一生谨慎小心，避免损伤身体，能对父母尽孝。儒家认为，人的身体发肤都受之父母，父母把这些完整地给了自己，自己也应该完整地还给父母。因此，《孝经》称不毁伤身体发肤是"孝之始也"。这里，曾参病重，临死前让弟子看他的手脚，表示他未毁伤父母给予的身体，一生是严格遵守孝道的。孝在儒家的道德规范中显得多么重要。

【原文】

曾子有疾，孟敬子问之。曾子言曰："鸟之将死，其鸣也哀；人之将死，其言也善。君子所贵乎道者三：动容貌，斯远暴慢矣；正颜色，斯近信矣；出辞气，斯远鄙倍矣。笾豆之事，则有司存。"

【译文】

曾子病了，孟敬子去探望他。曾子议论说："鸟快要死的时候，它的叫声是悲哀的；人快要死的时候，他说的话是善良的。君子所注重的礼有三条：使自己的举止、容貌庄重严肃，这样就可以避免别人对自己粗暴、怠慢、放肆；端正自己的脸色，这样就可以使别人对自己讲老实话（不敢欺骗自己）；说话多注意态度和口气，这样就可以避免别人对自己粗野、鄙陋、不讲理。至于祭祀和其他典礼的仪式，就要由主管官吏去处理吧。"

【注释】

孟敬子：即仲孙捷，鲁国的大夫。问：探问，看望。言：议论。斯：就。远：远离，避免。鄙：鄙陋，粗野。倍：同"背"，背理。笾（biān 边）：祭祀和典礼时用来盛果品的竹器。豆：盛肉的木器，祭祀和典礼时用。笾豆之

事：指祭祀等礼仪方面的具体事情。有司：主管某方面的小官吏。

【评析】

这一则，曾子讲修身而后能治国。孟敬子是鲁国的大夫，看望病中的曾子时，两人之间说了些什么，已无从知之。但是曾子说了一番做人的道理。第一点"动容貌，斯远暴慢矣"。就是人的仪表、风度，要从学问、修养来慢慢改变自己，并不一定是天生的。粗暴、傲慢这两种毛病，差不多是天生的。尤其是傲慢，人们都有自我崇尚的心理，讲好听一点就是自尊心，但过分了就是傲慢。傲慢的结果，就会觉得什么都是自己对。这些都是很难改过来的，经过学问、修养的熏陶，粗暴傲慢的气息，自然化为谦和、安详的气质。第二点"正颜色，斯近信矣"。颜色就是神情、仪态，包括一举手、一投足等站姿、坐姿，一切动作所表现的气质；也可以说"颜色"就是对人的态度。例如同样答复别人一句话，态度上要诚恳，至少面带笑容，不要摆出一副冷面孔。第三点"出辞气，斯远鄙倍矣"。所谓"出辞气"就是谈吐，善于言谈。"夫人不言，言必有中"。这是学问、修养的自然流露，做到这一步，当然就"远鄙倍"了。从曾子答复的话来看，我们可以猜得出，孟敬子会问他，对于处理国家大事，还有什么秘诀？而曾子不管那些，把问题撇开了，只教他做人做事的道理。因此下面一句话说"笾豆之事，则有司存"。所谓"笾豆"是古代的祭器。在这句话里代表了"执政"之事。由此可知孟敬子所问的是"笾豆"一类的事，而曾子所答复的，还是在教育他，要他注重做人，从内心基本的道德修养去做。学问好、德行高以后，不论从政或者做别的事，都能得心应手。

【原文】

曾子曰："以能问于不能，以多问于寡；有若无，实若虚；犯而不校。昔者吾友尝从事于斯矣。"

【译文】

曾子说："有才能向没有才能的人请教，知识多向知识少的人请教；有才能好像没有才能，知识充实好像知识空虚；被人侵犯而不报复。从前我的一位朋友就是这样做的。"

【注释】

能：才能。"有若无"：就才能而言。"实若虚"：就知识而言。校（jiào

叫）：报复。吾友：指代颜回。尝：语助词，无实义。斯：指代以上三个分句。

【评析】

这一则，讲曾子以颜回的德行教育学生。"以能问于不能"。凡是所谓天才、聪明有才能的人，容易犯一个错误——傲慢，就是很自满，不肯向别人请教。而颜回虽然高人一等，却唯恐自己懂得不多，唯恐自己没有看清楚，还要向不如自己的人请教一番。这也是诸葛亮之所以成功的条件，他的名言"集思广益"，就是善于集中人家的学问思想，增加自己的知识见解，对自己非常有益。这也就是以能问于不能的道理。"以多问于寡"的多指知识渊博。颜回是孔子最得意的学生，知识非常渊博。"问于寡"，就是问于知识不如自己渊博的人。这是一种解释。另一种解释是说从政的人，多半是通才，什么都懂；而"寡"可以说是专家，他专门研究一点，而这一点并不是学问渊博的人所能够知道的。渊博的人知其大概，不能深入；专家则对某一点有深入研究。所以渊博的人，一定向专家请教。"有若无"他学问非常渊博，而在待人处世上表现得很平常，好像什么都不懂似的。"实若虚"内涵深厚，表面上看起来却很空洞，普普通通。"犯而不校"不如他的人对不起他，从来不报复、不记恨。这五点看起来很容易，但是如果以自己待人处世的经验来体会，几乎每一句话我们都没有做到。曾子说，我的朋友颜回，对这五点都做到了。孔子所赞叹的颜回，他学问的火候优点，在此可见一斑了。

【原文】

曾子曰："可以托六尺之孤，可以寄百里之命，临大节而不可夺也。君子人与？君子人也！"

【译文】

曾子说："可以把幼小的君主继承人托付给他，可以把国家的命运托付给他，面临生死存亡的考验，却不改变（接受先君委托的）意志。这种人是君子吗？是君子啊！"

【注释】

"托六尺之孤"：即把幼小的君主继承人托付给他。"寄百里之命"即把国家命运托付给他。"寄"与"托"同意。"临大节而不可夺也"：大节，指生死存亡的关头;"夺"改变。

【评析】

这一则,曾子讲,作为君子国家兴亡应有一肩挑的勇气。刘备有白帝城托孤之举,诸葛亮有千里赴命死而后已之忠,虽然只是个扶不起的刘阿斗,却也耗尽了诸葛亮一生的心血,这就是为人臣子的道理了。唐时武则天有问鼎之心,骆宾王就有"一抔之土未干,六尺之孤安在"的口诛笔伐,使武则天也为之悚然心惊。托孤不仅是个人的忠心和信义,更是关系着国家的命运。所以君子不是成就自己的个人人格境界就可以的,还要有"寄百里之命",以天下为己任,国家兴亡一肩挑的勇气。"临大节而不可夺也",小事糊涂没关系,面临大节当头时,怎么都变动不了才行。历史上许多忠臣义士,临大节而不可夺,最有名的是文天祥,可以说是儒家的光荣人物。但是研究文天祥的生平,上半生风流放荡,花花公子,他做太守的时候,歌姬如林,一天到晚喝酒听歌。可是当国家大乱来临的时候,连与太太儿女们告别的时候都没有。尤其难得的是从容就义,所谓"慷慨捐身易,从容就义难"。而且他从容到什么程度呢?元朝的忽必烈,对他十分尊崇、十分重视,硬是空着宰相的位置等了三年,只要他一点头,就可以在一人之下,万人之上。忽必烈和他谈过好几次,口口声声称他文先生,推崇他,请他出来,他就是不答应。他的上半生,吃、喝、玩、乐,什么都来,可是"临大节而不可夺"。所以我们平时看到一些人好像吊儿郎当的,但是不要因此而轻视他们。看人要看大节。曾子说,这样的人是君子吗?的确是真正的君子。

【原文】

曾子曰:"士不可以不弘毅,任重而道远。仁以为己任不亦重乎?死而后已,不亦远乎?"

【译文】

曾子说:"知识分子胸怀不可以不宏大、意志不可以不刚强。他担当的历史任务重大,要完成的历史任务路程遥远。以实现仁的学说为己任,不是任务重大吗?奋斗终身,到死为止,不是路程遥远吗?"

【注释】

士:春秋以来新出现的知识分子阶层。弘:同"宏",广大,这是指心胸

宽广。毅：坚毅，刚强。"仁以为己任"：即"以仁为己任"。二"亦"字：义为"确实"，副词。已：停止。

【评析】

这一则，曾子讲怎样才算知识分子。"士"，是知识分子的通称。"不可以不弘毅"，"弘"就是弘大，胸襟大，气度大，眼光大。"毅"就是刚毅，有决断，要看得准、拿得稳，对事情处理有见解。有些人有见解，但请他当"总经理"，却搞得一塌糊涂，因为他下不了决断；有人很容易下决心，但眼光不远，见解有限。所以把眼光、见解、果断、决心加起来的"弘毅"，而且中间还要有正气，立场公正，这才是一个知识分子养成"弘"与"毅"的基本条件。"任重而道远"，因为一个知识分子，为国家、为社会挑起了很重的担子，这个道是领导，也是指道路。责任担得重，前面人生的道路、历史的道路是遥远的、漫长的。社会国家许多事，要去挑起来，走这历史无穷的路。所以中国过去的教育的目的，在于养成人的弘毅，挑起国家社会的责任。"仁以为己任"，什么是"仁"？就是爱人、爱社会、爱国家、爱世界、爱天下。儒家的道统精神所在，就是亲亲、仁民、爱物，由个人的爱发展到爱别人、爱世界、乃至爱物、爱一切东西。西方文化的爱，往往流于狭义；仁则是广义的爱。所以知识分子，以救世救人作为自己的重任，这个担子是非常重的。那么，这个重担要挑到什么时候呢？一直到死为止，"死而后已"。所以这个路途是非常遥远的。因此，知识分子要有"弘毅"的素质。

【原文】

子曰："兴于诗，立于礼，成于乐。"

【译文】

孔子说："《诗》使人意气振奋，礼使人立身安命，音乐使人修养完善。"

【注释】

兴：起，这里有"激发"、"振奋"的意思。

【评析】

这一则，孔子讲诗、礼、乐是教化人们的内容。"兴于诗"，强调诗的教育之重要。"兴"是对诗的感染作用的概括。孔子经过长期地观察和体验，总结出诗通过"比、兴"手法，可以产生感染人、鼓舞人、启发人的审美效果。

这是因为"比、兴"构成了诗歌艺术形象思维的特征——形象性和情感性。脱离具体的形象,抽象空洞地说教,那不是诗。只有形象而缺乏感情,那形象是没有灵魂的躯壳。诗人必须运用形象思维塑造艺术形象,抒发感情,才能拨动读者的心弦,引起共鸣。《诗经》第一篇《关雎》就是用的"比、兴"手法。"立于礼",立脚点要站在"礼"上。"成于乐",最后怡情悦性的圆满完成在乐。《礼记·乐记》认为:礼是用来节制民心的,乐是用来调和民声的,政治就是向人民推行礼乐,刑罚就是防止人民违反礼乐。如果礼乐刑政四方面都能通达流行而不背离,那么王道就具备了。乐的目的是为了达到思想统一,礼的目的是为了做到形式区别,思想统一社会互相亲爱,形式区别就能相互尊敬。乐强调过了头就会使人放荡,礼强调过了头就会使人疏远。乐真正达于人心,人们就不会有所怨恨;礼真正合乎规范,人们就不会斗争。老百姓既然无怨无争,那么统治者只要谦让无为就能治理好天下,这就是礼乐的功效之所在。

【原文】

子曰:"民可使由之,不可使知之。"

【译文】

孔子说:"民众可以使他们遵照上面的命令去做,不可使他们知道为什么要这样做。"

【注释】

由:从,遵照。之:代词,这是《马氏文通》的无前词的代词,所代的是政府的法令。

【评析】

这一则,所讲内容难定,但可做探讨。是不是愚民政策或者鄙视劳动人民,暂且不论,但是孔子这样的说法并不是毫无道理的。人有时候或者有些人就是很难沟通,可以持之以恒予以引导,这在与人相处是可以的,所谓精诚所至,金石为开,因为有时间,可以慢慢来。但是对于某一项政令或一项措施而言,未免不现实,没有时间让每个人都想通了,才去实施。世事变幻风云不定,如果大小事情都要全体人民的理解而且想得透彻,也许时事已经更改。事实上人心的引导是永远跟不上局势变化的脚步的。也许这是长远之

策和权宜之计的矛盾。作为长远之计，是要求逐渐地教化引导使人民心悦诚服达到自觉；作为权宜之策不妨有所变通，作切近现实的考虑。如果只知有长远之想，而无审时度势应急之变，其实是十分迂腐的表现。

【原文】

子曰："好勇疾贫，乱也。人而不仁，疾之已甚，乱也。"

【译文】

孔子说："崇尚勇敢又怨恨自己贫穷地位的人，就会犯上作乱。一个人如果没有仁德思想，又过于怨恨自己的贫穷地位，就要犯上作乱。"

【注释】

疾：怨恨、憎恨、憎恶。而：假设连词，如果。"已"、"甚"：都是过分的意思，二者连用，加重语气。

【评析】

这一则，孔子反对"好勇疾贫"，提倡"安贫乐道"。"好勇"，即动不动爱打架，易冲动。以国家而言，如历史上有很多军阀好战，那是好勇。"疾贫"，讨厌贫穷，受不了贫穷的苦。这两点就是社会动乱的条件。也可以连起来说，一个社会到了贫穷的时候，人就不要命，好勇了，是乱源。用社会的观点来看历史，一个时代好动乱，一定是在社会贫穷、经济衰落的时候，这就是所谓的"饥寒起盗心"。"人而不仁，疾之已甚，乱也"，社会教育没落，道德衰微，所有的人，心中没有爱人的心，大家自私，对失败、失足的人没有同情心，不能包容，这是社会的大病态，时积日久，时代就乱了。如果研究社会、政治演变的历史，就逃不出孔子这两句话的范围。一个普通人，要叫他只顾精神的修养，不受物质上贫困的影响，发挥出坚强崇高的人格，这是做不到的。可以如此要求少数人，不能要求一般的人。所以一到了整个社会贫穷，再加上教育堤防崩溃，动辄好勇，这样的社会非变乱不可。到了"人而不仁"，以杀人、以消灭别人为乐，这就是社会很深的病态了。有时从政治、宗教、社会、哲学的观点来看，好杀人的人，是一种心理变态。如希特勒、当代的帝国主义头子就是。

【原文】

子曰："如有周公之才之美，使骄且吝，其余不足观也矣。"

【译文】

孔子说："一个人即使有周公的那种优良的才能，如果骄傲而且贪婪，其余的也就不值得一看了。"

【注释】

周公：姓姬，名旦，周文王的儿子，武王的弟弟，成王的叔父，传说是西周礼乐制度的制订者，为孔子心目中的圣人。美：素质优良。吝：贪婪。

【评析】

这一则，孔子讲个人应与社会和谐。中国文化经过周公整理而集中起来，孔子不过是继承他的道统。周公从事政治，做国家的首相，有名的"一沐三握发，一饭三吐哺"就是他的典故。洗一次头，三次握起头发来；吃一餐饭，三次把饭吐出来，去接见客人，处理公事。一国的首相，内政、外交都要他办，所有来见他的人，又从不拒绝，是如此的忙，他对于下面的人，所有的事务，如此尽心，如此好的态度，这就是周公的才能与美德。如果真是有周公那种优良的才能，但骄傲看不起人，悭吝得连同情包容都不肯付出，又舍不得花钱，舍不得帮忙别人，勉励别人，舍不得给人家一纸奖状的话，那就免谈了，他做出来的成绩，一定没有什么可看的了。也就是说，一个人有了才能，而且很努力，还要修养弘毅的胸襟，深厚的美德，要不骄不吝。由此可见，孔子是把道德摆在第一位，决定性的位置的。至于重视才能，《论语》中屡见。但是，孔子并未对德才关系作出全面的高度的概括。北宋司马光作出来了，他说："德者，才之帅也；才者，德之资也。"司马光的概括是很有价值的，他对"德""才"的关系做了辩证法的小结。

【原文】

子曰："三年学，不至于谷，不易得也。"

【译文】

孔子说："三年学习，不想到去做官，这种人是不容易找到的。"

【注释】

至：同"志"，想到。谷：古代用谷作为做官的俸禄。代指官。

【评析】

这一则，孔子谈求学的态度。孔子提倡儒家学者积极用世，才能不能藏

而不用，"学而优则仕"，支持弟子从政，除非在万不得已的情况下才退而求其次。同时，孔子赞赏笃志于道的学习态度。也不反对在极其困难的条件下为了父母而去谋食，但不主张一心为了谋利而学道。很多读书人脑子里始终有出将入相的念头，如影随形，不免有急功近利之想，如果有所不遇，便牢骚满腹。心有杂虑，则无纯静，如何可以安心、诚心来求得学问呢？

【原文】

子曰："笃信好学，死守善道。危邦不入，乱邦不居。天下有道则见，无道则隐。邦有道，贫且贱焉，耻也；邦无道，富且贵焉，耻也。"

【译文】

孔子说："坚定信念，勤奋好学，至死捍卫完善治国做人的原则。不进入危险的国家，不居住动荡的国家。天下太平就出仕，不太平就隐居。政治清明，而处贫穷卑贱，是耻辱；政治黑暗，而居荣华富贵，也是耻辱。"

【注释】

笃：固，坚定。见：同"现"。此处指出仕。

【评析】

这一则，孔子讲学问的道理与个人的修养。君子有恒，体现在对信仰的坚定和对知识对大道的追求维护上；君子有智，体现在对时势的审察和洞悉，以及进退之道上；君子有耻，体现在对贫贱富贵的明辨和取舍上。有恒心、有睿智、有廉耻是一个有道德修养的人必备条件，也是对于社会和人生的态度。不居乱世，不入危邦是对生命的尊重和对才能的爱惜，不做无谓的牺牲。邦无道生灵涂炭，天地不仁，以万物为刍狗，既无力挽回，又无法摆脱，浪费生命而已。这是经验带来的明智。天下太平而不出仕，不贡献自己的才能，上天赐你以生命，有机会而不去回报，是自私，不仁不义。政治清明，有用武之地，却长期处于困窘之中，是无能；政治昏暗，却身居高位，只求自己的荣华富贵，而不顾民生疾苦，是没有恻隐和博爱之心，投机取巧，这不是无耻又是什么？

【原文】

子曰："不在其位，不谋其政。"

【译文】

孔子说："不在那个职位上，就不谋划那个职位上的政务。"

【注释】

二"其"：指示代词，相当于这、那。谋：考虑、谋划。

【评析】

这一则，孔子讲各个职位的官吏要做好自己的本职工作。行政分工，各专其职，这是一条最基本的人事制度。如果自己手里的事没干好，却去为别人分管的事操心，说长道短，越职任事，这样既把分工搞乱了，又会制造出无穷无尽的人事矛盾。所以，古代政治思想家都主张各主其事，反对超局滥政。但是，"不在其位，不谋其政"，只应限制在行政分工的范围内。俗话说：天下兴亡，匹夫有责。国家大事，关系到每个公民的切身利益，每个人都有权关心、议论、监督。康有为《论语注》把这两方面都说得十分清楚：所谓不在其位，不谋其政，就是："司法者不问行政，行政者不问立法，任兵农者不谋礼乐，司礼者不问钱谷。"至于议论政事，那是应该的。因为国家是民众的国家，所以老百姓作诗来讽谏，或者在公共场合集会批评，这些都为古代圣贤所提倡的。

【原文】

子曰："师挚之始，《关雎》之乱，洋洋乎盈耳哉！"

【译文】

孔子说："从太师挚演奏的升歌开始，到《关雎》的合乐为止，我耳朵里充满着和谐优美的乐声呀！"

【注释】

师挚（zhì 志）：鲁国的乐师，名挚。始：为开端，叫"升歌"。《关雎（jū 居）》：《诗经·国风》的第一篇，也是全书的首篇。乱：是尾声，叫"合乐"。

【评析】

这一则，孔子讲到文化的重整。《关雎》是《诗经》起始的第一首歌，也是《国风》的开篇。在春秋末年，"郑声"对雅乐的冲击很大，孔子认为

这是有违礼法的。因此，他极力赞赏师挚的做法。据《史记·孔子世家》记载，《诗经》三百篇孔子都能吟唱，他曾认真整理过《诗经》，并一一配乐演奏过，"以求合《韶》、《武》、《雅》、《颂》之音"。孔子多次提到音乐，不光是从纯粹欣赏的角度，而是寄寓了诗乐教化的理想。

【原文】

子曰："狂而不直，侗而不愿，悾悾而不信，吾不知之矣！"

【译文】

孔子说："狂妄又不直率，幼稚又不谨慎，没有一点知识又不诚实，我不知道这种人将如何呢！"

【注释】

三"而"字：为承接连词，相当于"又"。侗（tóng 同）：幼稚，无知。愿：谨慎，朴实。悾（kōng 空）：空虚，指心中什么知识也没有。信：诚实。

【评析】

这一则，孔子感叹当时一般人在思想与修养上犯了三大毛病。一是"狂而不直"，"狂"本来不是坏事，孔子也欣赏狂狷之事。"狂"就是豪迈慷慨，心地坦然，交朋友，不对就是不对，说了他，他并不恨你，这类的典型为狂。"狷"，毫不苟取，不义之财一点都不要，不合理的事情绝不做，个性独立而很有道德修养为狷。孔子认为假使没有君子之人，那么狂与狷这两种也不错。有许多人狂，豪迈得很。但是假狂的人很多，内心不正直，歪曲心肠，这是一大毛病。二是"侗而不愿"，看起来笨笨的，好像是很厚道的样子，但一个人貌似忠厚，而心里鬼主意蛮多，并不是真正的厚道。三是"悾悾而不信"，有许多人自己是空洞洞的，却不相信人家，也不相信自己，只是空空洞洞，莫名其妙地做一辈子人。"吾不知之矣"，这句话很幽默，孔子说有这三种人，我不知道这个社会将变成什么样子，这部历史将怎样写?！小人的行为每每与常人不同，他们"狂而不直，侗而不愿，悾悾而不信"。这几种品质不符合中庸的基本原则，也不符合儒家一贯倡导的"温良恭俭让"和"仁义礼智信"的道德要求。孔子对这几种人十分反感，因此说非常不理解这几种人。

【原文】

子曰："学如不及，犹恐失之。"

【译文】

孔子说："求学就像追赶什么东西怕赶不上那样急迫，学到以后还恐怕忘掉。"

【注释】

及：赶上。犹：副词，相当于仍然，还。失：丢失。

【评析】

这一则，孔子谈求学时的主动、积极、紧张的心情。这句话后来演变成曾国藩他们经常引用的："学如逆水行舟，不进则退。"学问有个很简单的原则，停留下来，就是在时代潮流中退下去了。所以不是进步，就是退步，没有停留在中间的。这个观念就是从孔子这句话来的。"学如不及"，求学问要随时感觉到不充实；"犹恐失之"，以这样努力的精神，还怕原有的学问修养会退失掉。如果没有这样的心情，懂了一点就心满意足，结果就是退步。尤其中年以上的朋友，对这句话更需要反省。有时许多中年以上的朋友，学问事业有了成就，往往自认为什么都对了。事实上如不再加努力，就要落伍被淘汰了。思想也好，学识也好，一切都要被时代所淘汰。假如有所成就，而始终好学不倦，这才叫学问，才不会被淘汰。

【原文】

子曰："巍巍乎！舜禹之有天下，而不与焉！"

【译文】

孔子说："多么伟大啊！舜和禹的得天下，却不是争夺来的！"

【注释】

巍巍（wēi 威）：高大的样。舜、禹：远古的君主，传说他们的君位都是通过禅让得来的。之：助词，相当于"的"。而：转折连词，相当于"却"。与：参与，这里指夺取。

【评析】

这一则，孔子大赞舜、禹的禅让制。舜和禹是传说中我国古代部落联盟的领袖。他们拥有天下，却不把王位传给自己的儿子，而是选拔有才能的人，经过实践考察把王位禅让他人（禹把位传给了帮他治水的伯益，但禹的儿子

启有德行，人们都推崇启为夏王，从而使王位成为家传式，不过，这不是禹的主意），亦即"虽拥有天下却不据为私有"。孔子针对当时社会混乱，政局动荡弑君、篡权者比比皆是的情景，大赞舜、禹的禅让制，借以抨击现实中的问题。

【原文】

子曰："大哉，尧之为君也！巍巍乎！唯天为大，唯尧则之。荡荡乎，民无能名焉。巍巍乎！其有成功也；焕乎，其有文章。"

【译文】

孔子说："伟大啊，尧这位君主！高大呀！唯有天这样高大，唯有尧效法天。他的功德广大，大家无法取一个名字来称颂他。高大啊！他创立了隆盛的功业；光明灿烂啊，他创立了显赫的文化。"

【注释】

则：效法。二"其"：代词，指尧。二"有"字：为动词，取，取得，这里译为"创立"。文章：文，文化；章，显赫，形容词。

【评析】

这一则，孔子对上古的历史、哲学进行评论。孔子叙述历史，自尧开始。他说伟大的尧，他的道德成就有如天一样崇高伟大。天的伟大不是说天的空间大，这个天不是物理世界的天，上古"天"字是一个抽象的代名词。天的伟大在于天生万物于人，而自己既不表功，也不要求回报，更没有要求大家感谢，自然的，生就生了。道家的思想，教我们人类的胸襟，要效法天地，只有付出，没有收回。儒家也有这种思想，所以说尧与天一样伟大。孔子说尧的胸襟、政治器度，是效法天一样的伟大，只有付出，布施于大众，不期望收回一点。"荡荡乎！民无能名焉。"像海水一样波澜壮阔，浩瀚无边。他的伟大是人们无法以言辞形容的。"巍巍乎！其有成功也。焕乎！其有文章"。孔子说尧最伟大的成就，最灿烂的光辉，是替中华民族开启了文化的传统。对上古的历史、哲学进行了评论，非常推崇尧、舜、禹三代。

唐尧是传说中我国古代部落联盟的伟大领袖，他是人们心目中最理想的贤明圣君。孔子用极美好的语言赞美唐尧，称赞他的伟大，称赞他的德业无边，称赞他的丰功伟绩，表达了他对古代先王的崇敬心情。

【原文】

舜有臣五人而天下治。武王曰："予有乱臣十人。"孔子曰："才难，不其然乎？唐虞之际于斯为盛。有妇人焉，九人而已。三分天下有其二，以服事殷。周之德，其可谓至德也矣。"

【译文】

舜有大臣五人，因而把天下治理得很好。周武王说："我有治理天下的大臣十人。"孔子说："人才难得，难道不是这样吗？唐尧虞舜之后以周武王这个时期人才最盛。十个大臣中有一个是妇女，实际上是九个人罢了。周文王已经有三分之二的天下，仍然向殷朝称臣。周朝的功德，可以说是最高的了。"

【注释】

舜有臣五人：传说是禹、稷、契、皋陶、伯益等五人。天下：指全中国。武王：即周武王，姓姬，名发，西周的开国君主。乱臣：治国之臣。乱，本作"乿"，古"治"字。十人：周公旦、召公奭、太公望、毕公、柴公、太颠、闳夭、散宜生、南宫适、太姒（她是周武王之母）。唐虞之际：指唐尧、虞舜之后。传说尧在位的时代叫唐，舜在位的时代叫虞。斯：这，指周武王时代。妇人：传说是文王的后妃，武王的母亲，叫太姒，她能以德化天下。孔子不敢把她看作武王的臣子，所以说"九人而已"。"三分天下有其二"：殷朝末年，纣王无道，周文王的势力很大，天下归顺的诸侯有三分之二。

【评析】

这一则，是孔子对人事的评价，通过历史，讲人才难得。舜为中国文化奠定了良好的基础，因为他有优秀的干部。领袖固然重要，干部更重要。换言之，干部难得，领袖也难得。舜当时天下太平，留万古美名，靠他有禹、稷、契、皋陶、伯益五个好干部，天下就大治了。我们研究历史，可以发现无论古今中外，任何一代，真正平定天下的，不过是几个人而已。汉高祖靠手里的三杰，张良、萧何、陈平而已。韩信还只是战将，不算在内。外国历史，文艺复兴三杰，也只三个人。每个时代的治乱，最高思想的决策，几个人而已。周武王也说，他起来革命，打垮了纣王，平定天下，当时真正的好干部只有十个人。孔子说"才难"，真是人才难得。周朝连续八百年治权，文

化优秀，一切文化建设鼎盛。但是也只有十个人把这个文化的根基打下来，而这十个人当中，还有一个女人。但在周武王的前期，整个的天下，三分有其二，占了一半以上，还不轻易谈革命，仍然执诸侯之礼，这是真正的政治道德。老实说，我们现在留下来的中国文化的真精神，都是周代文化的精神，也就是孔子所弘扬的儒家思想。

【原文】

子曰："禹，吾无间然矣！菲饮食，而致孝乎鬼神；恶衣服，而致美乎黻冕；卑宫室，而尽力乎沟洫。禹，吾无间然矣！"

【译文】

孔子说："禹，我对他挑不出毛病了！他饮食很简单，却隆重地祭祀鬼神，表现了对鬼神的孝敬；他平时穿的衣服很简朴，祭祀时穿的衣服、戴的礼帽却很华美；他住的宫室很简陋，却尽力治水，建设农田排灌系统。禹，我对他挑不出毛病了！"

【注释】

间然：间，间隙，引申为挑剔，批评。然，形容词词尾。菲：菲薄，不厚。黻冕：（fúmiǎn 扶免）：古代祭祀时穿的衣服叫黻，戴的帽子叫冕。卑：低矮。沟洫（xù 序）：沟渠，指农田水利。

【评析】

这一则，写孔子赞许禹的仁德。从禹开始，中华民族奠定了农业社会的基础，发展成就了后来几千年以农立国的民族精神。尽管我们推崇尧舜，在尧舜时代，政治好到什么样子，我们暂且不管。但那时还在洪水时代，没有多少人口，这么大的国家泛滥了洪水，只是高山露出了山峰。到了禹治水以后，农业基础奠定了，文化才开始成长。所以孔子对禹是"吾无间然矣"，没有办法可以挑他的毛病。可见孔子对他的推崇。他说禹自奉这样节俭，又非常崇敬鬼神。当然由孔子的这句话，可知禹王当时对于神秘的学问是如何的重视。"恶衣服，而致美乎黻冕。"大禹治水的时候没有穿上礼服，完全和普通人一样，一年到头都到外面跑。但是他对政治的制度，国家的礼服，制定得美妙雅致。换句话说，我们的祖先，由穴居巢处，到发明了衣服以后，还没有规定什么格式，到了禹王才制定格式。"卑宫室，而尽力乎沟洫。"历史

上记载，禹为皇帝，他住宫殿，还只是一个茅草棚，所谓"茅次土阶"，上面盖的没有瓦，只有一些草；前面的台阶，当然没有水泥，连石块也没有，只是用泥巴堆起来，"而尽力乎沟洫"，尽心尽力办好水利。孔子对禹有这三个观点，所以他说禹对于中国文化有这样大的贡献，实在无话可说，没有一点可以批评的。

子罕篇第九

《子罕》这一篇，主要讲孔子提倡礼制，鼓励人们好学不倦；以及记述孔子不肯说什么，不肯做什么。

【原文】

子罕言利；与命，与仁。

【译文】

孔子很少谈论利益；却赞成天命，赞成仁德。

【注释】

罕：很少。与：赞成，推许。命：天命，命运，"天人合一"。

【评析】

这一则，断句与解释争论很多，我们只取其一。在《论语》一书中，尽管孔子偶尔谈到"利"，但他主张"先义后利，重义轻利"，可以说，他是轻视"利"的，很少谈到"利"。孔子讲"命"，常将"天"与"命"联系起来，是他思想中的一个组成部分；"仁"，是孔子心目中最高的道德标准，因此，他对"命"与"仁"持赞成态度。为"仁德"实现而奋斗终生。

【原文】

达巷党人曰："大哉孔子！博学而无所成名。"子闻之，谓门弟子曰："吾何执？执御乎？执射乎？吾执御矣！"

【译文】

达巷这个居民区有人说："伟大的孔子啊！他学识广博而没有作为哪一门的专家而著名。"孔子听到这个评论，告诉学生说："我拘限于哪一门技术呢？拘限于赶车吗？拘限于射箭吗？我就算一个赶车的专家吧！"

【注释】

达巷：地名。党：古代五百家为一党。执：前三个"执"，今译为拘。御："六艺"当中的一种，即"礼、乐、射、御、书、数"，"御"，赶车。

【评析】

这一则，写达巷党人称赞孔子是精通六艺的通才。他什么都懂，而不只是某一门学问的专家。孔子听到人家的这种评论，就很风趣地对他的弟子们说，这叫我抓住哪一点？做哪一种专家好呢？我去当驾车的专家好？还是当军事射箭的专家好？我还是学驾驶吧！从字面上看，这段文章就这样解释完了。但仔细地想一想，大有道理，他这个"执御"的驾驶人，意思是要领导文化，作一个历史时代的先驱者，弟子们把孔子的这句话记下来，是有深意的。

【原文】

子曰："麻冕，礼也；今也纯，俭，吾从众。拜下，礼也；今拜乎上，泰也。虽违众，吾从下。"

【译文】

孔子说："用麻布来做礼帽，合乎传统的礼仪，现在用丝料制作，简朴，我随从大家。臣子对君主行礼，先在台下跪拜，升堂再拜，这合乎传统的礼仪；现在只在升堂后跪拜，这是傲慢的表现。即使有违众人的做法，我还是先在台下跪拜。"

【注释】

纯：黑色的丝。拜下：臣子见君主，先在堂下跪拜，升堂再拜。泰：傲慢、简慢。

【评析】

这一则，孔子谈"礼"有变革、有遵循。孔子对于传统的礼仪不是顶礼膜拜盲目信服，而是非常灵活地加以运用，其中的标准是什么？是礼的精神，如果符合礼的精神，至于形式或者说礼仪是可以变通的。礼讲究俭，用丝料制作礼帽简朴，所以从之；礼讲求真情，而行礼简化了，表现傲慢，心有不诚，所以不从。

【原文】

子绝四：毋意，毋必，毋固，毋我。

【译文】

孔子杜绝了这四种毛病：他不凭空猜测，不绝对肯定，不拘泥固执，不自以为是。

【注释】

毋：同"无"。意：同"臆"，猜想。

【评析】

这一则，谈孔子杜绝四种毛病。孔子没有人们常有的四种毛病——不凭空猜测，不绝对肯定，不拘泥固执，不自以为是。而孔子之所以没有这些毛病，就在于中庸的思想方法，这种思想方法使他不脱离思想实际，不搞形而上学，不做绝对肯定或否定，不让自己的认识始终停留在某一固定的地方。我们阅读孔子的著述，特别是读《论语》，读《周易》，总感觉常读常新，也常常发现其中有许多看似矛盾，实则体现了辩证思考的闪光思想，这对后人无疑是巨大的思想启迪，也给人们准确把握他的思想实际带来了困难，同时又为历代思想家和统治者歪曲他的思想留下了足够宽松的活动空间。

【原文】

子畏于匡，曰："文王既没，文不在兹乎？天之将丧斯文也，后死者不得与于斯文也；天之未丧斯文也，匡人其如予何？"

【译文】

孔子在匡城遭难，说："周文王去世以后，文化不就在我这里吗？上天若要消灭这些文化，那我也不会掌握这些文化了；上天若不要消灭这些文化，匡人能把我怎么样呢？"

【注释】

畏：遭难。匡：地名，在今河南省长垣县西南。孔子离开卫国去陈时，经过匡地。匡地的群众曾经遭受鲁国阳虎的掠夺残杀，孔子的相貌和阳虎相似，因而匡地的群众误认孔子为阳虎，把孔子拘禁了五天。文王：周文王，姓姬，名昌，西周开国君王周武王的父亲。文：文化，相当于今日的人文科学。兹：代词，此，这里指我。斯：代词，表近指。后死者：孔子自称。如予何：奈我何，把我怎么样。

【评析】

这一则，写孔子在匡地的遭难。当时有个叫阳虎（也称阳货）的，长得与孔子相像，曾对匡人横加迫害，所以当孔子来到匡地，被错认为是阳虎，拘禁了五天。因此，跟随孔子的学生焦急万分，孔子却弦歌不绝，从容得很，并以这些话来安慰学生。后来，匡人明白不是阳虎，就放了他。身处危急最容易有畏惧之心而惊惶失措。孔子的这种从容来自对传统文化源远流长的自信和对天命的人为肯定。天命在孔子已经不是纯粹的无知无识，而赋予了人格的意志情感和象征意义，天不再是高高在上漠视众生，而更具有情感意味。

【原文】

太宰问于子贡曰："夫子圣者与，何其多能也？"子贡曰："固天纵之将圣，又多能也。"子闻之，曰："太宰知我乎？吾少也贱，故多能鄙事。君子多乎哉？不多也！"

【译文】

太宰向子贡问道："孔夫子是一位圣人吗？为什么这样多才多艺呢？"子贡说："这本来是上天要让他成为圣人，又使他多才多艺。"孔子听了这些话，说："太宰了解我吗？我少年贫贱，所以能够做许多粗俗的事。君子具有一些做粗俗事的能力是多余的吗？不多余啊！"

【注释】

太宰：官名，辅佐君主治理国家。这里的太宰，有人说指吴国的太宰伯嚭（pǐ pǐ），有人说是宋国的太宰，不能确知。纵：使，让。

【评析】

这一则，写孔子的能屈能伸是为君子。太宰是春秋时官名。从太宰的惊叹中可以感觉孔子的多才多艺。然而，孔子自认为是因为出身贫贱且不为世用才学会这般技艺，而不是生而知之。这也可以看出孔子除了谦虚外，更多的是对自己的用世要求。他不是做怀才不遇式的感慨，而是不停地学习以求得对社会有用。所谓"人不知而不愠"，返回自身以求，而发奋用功。孔子幼年生活艰难困苦，什么卑贱的事都有以尝试，而且学会诸多技艺，可以说是

历尽人间坎坷，人事沧桑，对世事世情比较通达。而且把卑贱和富贵已经看得很平淡，所以能如此平实地承认自己的过去，既不忌讳，也不矫饰。这就是君子的能屈能伸之道。

【原文】

牢曰："子曰：'吾不试，故艺。'"

【译文】

子牢说："老师说：'我不被国家任用，所以我以长于技艺著称。'"

【注释】

牢：子牢，孔子的学生。试：用，指做官。

【评析】

这一则，讲"古之学者为己"。上面孔子刚刚讲过："吾少也贱，故多能鄙事。"这一则孔子又说："吾不试，故艺。"这样连起来看，这句话的意思是：孔子求学问，是为自己做学问而求学问，并不是为了要尝试什么，并不是拿学问来作工具求取功名。秦汉以后的儒家多用孔孟思想做敲门砖，求取功名，这不是孔子的精神。孔子因为是为自己做学问，不以学问做功名富贵的尝试工具，所以他的学问，达到最高的艺术境界。

【原文】

子曰："吾有知乎哉？无知也。有鄙夫问于我，空空如也；我扣其两端而竭焉。"

【译文】

孔子说："（对于人家问的问题）我都知道吗？没有啊！有个粗俗的人问我的问题，我茫然不知怎样回答。我就他的问题从正反或前后、左右、上下两方面反复思考，最终还是答不出来。"

【注释】

鄙夫：粗俗人，或乡下人。扣：探问，询问。两端：两个方面。竭：有尽力还是答不出之意。

【评析】

这一则，是孔子讲世界上的事情是永远不可能全知全能的。即使连粗俗人的问题，我还有回答不出的。孔子还说过自己非生而知之，只不过是"好古，敏以求之"。孔子回答弟子樊迟问话时老实承认，种庄稼"吾不如老农"，种菜"吾不如老圃"。孔子教导弟子子路时又说："知之为知之，不知为不知，是知也。"综合起来我们可以看出，孔子确实是厚德虚心之人，恐怕没有什么人不被孔子的坦荡、虚心和诚恳所感动的！孔圣人再次以自己为案例，证明了"活到老，学不了"的真理。

【原文】

子曰："凤鸟不至，河不出图，吾已矣夫！"

【译文】

孔子说："凤凰不来了，黄河也不出现龙马背负的八卦图了，我这一生就这样过去了！"

【注释】

凤鸟：凤凰，它的出现表示天下太平，盛世将至，很吉祥。舜时、文王时都曾出现过。这是古代传说。河：黄河。图：八卦。传说伏羲氏时黄河出现了龙，龙又变成一匹马，背负河图，伏羲氏据此画成八卦，这就是后来《易经》的来源。若是有圣人受命于天，来到人世，就会出现"河图"。

【评析】

这一则，表现了孔子对当时春秋战乱时代大有力不从心的感慨。孔子在晚年时大叹生不逢时。春秋时代从始到末，已经过两百多年的战乱，再也没有太平的指望。诸侯各国的君主，根本无人想推行仁政，偶尔有人对孔子的主张持赞成态度，但终无用武之地。于是孔子说，像"凤鸟至"、"河图出"这样两个了不起的时代，再不会出现了。换言之，他虽想挽救这个战乱的时代而达到太平，但想想自己年事已高，也办不到了，大有力不从心的感慨。

【原文】

子见齐衰者、冕衣裳者与瞽者——见之，虽少，必作；过之，必趋。

【译文】

孔子看见穿丧服的人、戴着礼帽穿礼服的人和盲人——看到的虽然是少

年，坐着一定站起来，在他们面前经过必定快步走过去（以免影响人家行进）。

【注释】

齐衰（zīcuī 资崔）：古代用麻布做的丧服。冕（miǎn 免）：古代天子、诸侯、大夫、卿所戴的帽子。衣：上衣。裳：下服。瞽（gǔ 古）：眼睛瞎。作：站起来，表示敬意。趋：快步走，表示敬意。

【评析】

这一则，是语录整理者的记事之辞。起身，或者快走几步是古代的礼节，表示敬意。礼作为内在的一种情感已经融化在日常的言行之中了。小节也能见大礼，礼节成为自然的行为，是因为它是内心情感的自然流露。人有以我心比他心尊重他人的时候，则情感能丰满，情感丰满无不洋溢在行为举止之中。比如孔子对丧者的哀悼，对盲者的怜悯，对戴礼帽穿礼服人的敬重就是。礼节贵在自然顺乎人心。

【原文】

颜渊喟然叹曰："仰之弥高，钻之弥坚。瞻之在前，忽焉在后。夫子循循然善诱人，博我以文，约我以礼，欲罢不能。既尽吾才，如有所立卓尔，虽欲从之，末由也已。"

【译文】

颜渊长长地叹了一口气说："（老师的学识、人品）仰着头看，越看越觉得崇高，深入钻研，越钻研越觉得不可穷尽。向前看它，它在前面，可是忽然又在后面了。老师善于有步骤地诱导我们，使我们学识广博，以礼约束我们的行为，在他的诱导下想停止钻研也停不下来。我已经竭尽我的才智了，老师有新的创立，卓然高大，虽然想要跟上去，结果还是没有办法跟上。"

【注释】

喟（kuì 愧）然：叹气的样子。三"之"都是代词，这里指孔子的"学识、人品"。弥：副词，更加，越发。瞻：向前看。循循然：有步骤有次序地。既：副词，已经。卓尔：高超、突出的样子。末：终了，结果。由：途径。

【评析】

这一则，是颜回对孔子崇敬的评论。"仰之弥高"，就是抬头一看，越看越觉得孔子的形象高大。"钻之弥坚"，是赞叹孔子人格与学问造就的深厚，越钻研越厚实。"瞻之在前，忽焉在后"，孔子好像有隐身法，功夫很高，抓不住了。看见他在前面，追过去追不到，他突然又到了后面。这四句话连起来看，就是"这个人深不可测"。他的学问到底有多深，人格到底多么崇高，无法估计，所以用这四句话的文学境界来形容，益见孔子的伟大。这是颜回跟随孔子，对孔子倍加赞叹的结论。"夫子循循然善诱人"的教育方法，成为今天为人师者所遵循的原则之一。"既尽吾才，如有所立卓尔，虽欲从之，末由也已。"做学问的困惑，就在于百尺竿头如何求得进步？颜回认为自己不及老师的也是在此，所以孔子的学问境界、人格境界，学生难能企及。

【原文】

子疾病。子路使门人为臣。病间，曰："久矣哉，由之行诈也。无臣而为有臣，吾谁欺？欺天乎？且予与其死于臣之手也，无宁死于二三子之手乎！且予纵不得大葬，予死于道路乎？"

【译文】

孔子病得很严重。子路准备丧事，让几个学生装作老师的家臣。病稍微好了一些，老师说："很长时间了，仲由实行这种欺骗。没有家臣而装作有家臣，我欺骗谁？欺骗上天吗？我与其在家臣服侍下死去，还不如在学生服侍下死去啊！而且我即使得不到用大夫之礼安葬，我能死在道路上吗？"

【注释】

疾：病，名词。病：病情严重，形容词。臣：古代诸侯之死才能有"臣"。"臣"是为人临死前准备后事的组织。病间：病事转缓。由：仲由，即子路。无：发语词，无意义。宁：宁可。二三子：诸位学生。纵：连词，即使。大葬：大夫的隆重葬礼。

【评析】

这一则，写孔子对子路违"礼"的批评。子路出于对老师的敬重，以依礼应该用于诸侯（然而当时大夫也多用之）的丧礼来为孔子治丧，但是孔子既非诸侯，此时也非大夫，所以认为是越礼的行为，是在做欺人的事情。在

责备子路的同时，孔子认为过错在于自己：我欺骗上天吗？这其实也是孔子虽有不满但能理解并体谅学生的用心和诚挚。所以孔子又说："与其死在治丧人的手里，不如死在你们学生的手里呀！"以安慰学生的心意。学生光有一颗爱心是不够的，还要有适当的表达方式。理解他人是对他人最大尊重和敬爱。孔子认为，如果你的行为不能遵循我始终宣扬的道理，怎样热心的赞同都是徒然，甚至是对我的背叛。

【原文】

子贡曰："有美玉于斯，韫椟而藏诸？求善贾而沽诸？"子曰："沽之哉！沽之哉！待贾者也。"

【译文】

子贡说："有块美玉在这儿，把它放在匣子里藏起来呢？还是找一个识货的商人卖出去呢？"老师说："卖出去啊！卖出去啊！我在等待一个好价钱哩！"

【注释】

斯：这儿，这里。韫椟（yùn dú 运独）：藏在匣子里。韫：收藏；椟，匣子。善贾（gǔ 古）：贾，商人，善贾即善于识别货物价钱的商人。沽：卖出。诸：之乎的合音，疑问助词。贾：同："价"。

【评析】

这一则，写子贡同老师的幽默对话。有一天，子贡和老师对话。子贡说有一块美玉在这里，老师，你说我是把它放在保险柜里藏起来好呢？还是找一个识货的人把它卖掉了好呢？孔子一听就懂了，就说：决定卖！决定卖！我在这里等待一个好价钱哩！可是卖不出去，没有人要！这是他们师生之间的幽默。也就是说孔子感到生不逢时，仁政推行不了，而借子贡的幽默表达出来。

【原文】

子欲居九夷。或曰："陋，如之何？"子曰：君子居之，何陋之有？

【译文】

孔子想到九夷居住。有人说："那里太简陋了，为什么要到那里去居住

呢?"孔子说:"君子去住,还怕什么简陋呢?"

【注释】

九夷:东南方的少数民族称夷,九,言其多。陋:本狭窄之义,此指偏僻而小,没有多少文化的地方。何陋之有:宾语前置,有何陋。陋,简陋,闭塞。

【评析】

这一则,写孔子平居时的一段闲话。九夷是东南方一带蛮夷之地,大约包括现在的广东、广西、湖南、江西、浙江、福建等南方省份的边区。这些地方还没开发,还是披发文身,非常落后的。孔子想另外开辟一个天地,保留中国文化。孔子说,地区不怕落后,只要真有道德、真有学问的人,去任何地方、在任何时代,都有自处的办法。环境对于人固然重要,但更重要的是人本身的修养。君子所求在于道,而不在于物质生活。君子可以精神感化环境,而不会因环境而改变人的精神。这是孔子周游列国到处碰壁后萌发的一种想法,是一种感慨之辞,并非认真考虑的结果,并没有真的去"九夷"。

【原文】

子曰:"吾自卫反鲁,《雅》、《颂》各得其所。"

【译文】

孔子说:"我从卫国返回鲁国,然后整理乐章,订正错讹,使《小雅》、《大雅》和《颂》诗的乐章都恰当合适。"

【注释】

反:同"返"。孔子在鲁哀公十一年(公元前484年)冬,从卫国回到鲁国,结束周游列国的生活。《雅》、《颂》:《诗经》中的两类诗,都配上了乐谱,可以演唱。这里的《雅》、《颂》是指乐谱。

【评析】

这一则,是孔子讲对《诗经》中《雅》、《颂》各篇乐谱的整理。据《左传》记载:孔子应季康子的邀请,于鲁哀公十一年冬回到鲁国。季康子并不任用孔子。整理《诗》的乐章是这时孔子所做的一项工作。《诗》都有乐章,有周王朝乐官制订的乐谱,久之不免错讹。孔子"正乐",即订正乐谱的错讹;所正的乐曲是《小雅》、《大雅》各篇和《颂》的各篇(大都是关于政治

和礼制的），不包括十五国风。"正乐"是孔子晚年所做的一项有益于文化事业的工作，可惜"诗乐"早已亡佚了。

【原文】

子曰："出则事公卿，入则事父兄，丧事不敢不勉，不为酒困，何有于我哉?"

【译文】

孔子说："外出侍奉国君、上大夫，回家侍奉父亲、兄长，办理丧事不敢不尽力按照丧礼的规定去做，不被酒扰乱得神志颠倒，这对我有什么困难呢?"

【注释】

公：国君。卿：上大夫。勉：尽心尽力。酒困：沉醉于酒，为酒所困。

【评析】

这一则，是孔子谈自己的平常生活。"出则事公卿"，即为国家奔走尽忠；"入则事父兄"，即恪守孝悌；"丧事不敢不勉"，即循礼；"不为酒困"，即慎行；"何有于我哉"，即哪个能与我比。孔子的意思是告诉弟子们，自己是一个循规蹈矩的人。尽忠、尽孝、循礼、慎行，洁身自好，光明正大，一个人能时时处处做到这些，便是持身严谨的典范。没有对自己的严要求与坚持不懈的约束，则不可能成就大的事业。人的一生最为要紧的是必须渗透有所为与有所不为的辩证法，知道自己该做什么，不该做什么；渗透舍与得的辩证法，知道自己要什么，不应该要什么。

【原文】

子在川上，曰："逝者如斯夫! 不舍昼夜。"

【译文】

孔子站在河岸上，说："过去的就像是水呀! 昼夜不停息地流。"

【注释】

斯：代词，表示近指，相当于"这"，此指水。夫：语气助词，用于词尾表示感叹。舍：停止。

【评析】

这一则，孔子讲"流水不止，人生不懈"。孔子站在河堤上告诉学生们："注意呀！你们看这水，过去的都像这样，向前面去，向前面去！而且是昼夜不断地向前面去。"他这话的意义，就是《易经》上讲的："天行健，君子以自强不息。"这是《易经》乾卦的卦辞。乾代表了天，中国文化是用乾代表天体，现在的名词就是宇宙。《周易》就是文王的思想，也就是孔子所效法的。文王解释宇宙，说宇宙是永远在转，永远在动；没有一分一秒停止。假使一分一秒停止，不但地球完了，也没有人类了，整个宇宙也垮了。所以宇宙是动态的。中国的文化并不主张静态的宇宙。人生也是这样，要不断求进步。静是缓慢的动态，没有真正绝对的静。譬如人坐在椅子上好像很静，其实并不静，身上的血液正在分秒不停地循环，各个器官也都各司其职地工作着。"天行健"是永远强健地运行。"君子以自强不息"是教我们效法宇宙，即如孔子所说"逝者如斯"，要效法水不断前进。人生的思想、观念，都要不断地进步。满足于今日的成就，即是落伍。孔子说：流水一去不复返，永不停息；人生之道也如水，尽管过去已成过去，但不停息的精神却时时刻刻存在。儒家看重的是水的无止息无懈怠的精神。

【原文】

子曰："吾未见好德如好色者也。"

【译文】

孔子说："我没有见过爱好道德像爱好美女的人。"

【注释】

好：爱好。如：如同，好像。色：女色，指美貌的女子。

【评析】

这一则，是孔子感叹当时社会道德观念的淡薄。爱美之心人皆有之，人如果没有爱美的心，世界上也就没有"女为悦己者容"一说了。但是人喜爱道德是否像喜爱美色一样，那就难说了。美是一种直观的，可以直接带来感情的愉悦，是一种审美的轻松的感受。而道德则是一种克己的，甚至凝重的，更多的是伦理的意味，带来了一种崇高的感觉，而崇高需要很多的付出，才能获得。孔子在这句话里说的"色"，包括了女色、物欲、嗜好三重意义。但

根据历代的看法，都只偏重在女色这一面，认为这是孔子对卫灵公的感叹。孔子周游列国时，比较重视卫国。但卫国的政权，当时具有较大影响力的是大臣蘧伯玉，而左右卫君的是美丽妃子——卫灵公嬖好的南子，所以有这句感叹，从而成了一句名言。事实上不止卫灵公，从人情世故上看，人都是好德不如好色。如果一定要以最高的道德要求，世界上很少有合乎标准的人。

【原文】

子曰："譬如为山，未成一篑，止，吾止也。譬如平地，虽覆一篑，进，吾往也。"

【译文】

孔子说："比如建筑假山，只差一筐土未能完成（前功尽弃），停止，是我自己停止的；譬如用土平地，虽然只倒下一筐土，继续进行，是我自己决定进行的，一直干下去终能成功。"

【注释】

为山：应是筑假山。平地：用土把不平的地方填平。篑（kuì 溃）：盛土的筐子。孔子这段话用"堆山"、"平地"作比喻，勉励学生自强不息。往：实行。

【评析】

这一则，孔子用"堆山"、"平地"作比喻，勉励学生自强不息。一切的进德修业，都是如此。学问的成功、道德的成功、事业的成功，原则都相同：不是进步，就要退步。没有进步，停留在原地，也是退步。尤其对于自己道德的要求，更难！有人说，英雄征服了天下，不能征服自己；圣人不想征服天下，而能够征服自己。事实上，征服自己比征服天下更难。所谓道德的修养，就是征服自己。上面孔子的话，就是说这个道理。他说，譬如我们去挑泥土来堆成一座山，要挑一百担泥土的，已经挑了九十九担，最后"未成一篑"，少了一筐土，"止"，停止了，因此便不能登峰造极到顶点。是谁使你停止的？我们一件事没有成功，往往推之于客观的环境、社会的因素，但是孔子在这里说那是不可能的，"吾止也"，还是自己的心理疲劳与退缩，不是客观因素。他举的另一个例子，还是进一步地说明这个道理。外来因素之所以形成，也是自己本身的关系。

【原文】

子曰："语之而不惰者，其回也与！"

【译文】

孔子说："同他说话而始终不懈怠的，就是颜回了吧！"

【注释】

惰：懈怠，懒散。其：表肯定语气，就。

【评析】

这一则，是孔子对惰性的感叹，有孤独之境，有困倦之扰。孔子有弟子三千，而能够始终不动摇，不因此而懈怠，自觉坚持道的修养的却也不多。孔子不免有恍叹之意，到底是道德的艰辛，还是人心的荏弱？惰性是人类的通病，然而因为惰性带来的懈怠和懒散，往往又有事后追悔之叹，令人徘徊犹豫，由此循环，而趋于沮丧和消沉之中。求道如求学，不进则退，所以克己首先是对惰性的克服。古代有个叫乐羊子的人，出外求学，不到一年而归，以至学业半途而废。见他回到家，正在织布的妻子，拿起剪子就剪断了已经织了一半的布，对他说：你半途而归，与我这样做有什么区别？乐羊子于是非常惭愧，便重新出去了，终于学成而归。

【原文】

子谓颜渊曰："惜乎！吾见其进也，未见其止也。"

【译文】

孔子评论颜渊说："可惜呀（他早亡）！我只看到他不断进步，没有看到他达到最高境界。"

【注释】

谓：有"说"义和"评论"义。惜：痛也。止：至也。止，不是停止的意思，是没有达到最高的境界。

【评析】

这一则，是孔子对颜回英年早逝的惋惜和遗憾。老师对颜回非常器重，认为他在德行、学识上都可以达到最高境界，而颜回只活了三十二岁，痛惜之极，故说只看到他不断进步，而未能看到他达到最高境界。

【原文】

子曰："苗而不秀者有矣夫！秀而不实者有矣夫！"

【译文】

孔子说："禾苗长得好而不吐穗的有啊！吐穗而不结实的有啊！"

【注释】

秀：稻、麦等，吐穗扬花。夫：语气词。

【评析】

这一则，孔子以禾苗的成长比喻人才的培养。人生是一个过程，而在这个过程之中却有着很多的无奈，如稻苗一样，有苗而不秀，或有秀而不实，很多的不尽如人意之处。也许是因为客观的限制，也许是因为主观的不努力，求得一种结果是这样的艰难。有像颜回一样的，虽然执著有恒，积极进取，可惜天不假其寿，致令未臻圆满便英年早逝；有像虽处于顺境但心志不坚或有动摇的，却也不知道珍惜和奋发。苗而不秀，秀而不实，另有中看不中用的意思，是对当时重浮夸而不知沉着专研的感慨。一样的不见结果，但孔子对颜回是痛惜，对其他弟子则是劝谏和激励。

【原文】

子曰："后生可畏，焉知来者之不如今也？四十、五十而无闻焉，斯亦不足畏也矣。"

【译文】

孔子说："年轻人是值得敬重的，怎么断定他们将来不如我们现在呢？到了四五十岁还没有学识，这也就不值得敬重了。"

【注释】

后生：年轻人。畏：敬重。可：值得。无闻：皇侃疏，"无声誉闻达于世者"，后来的注家大体上是这样解释的。这种解释与孔子的思想不合，孔子是把主观的学识和客观的名声加以分别的，"不为人知"与"无学识"并非一回事。此"闻"字当"学识"讲。足：是"值得"的意思。

【评析】

这一则，孔子讲年轻人的潜力不可限量。"后生可畏"是孔子的名言，切

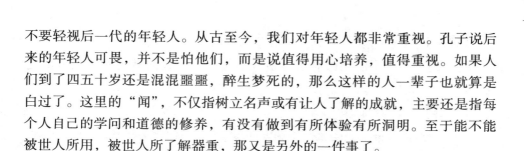

不要轻视后一代的年轻人。从古至今，我们对年轻人都非常重视。孔子说后来的年轻人可畏，并不是怕他们，而是说值得用心培养，值得重视。如果人们到了四五十岁还是混混噩噩，醉生梦死的，那么这样的人一辈子也就算是白过了。这里的"闻"，不仅指树立名声或有让人了解的成就，主要还是指每个人自己的学问和道德的修养，有没有做到有所体验有所洞明。至于能不能被世人所用，被世人所了解器重，那又是另外的一件事了。

【原文】

子曰："法语之言，能无从乎？改之为贵。巽与之言，能无说乎？绎之为贵。说而不绎，从而不改，吾末如之何也已矣。"

【译文】

孔子说："合乎正道的话，能够不听从吗？但听从之后要改正错误才可贵。谦恭赞许的话，听了能够不高兴吗？但要对这些话分析鉴别才可贵。只高兴而不分析鉴别，只听从而不改正错误，对这种人我实在没有办法啊。"

【注释】

法语：格言，也称"法言"，合乎原则的话。巽（xùn 训）与之言：顺从恭维的话。巽，顺、恭。与：赞许。说：同"悦"。绎（yì 亦）：抽出或理出事物的头绪来，指分析鉴别。末：没有。

【评析】

这一则，孔子讲的是哲理话，包括了两层意思。一是关于言行一致的问题。听从那些符合礼法的话只是问题的一个方面，而真正按照礼法的规定去改正自己的错误，才是问题的实质。二是忠言逆耳，而顺耳之言的是非真伪，则应加以仔细辨别。"忠言逆耳利于行，良药苦口方治病"。孔子讲的这两层意思，在今天仍有极强的现实意义。

【原文】

子曰："主忠信。毋友不如己者。过，则勿惮改。"

此则，与《学而》篇第八则后"三句"重复。

【原文】

子曰："三军可夺帅也，匹夫不可夺志也。"

【译文】

孔子说："三军的统帅有可能被人活捉，一个人的意志不能被人强迫改变。"

【注释】

三军：即左、中、右三军，主帅居中军帐。"夺帅"之"夺"：即俘获、活捉之义。匹夫：平民百姓。"夺志"之"夺"：易也，即改变之义。

【评析】

这一则，孔子谈对意志、气节的重视。志，就是指人的志向、志气。"匹夫不可夺志"，反映出孔子对于"志"的高度重视，甚至将它与三军之帅相比。孔子很重视立志，他曾把自己的成就归之于"十有五而志于学"，强调为学要"志于道"，并常常询问弟子的志向。人贵有志，正所谓"有志者事竟成"也。孔子一贯激励他的学生，要他们树立崇高的理想，百折不回地为之奋斗，而他自己正是学生的表率。

【原文】

子曰："衣敝缊袍，与衣狐貉者立而不耻者，其由也与！""不忮不求，何用不臧？"子路终身诵之。子曰："是道也，何足以臧？"

【译文】

孔子说："穿着破旧的丝棉袍，同穿着狐貉皮的人并排站立，而不以为耻辱，这个人就是仲由吧！""不嫉妒，不贪婪，为何不能得安善？"子路一辈子朗诵这两句诗。老师说："念这两句诗，哪里能使人的处境好起来呢？"

【注释】

衣：穿。敝：破乱。缊（yùn 运）：新旧混合的丝棉絮。狐貉（hé 河）：这里指狐皮貉皮制的皮袍。由：仲由，即子路。与：同"欤"，语气词。忮（zhì 志）：嫉妒。求：贪求。臧（zāng 脏）：安善。这两句诗引自《诗经·邶风·雄雉》。

【评析】

这一则，是孔子对子路气度、修养的描绘。子路在举一反三融会贯通方面恐怕不如子贡，在谦虚反省方面恐怕不如颜回。所以子路一听到老师表扬，

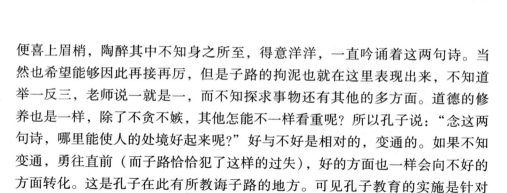

便喜上眉梢，陶醉其中不知身之所至，得意洋洋，一直吟诵着这两句诗。当然也希望能够因此再接再厉，但是子路的拘泥也就在这里表现出来，不知道举一反三，老师说一就是一，而不知探求事物还有其他的多方面。道德的修养也是一样，除了不贪不嫉，其他怎能不一样看重呢？所以孔子说："念这两句诗，哪里能使人的处境好起来呢？"好与不好是相对的，变动的。如果不知变通，勇往直前（而子路恰恰犯了这样的过失），好的方面也一样会向不好的方面转化。这是孔子在此有所教诲子路的地方。可见孔子教育的实施是针对每个人的不同禀赋和个性而有所不同的。

【原文】

子曰："岁寒然后知松、柏之后凋也。"

【译文】

孔子说："岁月到了寒冷的季节，然后才知道松树、柏树的叶子是最后凋谢的。"

【注释】

岁：岁月。之：代指树叶，即"的树叶"。凋：凋零，这里以松柏耐寒比喻经得住严重考验的人。

【评析】

这一则，是孔子借松柏的性格来比喻君子的品德。天气冷了，所有的草木都凋零，只有松树与柏树永远是碧绿的。人生要在最后看结论，人要在艰难困苦中才看到他的人格，平常看不出来。文天祥就是一个例子，国家无事时，他是一个风流才子，谁看得出他后来竟是一个如此坚贞而正气浩然的人。所以古人说："疾风知劲草，板荡识忠臣。"时代的大风浪来临时，人格还是挺然不动摇，不受物质环境的影响，不因社会时代不同而变动。国家一乱，就看到了忠臣，也正是孔子所说的："岁寒，然后知松、柏之后凋也。"

【原文】

子曰："知者不惑，仁者不忧，勇者不惧。"

【译文】

孔子说："智慧的人不会迷惑，仁德的人不会忧愁，勇敢的人不会恐惧。"

【注释】

知：同"智"。

【评析】

这一则，孔子讲人格修养的三个重点。智、仁、勇是儒家所主张的道德规范。智慧的人明达事理，所以不致迷惑；仁德的人乐和天命，所以远离忧愁；勇敢的人刚毅果断，所以无所畏惧。孔子希望自己的学生能具有"智、仁、勇"的天下之达德，成为真正的君子。人如能修炼到这样的境界，而当三者浑和为一，伴随着情感的存在，却产生了精神上持久的力量，而使人在现实社会之中得到独立和自主。

【原文】

子曰："可与共学，未可与适道；可与适道，未可与立；可与立，未可与权。"

【译文】

孔子说："可以和他共同切磋学问，未必可以和他达到方向一致的治国之道；可以和他达到方向一致的治国之道，未必可以和他方向一致地共同创立事业；可以和他方向一致地共同创立事业，未必可以和他方向一致地共同实施权变。"

【注释】

共学：共同切磋学问。适：达到。立：创立事业。权：本义是秤锤，它的用处是权衡轻重，用到社会事物上，就是权衡权力的得失。

【评析】

这一则，是孔子讲"志同道合者难"。讲到人生的经验，孔子真是圣人，实在了不起。"可与共学，未可与适道"。他说有些人可以同学，年轻做朋友蛮好，但没有办法和他同走一条道路，不一定能共创事业。所以汉光武找严子陵出山，而严子陵始终不干，始终和皇帝是好朋友，多舒服！如果他做了汉光武的官，最后历史的记载，两人有没有这光荣史迹，就不知道了。"可与适道，未可与立"。有些人可共赴事业，但是没有办法共同建立一个东西，无法创业。明太祖朱元璋，最初尊孔子，反对孟子，把圣庙里孟子的牌位丢掉，说孟子没什么了不起。后来观念转变，翻开孟子一看，读到孟子说，"天将降

大任于斯人也，必先苦其心志，劳其筋骨"那一段，他又立即认为孟子真是圣人，恢复了孟子在圣庙的牌位。这就说明要人生的经验多了，才体会得出圣贤之言的可贵。"可与立，未可与权"。有些人可以共同创业，但不能给他权力，无法和他共同权变。有些人学问、道德都不错，做别人的高级干部，一人之下，万人之上也不错，但权力一集中到他手里，他自己会害了自己，就坏了。譬如现代历史中的袁世凯，和曹操差不多，是乱世奸雄，治世未必能。如果一个人大权在手，又有道德学问的修养，把权力看得非常平淡，那就高明了。

【原文】

"唐棣之华，偏其反而。岂不尔思，室是远而。"子曰："未之思也！夫何远之有？"

【译文】

"唐棣树的开花，向着相反的方向开。岂不想想，这样离家就越来越远了。"孔子说："这真是没有好好想啊！怎么会越来越远了呢？"（唐棣开花，先开而后合。）

【注释】

唐棣：又作棠棣，一种树木的名称。华：同"花"。而：语助词，无实义。室：住室。这四句诗是逸诗，不知出处。

【评析】

这一则，孔子借这首逸《诗》，谈"反经合道"之术。解释不同。头两句诗的意思是：唐棣开花，向相反的方向开。后两句诗的意思是：看了花向相反的方向开，于是引发出背向而走，离家越远之感。由此孔子说：真是没有好好想啊！怎么会越来越远呢？（唐棣开花是先开后合。）"反经合道"（这是汉人的概括说法），意思是采取形式上与"道"相反的手段，而达到合乎"道"的结果。犹如走迂曲之路，背离了原来走向目的的方向，而终于达到目的地。司马迁《孔子世家》将公山不狃（即"弗扰"）召孔子系于定公八年。孔子想应公山弗扰之召，到他那里去做官，目的是利用其势力推翻季氏（其时季平子已死，季桓子初立），"以张公室"，然后再对付公山弗扰这些原为三桓家臣的势力，在鲁国复兴西周制度。这同他对当时形势的估计恰相吻合。

阳虎公开"叛乱"，失败奔齐，公山弗扰暂时隐蔽了下来，孔子也没往公山弗扰那里去。而九年"定公以孔子为中都宰"，一年之后升为司空、又升为大司寇，到了定公十三年孔子主持"坠三都"（平毁三座城池），第一个要反击和剪除的就是公山弗扰。这即是孔子所谓的"反经合道"术。

乡党篇第十

《乡党》这一篇，主要讲孔子平素的举止言谈，衣食住行，生活习惯。

【原文】

孔子于乡党恂恂如也，似不能言者。其在宗庙、朝廷，便便言，唯谨尔。

【译文】

孔子在本乡对人非常温和恭顺，好像不善于言谈。他在宗庙里、在朝廷上，擅长辩论，但很谨慎。

【注释】

乡党：指家乡。古代 12500 家为乡，500 家为党。恂恂（xún 循）：温和恭顺。如：形容词词尾，同"然"。便便言：辩论貌。第一个"便"字，义为擅长；第二个"便"字，同"辩"。两个"便"字，应读 biàn。

【评析】

这一则，记孔子在乡党、宗庙、朝廷上谈话时的语气和神态的不同。与其相映成趣，通过对比更突出孔子专心修养，出言谦抑谨慎的人品。

【原文】

朝，与下大夫言，侃侃如也；与上大夫言，訚訚如也。君在踧踖如也，与与如也。

【译文】

上朝，与下大夫说话，温和而快乐的样子；与上大夫说话，正直而恭敬的样子。如果君王在，虽略有拘谨，然而恭敬，行步安闲从容的样子。

【注释】

侃侃（kǎn 砍）：温和快乐的样子。訚訚（yín 银）：正直而恭敬的样子。

踧踖（cù jí 促吉）：拘谨而恭敬。与与：行步从容安闲的样子。

【评析】

这一则，记孔子在朝廷上对国君、对上大夫、下大夫等，不同的语言、举止，以礼得体为主。

【原文】

君召使摈，色勃如也，足躩如也。揖所与立，左右手，衣前后，襜如也。趋进，翼如也。宾退，必复命，曰："宾不顾矣。"

【译文】

鲁君召唤孔子让他接待外国贵宾，孔子脸色立刻庄重起来，脚步也快起来。他向列队迎接贵宾站在两旁边的人作揖，向左拱手，向右拱手，衣裳前后摆动，却很整齐，快步向前时，就像鸟儿舒展翅膀一样。贵宾走远以后，一定向君主报告，说："贵宾已经不回头招手了。"

【注释】

摈（bìn）：同"傧"，负责接待宾客的官员。这里作动词用，指接待宾客。色勃如：脸色变得庄重起来。躩（jué 决）：快走。襜（chān 掺）：整齐。顾：回头。

【评析】

这一则，记鲁定公派孔子去接待外宾的事。在应对宾客时，要注意威严和尊重，因为是代表一个国家的尊严和一个国家的文明礼仪。但又不见拘谨局促之色，沉着从容，这又表现了一个人的气度。此则及上则所记当是孔子为鲁大司寇之事。这是孔子一生的辉煌时期（当时鲁国也颇有"复礼"之势）。儒门弟子引以为荣。

【原文】

入公门，鞠躬如也，如不容。立不中门，行不履阈。过位，色勃如也，足躩如也，其言似不足者。摄齐升堂，鞠躬如也，屏气似不息者。出，降一级，逞颜色，怡怡如也。没阶，趋进，翼如也。复其位，踧踖如也。

【译文】

孔子走进朝廷大门，弯着腰低着头，好像门上承太矮，直着身子进不去。站立不在门中间，行走不踩门槛。经过国君的坐位时，脸色立刻庄重起来，脚步加快起来，说话好像气不足，提起衣服的下摆往堂上走，弯着腰低着头，憋住气好像停止了呼吸。见君完毕下堂，走下一级台阶，脸色舒展，心情怡然自得。下完台阶，快走几步，就像鸟舒展翅膀一样。回到自己的坐位上，拘谨恭敬地坐着。

【注释】

鞠躬：弯着腰低着头。阈（yù 玉）：门坎。位：指国君的坐位。摄（shè 社）：提起。齐（zī 咨）：衣服的下摆。屏（bǐng 丙）气：屏息，憋住气。逞：舒展，放松。怡怡：和顺的样子。

【评析】

这一则，记孔子入朝时对国君的容貌、举止。儒家以为，臣子事奉国君，应以敬为根本。这里具体而微的记述，把孔子对鲁君的敬畏心理表述得淋漓尽致。一副容色庄敬，严格按照朝廷礼仪行事的神态，活脱脱地浮现在眼前。

【原文】

执圭，鞠躬如也，如不胜。上如揖，下如授。勃如战色，足蹜蹜，如有循。享礼，有容色。私觌，愉愉如也。

【译文】

（孔子出使邻国，参加访问典礼时）他拿着圭，弯着腰低着头，好像圭很重举不起来。上举如作揖，下举像交接。神色敬畏，战战兢兢，小步行走，像沿着一条直线向前。献礼时，满脸和颜悦色。私下相见，则轻松愉快。

【注释】

圭（guī 归）：一种玉器，上圆下方，举行典礼时君臣都拿着。这里指的是大夫出使邻国所执的代表君主的圭。勃：庄重。蹜蹜（sù 宿）：小步行走。循：沿。享礼：使者向别国国君献礼物。觌（dí 笛）：相见。

【评析】

这一则，记孔子出使邻国的礼仪。在典礼上行"享礼"后，私下相见，

又有不同的神情礼貌，相对而言，显得轻松随和，而令人愉快。

"使摈"、"执圭"两则，不仅描写逼真，而且当事人的心理状态活灵活现，不是有直接经验者，是难以讲出来的。孔子讲给他的学生听，使其熟悉朝廷以及访问诸侯国的礼节、仪式，当是有意存焉。那时孔子似乎有掌握鲁国大权之势，门生们也可能多数会得到任用，说不定他们师徒还演习过。

【原文】

君子不以绀緅饰，红紫不以为亵服。当暑，袗絺绤，必表而出之。缁衣羔裘，素衣麑裘，黄衣狐裘。亵裘长，短右袂。必有寝衣，长一身有半。狐貉之厚以居。去丧无所不佩。非帷裳，必杀之。羔裘玄冠不以吊。吉月，必朝服而朝。

【译文】

君子不用深青透红和黑中透红的布镶边，不用红色和紫色的布做平时在家里穿的便服。夏天，穿粗麻布或细麻布的单衣。如果出门，必须套上外衣。黑色外罩配黑色的羊皮袍子，白色的外罩配鹿子皮（接近白色）的袍子，黄色外罩配狐狸皮（黄色）的袍子。平时在家里穿的皮袍要长一些，右边的袖子短一些。睡觉要有小被子，小被子要有身体长度的一又二分之一。要用毛厚的狐皮或貉皮做坐垫。服丧期满脱下丧服之后，各种各样的装饰品都可佩带。如果不是上朝和祭祀穿的礼服，一定要裁剪（不用整幅布去做）。不要穿黑色的羊皮袍子、戴黑的礼帽去吊丧。每月初一，一定要穿着礼服去朝拜君主。

【注释】

绀（gàn 干）：深青透红，指礼服的颜色。緅（zōu 邹）：黑中透红，指丧服的颜色。饰：镶边。红、紫：不是正色，故不用。亵（xiè 谢）服：平时在家穿的便服。袗（zhěn 枕）：单衣，这里作动词用，指穿单衣。絺（chī 痴）：细麻布。绤（xì 细）：粗麻布。缁（zī 兹）：黑色。羔裘：羔羊皮袍。古人穿皮袍，毛向外，因此外面要套上罩衣，罩衣的颜色和皮袍的颜色应该相称。古代的"羔裘"都是黑色的羊毛，所以要配上黑色的罩衣。麑（ní 尼）：小鹿，它的毛是白色的。袂（mèi 妹）：袖子。右边的袖子短，便于做事。寝衣：睡觉盖的短被子。狐貉（hé 合）之厚：厚毛的狐皮貉皮。居：坐垫。帷

裳：上朝和祭祀时穿的礼服，用整幅布做，多余的布折叠起来缝上，不裁掉。杀（shài 晒）：剪裁。玄冠：黑色的礼帽。吉月：每月初一。

【评析】

这一则，写孔子的穿着服饰。这里说的"君子"，暗指孔子。孔子穿衣服极其讲究规矩。这些规矩虽很烦琐，但充分体现了顾及礼仪的详密考虑，很值得玩味、思考。比如深青透红是斋服的颜色，黑中透红是丧服的镶边，所以君子不用这种颜色的布做衣服的镶边。粉红色和紫色不是正色（古代以纯色为正色，杂色为间色），而且是女子服装的常用色，所以不能用来做便服。又比如，粗、细葛布的单衫比较"透"，作为家居的便服无伤大雅，但外出就显得不庄重，所以必须套上外衣。孔子这种随时随地督促自己，不越雷池半步的精神，确实不是一件容易的事。

【原文】

齐，必有明衣，布。齐必变食，居必迁坐。

【译文】

（孔子）斋戒时，必须备有洗澡用的浴衣，浴衣是布做的。斋戒的时候，必须改变平常的饮食，必须搬到别的房间里去住。

【注释】

齐：同"斋"，斋戒。古人在祭祀之前，不饮酒，不吃荤，要沐浴，不与妻妾同房，叫做斋戒。明衣：沐浴之后穿的浴衣。变食：改变平时的饮食，指不饮酒，不吃荤。居：居住。迁坐：指从内室迁移到外室，不与妻妾同房。

【评析】

这一则，记孔子谨慎斋戒之事。斋戒是祭祀前洁净身心的仪式，孔子的举动体现了虔诚的心态。

【原文】

食不厌精，脍不厌细。食馇而餲，鱼馁而肉败不食，色恶不食，臭恶不食，失饪不食，不时不食，割不正不食，不得其酱不食。肉虽多，不使胜食气。惟酒无量，不及乱。沽酒市脯不食。不撤姜食。不多食。祭于公不宿肉。祭肉不出三日，出三日不食之矣。食

不语，寝不言。虽疏食、菜羹、瓜祭必斋如也。

【译文】

米弄得越精越好，肉切得越细越好。粮食霉烂发臭的不吃，鱼和肉腐败了的不吃，颜色难看的不吃，气味难闻的不吃，烹调不当的不吃，不合时令的菜蔬不吃，不是按一定的方法砍割的肉不吃，没有配合适宜的酱醋不吃。饭桌上的肉虽多，但吃肉不能超过饭的量。唯有酒不限量，只要不喝醉就行。从市上买来的酒、肉干不吃。每顿饭都要有姜。不要吃得过饱。参与国君祭祀典礼得到的赏赐的肉，当天就要分给别人，不要过夜。家祭用过的肉存放不过三天，若是过了三天就不吃了。吃饭时不说话，睡觉时不自言自语。即使是用粗饭、菜汤、瓜来祭神，也一定要像斋戒一样恭恭敬敬。

【注释】

精：此指优质洁净的米。脍（kuài 快）：细切的肉。饐（yì 意）、餲（ài 爱）：都是指食物经久而腐臭。馁（něi）：鱼腐烂。败：肉腐烂。而：连词，表并列，和、与。饪（rèn 任）：烹调。食气（shíxì 时戏）：饭料。气同"饩"。脯（fǔ 府）：肉干。

【评析】

这一则，记孔子在饮食方面的规矩。饮食之道与养生有关，所以既不能有碍于身体健康，又不能铺张浪费。同时也要饮水思源，不忘万物来之不易。孔老夫子在这方面的言行有多种考虑：比如，不食用变质的食物是出于卫生；饭前献祭是出于礼仪；酒肉不过量则是中庸之道在饮食问题上的体现。据此则记述孔子的养尊处优，过着贵族的生活；在未仕前和去仕后，不可能过这种生活。

【原文】

席不正，不坐。

【译文】

坐席摆得不端正，就不坐。

【注释】

席：坐席。古人没有椅子和凳子，坐在铺在地面的席子上。

【评析】

这一则，讲孔子坐席的礼节。君子行正道，做事符合礼制，所以，坐席不端正就不坐。这一则文字，《论语正义》作了较为详细的阐述："凡为席之礼，天子之席五重，诸侯之席三重，大夫再重。席南向北向，以西方为上；东向西向，以南方为上。如此之类，是礼之正也。若不正，则孔子不坐也。"

【原文】

乡人饮酒，杖者出，斯出矣。乡人傩，朝服而立于阼阶。

【译文】

（孔子）参加本乡饮酒礼，等老年人出去之后，自己才出去。本乡人举行迎神驱鬼的仪式时，（孔子）穿着朝服站在东边的台阶上。

【注释】

杖者：挂拐杖的人，指老年人。傩（nuó 挪）：古代的一种迎神以驱逐疫鬼的风俗。阼（zuò 做）阶：东边的台阶，主人站在那里迎送客人。

【评析】

这一则，记孔子居乡之事。参加本乡饮酒礼时，表现了对长者的尊敬；在迎神驱鬼时，穿着朝服站在东阶上，表示对神鬼的虔诚之心。

【原文】

问人于他邦，再拜而送之。

【译文】

（孔子）托人向其他诸侯国的朋友问候，送别时两次作揖。

【注释】

问：问讯，问好。拜：拱手并弯腰。

【评析】

这一则，记述了孔子与人交往的态度，体现了敬和诚。孔子托人问候他国的朋友，送别时的深深几拜，既有对出使者的敬重之意，也有对受托人的拜谢之意，还有对被问候朋友的尊敬之情。

【原文】

康子馈药，拜而受之，曰："丘未达，不敢尝。"

【译文】

季康子赠送药物，孔子作揖，把药接过来，说道："丘对这药不了解，不敢吃。"

【注释】

康子：即季康子，姓季孙，名肥，鲁哀公时的正卿。馈（kuì 愧）：赠送。达：通达，了解。

【评析】

这一则，记孔子与卿大夫的交往。关于季康子馈赠药物一事，宋代朱熹在《集注》中引一姓杨人之说："大夫有赐，拜而受之，礼也；未达不敢尝，谨疾也；必告之，直也。"

【原文】

厩焚。子退朝，曰："伤人乎？"不问马。

【译文】

马棚失火。孔子从朝廷回来，说："伤人了吗？"不问马。

【注释】

厩（jiù 旧）：马棚。

【评析】

这一则，写孔子"重人轻财"的观点。孔子此举，以人为本，正是中国自古以来人道主义思想的开端。人们如果能够充满人爱之心，言行充满人情味，不但能给人带来温暖，也会令自己的人生顺风顺水。

【原文】

君赐食，必正席先尝之。君赐腥，必熟而荐之。君赐生，必畜之。侍食于君，君祭，先饭。疾，君视之，东首，加朝服，拖绅。君命召，不俟驾行矣。

【译文】

国君赏给熟食，一定把坐席放正先尝一尝。国君赏给生肉，一定蒸熟了给祖先上供。国君赏给活的动物，必定先把它养起来。陪君主吃饭，在君主

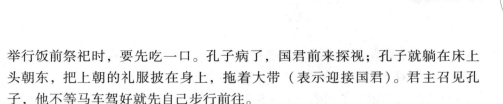

举行饭前祭祀时，要先吃一口。孔子病了，国君前来探视；孔子就躺在床上头朝东，把上朝的礼服披在身上，拖着大带（表示迎接国君）。君主召见孔子，他不等马车驾好就先自己步行前往。

【注释】

腥：指生肉。荐：供奉。先饭：先吃一口，这里的饭字是动词，当"吃"讲。加朝服：指卧病在床不能穿朝服，也要把朝服披在身上。拖绅：绅是束在腰间的大带，束了以后，仍有一节垂下来。俟（sì 似）：等待。

【评析】

这一则，"记孔子事君之礼"。它是研究孔子社会心理的重要资料。

【原文】

入太庙，每事问。

此则与《八佾》篇第十五则重复（在那里作"子入太庙，每事问"）。

【原文】

朋友死，无所归。曰："于我殡。"朋友之馈，虽车马，非祭肉，不拜。

【译文】

朋友死亡，没有人负责收敛发丧。孔子说："我来给他发丧、埋葬。"朋友的赠品，即使是车马，只要不是祭肉，孔子在接受的时候，不行礼。

【注释】

归：指人死，收敛发丧。殡（bìn 鬓）：停放灵柩，把灵柩送到埋葬的地方去，都叫殡。这里指办理丧事。馈（kuì 愧）：赠送，这里作名词用，指赠品。

【评析】

这一则，"记孔子交朋友之义"。为没有亲人的朋友办理丧事，是重视朋友的情分。孔子"于我殡"的言行，充分表现出作为君子对待友情的态度。"患难相扶持"不仅是重信义的延续，更是一种升华。这种仗义的仁德之举，是以令每一个虚伪之徒汉颜。对于朋友的馈赠不加拜谢，是因为"朋友有通

财之义"（见朱熹《集注》）。而唯独拜谢祭肉，是像自己的亲人那样敬重朋友的先祖（对于这一点，一说认为，孔子把祭肉看得比车马还贵重，主要因为祭肉关系到"孝"的问题。用肉祭祖之后，这块肉就不仅仅是一块食物了，而是对祖先尽孝的一个载体）。此说也有一定内涵。

【原文】

寝不尸，居不客。见齐衰者，虽狎，必变。见冕者与瞽者，虽亵，必以貌。凶服者，式之。式负版者。有盛馔，必变色而作。迅雷风烈，必变。

【译文】

睡觉不能像死尸那样直挺挺地躺着，平日在家闲居不能像做客或接待客人那样庄重。看见穿孝服的人，就是平常曾在一起戏耍的人，也一定要改变容貌（以表示同情）。看见戴礼帽的人和盲人，就是平常关系亲近的人，也一定要有礼貌。坐在车上遇到穿凶服的人，要向前俯身扶着车厢前面的横木（表示肃敬）；遇到背着国家图籍的人（也要俯身扶着车厢前面的横木，表示肃敬）。做客如有特别丰盛的筵席，一定要改变容貌，恭敬地站立起来（表示感谢）。遇到迅雷或暴风，一定要改变容貌（表示对上天的敬畏）。

【注释】

居不客："客"，有的本子作"容"，言居家不以客礼自处。齐衰（zī cuī咨崔）：用粗麻布做的缝边的丧服。狎（xiá峡）：亲近。冕（miǎn免）：古代天子、诸侯、卿、大夫所戴的礼帽。瞽（gǔ古）：眼睛瞎。亵（xiè谢）：常见，熟悉。凶服：送死人的衣服。式：同"轼"，车前扶手用的横木。这里作动词用，指伏轼，即身子微俯着伏在横木上，表示尊敬和同情。版：古代用木板写的国家图籍，如户籍册、疆域图等。盛馔（zhuàn篆）：盛大筵席。作：站起来。

【评析】

这一则，记载的是孔子改变神态以示敬礼的场合。睡觉不挺直身子（如死尸），其一姿态不雅，其二是不符养生准则。家居不像在正式场合那样拘礼，以示区别。孔子对下面几种人表示出深深的同情或敬意：服丧者、残疾人、戴礼帽的人、官府的差役、盛情款待的主人。对天神表示了敬畏之情。

【原文】

升车，必正立，执绥。车中，不内顾，不疾言，不亲指。

【译文】

（孔子）上车，一定端正地站好，拉着上车的绳索。在车厢坐着，不回头后顾，不疾颜厉声地说话，不指手划脚（以免干扰赶车的人）。

【注释】

绥（suí 随）：上车时用的扶手带。

【评析】

这一则，"记孔子升车之容"。在车上"不内顾，不疾言，不亲指"，不仅因为这些行为姿态不雅，还有可能影响别人。孔子的一言一行，对今天的文明乘车，也有现实意义。

【原文】

色斯举矣，翔而后集。曰："山梁雌雉，时哉！时哉！"子路共之，三嗅而作。

【译文】

一群野鸡受了惊吓立刻飞了起来，盘旋一阵子而后落在一起。孔子说："这些山梁上的雌野鸡，逍遥得其时呀！逍遥得其时呀！"子路向它们肃然拱手，野鸡叫了几声飞走了。

【注释】

"色斯举矣"：至今未得正确解释。雉（zhì 至）：野鸡。共：同"拱"。嗅：唐代石经《论语》中作"戛"（jiá 夹）字。戛，鸟叫声。作：飞起。

【评析】

这一则，写孔子游山观景，有感而发。他感到山谷中的野鸡能够自由飞翔，自由落下，这是"得其时"，而自己却不"得其时"，一生之中，风尘仆仆，周游列国，游说诸侯，到精力衰退，年华老去，自己的学说、主张还没有得到落实。因此，孔子看到野鸡自由自在地飞翔，不禁发出了慨叹。

下 册

先进篇第十一

《先进》这一篇，是对上论的《学而》——个人的内养，《为政》——个人发挥到外用的一些事实的注解。以实际的例证来做注解，叙述孔子当时师生之间的讨论，以及他自己实地的一些作为。主要讲对弟子贤否的评论。

【原文】

子曰："先进于礼乐，野人也；后进于礼乐，君子也。如用之，则吾从先进。"

【译文】

孔子说："先学习礼乐而后做官的，是一般的士人；先有了官位而后学习礼乐的，是卿大夫的子弟。如果要我选用人才，我主张选用先学习礼乐的人。"

【注释】

先进于礼乐：指先学习礼乐而后做官的人。野人：乡野平民，或指没有世袭特权的一般士人。后进于礼乐：指先做官而后学习礼乐的人。君子：指卿大夫等当权的贵族。他们享有世袭特权，可以先做官，为了统治的需要，再去学习礼乐。

【评析】

这一则，讲"礼乐"是中国文化的中心。学习和做官是否一定有必然的联系？也许没有，但在孔子时代却是一种现实。贵族子弟在任何时候都有特权，做官在他们也是世袭，因为统治的需要，然后去学习礼乐。而普通的读书人却没有这样的幸运，他们只能是学习了以后才能做官。其实这样的现状一直在延续。孔子说："如果我选用人才，我主张选用先学习礼乐的人。"这与我们现在"在社会实践中选拔人才"是同步的，可见孔子思想的生命力

之强。

【原文】

子曰："从我于陈、蔡者，皆不及门也。"

【译文】

孔子说："跟随我在陈、蔡忍饥挨饿的人，都不在我身边了。"

【注释】

陈、蔡：国名。门：指孔子设家塾教育弟子的地方。

【评析】

这一则，写孔子"于陈、蔡"的回忆。回忆使人痛惜，但是人生在某种意义上其实能剩下的也就是一种回忆。当人生成为一种历史，后来者为历史而自豪，然而历史是什么呢？不也就是一种漫长的回忆吗？孔子周游列国，从陈国去蔡国的途中，被人围困，几至绝粮，当时子贡、颜回、子路等学生都在身边。后来，孔子回到鲁国，子路、子贡却都先后离开，颜回也死了，曾经与他一起受饥挨饿共历坎坷的人如今何在？没有回忆的人才是最孤苦和虚空的。

【原文】

子曰："德行：颜渊，闵子骞，冉伯牛，仲弓。言语：宰我，子贡。政事：冉有，季路。文学：子游，子夏。"

【译文】

老师说："德行好的有：颜渊、闵子骞、冉伯牛、仲弓。长于辞令的有：宰我、子贡。擅长政事的有：冉有、季路。熟悉古代文献的有：子游、子夏。"

【注释】

文学：指古代文献典籍。

【评析】

这一则，记叙孔子十个学生的特长。孔子评论学生的成就时说：在品德方面最好的有颜回、闵子骞、冉伯牛、仲弓；在言语方面擅长于说话的有宰我、子贡；政事则有冉有和季路；文学是子游和子夏。这里的四种，和上论中孔子所说的"志于道，据于德，依于仁，游于艺"等配合起来，就看得很清楚了，一个人的成就，各有所长，全才很少。孔子的这十位高足，就是他因材施教的成果。

【原文】

子曰："回也非助我者也，于吾言无所不说。"

【译文】

孔子说："颜回啊，不是在学问上对我有帮助的人，他对于我说的话没有不心悦诚服的。"

【注释】

说：同"悦"，心悦诚服之意。

【评析】

这一则，讲孔子对颜回的批评。颜回是孔子最欣赏的学生，称他"问一知十"，但因对孔子言论心悦诚服而不问难，因此孔子认为颜回在学问上对他没有帮助。这其中包含着"教学相长"的意思，但孔子没有概括出来，"教学相长"是《礼记·学记》首先提出来的。从德行而言，颜回可为典范。但从教学相长的角度，颜回也有不足。然而，这只是美玉微瑕，于德无碍。从对颜回的态度中可以看出，孔子固然重视教学相长，但更看重的是道德的修养。

【原文】

子曰："孝哉！闵子骞。人不间于其父母昆弟之言。"

【译文】

孔子说："闵子骞真是孝顺啊！没有什么人能够在他与父母、弟弟之间进行挑拨离间。"

【注释】

间：指挑拨离间。昆弟：昆，兄。此处昆也指弟。

【评析】

这一则，写"孝道的感召力"。《韩诗外传》记载：子骞早年丧母，其父娶后妻，生二子，后母疾恶子骞，冬天做棉衣，单给子骞做的是芦花絮为内塞的冬衣，他父亲后来察觉，想要驱逐后母。子骞说："母亲在，只有一个儿

子受寒冷；母亲不在，就有三个儿子受孤单。"父亲听从劝告，后母因此很后悔，此后改正而成了慈母。孝不仅是个人的行为，它还具有社会性和感召的力量。

【原文】

南容三复"白圭"，孔子以其兄之子妻之。

【译文】

南容反复诵读关于"白圭"的几句诗，孔子把自己哥哥的女儿嫁给了他。

【注释】

白圭：这里指《诗经》中关于白圭的四句诗："白圭之玷（diàn 店），尚可磨也，斯言之玷，不可为也。"（见《大雅·抑》）白圭是一种珍贵而莹洁的玉器，玷，是污点。这四句诗的意思是说：白圭的污点，还可以磨掉、我们语言中的错误，一说出口就不能收回了。这里指南容语言谨慎。子：女儿。妻之：嫁给他为妻。

【评析】

这一则，是借"白圭"诗言志。《诗经》在春秋战国的时候，还有着特定的功效，就是借诗言志。所以南容诵诗，有其特殊的意味。"白圭"的诗有白玉上的污点尚能磨掉，而我们的语言一经出口就难以挽回的意思，告诫人们，语言要谨慎。语言谨慎不仅是体现一个人的诚信，还有避祸的意义，常言道：祸从口出。这是历史的经验，古往今来，因语言不慎者而惹祸的也多。传说清代金圣叹，夜晚用功，一阵风过，翻动了书页，不禁诗兴大发，写道："清风不识字，何故乱翻书？"却因此有讥讽清人不识字，表示对清朝统治的不满的嫌疑，而被关进了监狱。

【原文】

季康子问："弟子孰为好学？"孔子对曰："有颜回者好学，不幸短命死矣。今也则亡，未闻好学者也。"

【译文】

季康子问道："你的学生中哪些是爱好学问的呀？"孔子回答说："有一个叫颜回的爱好学问，不幸，他寿命短，已经死了。现在没有了，不知道有谁爱好学问了。"

【注释】

季康子：姓季孙，名肥，鲁哀公时的宰相。好学：爱好学问。亡：同"无"。

【评析】

这一则，孔子再次回答"颜回是弟子中好学的人"。《论语·雍也》篇中，鲁哀公也问了与季康子一样的问题，而孔子的答案较之多了"不迁怒，不贰过"之说。对于"不迁怒，不贰过"，历代有种种说法，有的认为，孔子"以哀公迁怒贰过，故因答以谏之；康子无之，故不云也"。撇开对待二人的不同态度，我们可以看出，孔子对颜回确是一往情深，倍加赞叹。

【原文】

颜渊死，颜路请子之车以为椁。子曰："才不才，亦各言其子也。鲤也死，有棺而无椁。吾不徒行以为之椁。以吾从大夫之后，不可步行也。"

【译文】

颜回死了，颜路请求老师卖掉车子给颜回买个外椁。孔子说："不管有才华或者没有才华，但都是自己的儿子呀。鲤死了，只有棺而没有椁。我不能卖掉车子步行来给他买椁。因为我曾经做过大夫，是不可以步行的。"

【注释】

颜路：姓颜，名无繇（yóu 由），字路，颜渊的父亲，也是孔子的学生。椁（guǒ 果）：古代的棺材，有的有两层，里面一层叫"棺"，外面一层叫"椁"。才：有才华，指颜回。不才：没有才华，指孔鲤。鲤：孔鲤，字伯鱼，孔子的儿子。孔鲤五十岁死，当时孔子七十岁。"亦各言其子也"：其中"言"字，为语中助词，无实义。"从大夫之后"：跟随在大夫行列的后面。孔子曾经当过鲁国的司寇，属于大夫一级。但当时已经去位多年。

【评析】

这一则，写颜路请求孔子把车卖掉为颜回买外椁。孔子对颜回的死是十分感伤的。这里，颜路（回之父）因家境贫困，故请求孔子卖掉车子来为颜

回买外椁。但是，孔子不能卖掉自己的车子。因为根据礼制，像他那样身分的人是不能徒步行走的。孔子怕颜路误解，所以用自己的儿子来做比喻。从这件事情上可以看出孔子处事的坦率态度，对"礼"的恪守是如此的严谨。

【原文】

颜渊死，子曰："噫！天丧予！天丧予！"

【译文】

颜渊死，孔子说："唉！老天要我的命呀！老天要我的命呀！"

【注释】

噫：唉，悲伤之声。丧：亡也，灭亡之意。

【评析】

这一则，写孔子对颜回之死的沉痛心情。颜回早逝，孔子非常伤心，因为颜回在所有的弟子中，是最足以传孔门学问的。现在他去世了，孔子学问的继承人，也将成问题，难得有像颜回这样可以传道的人了，所以孔子说："天丧予！天丧予！"

【原文】

颜渊死，子哭之恸。从者曰："子恸矣！"曰："有恸乎？非夫人之为痛而谁为？"

【译文】

颜回死了，孔子哭得非常悲痛。跟随孔子的人说："您太悲痛了！"孔子说："是太悲痛吗？我不为这个人悲痛，还为谁悲痛呢？"

【注释】

恸（tòng 痛）：极度悲哀。夫（fú 扶）人：这个人，指颜渊。"非夫人之为恸"是"非为夫人恸"的倒装句式，"之"是帮助起倒装作用的助词。"谁为"是"为谁"的倒装。

【评析】

这一则，写孔子为颜回死而过分的悲痛。人非草木，孰能无情？师生相处日久，彼此心心相印，情感密切，倘有一方撒手离开人世，另一方定是哀鸣不已。现在孔子痛失爱徒，那心头的滋味，个中的苦楚，自然就是难以形

容了。

【原文】

颜渊死，门人欲厚葬之。子曰："不可。"门人厚葬之。子曰："回也，视予犹父也，予不得视犹子也。非我也，夫二三子也！"

【译文】

颜回死，学生们要厚葬他。孔子说："不可厚葬。"学生们仍然厚葬了颜回。孔子说："回啊，看待我如同父亲，我却不能如同对待亲生儿子一样对待你。厚葬你不是我的主意，是你的几个同学办的啊！"

【注释】

夫（fú 扶）：那。

【评析】

这一则，写孔子责备那些主持厚葬的学生。人人以自己的形式倾诉着对他人的情感和对生死的看法。孔子学生厚葬颜回是同学的情谊，但孔子认为哀悼以心诚为本，丧葬理应量力而行，颜回家境艰难而行厚葬之礼，实际上是违背了礼的节俭之义。思及颜回生前循礼而行，朴素清贫，死后受此厚馈，岂能心安？

【原文】

季路问事鬼神，子曰："未能事人，焉能事鬼？"曰："敢问死。"曰："未知生，焉知死？"

【译文】

季路问怎样侍奉鬼神，孔子说："人还不能侍奉好，怎么能够侍奉鬼呢？"季路又说："我大胆地请问死是怎么一回事。"孔子说："不懂得活着的道理，怎么知道死的意义呢？"

【注释】

季路：即子路。敢：冒昧之词。事：侍奉。焉：怎么。

【评析】

这一则，讲孔子引导子路学习"事人"。子路向老师请教"鬼神"和"死"，孔子回答得十分干脆，这是孔子颇为著名的言论。有人认为它反映了

孔子是无神论者，有人认为它表达了孔子达观重生的人生态度。纵观《论语》，孔子并不讳言"死"与"侍奉鬼神"，他之所以不回答子路的询问，是要强调"事人"、"知生"的首要地位；其次，他是"因材施教"，认为子路必须先懂得"事人"、"知生"的道理，才能谈死与鬼神。

【原文】

闵子侍侧，闇闇如也；子路，行行如也；冉有、子贡，侃侃如也。子乐。"若由也，不得其死然。"

【译文】

闵子骞站在孔子身旁，正直恭敬的样子；子路，特别刚强的样子；冉有、子贡，和悦快乐的样子。孔子很高兴。他说："仲由啊，恐怕不能得到善终。"

【注释】

闵子：即闵子骞。闇闇（yín 银）：正直而恭敬的样子。如：形容词词尾，同"然"。行行（hàng 沆）：刚强的样子。侃侃（kǎn 砍）：和悦快乐的样子。由：仲由，即子路。然：语气词，用法同"焉"。

【评析】

这一则，写孔子对几个学生的评论。闵子骞、子路、冉有、子贡是孔子比较满意的弟子，所以孔子见到他们各具个性的神态感到高兴。但子路平时为人，过于直爽刚勇，易受伤害，孔子看到"行行如也"的样子，不禁忧从心生，于是说："像子路这样的人，恐怕不能得到善终。"这句话，孔子纯从爱护出发，师之爱生，人之常情。因为他深知，凡事太过，必定走向反面。最后，子路终因卫国贵族发生内讧而作了陪葬品，孔子亦很伤心。

【原文】

鲁人为长府。闵子骞曰："仍旧贯，如之何？何必改作？"子曰："夫人不言，言必有中。"

【译文】

鲁国的执行官想改建金库。闵子骞说："继续原来的样子修缮一下，怎么样？何必一定改建呢？"孔子说："闵子骞这个人平常不大说话，但一说话就很中肯。"

【注释】

鲁人：鲁国的执政大臣。长（zhǎng）府：金库。旧贯：老样子，老制度。中（zhòng 仲）：中肯。

【评析】

这一则，写孔子赞赏闵子骞的说话艺术。语言并不是万有，沉思才能有静观和独得。迫不及待地表达或者急切地附和，很多时候带来的是失之公允的偏激和拾人牙慧的陈腐。一个人不大说话，并不表明他没有见解，如闵子骞，平常不大说话，但说话却很中肯。即使是反对的意见，开口却也不尖利，这就是一种涵养。如果自己不懂则做不到中肯，如果自己不平和，就做不到寡言。

【原文】

子曰："由之鼓瑟，奚为于丘之门？"门人不敬子路。子曰："由也升堂矣，未入于室也。"

【译文】

孔子说："仲由弹瑟弹成这个样子，怎样在我的门下学习的呢？"因此孔子的学生们不尊敬子路。于是老师说："仲由的学问已经'升堂'，只是还没有'入室'罢了。"

【注释】

瑟（sè 色）：古代乐器，与琴同类。这里孔子认为子路的弹瑟，不合《诗经》雅、颂的乐章。奚为："奚"，何，怎么；为：学习。堂：正厅。室：内室。先入门，次升堂，最后入室，比喻做学问由浅入深的几个阶段。

【评析】

这一则，借孔子对子路鼓瑟的批评，表现他教育学生的灵活性。《孔子家语》记载，子路鼓瑟有"杀伐之声"，孔子不满意，认为有违于乐道，所以就说了以上这番话，但孔子并非完全否定子路，只是批评他的缺点。因此，他见门生们不尊敬子路时，又说明这只是个学识程度问题，从而一方面勉励子路道德文章再上新台阶，一方面借此消除弟子们之间的隔膜。"升堂入室"的典故，就是从这里来的。

【原文】

子贡曰："师与商也孰贤?"子曰："师也过,商也不及。"曰："然则师愈与?"子曰："过犹不及。"

【译文】

子贡问："颛孙师和卜商,哪个好一些?"老师说:"颛孙师办事过了头,卜商办事赶不上。"子贡说:"那么是颛孙师好一些了?"孔子说:"过了头与赶不上同样不好。"

【注释】

师:颛孙师,即子张。商:卜商,即子夏。他们都是孔子的学生。贤:优胜。愈:胜过。与:同"欤"。"过犹不及":"犹"字,即相同的意思。

【评析】

这一则,体现了孔子所主张的中庸之道。《中庸》说,"过犹不及"为中。天底下的任何事情,不及固然不好,可是物极必反,当事情一旦弄过了头,也会走向反面,便糟了。从子张和子夏的情况看,主要是子张考虑的问题离良已太遥远,志向过高,子夏则有时未达到应有的高度。因此,孔子对二人的评价是"过犹不及"。不及则不够标准,或者过则超过了标准。超过了标准与不够标准,同样都是毛病。做得恰到好处,符合中庸之道,才是对的。中庸之道很难做到,现在也有人故意讽刺中庸之道就是马马虎虎,这不是中庸,这是不及,把不及当中庸,这就错了。

【原文】

季氏富于周公,而求也为之聚敛,而附益之。子曰："非吾徒也。小子鸣鼓而攻之,可也。"

【译文】

季氏比周公还要富,冉求还替他搜刮,使他增加更多的财富。孔子说:"冉求不是我的学生。你们可以擂鼓声讨他的罪行(把他赶出门去),这样做是对的。"

【注释】

季氏:指季康子。周公:指周公旦(亦说指周天子左右的卿士)。求:冉求，即子有，当时是季氏的家臣。聚敛（liǎn 脸）：搜刮财富。附益：增加。小子：指学生。

【评析】

这一则，是孔子对一个学生的申斥。冉求是孔子的学生，是季氏的家臣。孔子的德政理想建立在民心所向上，后来，孟子发展孔子仁政的学说，很直接明了地说："民为贵，社稷次之，君为轻"（《孟子·尽心下》）。民心是国家的根本，而季氏搜刮民脂民膏以肥私囊，置民生死于不顾，则视民为何物，置民心于何地？冉求为季氏家臣不能劝止犹可，反而为虎作伥、助桀为虐，完全背叛了老师的教训，孔子还怎么能承认他是自己的学生。这是孔子对学生品行方面的要求，他不希望门徒成为书呆子，而要他们能做事，对国家社会有所贡献，这才是真正的学问，也是儒家学问的中心所在。

【原文】

柴也愚，参也鲁，师也僻，由也喭。

【译文】

高柴愚直，曾参迟顿，颛孙师偏激，仲由专横。

【注释】

此章现存各本皆无"子曰"二字，也可能是传抄中抄漏了。柴：姓高，名柴，字子羔，孔子的学生。愚：古有直义，愚直也。鲁：迟顿。僻：同"辟"，偏激。喭（yàn 燕）：专横、鲁莽。

【评析】

这一则，是孔子对四个学生的评论。孔子对于自己的弟子，有批评有赞扬。这里列举的四位各有所偏，不合中行。因此孔子认为，必须对他们的品质和德行加以纠正。这又体现了孔子的中庸思想。"中庸"是折衷调和的意思，折衷与调和是事物发展过程中的一种状态，这种状态是暂时的、相对的。孔子揭示了事物发展过程的这一状态，并概括为中庸，这在我国古代认识史上是有贡献的。

【原文】

子曰："回也，其庶乎？屡空。赐不受命，而货殖焉，忆则

屡中。"

【译文】

孔子说："颜回啊，他的道德文章差不多了吧？可是穷得几乎一无所有。端木赐不做官府的官商，而经营私人商业，猜测市场行情竟每每猜对。"

【注释】

庶："庶几"，差不多。"庶"前省略"学识"或"道德文章"。屡：《说文》，数也，数有"近"义。货殖：做生意，从商。屡中之"屡"：每每。忆：猜测，判断。

【评析】

这一则，孔子讲颜回的"空"，子贡的"有"。对于颜回和子贡的议论，重点在于子贡。颜回安贫乐道，无可非议；子贡热衷于经商，不仅情况比颜回好，而且还常常言中事理，是中国历史上第一位儒商形象。孔子这番话是何用意呢？有的学者认为，这是他勉励子贡不要依仗天赋；有的学者认为，子贡违背孔子的教诲去求富，所以孔子"贤颜渊而讥子贡"（《汉书·货殖传》）。其实，孔子讥讽的不是子贡，并不是与子贡过不去，或者与金钱过不去，也不会为颜回抱不平，颜回求仁得仁，何怨？而是针对时弊有所感慨，世间之人何以重物轻人？一国之君何以轻贤重财？国家的风气如此，前途堪忧。

【原文】

子张问善人之道。子曰："不践迹，亦不入于室。"

【译文】

子张问做善人的原则。老师说："不踩着前人脚印走，道德学识难以达到精深地步。"

【评析】

这一则，孔子回答子张做"善人"的原则。这里的"善人"是指本质善良而没有学习的人。孔子认为，这样的人虽不经学习能行善，却不能达到最高的境界。他的意思是强调学习的重要性。"师也僻"，子张有些偏激，可能对前人的文化事绩重视不够，故孔子这样回答他。大多事业都有前人开拓的道路和已取得的成就，那么后学者就有必要沿着前人的足迹前进。这样不仅

不会误入歧途，也会大大节省力气。

【原文】

子曰："论笃是与，君子者乎？色庄者乎？"

【译文】

孔子说："赞扬说话诚实的人，但要仔细观察他是真正的君子呢？还只是外表庄重的人呢？"

【注释】

论笃（dǔ 堵）：指说话诚实的人。笃，诚实。与：赞许。"论笃是与"：是"与论笃"的倒装，"是"起宾语提前的作用。色：外表。

【评析】

这一则，讲孔子的"应机施教"。有些人讨论问题，讲话非常有理，议论非常精辟。但是要了解，听到话讲得好，就止于话，不要认为此人话讲对了，就是君子，是了不起的人。你看见他态度温和，言谈温和，就认为此人很有礼貌，很有见解，很有才气，这也错了。尤其是语言非常精到，或者是文章写得好的，不一定就是君子，也不一定态度庄重就是人才。这是教我们观察一个人，要考验自己，有时候听人家讲的还不算，要有事实的表现。孔子教诲他的弟子们不但说话要笃实真诚，并且要言行一致。他曾说过："始吾于人也，听其言而信其行；今吾于人也，听其言而观其行。"这表明孔子在观察别人的时候，不仅看他说话时的态度，还要看他的行动。言行一致才是真君子。

【原文】

子路曰："闻斯行诸？"子曰："有父兄在，如之何其闻斯行之也？"冉有问："闻斯行诸？"子曰："闻斯行之。"公西华曰："由也问闻斯行诸？子曰：'有父兄在'；求也闻斯行诸？子曰：'闻斯行之'。赤也惑，敢问。"子曰："求也退，故进之；由也兼人，故退之。"

【译文】

子路问道："接受了正确的道理就马上付诸实践吗？"老师说："有父亲兄长在，为什么接受了正确的道理就要马上付诸实践呢？"冉有问道："接受了

正确的道理就马上付诸实践吗？"老师说："接受了正确的道理就马上付诸实践。"公西华说："仲由问接受了正确的道理就马上付诸实践吗？老师说：'有父亲兄长在'；冉有问接受了正确的道理就马上付诸实践吗？老师说：'接受了正确的道理就马上付诸实践。'我迷惑了，冒昧地问您。"（一个问题为什么有两种不同的回答。）老师说："冉求的性格迟缓，所以促使他前进；子路的性格总是抢着要做两人的事，所以要促使他退让。"

【注释】

闻：接受。斯：副词，相当于"则"、"就"。行：实行。诸：疑问助词。接受了什么呢？省略了宾语，与"行"相对待的当然是"道理"。进之：使他前进一步，"进"，为使动词，兼人：好胜，逞强。退之：让他退缩一点，"退"，亦为使动词。

【评析】

这一则，讲孔子的教育态度、教育方法。孔子答复这两个学生的话，完全不同。公西华听后，觉得很奇怪，他去问老师，请您告诉我，同一个问题，为什么两种答复？老师说：冉有的个性，做什么事情都会退缩，所以我告诉他，懂了的学问，就要去实践、去力行。子路则不同，他的生命力非常强，他这个人的精力、气魄超过了一般人，太勇猛、太前进，所以把他拉后一点，谦退一点。这是孔子作为一个有成效的老师"因材施教"、知人授业的一个方面。所以，宋代朱熹在《集注》中引张氏说，"一进之、一退之。所以约之（约束他们）于义理之中（不偏不倚），而使之无过不及之患（疾病）也。"

其实，无论从理论还是从实际出发，"因材施教"，我们的老师、家长都应该受到这样的启发：决不搞强迫命令，必须根据孩子的学习兴趣、爱好、性格、气质等具体情况而采取与之相适应的教育方法，只有这样才能让孩子扬长避短，顺利成材。

【原文】

子畏于匡，颜渊后。子曰："吾以为汝死矣。"曰："子在，回何敢死？"

【译文】

孔子在匡城遭难时，颜渊最后才到了孔子身边。老师说："我以为你死

了。"颜渊说："老师在，我哪里敢死呢？"

【注释】

畏：遇难。匡：地名，在今河南省长垣县西南。女：同"汝"。后：后到。

【评析】

这一则，写孔子师生之间患难相见相知的情境。这本来是普通的话，记载在《论语》里，是代表孔门师生之间道义的真挚感情。孔子在匡城，人家误以为他是阳虎，所以把他们包围起来。后来归队的时候，颜回最后才回来。通过师生见面时的谈话，流露出孔门弟子对孔子的尊敬，以及道义之情的真诚自然。

【原文】

季子然问："仲由、冉求可谓大臣与？"子曰："吾以子为异之问，曾由与求之问。所谓大臣者，以道事君，不可则止。今由与求也，可谓具臣矣。"曰："然则从之者与？"子曰："弑父与君，亦不从也。"

【译文】

季子然问："仲由、冉求可以算是大臣吗？"孔子说："我以为您问得太奇怪了，竟是问仲由和冉求是不是可以称为大臣。所谓的大臣应该用正道事奉君主，如果行不通就宁可辞职不干。现在仲由和冉求，只能算是没有作为的办事之臣。"季子然说："那么，他们会一切顺从季氏吗？"孔子说："杀父亲和杀君主，他们都不会顺从的。"

【注释】

季子然：鲁国大夫，季氏的子弟。异：奇怪。曾：出乎意料，相当于竟然、原来。"由与求之问"：是"问由与求"的倒装，"之"是宾语提前的标帜。具臣：相当于备员，指仅备臣数而不能有所作为的臣僚。之：他，指季氏。与：同"欤"。弑（shì 试）：臣杀死君主或子女杀死父母。亦：副词，皆、都。

【评析】

这一则，写孔子回到鲁国后的政治态度。这里，孔子表面上在谈论臣属

奉君主之道，实际上是通过轻视子路与冉求来讥讽季氏的不臣行为。当时，子路、冉求正担任季氏的家臣，季氏无道，专横跋扈，他们既不能匡正，又不能辞退，反而助纣为虐，所以孔子说他们是"备位充数的臣属"。其中的话外之音，尤其在"谋杀父亲和君主，都不会听从的"这句话中表现得更为明显。这则语录表明孔子返鲁以后的政治态度。季氏要的是底牌，孔子给他的也是底牌，这就决定了季氏绝不会用孔子，而要积极争取冉求和子路的原由。

【原文】

子路使子羔为费宰。子曰："贼夫人之子。"子路曰："有民人焉，有社稷焉，何必读书，然后为学？"子曰："是故恶夫佞者。"

【译文】

子路让子羔做费邑的长官。老师说："这是害这个年轻人。"子路说："有民有人，有土地有五谷，为什么一定是读了书，才算有学识呢？"老师说："这就是我厌恶巧言善辩的人的原因。"

【注释】

费（bèi 祕）：季氏封邑费县（在今山东费县西北）。宰：县长。贼：伤害。夫：这、那。社稷：代表国家政权。恶（wù 务）：憎恶。佞（nìng 泞）者：惯于花言巧语的人。

【评析】

这一则，孔子讲"从政与求学"。据历史学家的研究，大政治家，要有大的学识。"学而优则仕"，虽是子夏说的，但这却是孔子的主张。所以子路用"何必读书，然后为学"来反驳孔子。"仕而优则学，学而优则仕"，"仕"就是出来从政，必定要先把学问基础打好；而在从政期间，又要不断增加新的学问，新的知识。这两句话是不能偏废的，平常教育界、学术界引用，只引用了一半——"学而优则仕"。我们为什么要读书？是接受前人的经验，可是一般人多半是子路的看法——"有民人焉，有社稷焉，何必读书，然后为学？"拿到了就干，干了再说。所以许多人就主张不怕做错，做错了没关系，再改。这话就有问题，对个人或对小事而言还可以，对社会国家，天下大事，就要十分慎重了。因为那一改，影响太大，这就是读史书、求学问的重要。

【原文】

子路、曾皙、冉有、公西华侍坐。子曰："以吾一日长乎，尔毋吾以也。居则曰：'不吾知也！'如或知尔，则何以哉？"

【译文】

子路、曾皙、冉有、公西华陪孔子坐着。老师说："虽然我比你们年长一些，你们不要因此而不敢坦率回答我的问题。平日常说：'当权的人不了解我啊！'假若有的当权者了解你们，任用你们，那么要做些什么呢？"

【注释】

曾皙（xī息）：姓曾，名点，字子皙，曾参的父亲。公西华：即公西赤。他们都是孔子的学生。以：因此。尔：代词，第二人称复数。毋：否定副词，不。"不吾知"：即"不知吾"。

第一层，写孔子启发学生谈自己的志向。

【原文】

子路率尔而对曰："千乘之国摄乎大国之间，加之以师旅，因之以饥馑；由也为之，比及三年，可使有勇，且知方也。"

【译文】

子路轻率急忙地回答道："一个拥有一千辆兵车的国家，夹处在几个大国之间，列国把战争强加给它，再加上荒年无收；让我治理这个国家，等到三年，可使全国人人都勇敢起来，并且知道做人的道理。"

【注释】

率尔：轻率而急忙的样子。尔：副词词尾。这样用的"尔"后面常带连词"而"。摄：夹处。因：继，加上。饥馑：谷不熟为饥，蔬不熟为馑，二字连用，泛指饥荒之灾。为：动词，治理。比及：等到。

【原文】

夫子哂之。

【译文】

孔夫子听了微微笑了一笑。

【注释】

夫子：《论语》中孔丘门徒尊孔丘为夫子，后来成为对老师的专称。哂（shěn 审）：微笑。

【原文】

"求，尔何如？"对曰："方六七十，如五六十，求也为之，比及三年，可使民足。如其礼乐，以俟君子。"

【译文】

（又问：）"冉求啊，你的志向怎样呢？"冉求回答说："方圆六七十里或五六十里的国家，我来治理，等到三年，可使民众富足。至于如何搞好礼乐教化，只能等待贤人君子。"

【注释】

如：同"或"。如：至于。礼乐：礼与乐的合称。礼：规定社会行为的法则、规范、仪式的总称。"礼乐"句，指对人民施行教化。俟（sì 似）：等待。君子：有道德、有修养的人。

【原文】

"赤，尔何如？"

【译文】

（又问：）"赤，你的志向怎样呢？"

【原文】

对曰："非曰能之，愿学焉。宗庙之事，如会同，端章甫，愿为小相焉。"

【译文】

公西华回答说："不能说我有多大才能，不过愿意学习。宗庙的祭祀，或举行盟会，我愿意穿上礼服、戴上礼帽，做国君的一个小助手。"

【注释】

宗庙之事：指祭祀的事。会同：诸侯会盟的事。端：玄端，古代礼服的名称。章甫：古代礼帽的名称。小相：谦词，司仪者或辅政者。当时为相的

人，地位并不低微。焉：语气词，表陈述。

【原文】

"点，尔何如？"

【译文】

（又问）："点，你的志向怎样呢？"

【原文】

鼓瑟希，铿尔，舍瑟而作，对曰："异乎三子者之撰。"

【译文】

曾点弹瑟的声音逐渐弱了下来，"铿"的一声停了，他把瑟放下，挺身直跪，回答道："我的志向跟他们三位所说的不同。"

【注释】

鼓：弹奏。希：同"稀"，形容声音逐渐微弱。铿尔：曲终的声音。象声词。舍：放下。作：指从席地而坐至挺身直跪的动作。古人席地而坐，臀部压在脚跟上，挺身变直跪之状，是表示尊敬。乎：同"于"。者：语助词。表停顿。撰：述说。

【原文】

子曰："何伤乎？亦各言其志也！"

【译文】

夫子说道："有什么妨碍呢？不过是每人谈谈自己的志向啊！"

【注释】

伤：妨碍，妨害。

【原文】

曰："莫春者，春服既成，冠者五六人，童子六七人。浴乎沂，风乎舞雩，咏而归。"

【译文】

曾晳回答说："暮春的时候，夹衣服已经穿得住了。我愿意和五六个成年男子、六七个少年，在沂水里洗洗澡，在舞雩台上吹吹风，然后唱着歌

回来。"

【注释】

莫春：夏历三月，莫，同"暮"。春服：夹衣。冠者：指成年人。古代男子二十岁举行冠礼。沂（yí 移）：水名，在今山东曲阜县南。风：迎风乘凉。舞雩（yú 鱼）：鲁国祭天求雨的地方，在今山东曲阜县。咏：歌唱。

【原文】

夫子喟然叹曰："吾与点也！"

【译文】

孔夫子长长地叹了一口气道："我赞成曾点的志向啊！"

【注释】

喟（kuì 愧）然：长叹的样子。然，副词词尾。与：动词，赞成。

第二层，写子路、冉有、公西华、曾皙各自谈自己的志向。

【原文】

三子者出，曾皙后。曾皙曰："夫三子者之言何如？"

【译文】

子路、冉有、公西华三个人都出去了，曾皙留在后面，曾皙问夫子道："那三位同学的发言怎样？"

【注释】

者：助词，表提顿。后：方位词作动词用，留在后面。夫：指示代词。那。

【原文】

子曰："亦各言其志也已矣。"

【译文】

夫子说："只不过是各人谈谈自己的志向罢了。"

【注释】

也：语气词，表判断。已矣：罢了。

【原文】

曰："夫子何哂由也？"曰："为国以礼，其言不让，是故哂之。唯求则非邦也与？安见方六七十如五六十而非邦也者？唯赤则非邦也与？宗庙会同，非诸侯而何？赤也为之小，孰能为之大？"

【译文】

曾皙说："老师为什么要笑仲由呢？"夫子说："治国要用礼，可是他的话毫不谦让，所以我笑他。难道冉求讲的就不是国家大事吗？怎见得纵横六七十里或者五六十里的土地不是一个国家呢？难道公西赤讲的就不是国家大事吗？宗庙祭祀、诸侯会盟，不是诸侯的大事又是什么呢？如果公西赤只能给诸侯做'小相'，那么谁能给诸侯做'大相'呢？"

【注释】

为：动词，治理。唯：句首助词，帮助表示判断是非。邦：前一个指国家政治，后一个指国家。安见：怎见得。也：句中语气词，用于主语之后，表语气舒缓。为之小：动词双宾语结构。为，做；之，代词，指诸侯；小：小相。孰：谁。

第三层，写孔子对子路、冉有、公西华三人的志向所作的评论。

【评析】

以上内容为一则，记叙的是孔子和学生们关于立志的谈话。孔子问志，四个学生的回答，从表面上看来，似乎是有所不同，其实都是以"礼治"为中心、为目的的。子路要百姓们"知方"，是重视"礼治"；冉求的"俟君子"以修明"礼乐"，是重视"礼治"；公西华的愿做"宗庙之事，如会同"时的小相也是重视"礼治"；曾皙的"浴乎沂，风乎舞雩"同样是重视"礼治"。他同冠者、童子"浴乎沂，风乎舞雩，咏而归"，为的是陶冶性情，从而培养他们自己的情操和高洁的志趣，他所描绘的也正是儒家所追求的礼治社会的图景。礼治是儒家的最高理想，学生言志，既然离不开"礼治"，孔子评志当然就更离不开"礼治"了。在评子路之志时，他明确地提出要"为国以礼"，对子路的"知方"他也是赞成的。他之所以"哂"子路，是哂其"不让"，是哂其要民"知方"，而自己却不"知方"。冉求、公西华、曾皙三个人对未来事业的设想完全符合礼

治的要求，故孔子或当面予以肯定，或在以后加以鼓励。作为人师，孔子是循循善诱的。这里虽然是一次日常的谈话，但孔子却利用这样一个气氛非常和谐愉快、师生关系非常融洽的机会，了解学生的志向，对学生进行为人处世的教育。一开始，他就谈自己，然后才转入问志，使人感到他与学生的关系是平等的。当曾晳谈到自己的志向与前面三个同学的志向不同时，孔子见其有点犹豫，便用"何伤乎？亦各言其志也"来打消曾晳的顾虑。孔子和他的学生们自述其政治上的抱负，从孔子的话中，可以看出孔子的社会理想。孔子认为，只有文化的力量才能挽救这个时世，前三个人的治国方法，都没有谈到根本上。他之所以只造成曾点的主张，就是因为曾点用形象的方法描绘了礼乐这治下的景象，体现了"仁"和"礼"的治国原则，这就说到了根本点。孔子的政治抱负一生未能实现，但他编定诗书礼乐，作《春秋》明善恶，为文化的课存做出了巨大贡献。金子总会发光，到了汉武帝的时候，董仲舒提倡独尊儒术得到支持，孔子思想的光辉在五百年后得以重见天日，并且一直照耀着中华大地数千年之久。孔子的事业，真正称得上千秋事业！

颜渊篇第十二

《颜渊》这一篇，讲孔子政治思想的基本范畴"仁"的定义和内容以及为政、处世。

【原文】

颜渊问仁，子曰："克己复礼为仁。一日克己复礼，天下归仁焉。为仁由己，而由人乎哉？"颜渊曰："请问其目。"子曰："非礼勿视，非礼勿听，非礼勿言，非礼勿动。"颜渊曰："回虽不敏，请事斯语矣。"

【译文】

颜渊问什么是仁，孔子说："克制自己，让自己的言行符合礼，这就是仁。一旦能够克制自己而让自己的言行符合礼，天下的人就会称许你是仁人。实行仁德在于自己，难道在于别人吗？"颜渊说："请问实行仁德的具体条目。"孔子说："不合于礼的东西不看，不合于礼的话不听，不合于礼的话不说，不合于礼的事不做。"颜渊说："我虽不聪明，请让我照您这些话去实行吧。"

【注释】

克己复礼：克制自己，让言行符合礼。归：称许。事：从事，实行。斯：这。

【评析】

这一则，孔子谈"克己复礼为仁"，讲内在的修养。孔子在这里所说的"克己复礼"的"复"，并不是指"恢复"，而是指"符合"的意思；这里所说的"礼"，也并非专指"周礼"（当然好的东西应该继承），而是以仁爱为基础的处理人际关系的总则。孔子认为，若不以仁为内容，而完全行古代的传统礼

的内容，即为大不仁道。其次，孔子认为礼是伴随时代的发展变化而演进的。他说："殷因于夏礼，所损益，可知也；周因于殷礼，所损益，可知也；其或继周者，虽百世可知也。"其意是：商朝在继承夏朝礼、周朝在继承商朝礼的过程中，均有所增减，这是不言而喻的事实；那么，继承周朝礼，哪怕是百世之后，也必然会有所增减，有所变化发展。所以，孔子的"克己复礼"并无恢复周礼、循古复旧的意思，而是明确地提出了礼和仁的关系。孔子坚持以仁释礼，一方面把礼当作处理人际关系的准则，另一方面又把"仁"当作"礼"的心理依据。克己以爱人就是"仁"，用人爱之心正确而恰当地处理好人际关系就是"礼"。因而本于人性的人爱之心就成了礼的本源。所以孔子主张以仁来统率礼，而不是以礼来限制仁。他说："人而不仁，如礼如？"一个人不讲仁爱，怎么会讲礼呢？又说："礼云，礼云，玉帛云乎哉？"难道摆设一些玉器和绸缎品去祭祀就算礼吗？言外之意，离开了仁这一原则，礼的形式又有什么用呢？

克制自己，言行合礼，这不仅是一种文明表现，更是一种做人做事的智慧和策略。任何想要在生活中拥有自己一片天地的人，都应该也必须做到这一点。

【原文】

仲弓问仁。子曰："出门如见大宾；使民如承大祭；己所不欲，勿施于人；在邦无怨，在家无怨。"仲弓曰："雍虽不敏，请事斯语矣。"

【译文】

仲弓问仁的内容。孔子说："出门做事要像接待诸侯国的使节那样恭敬严肃；役使民众要像承当重大祭祀的典礼那样小心谨慎；自己所不愿接受的，不要强加于别人；在诸侯国任职，不要有什么怨恨；在大夫之家任职，不要有什么怨恨。"仲弓说："我虽然不聪明，请让我照您这些话去实行吧。"

【注释】

邦：诸侯统治的国家。家：卿大夫管辖的封地。雍：冉雍，即仲弓，这里是他自称其名。不敏：不聪明，自谦之词。

【评析】

这一则，孔子谈由内心修养的"道"，发挥到外面做人做事的"用"。孔子认为仲弓有帝王之器，在学生当中可以当大领袖的人物。首先告诉仲弓待人处世的态度修养。"出门如见大宾"，对任何一个人要恭敬，有礼貌，不能看不起任何一个人。尤其作为一个领导人，更应该如此。其次，是讲做事的责任感。"使民如承大祭"。这个"民"就是群众，现代而言，是指对一般的老百姓。做社会群众的领导，为大家做事的时候，要负起责任，担负这个责任的态度，要"如承大祭"一般。第三点讲到居心、行事的大原则。"己所不欲，勿施于人"。一般人自己不愿意的，就推给人家，这是人之常情，也没有什么大错。不过假使我们要行"仁"道，扩充于为政之间，处人处事之际，那就不同了。你自己不愿意的，就要想到别人也不愿意。怎样使得人、事至于和平，就要"己所不欲，勿施于人"。"在邦无怨，在家无怨"。这两句话是结论。这个"怨"字包括两点：一是自己，一是别人。这是人生哲学。我们每个人，自己心中都有好多的怨，即使对别人没有怨，也会怨自己的命真不好，工作单位不如意，夫妻关系不理想。这是对自己的怨。又如人与人之间相处，同事之间相处，领导与群众之间相处，彼此之间无怨恨心，没有什么遗憾的事，这个非常难。做到了于己于人都无怨尤，就是真正的"仁行"。

【原文】

司马牛问仁。子曰："仁者，其言也讱。"曰："其言也讱，斯谓之仁矣乎？"子曰："为之难，言之得无讱乎？"

【译文】

司马牛问仁人的品德。孔子说："仁人，他的言谈是很谨慎的。"司马牛说："他的言谈谨慎，就算仁人了吗？"孔子说："仁实行起来很困难，说起来能够不谨慎吗？"

【注释】

司马牛：姓司马，名耕，字，子牛，孔子的学生。讱（rèn 刃）：难，指说话艰难，引申为说话谨慎。据《史记·仲尼弟子列传》说，司马牛"多言而躁"。孔子的话是针对他的缺点而说的。斯：就。

【评析】

这一则，孔子讲"言出必行"就是"仁"。《史记·仲尼弟子列传》："牛多言而躁。"从司马牛与孔子的对话中也可以感到他的浮躁和轻率，声气宛然。所以孔子告诫的是言语谨慎，少说话多行动。因为说时容易做时难，不仅付出的

是千百倍的精力，而且人事有难以预料之处，你没法真正地把握所有境况。一个人醉心于言语之中，可能就忘了语言对他其实也意味着责任和义务，而孔子强调的就是言出必行。仁要求的也是诚信。说话不仅是宣泄自己的情感，还希望别人能接受，亦即有接受的效果，否则，与废话何异？所以说话要注意到人的接受心理，不是逗自己一时的快意，而忘了他人的自尊。所以如何说、说什么，还有着对人敬重的体现。有敬爱之心，也是仁的内涵之一。

【原文】

司马牛问君子。子曰："不忧不惧。"曰："不忧不惧，斯谓之君子已乎？"子曰："内省不疚，夫何忧何惧？"

【译文】

司马牛问君子应有的品德。孔子说："君子不忧愁，不恐惧。"司马牛说："不忧愁不恐惧，那就是君子了吗？"孔子说："自己问心无愧，还有什么可忧愁可恐惧的呢？"

【注释】

省（xǐng 醒）：反省，自我检查。疚（jiù 就）：内心痛苦、惭愧。

【评析】

这一则，孔子与司马牛谈"君子"。君子在中国古代文化中——尤其是儒家的观念里，差不多是一个完整人格的代名词。君子能够做到无所忧愁，无所畏惧。这有别于愚人的蒙昧无知和匹夫的刚勇，而是达到人生的清澄宁静的境界，即没有得失之患，不以物欲为念，是对外界尘虑予以净滤以后的澄静。但又有别于佛家空无和道家混沌式的清静无为，而是在有为中持超然的态度，在博爱中完成无求的心境。以浩大的胸襟容纳万事万物，则可以无私无畏。所以儒家的无忧无畏是在对人世的作为和包容中形成的。

【原文】

司马牛忧曰："人皆有兄弟，我独亡。"子夏曰："商闻之矣：死生有命，富贵在天。君子敬而无失，与人恭而有礼，四海之内皆兄弟也。君子何患乎无兄弟也。"

【译文】

司马牛忧愁地说："人人都有兄弟，唯独我没有。"子夏说："我听说过：

死生是命定的，富贵是由天安排的。君子做事慎重而无过错，对待别人恭敬而有礼貌，四海之内的人都是兄弟。君子何必忧愁没有兄弟呢？"

【注释】

亡：同"无"。商：卜商，即子夏。敬：慎重。四海：指全中国，古人以为我国的四周都被大海包围着。

【评析】

这一则，子夏谈"四海之内，皆兄弟也"。中国的侠道和仁道都讲究四海之内皆兄弟。所以侠者能路见不平，拔刀相助，儒者能挺身而出，见义勇为，就在于他们肯定人境之中有道义的存在，这是比较广义的兄弟之说，来自人类的自身博爱精神。或者意气相投即可称兄道弟。相逢何必曾相识，则来自我对自身的认可甚至是自恋心理的延伸。我在他人的身上看到自己的影子，认同自己也认同了他人。如《红楼梦》中贾宝玉，听说有一个甄宝玉，种种乖僻之处与他一般，虽然不得见面，但心向往之渴慕不已。因为自恋而认同甚至认为是知己。虽然不曾见面，却有着精神的依恋，这是比较狭义的兄弟了，他们有着意气或精神上的依恋和相通。更为狭义的兄弟指宗亲血缘上的一种关系。而在此处，子夏对兄弟一说，注入自身道德修养的感情，培养好自身的修养，敬重他人，何愁没有兄弟。

【原文】

子张问明。子曰："浸润之谮，肤受之愬，不行焉，可谓明也已矣！浸润之谮，肤受之愬，不行焉，可谓远也已矣！"

【译文】

子张问什么叫明察。孔子说："像渗透万物的水那样的谗言，像玷污皮肤的灰尘那样的谤语，在他面前都行不通，那可以说是明察啊！像渗透万物的水那样的谗言，像玷污皮肤的灰尘那样的谤语，在他的面前都行不通，那可以说是目光远大了啊！"

【注释】

明：明察。浸润之谮（zèn）：像水浸润物件那样的谗言。即不断在暗中诬陷人的坏话。谮，诬陷、中伤人的谗言。肤受之愬（sù 素）：像皮肤感受到疼痛那样的诬告，即直接的诽谤。愬：诬告。

【评析】

这一则，孔子谈"自知者明"。我们看历史上和社会上的许多现象，尤其当过主管的，更体会得到，许多人攻击的手段非常高明。有时讲一句毫不相干的话，而使人对被攻击者的印象大大改变。而身受攻击的人，只觉得好像皮肤上轻轻被抓了一下而已。所以"浸润之谮，肤受之愬"这八个字特别要注意。自己千万不要这样对人，同时自己也不要听这些小话，尤其是当领导的，对这些小话不能听，这才是真正的明白人。做到了这一点，才能远离错误。至于老子所讲的"明白人"又进了一步，他说："知人者智，自知者明。"能够知人，能够了解任何一个人的人，才是有大智慧的人；能够认识自己的，才是明白人。人都不大了解自己，对别人反而知道得清楚。因此，在老子的观念中，"明白人"并不多。

【原文】

子贡问政。子曰："足食，足兵，民信之矣。"子贡曰："必不得已而去，于斯三者何先？"曰："去兵。"子贡曰："必不得已而去，于斯二者何先？"曰："去食。自古皆有死，民无信不立。"

【译文】

子贡请教如何治理政事。孔子说："充足的粮食，富足的军备，人民的信任。"子贡说："不得已的时候必须舍弃，在这三者之中哪个最先舍弃？"孔子说："舍弃军备。"子贡说："不得已必须舍弃时，在这两者之中哪个先舍弃？"孔子说："舍弃粮食。从古到今人都有一死，百姓失去信任则政府就不能存在。"

【注释】

之：代词，指为政者，即政府。去：舍弃。兵：武器，指军备。立：有存在之义。

【评析】

这一则，孔子谈"众志成城，民信为本"。孔子认为，治理一个国家的根本，在于得到百姓的信任，粮食丰富，国防充实。其中，三者的核心和灵魂，还是在于得到百姓的信任。所谓"民无信不立"，如果一个国家，统治者一旦失去了老百姓的信任，那么这个国家也就难以生存发展下去了。

【原文】

棘子成曰："君子质而已矣，何以文为？"子贡曰："惜乎，夫子之说君子也！驷不及舌。文犹质也，质犹文也。虎豹之鞟犹犬羊之鞟。"

【译文】

棘子成说："君子只要本质好就可以了，何必要讲究文彩呢？"子贡说："遗憾啊，先生这样谈论君子！一言既出，驾四匹马的车也追不回来。文彩就是本质，本质就是文彩。如果去掉有文彩的毛，虎豹的皮革就和犬羊的皮革一样了。"

【注释】

棘子成：卫国大夫。质：质地，指思想品质。文：文彩，指礼节仪式。夫子：指棘子成，古代大夫都可以尊称为"夫子"。驷（sì 四）：拉一辆车子的四匹马。"驷不及舌"：即"一言既出，驷马难追"。鞟（kuò 扩）：去掉毛的兽皮，即革。

【评析】

这一则，子贡谈"内外兼修之谓美"。形式和内容是一样的重要，孔子提倡的道德人生不是苦行僧似的枯苦人生，而要求有审美的意蕴，同时也是审美的人生。注重内心的道德操守，也一样注重情感的丰溢，所以它更接近于人心，更接近于生活的艺术。质朴和文彩，亦即内在和外表，其实应该是一致的。而棘子成认为，作为君子只要有好的品质就可以了，不需外表的文彩。子贡对这种说法表示反对。他认为，良好的质朴行为应当有适应的表现形式，否则，就有失偏颇。子贡强调文与质有同等的价值，也就是对上论中孔子所谓"文质彬彬，然后君子"的发挥。

【原文】

哀公问于有若曰："年饥，用不足，如之何？"有若对曰："盍彻乎？"曰："二，吾犹不够，如之何其彻也？"对曰："百姓足，君孰与不足？百姓不足，君孰与足？"

【译文】

哀公向有若问道："荒年，国家费用不足，怎么办？"有若回答说："何不

实行十分抽一的税法?"哀公说:"十分抽二,我还不够用,怎么可能十分抽一呢?"有若回答说:"百姓充足,君怎么能不充足呢?百姓不充足,君又怎么能充足呢?"

【注释】

哀公:姓姬,名蒋,鲁国的国君。有若:姓有,名若,孔子的学生。盍(hé 河)彻乎:盍,何不。彻,彻法,古代一种十分抽一的税法。

【评析】

这一则,有若劝谏哀公减税收。有若的话反映了儒家学派的经济思想,其核心是"富民"思想。有若的观点是,削减田税的税率,改行"彻税",使百姓减轻经济负担。只要百姓富足了,国家就不可能贫穷。反之,如果对百姓征收过甚,这种短期行为必将使民不聊生,国家经济也就随之衰退。鲁哀公与有若的这一席话,充分体现了孔门弟子的君民一体、国民一体、以民为本的民本思想,对于我们今天的"富民"政策仍有值得借鉴的地方。

【原文】

子张问崇德辨惑。子曰:"主忠信,徙义,崇德也。爱之欲其生,恶之欲其死。既欲其生,又欲其死,是惑也。"

【译文】

子张问怎样尊崇品德辨别迷惑。孔子说:"以忠诚信实为根本,唯义是从,这是尊崇品德。喜欢他时盼望他活着,厌恶他时盼望他死掉。既要他活,又要他死,这就是迷惑。"

【注释】

主:有根本义。此则各本都有一句"诚以不富,亦祗之异"。这是引自《诗经·小雅·我行其野》的一句诗,朱熹引"程子曰:'此错简'当在第十六篇'齐景公有马千驷'之上",引"胡氏曰:今详文势,似当在此句(按:指'其斯之谓与?')之上"。此句确为错简,胡氏之说是。此句作为此则的末句,各家都解释不通,移于《季氏》第十二则"其斯之谓与"之上,则文通意顺。

【评析】

这一则,孔子谈"知人易,自知难"。子张提出两个问题问孔子,孔子的答复是：使自己的人格升华，主要在心理修养。一为忠、一为信。"忠"的意义是直心直肠，心境很直，对人对事绝没有歪曲。另一意义就是非常尽心，不论对自己或对别人，面对国家大事也好，为了个人私事也好，绝对尽我的心，尽我的力，乃至赔上自己的性命，都在所不惜。譬如对于思想的信仰绝对忠实，也就是"忠"。"信"，就是自信、信人。对自己要有自信，对人能够厚道，因此人与人之间建立一个"言而有信"的关系。为了使自己的人格更为崇高，没有别的方法，只有"忠"、"信"。"徙义"是应该做的事就去做。"义"者宜也，合情合理应做的去做，就是徙义。"既欲其生，又欲其死，是惑也。"这两个绝对矛盾的心理，人们经常会有。情绪是一种极难把握，飘忽不定的东西，可以受到外物诸多的影响，以及自我内心的诸多干扰。把一种自己都无法把握无法超脱的东西来作为处世待人的准则，又怎么能做到公允和明辨呢？所以国君迷恋女色是迷惑，人心沉溺物欲也是迷惑，而所有的迷惑最终导致的是人心的蒙蔽和理性的模糊。所以我们为人处事，要真正做到明白，不受别人的蒙蔽并不难，最难的是不要受自己的蒙蔽，头脑要绝对清楚，这就是辨惑。

【原文】

齐景公问政于孔子。孔子对曰："君君，臣臣，父父，子子。"公曰："善哉！信如君不君，臣不臣，父不父，子不子，虽有粟，吾得而食诸？"

【译文】

齐景公向孔子问治国之道。孔子回答说："君要遵守君的礼，臣要遵守臣的礼，父要遵守父的礼，子要遵守子的礼。"景公说："好啊！的确，如果君不遵守君的礼，臣不遵守臣的礼，父不遵守父的礼，子不遵守子的礼，虽然有粟米，我能够吃得上吗？"

【注释】

齐景公：齐国的国君，名杵臼（chǔ jiù 础旧），公元前547年—前490年在位，景是他的谥号。信如：诚如。"君君、臣臣、父父、子子"：这八个字前面的君臣父子是名词，后面的君臣父子是用来作动词。诸：之于的合音，为句尾疑问虚词。

【评析】

这一则，孔子谈"相对的人为政治"。"君君、臣臣、父父、子子"，这是孔子对社会政治秩序和伦理道德规范提出的基本要求。孔子的高明处，正在于他始终把君与臣、父与子放在相互对待的关系中去理解。因为君与臣、父与子的相互关系是十分微妙而复杂的，强调任何一方过了头，都会破坏社会的稳定。以君臣关系而言，他主张"君使臣以礼，臣事君以忠"（《论语·八佾》）。表面上看，孔子似乎在提倡君主专制，这势必会使君主的权力无限膨胀，而臣子则处于被动役使的地位。然而孔子又主张"邦有道则仕，邦无道则可卷而怀之"（《论语·卫灵公》）；"所谓大臣者，以道事君，不可则止"（《论语·先进》）。这似乎又在鼓励臣子树立独立人格，对君主有所选择，不能愚忠，对无德之君可以不予合作，甚至可以背弃。这样"君使臣以礼，臣事君以忠"，也就暗含了"君使臣无礼，臣事君不忠"的潜台词。至于说孔子到底赞成怎样的君臣关系，不赞成怎样的君臣关系，一定要结合具体问题具体情况来讨论，不可一概而论或模棱两可。这里又体现出孔子的中庸之道。

【原文】

子曰："片言可以折狱者，其由也与！"子路无宿诺。

【译文】

孔子说："根据单方面的告词就可以判断案件的，大概只有仲由吧！"子路没有许下诺言（而拖延不实行的）。

【注释】

片言：诉讼双方中一方的言辞。片，偏。折狱：断案。狱：案件。与：同"欤"。"片言可以折狱"：看来孔子是肯定子路的，大概认为可以推理，从一面可以推知另一面。但实践上"片言断狱"往往造成冤假错案，故现在大多数国家民法都否定推理可作证据。宿诺：拖延很久没有实现的诺言。宿：久留。

【评析】

这一则，孔子谈子路的"侠者之风"。性子急和重然诺是子路的个性和作风。只言片语可以决断，不是因为轻率或者草菅人命，而是因为性急而且明断，故无不同的意见和对案件的纠缠。子路的决断是才能的表现，孔子赞赏他有吏治之才。而子路的重然诺，正表现了他性格中急公好义、雷厉风行的侠者之风。子路虽然受到批评最多，却也是孔子颇为激赏的一位学生。所谓爱之深，责之切，子路追随孔子也是最长久的，几乎是孔子的左右手。

【原文】

子曰："听讼，吾犹人也。必也使无讼乎。"

【译文】

孔子说："审理诉讼，我像别人一样。关键是要让诉讼不再发生。"

【注释】

听讼：断案，审理诉讼案件。讼：诉讼。必：《说文》："极也。"引申为标准，关键。

【评析】

这一则，写孔子希望不要再产生诉讼案件。作为儒家学说的倡导者，孔子主张"德治"，即以教化来争取民众的拥护。所以，他不赞成单纯倚仗刑罚，这也是儒家与法家的根本区别。因此，他认为公平地审理诉讼并不重要，关键的是使诉讼再不发生。自己虽有审讼断案的才能，但并不希望有案可断，而是希望过教化，使人民习于礼，化于德，减少争端，以致没有诉讼。这无疑是一种以天下人为念的崇高理想。

【原文】

子张问政。子曰："居之不倦，行之以忠。"

【译文】

子张问怎样治理政事。孔子说："身居官位不懈怠，执行政令要忠实。"

【评析】

这一则，写"官场的诱惑太多"。精勤不怠，忠于职守，如果每一位当政者能把自己工作上的事做得十分完美，让国家满意，让百姓放心，那么，这将是天下出色的政事。孔子在这里并没有讲从政的具体策略，只是强调从政才的执政态度、工作作风和精神面貌。唐太宗李世民就是一个"居之不倦，行之以忠"的勤快皇帝。之所以能开创历史的"贞观之治"，与他坚信"先之"、"劳之"、"无倦"的态度是分不开的。这确实是关系国家政治的大事，

同时也是对执政者的要求。

【原文】

子曰："博学于文，约之以礼，亦可以弗畔矣夫！"

（这一则重复，见第六篇二十七则。）

【原文】

子曰："君子成人之美，不成人之恶。小人反是。"

【译文】

孔子说："君子帮助别人办成好事，不帮助别人办成坏事。小人和这恰恰相反。"

【注释】

成：成全，助之使成功。

【评析】

这一则，孔子谈"君子与小人之别"。君子成人之美，是因为君子有着与人为善的宽阔胸怀，为别人的快乐而快乐。君子不成人之恶，是因为君子爱人以德，别人需要帮助的时候，伸出温暖的双手。小人，之所以称为小人，他们总是成人之恶，不愿成人之美。看见别人遭难，幸灾乐祸，甚至落井下石，乘人之危；看见别人成功，冷嘲热讽，心怀鬼胎，甚至暗放冷箭，造谣中伤。所以说：君子成人之美，小人成人之恶。

【原文】

季康子问政于孔子。孔子对曰："政者，正也。子帅以正，孰敢不正？"

【译文】

季康子向孔子问什么是为政治国之道。孔子回答说："政，就是正道。您自己率先走正道，谁敢不走正道呢？"

【注释】

帅：通"率"，统领。季康子为鲁国上卿，为诸臣之帅。

【评析】

这一则，孔子谈政，"上不正，下便歪"。在从政问题上，孔子很注重统

治者个人以身作则的表率作用。他认为，要实行"德治"，必须使贤者或君子居于统治地位，没有统治者个人的道德表率，就不能充分发挥道德感化的效果。季康子是当时鲁国的实际掌权者，孔子的谈话是有针对性的，既是对季康子的规劝，也是对他的期望。

【原文】

季康子患盗，问于孔子。孔子对曰："苟子之不欲，虽赏之不窃。"

【译文】

季康子忧虑鲁国多盗，向孔子请教。孔子回答说："假若您没有贪欲，就是政府奖励偷东西的，也没有人去干。"

【注释】

盗：偷窃抢夺别人的财物，这是从春秋中期以来随着个体私有制的产生而大量发生的现象。苟：假若。欲：贪欲。

【评析】

这一则，孔子谈"无所求亦无所失"。人无所求便也不怕有所失。得失聚散本来就有因果的存在，即使是金钱的得失聚散之理也是如此。而在这里，孔子此话也有针对性，统治者如果欲求过多，百姓如何生存？则容易迫使百姓沦为盗寇。"苟子之不欲，虽赏之不窃"，这是拐着弯批评季康子，等于说"鲁国之盗是你的贪欲所致，"只不过没有明说罢了。

【原文】

季康子问政于孔子，曰："如杀无道以就有道，何如?"孔子对曰："子为政，焉用杀? 子欲善而民众善矣。君子之德风，小人之德草。草尚之风，必偃。"

【译文】

季康子向孔子问为政治国之道，说："如果杀掉无道的来成全有道的，怎么样?"孔子回答说："您是主持鲁国政务的，哪里用得着杀呢? 您决心把国家治理好，民众就会好起来。君子的品德好比是风，小人的品德好比是草。草上加风，必随风的方向扑倒。"

【注释】

就：成全。尚：一作"上"，加。偃（yǎn眼）：扑倒。

【评析】

这一则，孔子谈大政治家的领导，应该造成一种"风气"。这是孔子与季康子一次有实质意义的政治对话。季康子实际上主张"杀无道以就有道"，孔子反对。"君子之德风，小人之德草。草尚之风，必偃。"都是比喻。这是说"小人"必定跟着"君子"走的，实质上是驳"杀无道以就有道"的，言外之意是：你季康子如果是"君子"，哪里用得着杀呢！这一对话，是持不同政见的高层政治人物的对话，孔子反驳季康子只是绵里藏针。

以上三则孔子与季康子的对话，当是鲁哀公十一年孔子回到鲁国之后。孔子归鲁，是季康子把他邀请回去的，但没有任用。他们之间有不少隐蔽的斗争。季康子也有时向他咨询国政，表面上对他很尊重。从以上对话可以看出，孔子没有改变自己的政治主张，向季氏屈服，但在形式上对季康子也很尊重。

【原文】

子张问："士何如斯可谓之达矣？"子曰："何哉，尔所谓达者？"子张对曰："在邦必闻，在家必闻。"子曰："是闻也，非达也。夫达也者，质直而好义，察言而观色，虑以下人。在邦必达，在家必达。夫闻也者，色取仁而行违，居之不疑。在邦必闻，在家必闻。"

【译文】

子张问："知识分子怎样才算是通达呢？"老师说："是什么呢，你所说的达？"子张回答说："在诸侯之国做官有名声，在大夫之家做官有名声。"老师说："这是名声，不是通达。这个达呀，是品质正直而且向往正义，分析别人的语言而且观察别人的神色，心里考虑的是待人谦让。在诸侯之国做官通达，在大夫之家做官通达，至于那个名声，是表面上爱好仁而在行动上却违背它，以仁人自居而不被怀疑。在诸侯之国做官必定贪图虚名，在大夫之家做官必定贪图虚名。"

【注释】

达：通达，指见识高超，不同流俗。闻：有名望，有声誉。家：卿大夫所统治的封地。下人：甘居人下，指对人谦恭有礼。下，动词。

【评析】

这一则，孔子谈"闻人与贤达"。孔子听子张对于"达"的观念所下的定义后，便说，你对"达"的观念搞错了。到处知道一个人的名，那只能叫做有名气。有名气的人叫"闻人"不是"达人"。依据孔子对"达人"的定义：第一是本质的正直，没有歪曲的心思；做人做事，不用手段，不用权术。第二是好义，这个义字的解释，近乎墨子的义，所谓慷慨好义。第三是"察言而观色"。这句话被后世误解为很坏的意思，而本来的意思是有眼光，看得清楚，有先见之明。听了一些理论，根据一些资料，加以智慧判断，就可以看出态势来。例如对于国际大事，时代的趋势，许多的事情，都可以在事前看出来。第四是"虑以下人"，"虑"就是智虑，包括了思想与学问，"下人"是对人谦虚，绝不傲慢。要具备这样几个条件，才是贤达的人。至于闻人——出名的人，往往只做些表面工作。一个人仅仅追求闻名于外，则一定贪图虚名，这本身就违背了仁与礼的精神，如何可以通往达观和通达呢？孔子在此廓清闻与达两种不同的概念与内容，也是教诲学生要名至实归，虚名之务去。

【原文】

樊迟从游于舞雩之下，曰："敢问崇德、修慝、辨惑？"子曰："善哉问！先事后得，非崇德与？攻其恶，无攻人之恶，非修慝与？一朝之忿，忘其身以及其亲，非惑与？"

【译文】

樊迟陪伴孔子在舞雩台之下游览，说道："我冒昧地提个问题：什么是崇高品德、治恶为善、辨别迷惑的原则？"老师说："问得好！首先努力做事，后一步考虑自己会得到什么好处，这不是崇尚品德吗？纠正自己做的坏事，不去攻击别人做的坏事，这不是治恶为善吗？因一时的忿怒，忘记了自己的生命安危以及父母，这不是迷惑吗？"

【注释】

舞雩（yú 鱼）：鲁国祭天求雨的地方，在今山东曲阜县。敢问：敢，谦词，冒昧。冒昧地问。修慝（tè 特）：指改恶从善。修：治，这里指改正。慝：邪恶。辨惑：指辨别是非。惑：迷惑。与：同"欤"。忿（fēn 奋）：忿怒，气愤。

【评析】

这一则，孔子谈"修养上的三叉路口"。樊迟向孔子请教三个问题。一个是如何"崇德"，充实自己的修养。这个"德"字不一定作道德讲。用现代观念说，是如何使自己的心理、精神修养到高深的程度。做人做事先不要考虑自己个人的利益与价值，认为是善的就先做了再说，自然有成果，这就是德业。第二"修慝"，就是如何改进自己内心的思想情绪，专门反省自己的错误，不挑剔别人的毛病。因为人都喜欢挑剔别人的毛病，很少反省自己的错误，现在要反过来做，就很难了。第三点辨惑，就是做到有真正明辨的智慧，对于善恶，是非的情势都了如指掌，没有迷惑。有些人为了一点小事，生起气来，把自己的身体、生命都忘记了，要与人拼命。犯了法弄出问题来，连带父母、妻子、儿女都受了罪，这不是最笨、最糊涂的事吗？

【原文】

樊迟问仁。子曰："爱人。"问知。子曰："知人。"樊迟未达。子曰："举直错诸枉能使枉者直。"樊迟退，见子夏曰："乡也吾见夫子而问知，子曰：'举直错诸枉，能使枉者直。'何谓也？"子夏曰："富哉言乎！舜有天下，选于众，举皋陶，不仁者远矣。汤有天下，选于众，举伊尹，不仁者远矣。"

【译文】

樊迟问仁的内容。孔子说："爱人。"又问智，老师说："善于识别人。"樊迟表示不理解。老师说："举荐正直的人把他放在邪曲之人的上面，能使邪曲之人变成正直。"樊迟退了出来，见到子夏说："刚才我见到老师，向他问智，老师说：'举荐正直的人，把他放到邪曲之人的上面，能使邪曲之人变成正直。'这是什么意思？"子夏说："这话包含的内容多么丰富啊！舜有了天下，从众人中选择人才，把皋陶推举出来，那些不仁之人就跑到远处去了。

汤有了天下，从众人中选择人才，把伊尹推举出来，那些不仁之人就跑到边远地区去了。"

【注释】

直：正直。错：同"措"，放置。诸："之于"的合音。枉：不正直，邪恶。乡（xiāng 向）：同"向"，从前，这里指刚才。舜：传说是远古的圣君。皋陶（gāo yáo 高摇）：传说是舜时的贤臣。远：远离，边远的地区。汤：商代的开国君主。伊尹：商代的宰相，曾辅佐汤灭夏兴商。

【评析】

这一则，孔子谈"爱人"与"知人"。求仁求智是求为圣人之道。圣人的境界不是轻易可以达到，说起来非常简单，"仁"是爱人，"知"是了解人。但是爱人，如果没有容纳万境的胸襟，没有对所有生命的真正珍惜，爱人谈何容易。"仁"是孔子学说的重要基点。仁既是孔学的世界观，也是它的方法论。所谓"爱护他人"，就是中庸之道；所谓"了解他人"，从某种意义上说就是完善个体人格。樊迟不了解孔子的深意，孔子就用通俗的道理向他解释。从治理国家的角度看，"举直错诸枉，能使枉者直"是以实际行动来推行仁道。要做到这一点，必须首先能爱护、了解他人。这既是个人修养的问题，同时又是从政的总纲，所以子夏说"这话的涵义丰富"！对于樊迟，孔子是避重就轻避难就易，以最具体的事例说明爱与知的运用，子夏却可以从中体会到其丰富的内涵。所以每个学生的知的境界有所不同，体会的境界便也不同。

【原文】

子贡问友。子曰："忠告而善道之，不可则止，毋自辱焉。"

【译文】

子贡问交友之道。老师说："忠心劝告善意引导他，如果不听就算了，不要自取其辱。"

【注释】

道：通"导"，引导。

【评析】

这一则，孔子谈"交友的艺术"。从儒家的观点来看，结交朋友是为了辅

助仁德。所以，朋友如果违背仁德而犯下错误，就应该坦诚布公地劝导他，推心置腹地讲明利害关系，如果他坚持不听，也就作罢。倘你一再劝告，就会自遭侮辱。这是交友的一个基本准则。

【原文】

曾子曰："君子以文会友，以友辅仁。"

【译文】

曾子说："君子以文章学问来聚集朋友，以朋友来帮助自己培养仁德。"

【注释】

辅仁：辅助培养仁德。

【评析】

这一则，曾子谈"追求道德以文会友"。"以文会友，以友辅仁"，这是一种有益的关系循环，可以共同促成仁风的形成和人格的健全。道德不是一种隔离人境的境界。相反的，它既是产生于人际关系之中，也始终在这种关系中修养和完善。所以，追求道德不应是孤独之境。以文会友，共同切磋，后来成为文人的风尚。环境对于人的影响不能不顾及，所以交友也有一定的准则。文章和道德相辅相成，这才是君子的作为。

以文章、学问作为交友的手段；以互相帮助培养仁德作为交朋友的目的；为朋友而甘愿奉献自己，亲密合作，共同提高，共同开创事业。这正是君子之交，是难能可贵的！

子路篇第十三

《子路》这一篇，从连贯的观念来看，是对上论《为政》篇所做的发挥。主要讲孔子教育弟子怎样做人，怎样为政。

【原文】

子路问政。子曰："先之劳之。"曰："请益。"曰："无倦。"

【译文】

子路问从政的方法。孔子说："以身作则，体恤百姓。"子路说："请多讲一点。"孔子说："不要懈怠。"

【注释】

先之的"先"：就是在"为政"的原则上作领导人，一切要为人之先。宋儒范仲淹的"先天下之忧而忧，后天下之乐而乐"，这个"先"的观念即从此而来。劳之的"劳"：抚慰，慰劳。益：增加。

【评析】

这一则，孔子讲"领导者要有自觉之心、自觉之行为"。子路问从政的道理，孔子告诉他两个观念，一个是"先"，一个是"劳"。宋儒范仲淹的《岳阳楼记》，其中有两句名言："先天下之忧而忧，后天下之乐而乐。"这个"先"的观念，即从《论语》这里来的。"劳之"的"劳"，在《诗经》中有"劳之来之"等诗句，作慰问解释。即当个好官要身先士卒，吃苦在前，劳动身心，鞠躬尽瘁。"无倦"，其实是耐性，是长劲，一天、两天好坚持，一如既往、年复一年就比较难。政务多俗务，刚步入官场或刚获升迁之人，凭着几分新鲜劲或许可以"无倦"，但长期担任同一职务，或者职务没上去，权力反而被削弱，成了老官僚，面对个体的政务，如果没有一份责任心，便会因不胜繁剧而心生懈怠，此时想"无倦"都打不起精神来。

【原文】

仲弓为季氏宰，问政。子曰："先有司，赦小过，举贤才。"曰："焉知贤才而举之？"子曰："举尔所知，尔所不知，人其舍诸？"

【译文】

仲弓做了季氏的家臣总管，问从事政治的方法。孔子说："引导管事人员，不追究他们的小错误，荐举贤良人才。"仲弓说："怎么知道贤良人才而荐举他呢？"孔子说："举荐你所知道的，你不知道的，难道别人会舍弃他们吗？"

【注释】

宰：家臣，总管。先：导，引导。有司：负责某项具体事务的官吏。赦：赦免。焉知：怎么知道。其：表反问，相当于"岂"、"难道"。

【评析】

这一则，孔子谈"人才难得"。首先，引导管理人员重视每个人的职权，要制度化，不要乱来。在古代专制政治的时代，尤其在春秋战国时期，一个领导人，一个帝王，本身就是法制。尽管中国过去也是讲法治的精神，但在君主专治体制下，往往有"出言法随"的情形，他要怎样做就是法令。所以孔子告诉仲弓不可犯这毛病，先要把权责分清楚，制度建立起来。其次，领导对人要"赦小过"。谁都难免有错误，尤其当领导人，要能原谅人。一个领导人，不单是主管，还要兼作老师，作父兄，所谓"作之君，作之师，作之亲"即是。对部属小小的错误，马马虎虎让他过去，充其量喊到房间里告诫他。出了房门当主管的自己背了过，宣称是自己的错，不关那个部属的事。古代许多大臣都有这种器度，不是用手段，而是一种厚道的修养，这是爱人。第三，要能够"举贤才"，就是荐举有才能的人。但贤才到底难得，所以仲弓说，无法知道谁是贤才，怎样去分别呢？孔子说，你可以就你所看到的、所知道的去选。如果你并不知道，那就是他没有表现的机会，只好等待别人去发掘了。

【原文】

子路曰："卫君待子而为政，子将奚先？"子曰："必也正名乎！"子路曰："有是哉，子之迂也！奚其正？"子曰："野哉，由也！君子其所不知，盖阙如也。名不正，则言不顺；言不顺，则事不成；事不成，则礼乐不兴；礼乐不兴，则刑罚不中；刑罚不中，则民无所措手足。故君子名之必有言也，言之必可行。君子于其言，无所苟而已矣。"

【译文】

子路说："卫君等待老师去治理国政，您准备先做什么呢？"孔子说："一定要纠正名分上的错误吧！"子路说："有这种看法啊，老师也太迂腐了！为什么要纠正它的名分呢？"孔子说："多么粗野啊，仲由呀！君子对于他不懂的东西，大抵要有保留存疑的态度。名分不正，讲话就没有理；讲话没有理，工作就做不好；工作做不好，礼乐制度就振兴不起来；礼乐制度振兴不起来，施行刑罚就不得当；刑罚不得当，民众就不知道怎么做才好。所以君子对于名分必定要有合理的言论，合理的言论必定能行得通。君子对于自己的言论，什么时候也不能随便马虎的。"

【注释】

卫君：指卫出公蒯辄。"奚其政"："奚"，表示疑问，相当于"何"、"什么"。"其"，代词，相当于它，指卫国。"正名"之名：不是名称，而是名分。阙如：空着，存疑。兴：举办。中：得当。苟：马虎。

【评析】

这一则，孔子讲"名正言顺，万事则立"。孔子重视"正"，然而何为正？正，或者是原来应该有的样子，名副其实的一种状态。孔子说，世间万物存在有它一定的规律和道理，合乎规律和道理的便是可以称述的，有其名分的，这是一种道理上和习惯上的称述。所以，正名，就是要使得万物和存在合乎情理合乎规律。政事之始在于正名，也就是秩序立规矩成，然后可以循序渐进。当时诸多时弊的发端在孔子看来是因为名不正，因此有名分和礼节的僭越，因此有君不君、臣不臣、父不父、子不子的混乱，世风的衰败，人心的涣散，一切皆缘于没有名副其实的规则和秩序，故而孔子深为感慨。关于卫出公辄的有关事件在《述而》篇中作了简单交代。其时，卫国经过父子争夺君位，搞乱了"君、臣、父、子"的名分，所以孔子提出要先正名。正名是孔子"礼"的思

想组成部分。这里孔子认为，以儿子对抗父亲是"名不正"，由此将带来一系列消极的后果，所以主张首先要正名。正名的具体内容就是"君君、臣臣、父父、子子"，只有名正才可言顺，接下来的问题就迎刃而解了。而子路没有孔子认识得那么深刻，最后死于卫国内乱，与此不无关系。

【原文】

樊迟请学稼。子曰："吾不如老农。"请学为圃。曰："吾不如老圃。"樊迟出。子曰："小人哉，樊须也！上好礼，则民莫敢不敬；上好义，则民莫敢不服；上好信，则民莫敢不用情。夫如是，则四方之民襁负其子而至矣，焉用稼？"

【译文】

樊迟请求学习种庄稼。孔子说："我不如老农。"樊迟又请求学习种菜。孔子说："不如老圃（菜农）。"樊迟退了出去。孔子说："小人啊，樊须呀！君主爱好礼，民众就没有人敢不尊敬；君主爱好义，民众就没有人敢不服从；君主爱好信实，民众就没有人敢不说真话。如果这样，四方的民众就会背着儿女前来投奔，治国哪里用得着学习种庄稼呢？"

【注释】

稼：种庄稼。后文的"学圃"，指学种蔬菜。樊须：即樊迟。好礼：讲究礼，喜好礼。用情：用真情，真心爱戴。襁（giǎng抢）：背小孩的宽带子。

【评析】

这一则，孔子谈"读书人不应该做什么"。小人，是我国古代周秦时期的一个常用概念，主要有两种涵义：一是指普通劳动者，没有社会地位的人，这里指农民，和他相对的便是地位很高的大人。二是指无德的人，和他相对的便是崇德的君子。另外还有一种自谦之词。这里作第一种解，孔子毫不客气地指责想学种庄稼和种菜的樊迟为小人，可以清楚地看出他的教育思想。他认为，在上位的人无需学习种庄稼、种菜之类的知识，只需重视礼、义、信等。儒家认为社会应该有分工，所谓"有小人之事，有大人之事"，"劳心者治人，劳力者治于人"，种庄稼种蔬菜等耕种之事是属于一般劳动者的事情，而读书人需要学习的是如何修身立德，这是更为重要的修养，也是有别于一般劳动者的地方。生活不仅是谋生，还有着更为重大的意义，这种意义

在儒家，认为在完满社会公共道德之中完满个人存在的价值。孔子虽然办的是平民学校，毕竟也是属于精英教育，而精英教育的一个特点就是为社会提供更有用的人才。而在孔子还藏有另一层意义，即促成道德包括德政的圆满。如此，百姓就能各司其职，安居乐业。孔子的话也含有立志当高远的意思。这种观念在当时的历史条件下有其相对的合理性。

【原文】

子曰："诵《诗》三百，授之以政，不达，使于四方，不能专对；虽多，亦奚以为？"

【译文】

孔子说："熟读《诗》三百篇，交给他政治任务，却不能完成，派他出使诸侯国，不能独立地应付宴会赋《诗》场面；这样的人《诗》读得虽然多，又有什么用呢？"

【注释】

《诗》：指《诗经》。在西周和春秋时代，《诗经》中的诗篇多用于政治和外交活动中，当作表情达意的工具。授：交给，授予。使：出使。达：通达。专对：独立对话。奚（xī 西）：何。以：用。为：语气词。

【评析】

这一则，孔子谈"从政与个人修养"。古代使节只接受使命，如何交涉应对，须自己处理，所谓"受命不受辞"，这就是"专对"。同时春秋时外交辞令中习惯以《诗》代言，而为一种规范和权威的象征。《诗经》是孔子教授学生知识的主要内容之一。他教学生读诵《诗经》，并不只是单纯读诵，而是为了把《诗经》的思想运用到指导政治活动之中。读诗而不了解民心之所向，不知政事之所趋，纵然熟读诗书，又有何益？儒家在教学方面不主张死记硬背，要的不是书呆子，而要的是学以致用，应用到社会实践中去。然而学以致用却又不能沦为纯功利之境，它实际上也是一种修养人生的途径。"诗"作为人生艺术之一，善于从中吸取乃至于浸染，而能使人生更加充盈。所以，孔子所说的"用"里面也包含了个人修身立德的内容。

【原文】

子曰："其身正，不令而行；其身不正，虽令不从。"

【译文】

孔子说："掌握政权的人，自己的行为端正，不发布命令他的意图就能施行；自己行为不端正，虽然发布命令，人们也不服从。"

【注释】

"其身"：身，自己。"其"字，反身代词，即自己。从全句的内容可知"其"所指代的是掌握政权的人。令：法令。而：连词，就。

【评析】

这一则，孔子继续谈"从政与个人修养"。孔子非常强调执政者自身的表率作用。《论语·颜渊》篇季康子问政，孔子说：所谓政务，就是端正。为政者以身作则，身教重于言教，这是自古以来统治者都须做到的一个治国原则。否则，上梁不正下梁歪，统治者自身不正，反过来还怨百姓不听从命令，这时，国将不国了。显然在孔子看，个人的道德修养与治国平天下是一致的，能正其身就能正其民。做官的应该以其自身的修养和道德的力量去感召百姓。

【原文】

子曰："鲁卫之政，兄弟也。"

【译文】

孔子说："鲁国的政治和卫国的政治，像兄弟一样大致相同。"

【注释】

鲁国是周公旦的封地，卫国是康叔的封地，周公旦和康叔是兄弟。而且鲁国、卫国当时相处和睦，好像兄弟。

【评析】

这一则，孔子谈鲁、卫两国是"难兄难弟"。孔子感叹鲁、卫两国的政治衰颓，但措辞十分巧妙。从表面上看，话说得很客观，鲁国是周公旦的封地，卫国是康叔的封地，周公旦和康叔是兄弟。实际上，当时鲁国之政是季氏掌权，君不君，臣不臣；卫国之政是儿子在位，父亲流亡，父不父，子不子，简直是一对难兄难弟，所以孔子感到深深的忧虑。最后，哀公和出公都流亡而死于国外，一哀一出，哀者亦出，出者亦哀，都是悲剧。

【原文】

子谓卫公子荆："善居室。始有，曰：'苟合矣。'少有，曰：

'苟完矣。'富有，曰：'苟美矣。'"

【译文】

孔子评论卫公子荆说："他善于治家。开始有点财富，就说：'足够了。'稍微增加一点财富，就说：'充足了。'多一点财富，就说：'完美了。'"

【注释】

谓：评论。公子荆：卫国大夫，字南楚，卫献公的儿子。善居室：善于管理家业，指不奢侈浪费，不贪得无厌。苟：当"乃"讲，在这里为发语词，无实义。合：足够。"少有"：少，稍微，即稍微增加一点财富。完：充足。富有：富，多，即多了一点财富。

【评析】

这一则，孔子谈卫公子荆"善于管理家业"。公子荆是卫献公（前576—前559年在位）的儿子，吴国的季札把他列为卫国的君子之一，并说："卫国的君子很多，卫国不会有患难。"当时，孔子才七岁，这里是他追述前辈事迹，是赞誉公子荆对享受所抱的恬淡态度。春秋末代，社会上的卿大夫生活奢侈，贪污成风。孔子只是借公子荆的事迹，以廉讽贪，以俭讽侈，希望他们能警醒，不再骄奢。骄奢和贪污有着密切的关联，也是时代的通病，故提倡节俭不仅是对资源的节约，还有着引导社会风气的作用。从人心出发，还可缓解物欲对人心的荼毒，回到清净与和平。

【原文】

子适卫，冉有仆。子曰："庶矣哉！"冉有曰："既庶矣，又何加焉？"曰："富之。"曰："既富矣，又何加焉？"曰："教之。"

【译文】

孔子前往卫国，冉有赶车。孔子说："人口众多啊！"冉有说："已经人口众多了，再增加什么呢？"孔子说："使他们富裕。"冉有说："已经富裕了，再增加什么呢？"孔子说："使他们接受教育。"

【注释】

适：前往。仆：赶车。庶：人口稠密。富之：使之富，形容词，用如使动。

【评析】

这一则，孔子谈"治国三步曲"。孔子感叹卫国人多，冉有随话问话，其实就是询问如何治理众多的百姓，所以孔子就提出了"富民、教民"的主张，并且是"先富后教"，这是十分正确的。孔子认为，政务诸要素中最根本的是要富国、富民，因为做不到这一点，其他任何政治措施都无从谈起。在教育和武备的关系上，孔子主张教育为重，不教就谈不上取信于民，不教而驱使民众去作战，是不负责任的做法。在民众富有之后，教育问题更重要，否则，就容易滋生骄奢习气。休养生息、繁荣经济、文化教育是孔子的治国三步曲。孔子重视教化，但教化是在物质生活已经达到一定程度后才能见成效。人首先是活着，其次是活得好，再其次是更高尚的追求，这是人心至为简单和朴素的追求。

【原文】

子曰："苟有用我者，期月而已可也，三年有成。"

【译文】

孔子说："假若有一位国君用我主持国家政务，一周年必然得到为人们认可的成绩，三年就可以成功。"

【注释】

苟：假若、如果。期月：一周年。期，同"朞"（jī 姬）。已：一定，必然。可：认可。有：语助词，无实义。

【评析】

这一则，写孔子"跃跃欲试的心情"。这话似乎是连接在前一则的后面，他并没有对自己的政治理想的实现完全绝望，孔子离开鲁国来到卫国，心中还有着一种跃跃欲试的心情，孔子说话不是吹大牛。孔子在鲁国曾经担任过中都宰，一年后，周围县邑都以中都为楷模。之后，孔子升为司空、大司寇。56 岁（在出游之前）由大司寇代理国相之职，不到三月，做到市场上没有抬价现象，男女走路各自有别，路不拾遗，四方旅客受到很好的招待。所以，孔子决意要走的时候，季桓子曾派乐师予以挽留，孔子不听，桓子喟然叹息："夫子是因为齐国的那批女子责备我吧！"

【原文】

子曰："'善人为邦百年,亦可以胜残,去杀矣。'诚哉是言也!"

【译文】

孔子说:"'善人治理国家连续一百年,就可以战胜残暴的人,使其他人不做坏事,从而废除刑杀了。'这话真对呀!"

【注释】

为邦:治理国家。胜残:战胜残暴。去杀:免去杀戮。这句是孔子引用别人的话。是言:可以肯定的真理之言,千真万确的话。

【评析】

这一则,孔子谈"善人之治,可胜残去杀"。孔子的意思是指,善政延续的时间长久,其影响也就深远。善人相继治理国家百年,可以胜残去杀,可以富国强民,达到他所理想的境界。从这句话的字面理解,善人施行"德治",但并不排除刑罚的必要手段,这在现实的政治生活中并不是可有可无的。孔子此处,实际是感叹当时统治者所施仁政不能持久。

【原文】

子曰:"如有王者,必世而后仁。"

【译文】

孔子说:"如果有圣明君主出来,也一定要经过三十年之后才能实现仁政。"

【注释】

王者:帝王,这里指圣明君主。世:古代以三十年为一世。

【评析】

这一则,孔子谈"仁德需加累积成"。治理好一个国家并不是一蹴而就的事,尤其是教化,要有长期的积累才能显示出效果。而人心的归善归仁又需要教化倡导,首先从为政者自身做起。

孔子曾经说过,如果有人用他,只要三年时间就能有所成就,与这里所说的是否有矛盾呢?朱熹在《集注》中引理学家程颐的话说,三年有成是指

"法度纪纲有成（成就）而化（教化）行也"，仁德达成则非三十年不可。不过，如果把三年有成看作孔子的愤慨之语，亦未尝不可。

【原文】

子曰："苟正其身，于从政乎何有？不能正其身，如正人何？"

【译文】

孔子说："诚然能自己端正自己，那对于治理国家还有什么困难呢？自己不能端正自己，又怎么能去端正别人呢？"

【注释】

苟：诚也。身：自己。两"其"字：为语助词，无实义。"如正人何"：如何去端正他人。"如……何"，对……怎么样。

【评析】

这一则，孔子谈"正人必先正己"。孔子的这番话正是"正人先正己"，与"其身正，不令而行；其身不正，虽令不从"的意思是一致的。意即从政者必定先要端正自己，自己一正，老百姓看在眼里，自然也就敬在心里，以此从政，困难就不会太大；反之，自己不正，老百姓看在眼里，恨在心头，对你的号令只是置若罔闻，国家如何得治？孔子把"正己"看作是从政为官的重要方面，是有深刻的思想价值的。汉文帝刘桓是比较开明的君主，一时天下太平远近归顺。当时有人不辞路遥给汉文帝送来一匹千里马，文武百官纷纷庆贺，惟汉文帝不以为然，说："我出外巡游，鸾旗在前，属车在后，平常一日五十里，行军一日不过三十里，我骑着千里马一个人要到哪里去呢？"于是把千里马退回，并赐主人回去的路费。同时下诏："我不接受人家进献的东西，特令四方官员不要索取东西而来进献。"从此，四方官员再不敢行贿、受贿了。所以后人经常提及汉文却马、晋文焚裘的故事，就是因为这样的故事在现实中太少，而以权谋私的人太多。后人知道有所借鉴却不知有所行动，奈何？《淮南子·说林训》云："临河而羡鱼，不如归家织网。"

【原文】

冉子退朝。子曰："何晏也？"对曰："有政。"子曰："其事也；如有政，虽不吾以，吾其与闻之。"

【译文】

冉求随从季氏上朝回来。孔子说："为什么今天回来这么晚呢？"冉求回答说："有政务。"孔子说："只是事务吧，如果有政务，虽然我不在朝任职，大概我也会知道的。"

【注释】

晏：迟，晚。吾以："以吾"的倒装，即用我。以，用。与：参与。

【评析】

这一则，写冉求"仰慕虚名而有自负"。冉求很夸张也很自负，无非是些具体的事务，却搞得像天将降大任于斯人的样子。孔子对此似乎颇有微词，也很幽默。把事务与政务区别开来，在这里还有另外一种意思，政务是一个国家所有的，季氏只不过是一个大夫，冉求无非家臣，会有什么政务呢！这是对季氏僭越的针砭。冉求当时在季氏家为重臣，而季氏已有很多叛逆的痕迹，孔子其实不大赞成冉求在其位而不能止的做法。"仰慕虚名者众，潜心修习者寡"，孔子是否也有类似的感慨？

【原文】

定公问："一言而可以兴邦，有诸？"孔子对曰："言不可以若是其几也。人之言曰：'为君难，为臣不易。'如知为君之难也，不几乎一言兴邦乎！"曰："一言而丧邦，有诸？"孔子对曰："言不可以若是其几也。人之言曰：'予无乐乎为君，唯其言而莫予违也。'如其善而莫之违也，不亦善乎？如不善而莫之违也，不几乎一言而丧邦乎？"

【译文】

鲁定公问："一句话就可以振兴国家，有这回事吗？"孔子回答说："对于语言，不可以认为它有这样的绝对的功能。有人说过这样的话：'做君主困难，做臣不容易。'如果知道做君主的困难（认真谨慎，话说得很正确），不就几乎一句话就可以使国家兴盛吗？"定公又问："一句话就可以亡国，有这回事吗？"孔子回答说："对于语言，不可以认为它有这样的绝对的功能。有人说过这样的话：'我并不觉得做君主快乐，只是说的话没有人敢违抗。'如

果他说的话正确而没有人违抗，不也很好吗？如果说的话不正确而没有人违抗，不近乎一句话就可以亡国吗？"

【注释】

兴邦：振兴国家。诸：之於（乌）的合音，句尾疑问助词。几：徐中舒主编《汉语大字典》有这样一个义项，"事物发展的内部规律"。如以此来解释这一则的两个"几"字，似不妥。因孔子还没有这样的概念，但有接近于客观规律的意思，几字在这里，其大意为"绝对的功能"。以：认为。几乎：差不多。莫予违：即"莫违予"，没有人违抗我。下句莫之违：即"莫违之"，没有人违抗他。

【评析】

这一则，写孔子劝导定公说话、做事要特别谨慎。体会到当国君之难，就会有所警惕，有警惕则经常可以有反思反省，有宽宏的胸怀，有容纳的器量。李世民说过：治国犹如行舟，民能载舟，亦能覆舟。为君如何能不心存怵惕？若感觉当国君的快乐是因为无人可以违抗而刚愎自用，那历史上有很多的教训，就是推翻。人民的承受能力很有限度，超过限度的积怨则会爆发出磅礴的力量，一个国家的灭亡也就因此发生。当国君的能否以民心为念，顾恤民意，可不就是一言能兴邦，一言能丧邦？一句话不能作简单机械的理解，所有的问题也是一样，都会有它正反两方面的效应，甚至有更多方面的角度和理解做法。如楚国郢都有个官员给燕国国相写信，夜晚灯火不够明亮，就对持烛的人说：举烛。书记官误解了，也写在信上，燕国国相收到信后，百思不得其解，终于恍然大悟：举烛就是崇尚光明；崇尚光明，就是提拔贤能重用他。国相就把这层意思禀告了燕王，燕王大为高兴，国家因此而治。虽然对于郢都的官员而言，并无此意，但燕国的国相善解话意。只有有心于国事，才会有这样的理解。所以存心其实一样重要。

【原文】

叶公问政。子曰："近者说，远者来。"

【译文】

叶公询问政事。孔子说："国内的人高兴，境外的人归附。"

【注释】

近者：境内的人。说：同"悦"。者：其他诸侯国的人。

【评析】

这一则，孔子谈"为政者应人心所向"。远或近是一种空间的距离，悦而归附是情感的，人心的，所以也是审美的。美感存于人心，唤起审美的感觉是一种心理的趋近。以心理上的审美来拉近空间的距离，是为政者的人格力量。孔子来到楚国，叶公向他询问如何治理政务，孔子说了上面的话。这句话看似平淡，其实蕴含着深意。要使"国内的人高兴，境外的人归附"，凭什么呢？所谓获民心者昌，失民心者亡，最主要的还是"仁德"二字。

【原文】

子夏为莒父宰，问政。子曰："无欲速，无见小利。欲速则不达，见小利则大事不成。"

【译文】

子夏作莒父的行政长官，问治理的方法。孔子说："不要贪图快，不要盯着小利。贪图快就不能达到目的，盯着小利就不能办成大事。"

【注释】

莒（jǔ 举）：鲁国的一个城邑，在今山东莒县境内。宰：县长。

【评析】

这一则，孔子谈"以最终目的作为选择准则"。人在世界上常常面临许多不无遗憾的选择。所谓不无遗憾，就是两者不可兼得。想求快，就很难干成大事业；要干大事业，就得有非凡的耐心。在孔子看来，子夏的眼光不够远大，一次是要他做君子儒，不做小人儒；一次说"商也不及"；现在又谈到"欲速则不达"。孔子对子夏的具体指导可说是很深刻的。"欲速则不达"，贯穿着辩证法思想，意即对立着的事物可以互相转化。孔子要求子夏从政不要急功近利，否则就无法达到目的；不贪图小利，否则就办不成大事。孔子这番话已成为我们中华民族智慧中的警句。

【原文】

叶公语孔子曰："吾党有直躬者，其父攘羊，而子证之。"孔子曰："吾党之直者异于是，父为子隐，子为父隐，直在其中矣。"

【译文】

叶公告诉孔子说："我们家乡有个正直的人，这个人的父亲偷了羊，做儿

子的出面告发他。"孔子说:"我们家乡正直的人和你说的大不一样,父亲替儿子隐瞒,儿子替父亲隐瞒,正直就表现在这里面了。"

【注释】

党:指家乡,古代五百家为党。直躬者:正直的人。攘(rǎng嚷):偷,盗窃。证:告发、检举。直在其中:孔子主张父慈、子孝,所以说父子相隐"直在其中"。

【评析】

这一则,谈"人生的两难之境"。情与法的冲突,合情者未必合于理法。这是现实的冲突,任何一个朝代几乎都难以避免。孔子虽是圣人,并不能解决人生所有的问题,也只能是自圆其说而已。儒家所谓的直率,是这样的意思:"子苟有过,父为隐之,则慈也;父苟有过,子为隐之,则孝也。孝慈则忠,忠则直也,故曰'直在其中矣'。"儒家以孝道为文德的根本,所以儿子告发父亲是不孝,不孝者如何能忠,人格就有缺陷,所以为孔子所不取。但是为了成全慈孝之道,又违背了法理,该怎么处置?孔子说,互为隐瞒,但是隐瞒之后呢?简单的告发是孔子所不提倡的,也许需要一种变通的方法。方法是什么?孔子没有说,不敢乱加猜测。但前人也有先例的,比如,伯夷、叔齐薄帝王而不为,逃走了,同时也逃出了忠孝难两全的窘境。所以孔子提倡中庸之道,具体情况具体分析,不是一句话说得清的。中庸之道其实是一种对两难的变通。孔子的这种"父为子隐,子为父隐"的做法,在今天应予以扬弃。

【原文】

樊迟问仁。子曰:"居处恭,执事敬,与人忠。虽之夷狄,不可弃也。"

【译文】

樊迟问什么是仁。孔子说:"在家态度恭敬,办事严肃认真,对人忠心诚实。即使到了夷狄地区,这三种品德也不可废弃。"

【注释】

执事:办事。之:往,到。夷狄:我国古代称东方和北方的少数民族。

【评析】

这一则，孔子谈"个人修养的仁"。"居处恭，执事敬，与人忠"是三条做人的原则，是"仁"的基本内涵。在家恭敬有礼，就是要符合孝悌的道德要求；办事严肃谨慎，就是要符合"礼"的要求；待人忠厚诚实，方可显示出仁德的本色。只要坚持这些优良品质，孔子认为，仁也就离我们不远了。

【原文】

子贡问曰："何如斯可谓之士矣？"子曰："行己有耻，使于四方不辱君命，可谓士矣。"曰："敢问其次。"曰："宗族称孝焉，乡党称弟焉。"曰："敢问其次。"曰："言必信，行必果，硁硁然小人哉！抑可以为次矣。"曰："今之从政者何如？"曰："噫！斗筲之人，何足算也！"

【译文】

子贡问道："怎样才可以称得上合格的卿大夫呢？"孔子说："对自己的工作常有做得不够好的惭愧之心，出使诸侯国（很好地完成任务），不辜负国君的任命，这可以叫做合格的卿大夫了。"子贡说："冒昧地问，次一等的卿大夫。"孔子说："宗族称赞他孝顺父母（能够继承祖先的志向），乡里称赞他敬顺尊长。"子贡说："冒昧地问再次等。"孔子说："讲话一定要有信用；做事一定要坚决干到底，虽不免为固执浅陋的人啊！但可以说是再次一等的了。"子贡说："现在那些执政的怎么样呢？"孔子说："唉！器量狭小的人，不值一提！"

【注释】

斯：副词，表示承接上文，相当于"才"、"则"、"就"。士：此指"合格的卿大夫"。耻：有一个义项为惭愧，如《广韵》，"耻"，惭也。辱：辜负（见徐中舒主编《汉语大字典》第五义项）。命：任命，委任。敢：谦词，自言冒昧。弟：同"悌"，尊敬兄长。硁硁（kēng 坑）：浅薄固执的样子。抑：但、不过、可是。斗筲（shāo 梢）之人：指器量狭小的人。斗，古代量名。筲，竹器。斗筲的容量都很小。一说，斗筲之人指聚敛财货的人。

【评析】

这一则，孔子谈什么叫"合格的卿大夫"。"士"是此则的评论对象。它

不是指贵族的最低一级的士，不是武士，也不是指文士即新出现的知识分子阶层。孔子与子贡的对话先说合格的"士"，再说"次一等"、"再次一等"，可见子贡问："何如斯可谓之士矣"之"士"是指"合格的卿大夫"。最后子贡问现在从政的卿大夫怎么样？孔子叹气说：他们都是器量极其狭小的，不值一提，不值得计算的，即根本不配做卿大夫。孔子把当时各诸侯国的卿大夫一概贬斥，可见他同当时社会的变革是格格不入的。孔子这番话不单就鲁国而言，内容比较偏激，大概是他周游列国，会见了若干卿大夫，碰了不少钉子之后说这番话的。

【原文】

子曰："不得中行而与之，必也狂狷乎！狂者进取，狷者有所不为也。"

【译文】

孔子说："不能得到行为合乎中道的人做朋友，必然和无拘无束的人或洁身自好的人做朋友啊！无拘无束的人一意向前，洁身自好的人，有所不为（采取保持节操而不参与治理国事）。"

【注释】

中行：行为合乎中庸。即不偏于"狂"，又不偏于"狷"的行为。与：相与，交往。狂：无拘无束。狷（juàn倦）：洁身自好。所：语助词。有：采取。为：治理。

【评析】

这一则，孔子谈"中行之人难得"。中行的人，就是行中庸之道的人，自己有中心的思想，而能调和、中和矛盾的思想和感情。孔子认为这种人还是太少，不易得到。其次，孔子欣赏两种人，就是狂、狷之士，他们往往是中流砥柱的人。就交朋友而言，平常无所谓，到了真有困难时，能来帮忙的朋友，不是狂者之士，就是狷者之士。

【原文】

子曰："南人有言曰：'人而无恒，不可以作巫医。'善夫！""不恒其德，或承之羞。"子曰："不占而已矣！"

【译文】

孔子说:"南方有人说过一句话:'人若没有恒心,是不能作巫医的。'这句话多好啊!"(《周易·恒卦》的爻辞说:)"不能长久地保持仁德,就有可能蒙受羞辱。"孔子说:"(这句话的意思是说,)没有恒心的人不能作占卜的'卜人',这是一定的啊!"

【注释】

而:当"若"即"如果"、"假若"讲。巫医:用驱鬼、符咒、祈祷等巫术并结合药物、针刺、摩击等医术,为人治病的人。而:指示代词,相当于"此"。已:一定。

【评析】

这一则,孔子说"有恒为成功之本"。前借肯定南人之言肯定人若无恒,不可以做"巫医";后引《周易·恒卦》爻辞而予以评说,肯定人若无恒,不可以作占卜之"卜人"。这番话讲出了一个深刻的道理,一个人生活在世上,干任何事都要有恒心。在儒家看来,"巫医"是不能与君子行道同日而语的,但即使是这样的"贱役",孔子认为,没有恒心也是干不成的。

【原文】

子曰:"君子和而不同,小人同而不和。"

【译文】

孔子说:"君子和君子和睦团结,但他们对事情的看法却不是一样的,小人和小人对事情的看法可以是一样的,但他们却不能和睦团结。"

【注释】

和:和睦,团结。同:一律,相同。

【评析】

这一则,孔子谈"君子与小人的区别"。孔子在此为君子和小人各下了一个定义。可以作为弟子们交友的标准,也可以作为弟子们处事的标准。宋代欧阳修在《朋党论》中说:"大凡君子与君子以同道为朋,小人与小人以同利为朋,此自然之理也。"君子以义相交,不必去结党营私;小人以利相交,不可能和睦处事。"和而不同",与"同而不和"显示出孔子思想的深刻哲理和

高度智慧。

"和"是人际关系的理想状态，是在承认对立差异基础上，寻求双方都可以接受的解决方案，从而使双方共生、共存、共发展。

【原文】

子贡问曰："乡人皆好之，何如？"子曰："未可也。""乡人皆恶之，何如？"子曰："未可也。不如乡人之善者好之，其不善者恶之。"

【译文】

子贡问道："全乡的人都赞扬的人，这种人怎么样？"孔子说："这还不能肯定。"（子贡又问：）"全乡人都憎恶的人，这种人怎么样？"孔子说："这还不能肯定。最好的人是全乡的好人赞扬他，全乡的坏人憎恶他。"

【注释】

"乡人皆好之"的人，有的是好好先生，孔子称为"乡愿"，所以说"未可也"。

【评析】

这一则，孔子谈"乡愿之见"。正确评价一个人，不是容易的事。孔子在这里把握住了一个原则，即不以众人的好恶为依据，而应以善恶为标准。听取众人的意见是应该的，也是判断一个人优劣的依据之一，但决非唯一的依据。因为人群中良莠混杂，所以必须是善人称道，恶人厌恶，才能有定论。孔子在这里是将乡人一分为二的，有"善者"和"不善者"，其所好、所恶是相反的。古人没有理性的阶级观念，却也有"物以类聚，人以群分"的朴素认识。这是孔子观察人的经验之谈，有政治哲学价值。大概是孔子从政之后说的。

【原文】

子曰："君子易事而难说也。说之不以道，不说也；及其使人也，器之。小人难事而易说也。说之虽不以道，说也；及其使人也，求备焉。"

【译文】

孔子说："在君子的领导下做事容易却难以使他喜欢。无原则地讨他喜

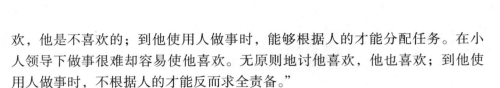

欢，他是不喜欢的；到他使用人做事时，能够根据人的才能分配任务。在小人领导下做事很难却容易使他喜欢。无原则地讨他喜欢，他也喜欢；到他使用人做事时，不根据人的才能反而求全责备。"

【注释】

"君子、小人，皆谓居位者"，兼有道德的评价。说：同"悦"，喜欢。器：器皿。此处用作动词，指像器皿一样，由于不同而派不同的用场，引申为量才使用，知人善任。

【评析】

这一则，孔子再议"君子与小人的不同点"。儒家认为，君子与小人的存心不同，君子出于公心而待人宽恕，小人出于私心而待人忌刻，所以他们对人的态度也不一样。作为君子，他对人并不百般挑剔，而且也不轻意表明自己的喜好，但在选用人才时，却能够量才而用，不会求全责备。小人正好相反。在当时的生活中，君子不多见，而小人比比皆是。

【原文】

子曰："君子泰而不骄，小人骄而不泰。"

【译文】

孔子说："君子宽厚而不骄傲，小人骄傲而不宽厚。"

【注释】

泰：宽厚，安祥。如说"泰然处之。"

【评析】

这一则，写君子与小人的对比。君子小人，器量不同，见识不同，所以表现在仪表举止上，自然也就不同。君子之人很舒泰，这个泰字，包括了很多意思：态度宽宏，胸襟开阔，光明爽朗，这就是泰。君子虽然很舒泰，态度绝不骄傲。小人既骄傲，又自卑，心里像猫爪抓一样，到处都是毛病，心境当然不泰然了。

【原文】

子曰："刚、毅、木、讷，近仁。"

【译文】

孔子说："刚强、果断、朴实、慎言，就近乎于仁了。"

【注释】

木：质朴，朴实。讷（nè）：说话迟钝。

【评析】

这一则，孔子谈近于仁的四要素。也就是一个人的四种个性。刚，很刚强，换句话说有脾气，而且是很明显地有脾气，不对就是不对，绝不愿放在肚子里不响，教他做不合理的事情，也绝不干。毅，是果敢，有决断。木，是朴实厚道。讷，是语言谨慎。有此四者，则近于仁的境界。孔子的这一主张与他的一贯思想是完全一致的。

【原文】

子路问曰："何如斯可谓之士矣？"子曰："切切偲偲，怡怡如也，可谓士矣。——朋友切切偲偲，兄弟怡怡如也。"

【译文】

子路问道："怎样才可以叫作士呢？"老师说："互相批评，切磋琢磨，和悦顺从，可以叫作士了。——朋友之间要互相批评，切磋琢磨，兄弟之间要和悦顺从。"

【注释】

切切：互相友好地批评。偲偲（sī思）：相互切磋。

【评析】

这一则，孔子再次谈"士"即知识分子。"可谓之士"者有两条：一是互相批评，切磋琢磨；二是和悦顺从。前者是就朋友之间的关系说的，后者是就兄弟之间的关系说的。孔子的对于"士"，主要是从道德上给以定义。

【原文】

子曰："善人教民七年，亦可以即戎矣。"

【译文】

孔子说："有作为的领导人教练百姓七年，就可以叫他们上战场作战了。"

【注释】

善人：有道德、有学问、有才能的人。即好的领导者。一说善于治军作战的人。即：靠近，从事，参加。戎（róng 荣）：军队，战争。

【评析】

这一则，孔子谈"有备无患"。孔子是不赞同人类互相杀戮的，但战争是每个时代现实的存在，不是一个人的意愿所能决定的。和平是大多数人的渴望，但和平却也只能是一种渴望，因此，每一个国家的国防是很重要的。孔子虽不尚武，但提倡能文能武，这样自己可以处于主动地位。孔子在这里强调"教习"，是对老百姓的体恤和对生命的珍惜，应尽可能减少战争对百姓带来的牺牲。

拥有武装并不是为了战争，而是为了震慑邪恶，避免战争，这正是维护和平层面上的要求。

【原文】

子曰："以不教民战，是谓弃之。"

【译文】

孔子说："用没有经过军事训练的老百姓去上战场打仗，这就叫做抛弃他们。"

【注释】

不教民：即"不教之民"。没有经过军事教育训练的人。

【评析】

这一则，写不能"草菅人命"。战争是残忍的。老百姓不经过军事训练和被粗暴地抛入了一场场纷乱残酷的战争之中，没来得及思索，便面临着惊恐万状的死伤和刀光剑影的血泪，这是统治者对民生的不顾不惜，这种举动一样是视民如草芥，无异于对百姓的抛弃。孔子在很多地方，表面上看起来，不大赞同用武力解决问题，但他认为国防的战备非常重要。个人的修养也是如此，随时要有战斗的准备，但不轻易用兵。中国武功的道理也是一样，练拳、练刀、练剑的人，要练到最高的武功，可不是为了轻易杀害别人，而主要在于求得和平的自卫。

宪问篇第十四

《宪问》这一篇是上论《里仁》的发挥与引申。主要记孔子及其弟子论修身做人之道，兼有对历史人物的评价。

【原文】

宪问耻。子曰："邦有道，谷。邦无道，谷，耻也。""克，伐，怨，欲，不行焉，可以为仁矣？"子曰："可以为难矣，仁则吾不知也。"

【译文】

原宪问怎样是可耻。孔子说："国家有道，应做官拿俸禄。国家无道，仍然做官拿俸禄，就是可耻。"（原宪又问：）"好胜，自夸，怨恨，贪欲，这些毛病都能克服，可算做到了仁吧？"孔子说："可以说是难能可贵的，至于算不算做到仁，我不知道。"

【注释】

宪：姓原，名宪，字子思，孔子的学生。谷：谷米。此指当官拿俸禄。克：争强好胜。伐：自我夸耀。怨：怨恨，脑怒。欲：贪求多欲。

【评析】

这一则，孔子谈"耻与仁"。耻，孔子曾在《泰伯》篇中说："邦有道，贫且贱焉，耻也；邦无道，富且贵焉，耻也。"他主张把个人的贫富、荣辱与国家的兴衰存亡联系在一起才对。作为朝廷的官员，既不能在国家沦为无道过程中有所匡救，又不能面临无道而洁身隐退，这就是最大的耻辱。原宪认为，只要去掉了"克、伐、怨、欲"就达到了仁；而孔子认为，那确实是难能可贵的，但因为原宪是从消极方面说的，正面的品德怎样，还不清楚，所以孔子不能同意是仁人。可见，要达到"仁"的标准是很不容易的。

【原文】

子曰："士而怀居，不足以为士矣。"

【译文】

孔子说："作为读书人，如果留恋家庭，就不足以成为读书人了。"

【注释】

怀居："怀"，留念，思念。"居"，家居，家庭。

【评析】

这一则，孔子再一次谈什么叫"士"。孔子强调"食元求饱，居无求安"的好学精神，反对那种"饱食终日，无所用心"的读书人。他的得意弟子曾参也说过："读书人要刚强而有毅力，因为他们肩负重任而前程远大。"汉代司马迁在《报任少卿书》中说："盖文王拘而演《周易》；仲尼厄而作《春秋》；屈原放逐，乃赋《离骚》；左丘失明，厥有《国语》；孙子膑脚，兵法修列；不韦迁蜀，世传《吕览》；韩非囚秦，《说难》《孤愤》；《诗》三百篇，大抵贤圣发愤之所为作也。此人皆有所郁结，不得通其道，故述往事，思来者。"这些都是在身处逆境时，才有一番大作为的人。人不努力奋斗是不能成才的，是那些贪恋安逸生活的读书人所难做到的。因此，孔老夫子才说："士而怀居，不足以为士矣。"

【原文】

子曰："邦有道，危言危行；邦无道，危行言孙。"

【译文】

孔子说："国家有道，要说话正直，行为正直；国家无道，行为仍可正直，但说话要随和顺从。"

【注释】

危：正直。言人所不敢言，行人所不敢行。孙：同"逊"。谦逊，恭顺。此指随和、顺从、谨慎。

【评析】

这一则，孔子谈"有信念和被限制"的问题。乍看来，好像孔子很滑头，教学生对人处世有几种态度。其实不是滑头，这正是一种为政之道，是做人

的基本原则。天下太平，国家社会都上了轨道的时代，一个正人君子，行为要端正，说话正直，没有关系，无所顾虑，也不会有斗争。但当处在动乱的社会中，第一个原则，行为要端正，如当公务员，不贪污，不犯法，规规矩矩，方方正正。可是在言语上，少发牢骚，不要得罪人。因为乱世里没有章法，不然，往往出问题。从历史的记录，生活的经验，都可以看到。仅以岳飞为例：他所处的正是一个动乱的时代，他要北伐，完全对，所以岳飞的人品行为，是"危言危行"，结果蒙冤死了。因为他的"言不逊"："直捣黄龙，迎回二圣。"是他北伐的口号。"二圣"是宋高宗的父亲和哥哥，他这话说得也对，是正言，但二圣回来，高宗怎么办？所以秦桧要杀岳飞，不过是拍高宗的马屁。岳飞自己也没做到"危行言孙"！

【原文】

子曰："有德者必有言，有言者不必有德。仁者必有勇，勇者不必有仁。"

【译文】

孔子说："有道德的人必定有言论流传于世，有言论流传于世的人不一定有道德。有道德的人必定勇敢，勇敢的人不一定有仁德。"

【评析】

这一则，是孔子对人的才德分类。他认为真正有道德、有修养的人，一定有文化著作，或者有名言留给后世。如尧、舜、禹、汤、文、武、周公这些人，都有德又有言。但有些著作的人，文章写得很好，理论上讲修养、讲道德，说得挺不错，却不一定有很好的修养德行。一个仁者一定有大勇，这个勇并不是会打架的好勇斗狠；而一个勇者，不一定有仁。当然，有言又有德，有勇又有仁更好。

【原文】

南宫适问于孔子曰："羿善射，奡荡舟，俱不得其死然。禹、稷躬稼而有天下。"孔子不答。南宫适出。子曰："君子哉，若人！善德哉，若人！"

【译文】

南宫适向孔子问道："羿善于射箭，奡善于水战，最后都不得好死。禹、稷亲自种庄稼，却取得了天下。（应怎样评价这些历史人物呢?）"孔子没回答。南宫适出去了。孔子说："真是君子啊，这个人！真是尊崇道德啊，这个人！"

【注释】

南宫适（kuò 括）：南容，孔子学生。羿（yì 意）、奡（ào 傲）：俱为古代著名领袖和英雄。荡舟：指水战。若人：这个人。

【评析】

这一则，孔子谈"历史的因果规律"。传说中羿善于射箭，夺了夏太康的王位，成了有穷国的君主，后为臣子寒浞（zhuó 浊）所杀。奡是寒浞的儿子，力大无穷，能在陆地行船，擅长水战，后被夏少康所杀。这两个人尚武，最终都遭杀身之祸。而夏禹因德而有天下，周朝祖先后稷教民种植，躬亲力耕而使周有天下八百载。善于读史，便是从历史中归纳某种规律，而南宫适得出的是武力可以得天下，但同样可以被人以其人之道，还治其人之身，因此而失天下；道德之治天下，则可以善始善终。蕴涵在历史之中的是人生的因果规律。所以孔子说：这个人真是君子呀？这个人多么尊崇道德！因为他的学生从历史的事实中找到借鉴道德的精神。

【原文】

子曰："君子而不仁者，有矣夫，未有小人而仁者也。"

【译文】

孔子说："君子说不定会做出不合乎仁的事情，这是有的啊，却没有小人能做出合乎仁的事情来的。"

【注释】

而：副词，训"或"，"而"与"若"通用，"若"可用作"或"，"不定也"之意。者：不是表人，而是表事。又因"语急"，在"而"字后省略了"为"字。全句应是"君子而为不仁者有矣"。"未有小人而仁者"，也省略了"而"字后的"为"字，此"而"当"能"讲。

【评析】

这一则，孔子再次讲"君子与小人"的不同。君子偶有不仁处，小人中无仁人。君子进德修业，乐得其道，遵仁守德。君子不念旧恶，总是从发展

中看问题，看人；君子不舍悟，而由小善积大善；君子不失口、失足于人，如此等等，都说明君子有仁德之心。若无，则为己过了。小人则不然，其好恶以己，他们以己之意、之利来判断事的好恶。小人好夸己长，好扬人短，《郁离子·小人犹膏》给小人画了像。他说："小人其犹膏乎？观其皎而泽，莹而媚，若可亲也。忽然染之则腻，不可濯矣。"此文勾勒出小人之形、之志、之贤，可谓形象之语。

【原文】

子曰："爱之，能勿劳乎？忠焉，能勿诲乎？"

【译文】

孔子说："爱他，能不让他勤劳吗？忠于他，能不劝告教诲他吗？"

【评析】

这一则，孔子谈"爱里生害"。真诚的爱心、忠心与溺爱、愚忠是不同的。朱熹《集注》引苏氏语说："爱而勿劳，禽犊之爱也；忠而勿诲，妇寺之忠也。爱而知劳之，则其为爱也深矣；忠而知诲之，则其为忠也大矣。"以这种道理，就能理解"爱之，能勿劳乎？"这句话，也可以理解人生。其次，不管下级或朋友，即使对自己很忠实，但不要仅仅喜欢他的忠实，还要劝告他、教诲他、培养他。看来，孔子这席话不仅是对他的弟子而言，更是对广大民众说的。

【原文】

子曰："为命，裨谌草创之，世叔讨论之，行人子羽修饰之，东里子产润色之。"

【译文】

孔子说："郑国制定外交文件，裨谌起草初稿；世叔提意见；外交官子羽加以修改；东里子产进行润色。"

【注释】

命：旧注谓指诸侯"盟会之辞"，即外交辞令。裨谌（bí chén 毕臣）：郑国大夫。世叔：《左传》作"子太叔"（"太"、"世"二字古时通用），名游吉，郑国大夫。子产死后，继任郑国宰相。讨论：其意义和今天的"讨论"

不同，这是一个人去研究，而后提出意见的意思。行人：外交官员。子羽：公孙挥，字子羽。郑国大夫。东里：郑国邑名，在今河南郑州市，是子产住地。子产：名侨，字子产。郑国大夫，后任宰相，有政声。

【评析】

这一则，表现了郑国对"制订外交政令"的慎重。郑国在春秋初年，曾一度强盛。因其地处南北交通要道，所以如何处理好外交事务就成了治国的关键。在子产担任宰相时，起用贤人，政务很有起色。裨谌、世叔、子羽、子产都是郑国大夫。他们对外交公文的制作，以及各种事务的应对，都十分慎重，从不草率从事，因此受到孔子的赞赏。

【原文】

或问子产。子曰："惠人也。"问子西。曰："彼哉！彼哉！"问管仲。曰："人也。夺伯氏骈邑三百，饭蔬食，没齿而无怨言。"

【译文】

有人问子产这个人怎么样。孔子说："他是对郑国有恩惠的人。"又问子西这个人怎么样。孔子说："那个人呀！那个人呀！"又问管仲这个人怎么样。孔子说："是个人才。他剥夺了伯氏骈邑三百户的封地，弄得他吃粗粮和蔬菜，可是直到老死，也没有怨言。"

【注释】

子产：郑国的大夫，曾主持郑国的政治，使郑国富强。子西：名申，字子西，楚国的令尹（宰相）。他辅佐楚昭王，政绩无足称。彼哉：那个人呀！是当时人表示轻视的习惯语。管仲：名夷吾，齐桓公的宰相，曾辅佐桓公称霸诸侯。伯氏：齐国的大夫。骈邑：齐国的地名。没齿：死。因管仲夺骈邑有理，所以伯氏至死无怨言。

【评析】

这一则，写孔子"论人之道：持平公允"。这三个人都是春秋时期的执政官员。子产是郑国国相，在他执政时期，力图改革，执政尚猛，但因为心存百姓，人民受惠颇多。所以他死后，百姓男男女女临街而哭，三月而不闻竽瑟之声。子西执政于楚国，政绩平平，既不能抑制贪官，又不能进用人才，据说曾阻挠楚昭王重用孔子；后又不听叶公劝阻，从吴国召回太子建的儿子

白公胜，让他手握重兵，结果白公胜兵变，将他杀死。所以孔子说："彼哉！彼哉！"有轻蔑之意，但比较保留。管仲是孔子多次提到的治国人才，是当时的大政治家，功业高深。孔子是看重他的政绩和才能而对一些小节忽略不计，非常地赞赏。这里也可以看出孔子对从政人才的态度，主要看执政的用心和功绩，而不求全责备。孔子评价人的态度婉转、含蓄而中肯，倒未必是因惧怕惹祸，而是一种儒家君子的修养。

【原文】

子曰："贫而无怨难，富而无骄易。"

【译文】

孔子说："贫穷而没有怨恨，是困难的；富裕了而不骄傲，是容易的。"

【评析】

这一则，孔子谈"贫穷越显风骨"。享得起富贵，是为富而不骄，到底还是容易的，但是处于贫困而无怨，却也难。人处贫困之中，容易怨天尤人，这几乎是一种很难克服的通病，历史上如此众多的怀才不遇和民生怨苦的声音一直回荡至今，使我们的文学史充满了不平则鸣的感伤哀怨激愤抑郁的色彩。从某种意义上说，这也是贫而怨。"贫而无怨"，是在经历了人生甘苦和风霜人生经验后，而对人性提出的一种期望。其实要想看到身边的人一个个飞黄腾达，而且已丝毫不生气、不埋怨，这才是难做到的。

【原文】

子曰："孟公绰为赵、魏老则优，不可以为滕薛大夫。"

【译文】

孔子说："孟公绰做赵氏、魏氏的家臣，是优良的；但不可以做滕、薛的大夫。"

【注释】

孟公绰：鲁国大夫，属于孟孙氏家族。廉静寡欲而短于才。其德为孔子所敬重。老：古代对大夫家臣之长的尊称，也称"室老"。滕、薛：古代两个小诸侯国。"滕"，故城在今山东滕州市西南十五里。"薛"，故城在今山东省滕州市东南四十余里，官侨至薛城一带。

【评析】

这一则，孔子谈"知人和用人"。管仲和鲍叔牙是历史上很有名的知交。管仲贫穷时，与叔牙一起从商，多分红利，叔牙不在乎，后来叔牙又推荐管仲做了齐桓公的宰相。所以管仲说：生我者父母，知我者鲍叔。但是后来管仲临终之时，齐桓公想让鲍叔牙接替他的职位做宰相，管仲说不可以，因为鲍叔牙太嫉恶如仇，过于清高，让他当宰相是害了他。鲍叔牙听到后很高兴，认为管仲很了解他。这就是用人的问题了，贤人或者气度大、人品好不一定意味着适合任何职位。用人有用人的讲究和原则，是为量才而用。所以，孔子在这里说孟公绰虽然清廉寡欲，但不见得可以胜任小国家的具体执行者的职位，而适合担任比较德高望重的清闲之职。人的修养包括人品和才能，但二者未必能成正比，这是知人的原则；同时委任也不因个人喜恶或完全以人品为定，而是视人才能的适合与否定夺，这是用人的原则。

【原文】

子路问成人。子曰："若臧武仲之智，公绰之不欲，卞庄子之勇，冉求之艺，文之以礼乐，亦可以为成人矣。"曰："今之成人者何必然。见利思义，见危授命，久要不忘平生之言，亦可以为成人矣。"

【译文】

子路问怎样才是完美的人。孔子说："像臧武仲的智慧，公绰的没有贪欲，卞庄子的勇敢，冉求的多才多艺，加上礼乐修养的美德，就可以成为完美的人了。"孔子又说："今天完美的人不必达到这样的标准。只要他见到财利时能想到道义，遇到国家有危难而愿付出生命，平生的诺言能不忘记，也可以说是完美的人了。"

【注释】

成人：人格完备、德才兼备的人。臧武仲，名纥（hé 盒），鲁国大夫。卞庄子：鲁国卞邑大夫，以勇敢著称。不欲：没有贪欲。文：德之总名也，可以说是完美的人了。何：不，否定词，"何必然"即不必如此。久：同"旧"。要（yāo 腰）：同"约"。久要：即旧约。

【评析】

这一则，孔子谈"完美的人"，在理想中寻找"完美的人"。如果像孔子提出的那样完美的人，有智、廉、勇、艺四种内在的品德，又加以礼的节制、乐的熏陶，德才兼备。这样完美的人是太难找了，遍观历史人物，恐怕也难找其一。《三国演义》中诸葛亮算不算一个？但那是文学的虚构，历史上真正的诸葛亮并没有那么完美的多才多艺。所以孔子又说，在现实中能做到如此这般也就可以了。这是不是孔子故意虚晃一枪吓唬人？恐怕不是。他只是要教诲子路，人无完人，而要成为一个完人在于过程；这个过程你去努力了，那就是一种境界了；而真正的完人永远存在于理想之中，因为成人之道永无止境。

【原文】

子问公叔文子于公明贾曰："信乎？夫子不言、不笑、不取乎？"公明贾对曰："以告者过也。夫子时然后言，人不厌其言；乐然后笑，人不厌其笑；义然后取，人不厌其取。"子曰："其然？岂其然乎？"

【译文】

孔子向公明贾问公叔文子说："真的吗？这位老先生真的不说话、不笑、不取吗？"公明贾回答说："那是告诉你的人说错了。这位老先生该说话的时候才说，人们不厌恶他的话；心里真高兴了才笑，人们不厌恶他的笑；该取的才取，人们不厌恶他的取。"孔子说："是这样的吗？难道真是这样的吗？"

【注释】

公叔文子：名拔（一作发）。卫国大夫，卫献公之孙。死后谥"文"，故称公叔文子。公明贾：姓公明，名贾，卫国人。公叔文子的使臣。一说"公明"即"公羊"，是《礼记》中说的公羊贾。夫子：敬称公叔文子。以：这里作"那"解。过：传借了话。

【评析】

这一则，写"疑假疑真"。公叔文子是卫国大夫，也是当时贤者。孔子问："是这样的吗？难道真是这样的吗？"人誉之或人毁之，当不能轻信。孔子认为了解一个人，并不能听信道听途说，而应该有自己的判断。而对于人

言采取审慎的态度，不予否认，也不予认可。贤者恭敬而并非古板，然而人认为贤者必是刻板拘泥。所谓不说、不笑、不取，过分的表现反而让人感觉是矫揉造作。孔子通过评价公叔文子，进一步阐释了"义然后取"的思想，只要合乎于义、礼，公叔文子并非不说、不笑、不取钱财。这正是具有高尚人格者所能做到的。

故作姿态，其实也是一种人类的通病，或者竟是为了沽名钓誉。比如汉代光武朝的严子陵不愿出来做官，隐居便隐居罢了，偏要反穿皮袄垂钓在富春江上，以怪异的穿着弄得朝野皆知。于是，汉光武硬是在垂钓的地方建立了一座严子陵祠堂，于是当时人、后人都知道有这么一个敝屣功名的高士。而汉光武呢，建祠是否仅仅是为表现他的不忘旧情？或者竟是为了其他政治上的目的？表示他的爱才，表示圣朝无遗贤？人如何可以光听传言，或光看外部表现来断定一个人呢？

【原文】

子曰："臧武仲以防求为后于鲁，虽曰不要君，吾不信也。"

【译文】

孔子说："臧武仲凭借防城要求立子嗣为鲁国卿大夫，即使说他不是要挟国君，我也是不相信的。"

【注释】

防：臧武仲的封地，在今之山东费（bèi 祕）县东北。后：子嗣后代。要（yāo 腰）：胁迫，要挟。

【评析】

这一则，孔子谈"挟兵自重"。臧武仲因得罪孟孙氏逃离国都，来到防邑，向鲁君提出要求，将其后代立为卿大夫，不然，就要据封地反抗朝廷。虽然臧武仲的要求时人认为不过分，但在孔子看来，是一种要挟国君，犯上作乱、大逆不道的行为。他告诫人们，不要用强制手段获取自己想要的东西，而应通过自己的努力，走正当途径，再加上"温、良、恭、俭、让以得之"。如此才为君子之途，才为人所称道。

【原文】

子曰："晋文公谲而不正，齐桓公正而不谲。"

【译文】

孔子说:"晋文公诡诈而不正直,齐桓公正直而不诡诈。"

【注释】

晋文公:姓姬,名重耳,晋国的国君,春秋时著名的霸主之一。谲(jué决):欺诈,玩弄权术。齐桓公:姓姜,名小白,齐国的国君,春秋时著名的霸主之一。

【评析】

这一则,孔子讲"盗亦有道"。齐桓公和晋文公同为春秋霸主,虽同为事功,也有区别,晋文公以权术使令天下,而齐桓公以正直称霸诸侯。晋文公重耳家庭遭变,流亡在外十九年,历尽千辛万苦,了解人心的险恶,所以用诡道阴谋以图复国。曾经召天子以使诸侯朝见,是使用了阴谋。而齐桓公打着为天子旗号会盟诸侯,虽然也不是正道,但他伐楚时能以责备楚子不臣、周召王南巡不归的问题发动对楚战争,义正词严,师出有名,从手段上来说,是比较光明磊落的。至少他还能找到一个正当的名义克攘诸侯。

孔子认为,齐桓公的做法符合"礼"的规定,是王道;而晋文公的做法违反了"礼",是诡道。所以孔子对二人做了不同的评价。

【原文】

子路曰:"齐桓公杀公子纠,召忽死之,管仲不死。"曰:"未仁乎?"子曰:"桓公九合诸侯,不以兵车,管仲之力也,如其仁!如其仁!"

【译文】

子路说:"齐桓公杀了公子纠,召忽因而自杀,管仲却不死。"稍停又说:"管仲没有仁德吧?"孔子说:"齐桓公九次召集各国诸侯举行盟会,不凭借武力,这都是管仲的功劳。这就是他的仁德!这就是他的仁德!"

【注释】

公子纠:与桓公是兄弟,因为争夺君位,他杀了公子纠。召忽:公子纠的家臣。他曾和管仲一起辅佐公子纠同桓公争夺君位,公子纠被杀之后,他也自杀。管仲:公子纠的家臣。公子纠被杀之后,他归服了桓公,当了宰相,辅佐桓公成就了霸业。九合诸侯：指齐桓公曾多次召集诸侯会盟。"九"，泛指多数。兵车：战车，这里指武力。如：这里作"乃"字解，即"这就是"。

【评析】

这一则，孔子谈"仁包容了对民生的关系"。《左传·庄公》八年九年载：齐襄公无道，其弟齐桓公和公子纠怕受牵累，桓公由鲍叔牙侍奉逃往莒国，公子纠由管仲和召忽侍奉逃往鲁国。襄公被杀以后，桓公入齐，先立为君，继而兴兵伐鲁，逼迫鲁国杀了公子纠，召忽自杀，而管仲因为鲍叔牙的举荐做了桓公的宰相。从孔子对管仲是否有仁的评价，可以看出，孔子提供的仁不是狭义的仁，不是刻板的停留在对某一君主的愚忠上的仁，而在于更具广博意义上的对民生的关怀。其实孔子是个非常灵活、非常通达的老先生，其胸襟之广、包容之厚完全是后儒们所无法达到和超于他们理解力之外的，后儒们提倡的忠臣不事二主的愚忠，不知是对孔子的理解还是不理解？对孔子的关注以及对他并不完全理解的崇拜，是为偶像的崇拜，想来是违背了孔子的本心。如果孔子泉下有知，不知会有什么样的感觉，幸或不幸？

【原文】

子贡曰："管仲非仁者与？桓公杀公子纠，不能死，又相之。"子曰："管仲相桓公，霸诸侯，一匡天下，民到于今受其赐。微管仲，吾其被发左衽矣。岂若匹夫匹妇之为谅也，自经于沟渎而莫之知也！"

【译文】

子贡说："管仲不是仁人吧？桓公杀了公子纠，管仲没自杀，却又辅佐桓公。"老师说："管仲辅佐桓公，使齐国在诸侯中称霸，匡正了天下，人民到如今还受着他的好处。如果没有管仲，我们恐怕已经沦为披头散发衣襟在左边开的落后民族了。难道管仲像一般的平庸男女那样，为了守小节，吊死在河沟里而埋没自己的才能吗？"

【注释】

一匡天下：使天下的一切得到匡正。"匡"，正，纠正。微：非，无，没有。吾：上古人称代词无单数复数之别，这里的"吾"，从上下文可知应释作"我们"。被：同"披"。左衽（rèn 认）：衣襟向左边开。衽：衣襟。"披发左

祍"，是当时少数民族的打扮，这里指沦为落后民族。匹夫匹妇：指一般的平民百姓，平庸的人。谅：信实，遵守信用。这里指拘泥小的信义、小的节操。自经：自缢，上吊，自杀。渎（dú读）：小沟渠。

【评析】

这一则，孔子谈"成大器者必有大见识"。匹夫或者匹妇的诚信自然有不同于仁人志士的诚信，其不同的地方有见识的大小和所关怀的广狭之分。表现在对国家的态度上，一个是以国家大局为重，一个是以个人为重。子贡认为，公子纠被杀，召忽殉节，而管仲不仅未死，反而给公子纠的政敌当宰相，是一种不忠行为，不是仁人。但是，孔子肯定了管仲的仁德。他评价管仲，主要是看大节，有利于天下民众，便是大节，为公子纠而死，只是小信小节，小节要服从大节。士的修养自然也不同于一般老百姓的修养，士的见识岂是普通老百姓所能理解。管仲之为管仲，是因为他的诚信体现在大节之上，而不以个人的荣辱为念。不拘泥于小诚小信，这也就是一种大器。

从孔子对管仲的评价中可以看出，他肯定了管仲的仁德，没有在节操与信用上斤斤计较，不斤斤计较是一种豁达。

【原文】

公叔文子之臣大夫僎，与文子同升诸公。子闻之，曰："可以为'文'矣。"

【译文】

公叔文子的家臣大夫僎，与文子同在朝廷为大夫。孔子听到这件事，说："他死后可以得到'文'的称号了。"

【注释】

僎（xún寻）：人名，原是公叔文子的家臣，由于公叔文子的推荐，做了卫国的大臣。公：公室，朝廷。

【评析】

这一则，孔子谈"'文'来自于自信"。举荐自己的家臣与自己同朝为臣，并肩起坐，公叔文子确有贤德。这在当时是很少见的。常人的心理是忌讳他人比自己好，为官的更怕下属比自己有能耐，更不要说是举荐他与自己同坐。形成这种心理并不奇怪，看起来是极端的自傲自尊，其实是对自己的不自信。一个人能做到对自己有信心，并不是一种容易的事情，需要修养的支持。朱熹在《集注》中引洪氏语说："家臣之贱（卑贱）而引（推荐）之使与己并（地位相当），有三善焉：知人，一也；忘己，二也；事君，三也。"无怪孔子大叹："公叔可以谥号为'文'了。"

【原文】

子言卫灵公之无道也，康子曰："夫如是，奚而不丧?"孔子曰："仲叔圉治宾客，祝鲍治宗庙，王孙贾治军旅。夫如是，奚其丧?"

【译文】

孔子讲道卫灵公的昏庸无道，季康子说："既然这样，为什么没有亡国呢?"孔子说："有仲叔圉接待宾客办理外交，祝鲍主管祭祀，王孙贾统帅军队。这样用人得当，怎么会亡国呢?"

【注释】

卫灵公：卫国国君。奚而：奚为，为什么。仲叔圉（yǔ 雨）：即孔文子，他和祝鲍（tuó 驼）、王孙贾都是卫国大夫。

【评析】

这一则，孔子谈"人尽其才"。一个国家的灭亡不能光怪于君王，文武百官是用来做什么的? 所以孔子曾经说：如果你对社会没有贡献，不如隐退。他老先生在此，肯定了贤人对于治国的重要性。国君虽然昏庸无道，但由于他有贤臣经营实际事务，国家不会灭亡；如果是明君再加贤臣，其成就更是不可估量。卫灵公之所以不会亡国，是因为他手底下有着一帮掌管国家各方面要务的能臣贤人! 仲叔圉办外交，在国际动乱的时候，外交最重要，他用了好的外交家。祝鲍治宗庙，在宗法社会宗庙也是政治的中心，以现在的制度来说，包括了教育、文化、内政，都属于宗庙的事。《上论》提到的所谓"祝鲍之佞"，是指这个人很会说话，是一个理论家、政治家，他还办了一次成功的外交。另外又有王孙贾主持国防、军事。一个国家的外交、内政、文教、国防有这样三个能人主持，卫国怎么会亡? 所以说国家兴亡，匹夫有责。

【原文】

子曰："其言之不怍，则为之也难。"

【译文】

孔子说："有这样的人大言不惭，可是做起来就困难了。"

【注释】

其：指示代词，相当于"这"。怍（zuò 作）：惭愧。

【评析】

这一则，写"历史的经验可为人心之鉴"。大言不惭必也虚骄，必也失于谨慎和诚信。人而无信不立，如何可有作为？赵括兵败，其中教训之一，便是骄傲自满，大言不惭。轻敌则骄兵必败，与人相处无诚信，则士卒愿为他死者少。《三国演义》也有失街亭之鉴。由于马谡的自高自大造成主将不和，街亭失利，诸葛亮也只能挥泪斩马谡了。斩了马谡，无非以正军心，但造成的损失却再难挽回。历史的借鉴不可不为人心之鉴。

【原文】

陈成子弑简公。孔子沐浴而朝，告于哀公曰："陈恒弑其君，请讨之！"公曰："告夫三子！"孔子曰："以吾从大夫之后，不敢不报也。君曰'告夫三子者！'"之三子，告。不可。孔子曰："以吾从大夫之后，不敢不告也。"

【译文】

陈恒子杀了齐简公。孔子斋戒沐浴后上朝，报告鲁哀公说："陈恒杀了他的君主，请出兵讨伐！"哀公说："向三位大夫（季孙、叔孙、孟孙）报告吧！"孔子退了出来，自言自语："因为我曾经做过大夫，不敢不报告，而君上却说'报告三位大夫！'"孔子到了三位大夫那里，报告了他们。他们认为不能出兵讨伐。孔子说："因为我曾经做过大夫，不敢不报告。"

【注释】

陈成子：齐国大夫陈恒，又名田成子。简公：姓姜，名壬，齐国国君。沐浴：洗头、洗澡，这里指斋戒。三子：指全国最有权势的三家大夫季孙、叔孙、孟孙。之：往，到。

【评析】

这一则，写孔子"为正义而言"。夫子很忙，经常做一些徒劳无功的事，

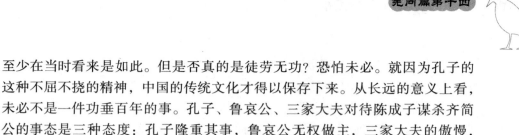

至少在当时看来是如此。但是否真的是徒劳无功？恐怕未必。就因为孔子的这种不屈不挠的精神，中国的传统文化才得以保存下来。从长远的意义上看，未必不是一件功垂百年的事。孔子、鲁哀公、三家大夫对待陈成子谋杀齐简公的事态是三种态度：孔子隆重其事，鲁哀公无权做主，三家大夫的傲慢，无不在对比中鲜明地表现出来。孔子虽然明知徒劳无功，还要劳心劳力，不是不明白，只是"以吾从大夫之后，不敢不告也"。不无感慨，感慨中有对世事的明辨，对礼的执著，虽也于现实无功，尽心而已。

【原文】

子路问事君。子曰："勿欺也，而犯之。"

【译文】

子路问怎样侍奉君主。孔子说："不要欺骗他，能犯颜直言规劝他。"

【注释】

事：动词，和服侍、侍候、侍奉的"侍"同义。而：此处当"能"讲。犯：触犯，指谏诤、规劝。

【评析】

这一则，孔子谈"事君"。怎样侍奉君主呢？孔子给了子路一个明确的答案：不能欺骗他，但对君主的不当言行，要进行劝谏。因为国君的好坏成败，关系到国家的兴衰，百姓的存亡，这并非国君个人的私事。所以孔子教诲子路不要欺骗，可以犯颜直谏，这就做到了"忠君"。犯颜直谏不仅需要勇气还需要智慧，不仅需要智慧，还需要君王的明智和度量。所以孔子此话岂是仅仅为士者诲，也是为王者谏，或者也是对领导层的提醒。

【原文】

子曰："君子上达，小人下达。"

【译文】

孔子说："君子向上，通达于仁义；小人向下，通达于财利。"

【注释】

上达：可以解释为有高明的远见。下达：是指比较浅近的现实的看法。

【评析】

这一则，孔子谈"达可以显现诸种境界"。中国文字具有太多的涵义，同

样是一个"达"字，却可以为各种人各种境界所用，甚至有了完全不同的内涵。庄子也说达，达于自然之理，可以有人生完全空泛的感悟；孔子也说达，乃达于人情天理，明心见性可以有仁境的体验；庸夫也说达，可以达于势利之辨，于是有转风使舵的功利人生。而在现实之中，有人因为通达而更为睿智，有人因为通达而更见势利，这就有君子通达和小人通达之分，形成了人生的诸种境界，一个人的修养由此可见。是君子，或是小人，是向上提升自己的精神，还是向下沉沦于世俗，全由自己。

【原文】

子曰："古之学者为己，今之学者为人。"

【译文】

孔子说："古代求学的人，是为了充实提高自己；现在求学的人，（既）是为了（自己也是为了）充实提高别人。"

【注释】

学者：求学的人，"者"，助词，表人。

【评析】

这一则，孔子谈"为谁读书"。这里主要是讲两种不同的治学态度。为己，如道德的修养、仁义礼乐的履行等等，能行之于己，提高自己的素质；为人，如为诸侯国君、为卿大夫、为民如足食足兵、为友如切磋等等，能用之于世。今之"成人"，见利思义，见危授命，时刻不忘平生之言，也主要是为人的。可见孔子的这两种态度不仅当时存在，后世依然存在。

【原文】

蘧伯玉使人于孔子。孔子与之坐而问焉，曰："夫子何为?"对曰："夫子欲寡其过而未能也。"使者出。子曰："使乎! 使乎!"

【译文】

蘧伯玉派使者去看望孔子。孔子让他坐下而后问道："老先生现在做些什么?"使者回答说："老先生想要减少自己的过错却没有达到完善。"使者走了以后，孔子说："这位使者真好啊! 这位使者真好啊!"

【注释】

蘧（qú渠）伯玉：姓蘧，名瑗，字伯玉，卫国大夫。孔子去卫国时，曾住在他家里。他是有名望有道德修养的人。能：完善。

【评析】

这一则，孔子谈"称职的使者"。蘧伯玉是卫国的贤大夫，孔子在卫国时住在他家。使者的应对包含了很多的内容，老先生的善于自省，不懈怠，修养的永无止境等，皆在一言之中了，说话简洁而滴水不漏，让他人无可责备和挑剔。而谦恭又大方得体的应对态度和善于辞令的风度，都体现了使者本身的修养。有礼有节，不卑不亢，所以孔子说："好一个使者！好一个使者！"强将手下无弱兵，可以想见蘧伯玉之为人了。

【原文】

子曰："不在其位，不谋其政。"

这一句与《泰伯》第十四则重复，故略。

【原文】

曾子曰："君子思不出其位。"

【译文】

曾子说："君子思考问题不超出他的职位。"

【评析】

这一则，当为曾子的弟子整理，看到其师所言与孔子所言相同，就编在一起了。而曾子所言，则是不在其位，也不必思虑什么了，他的理解是否过于偏狭。天下事，应天下人虑。

【原文】

子曰："君子耻其言而过其行。"

【译文】

孔子说："君子耻于自己的言论超过自己的实践。"

【注释】

其：反身代词，指自己。而：此作"之"，助词，表示偏正关系。

【评析】

这一则，孔子谈感情教育。廉耻之心是人的内在情感，道德的修养与内

心的情感有着某种的交流，道德的体验便也是情感的体验。言而有信，既是情感的表现，也是道德的体验。讲话要兑现，牛吹大了，事实上做不到，这是君子引以为耻的。不要把话讲得超过了自己的表现，做不到的，绝不吹牛。

【原文】

子曰："君子道者三，我无能焉：仁者不忧，知者不惑，勇者不惧。"子贡曰："夫子自道也！"

【译文】

孔子说："君子之道有三条，我都没有做到：仁德的人不忧愁，智慧的人不迷惑，勇敢的人不畏惧。"子贡说："这正是老师您的自我表述啊！"

【评析】

这一则，孔子谈"仁、智、勇"。第一是"仁者不忧"。有仁德的人没有忧烦，只有快乐。大而言之，国家天下事，都做到无忧，都有办法解决，纵然没有办法解决，也能坦然处之。个人的事更多了，人生都在忧患中，人每天都在忧愁当中。而仁者的修养可以超越物质环境的拘绊，而达到"乐天知命"的不忧境界。第二是"智者不惑"。真正有高度智慧，没有什么难题不得开解，没有迷惑怀疑之处，上自宇宙问题，下至个人问题，都了然于心。像我们没有真的智慧，明天的事，今天绝不知道。乃至此刻的事，也常自作聪明，自以为是。最后是"勇者不惧"。只要公义之所在，心胸昭然坦荡，人生没有什么恐惧。"智勇双全"如果再加上"仁"，就是天下之大德，儒家所认为的完人了。

【原文】

子贡方人。子曰："赐也，贤乎哉？夫我则不暇。"

【译文】

子贡好义论他人。孔子说："赐啊，这是优胜之处吗？我却没有闲工夫这样做。"

【注释】

方：议论。句中的意思是：子贡喜欢拿人来作比较，议论其短长。"贤乎哉"之"贤"：当"胜"讲，《正字通》"贤"，胜也。夫：发语词。

【评析】

这一则，孔子谈"不要过高地要求别人"。在这里，孔子并非全然否定议论他人，而是不主张把主要精力放在这上面，议论他人的目的是弄清是非，进一步提高自身的修养。孔子对弟子的批评，在一般情况下总是既温和又严厉，而且常常归结于自我批评，这种做法很值得后人体味。

【原文】

子曰："不患人之不己知，患其不能也。"

【译文】

孔子说："不忧虑别人不了解自己，忧虑自己没有能力。"

【注释】

患：忧虑、担心、怕。不己知：即"不知己"，倒装句法。其：反身代词，指自己。

【评析】

这一则，与上论第一篇最后一则同。虽第二句文字有异，但是同样的意思。就是说：一个人不怕别人不了解自己，就怕自己没有真本事，没有真学问，没有真才能，否则，终有所成。

【原文】

子曰："不逆诈，不亿不信，抑亦先觉者，是贤乎！"

【译文】

孔子说："事前不预先怀疑别人欺诈，不主观猜测别人不诚实，可是又能及早发觉别人的欺诈和不诚实，这样的人该是贤人吧！"

【注释】

逆：预料、预先、预测。亿：同"臆"，主观推测、猜测。抑：连词，表示转折，相当于"可是"、"然而"。亦：副词，又。贤：专指才能，《说文》："贤，多才也。"

【评析】

这一则，孔子谈"不确定的危机感"。这是一个度的问题，不凭空怀疑和臆测，又有知人之明。没有宽厚的心胸和洞察的智慧如何做得到？种种谬误

因为失度而产生。人心隔肚皮是前人的经验，于是人与人之间产生了一种戒备的心理。例如造谣是可怕的，它能将假的说成真的，好的说成坏的。其实问题的关键两袖清风是在我们自己，所谓"抑亦先觉者，是贤乎！"对别人的造谣中伤能够事先觉察，不也是贤者的风范吗？

【原文】

微生亩谓孔子曰："丘！何为是栖栖者与？无乃为佞乎？"子曰："非敢为佞也，疾固也！"

【译文】

微生亩对孔子说："孔丘啊！您为什么忙忙碌碌地到处跑呢？恐怕是为了卖弄口才吧？"孔子说："不敢卖弄口才，是担忧那些顽固不化的人啊！"

【注释】

微生亩：姓微生，名亩。传说是一位年长的隐士。栖栖（xī 西）：忙忙碌碌，到处奔波不安定的样子。佞（nìng 泞）：花言巧语，能言善辩，卖弄口才。疾：担忧。

【评析】

这一则，写孔子的"执著之处"。孔子也有难言的苦衷，奔波到底为谁？不被理解是人类共同的悲哀。微生亩是一位年高的隐士，当他看到孔子成天忙碌，到处讲学，认为完全没有这个必要，所以问道："丘！何为是栖栖者与？"然而，孔子坚持"知其不可而为之"的行道主张，用讲学的手段，宣扬正道，教化民众。但他在回答微生亩的答辞上却显得十分审慎谦恭。

【原文】

子曰："骥不称其力，称其德也。"

【译文】

孔子说："千里马，值得称赞的不是它会跑的气力，而是称赞它的德行。"

【注释】

骥（jì 计）：古代称会跑的千里马。德：这里指千里马能吃苦耐劳的优良品质。

【评析】

这一则，孔子借说马，批评重力不重德的时尚。这是一个比喻，它主要强调德和力的对立。同时，它也是当时两种理论、两条路线的对立。与此相联系的还有王道和霸道的对立，王道以德解决天下问题，霸道以力解决天下问题。孔子时代，气力之争以初露锋芒，春秋五霸，没有力量怎能称霸？在阶级社会中，暴力不能否定，它最终要取代礼让。当然，话说回来，这里，孔子的本意并非全说马，是借马为喻，批评重力不重德的时尚。

【原文】

或曰："以德报怨何如？"子曰："何以报德？以直报怨，以德报德。"

【译文】

有人说："用恩德来报答仇怨，如何呢？"孔子说："那么用什么来报答恩德呢？应该以公平无私来对待仇怨，用恩德来报答恩德。"

【注释】

以德报怨："德"，恩惠，恩德。"怨"，怨恨，仇恨。以直报怨：指心里不隐藏怨恨，怨气消掉，就了了。

【评析】

这一则，孔子谈"报怨与报德"。《老子》六十二章有"报德以怨"之说，对此，孔子持不赞成态度。不能"以德报怨"，而应"以直报怨"。老子主张以德报怨的目的是调和矛盾，化解人与人之间的怨恨，自己处于柔弱的地位，从敦厚的角度来看，这样做也未尝不可。但正如孔子所说，在回报恩德的问题上，就不平衡了，所以，他主张"以直报怨"，以直道而行。是是非非，善善恶恶，对我好的当然对他好，对我不好的当然不理他，这是孔子的思想。孔子是主张明辨是非的。

【原文】

子曰："莫我知也夫！"子贡曰："何为其莫知子也？"子曰："不怨天不尤人，下学而上达，知我者其天乎！"

【译文】

孔子说："没有人了解我啊！"子贡说："怎么没有人了解您呢？"孔子

说:"我不怨恨天,也不责备人,下学人事而上达天命,了解我的大概只有天吧!"

【注释】

莫我知:即"莫知我"的倒装。没有人知道、了解我。何为:为何。尤:责备,归咎,怨恨。其:大概。

【评析】

这一则,孔子谈"存心自有天知"。据《史记·孔子世家》记载,孔子周游列国,不为所用,回到鲁国教育学生。有一天,孔子感叹没有人了解他。子贡听到就说:老师何必这样悲观!怎么没有人了解您?在此,孔子对子贡提出的问题,未正面回答,只表明自己的态度是"不怨天,不尤人"。孔子的意思很明确,原因不能到别人身上去找,而应该加强自身修养。孔子出身穷苦,在艰难困苦的环境下,体会到人生哲理,成就智慧的德业,升华上达,超越世俗,其实对人世间他并不要求别人的了解,存心自有天知。

【原文】

公伯寮愬子路于季氏。子服景伯以告,曰:"夫子固有惑志于公伯寮,吾力犹能肆诸市朝。"子曰:"道之将行也与?命也!道之将废也与?命也!公伯寮其如命何?"

【译文】

公伯寮向季孙诬告子路。子服景伯把情况告诉了孔子,说:"老先生(季孙)的思想固然被公伯寮迷惑了;我的力量还能够把公伯寮的尸首陈列在街头誓众。"孔子说:"我的道德得到实行,是天命;我的道德废掉,也是天命。公伯寮他能把天命怎么样?"

【注释】

公伯寮:字子周,孔子的弟子,曾任季氏家臣。政治上的投机分子。愬(sù 素):同"诉",诬谤,告发,背后说人的坏话。子服景伯:姓子服,名伯,"景"是死后谥号。鲁国大夫。志:思想。肆诸市朝:暴尸于街市和朝廷。古代把罪人的尸体放在街市和朝廷示众。肆:暴露尸体。

【评析】

这一则,孔子"再次谈到天命思想"。当时,孔子为鲁国大司寇,建议鲁

定公堕毁三家权臣的都城，以强公室，让子路执行。子路很顺利地堕毁叔孙氏和季孙氏的都城后，公伯寮开始了诽谤。公伯寮和子路都在季孙氏手下当差，子服景伯对于子路遭受诽谤甚感不平，想用强硬手段来解决。孔子不赞成用这种方式来解决同门师兄弟之间的矛盾。其原因之一，是子路向来秉性刚强，如果同意了子服景伯的做法，不亚火上添油；其二，孔子对于非重大原则性的是非问题，一般不主张武力解决。因此，他把事情归之于命运，借以开导子服景伯，安抚子路，警戒公伯寮。这里，孔子又一次谈到他的天命思想，"道"能否推行，在天命而不在人为，即所谓"谋事在人，成事在天"也。

【原文】

子曰："贤者辟世，其次辟地，其次辟色，其次辟言。"子曰："作者七人矣。"

【译文】

孔子说："贤人逃避污浊的社会而隐居，其次是离开乱国逃避到别的地方，再其次是看到当权者的脸色不利于自己才逃避，又其次是听到当权者的言论不利于自己才逃避。"孔子又说："这样做的人有七位了。"

【注释】

辟世：指不干预世事而隐居。"辟"，同"避"。避开。七人：指传说中的七位隐士。王弼说：伯夷，叔齐，虞仲，夷逸，朱张，柳下惠，少连。

【评析】

这一则，孔子也有避世隐遁的观念。孔子对世事的不满和失落，也许他正渴慕着另一种更为清静无为的生活？也许不是一个完全的积极用世者。当时孔子不为世用，他的执著反而招来很多人的不理解甚至讥讽，所以有人称他是"避人之人"，想来避人也非虚言。人最难战胜的是来自自我内心的冲突。一生奔波经历，却是无法挽回的缺憾，说内心没有任何的动摇或者没有任何苦恼，恐怕是虚饰之辞。孔子赞成在不能行道的情况下避世隐居，他也多次谈到过这一观点。他例举了四种避世的方式。这四种方式层次井然，教人在不同情况下，作出随机应变的不同决策，可见孔圣人在不进求退情况下的严谨思维。根据以上"四辟"，可以看到从前知识分子的处世方针。不过讨

论起来，涉及到个人思想的，有点类似于西方讲的个人自由主义。例如"辟世、辟地、辟色、辟言"，这是中国过去知识分子处乱世，在"邦无德"这种情形下，所采取的个人自由主义，宁可退守自清，不愿同流合污，隐士路线就是如此。

关于七个人，后人有多种说法，难以确指，孔子大概泛指多人的意思。

【原文】

　　子路宿于石门。晨门曰："奚自?"子路曰："自孔氏。"曰："是知其不可而为之者与?"

【译文】

　　子路在石门住宿。早晨看守城门的人问："你从哪里来?"子路说："从孔氏那儿。"看守城门的人说："就是那个明知做不到而坚决要做的人吗?"

【注释】

　　石门：鲁国都城（曲阜）外城的门。奚自："自奚"的倒装。从哪里来。其：程度副词。

【评析】

　　这一则，写儒家不同于道家的根本点。"知其不可而为之"成了几千年来人们对儒家积极用世精神的概括。孔子为了实现自己的政治主张，曾四处游说讲学，以致于周游列国。这正是他锲而不舍的追求精神的表现。孔子赞同大道不能施行时可以避世隐居，然而他自己却不打算完全遵行。他对自己所要做的事情有很强的责任心和使命感。这正是孔子之所以为孔子、儒家不同于道家的根本点。

【原文】

　　子击磬于卫，有荷蒉而过孔子之门者，曰："有心哉，击磬乎!"既而曰："鄙哉! 硁硁乎，莫己知也! 斯己而已矣。'深则厉，浅则揭。'"子曰："果哉! 末之难矣。"

【译文】

　　孔子在卫国击磬，有一个挑着草筐的人经过孔子的门前，说："大有深心在呀，他所击出的磬声!"他听完了孔子的磬声又说："可鄙啊! 这硁硁的磬

声啊，诉说没有人了解我啊！其实不过认定自己正确罢了。'水深就脱去下衣趟过去，水浅就提起下衣趟过去。'"孔子说："这个人决心避世，若这样当然就没有什么困难了。"

【注释】

磬（qìng 庆）：古代一种打击乐器，形状像曲尺，用玉或美石制成。荷：担负，挑起。蒉（kuì 愧）：草编的筐子。既：尽，完毕。硁硁（kēng 坑）：击磬发出来的抑而不扬的声音。莫己知：即"莫知己"的倒装。"深则厉，浅则揭"：水深脱掉下衣，水浅提起下衣。这两句引自《诗经·邶风·匏有苦叶》，这里用来比喻人的进退应审时度势，讽刺孔子"知其不可而为之"的态度。

【评析】

这一则，写孔子"能包容而有智慧"。这里的一段对话，表面上看好像孔子在击磬自悟，然而挑着草筐的人一下子就听出了孔子的心声：有志于天下，有志于社会，有志于一番轰轰烈烈的大事。虽然挑着草筐的人只寥寥数语，但是一个洞明世事的高人之言。他的语中包含的意思是：天下事可行则行，不可行则罢。正所谓"沧浪之水清兮，可以濯吾缨；沧浪之水浊兮，可以濯吾足"。一切事都要审时度势，顺时而出，顺势而为，否则逆时逆势，到头来吃亏的还是自己，徒伤神力。孔子不是不明白世道如此，理想如梦。但他的包容之心和他的"虽九死其犹未悔"的精神使得他难以放弃。带着"明知不可而为之"的无奈，却能在洞察一切后获得一份冷静和从容，这种睿智的平和岂是平常人所能及。

【原文】

子张曰："《书》云：'高宗谅阴，三年不言。'何谓也？"子曰："何必高宗，古之人皆然。君薨，百官总己以听于宰冢三年。"

【译文】

子张说："《尚书》说：'殷高宗守孝，三年不谈政事。'为何这样呢？"孔子说："不只是高宗，古人都是这样。国君死了（继位的国君三年不谈政事），文武百官各理自己的职事而听命于宰相。"

【注释】

高宗：殷王武丁，古人称他为商朝中兴的贤王。谅阴：向死者亡灵（"阴"）所说出的誓言（"谅"），这里指守孝。薨（hōng 轰）：君主时代称诸侯或大官的死。冢（zhǒng 肿）宰：官名，相当宰相。

【评析】

这一则，孔子谈"经验的迷惑"。守孝三年是古代氏族社会遗留的礼俗，一直为后世所遵循。孔子不仅坚持三年丧期，而且从历史、情理的角度对它作了论证，这里所说的正是历史角度的论证。孔子认为，即使国君，其父母去世了，也在继位后三年内不理朝政，平民百姓更是如此了。孝有重于政事，是因为孝是儒家伦理的起点和赖以为基础的心理情感结构的支点。所以，对于古代礼俗的尊重，不仅意味着对中国文化的尊重，还意味着对礼内在精神的尊重。

【原文】

子曰："上好礼，则民易使也。"

【译文】

孔子说："在上位的人如果依礼而行，那么老百姓是很容易听指挥的。"

【评析】

这一则，写孔子"责贤者严"。孔子的一生，是推崇礼的一生。居于上位的领导者，做事合乎礼仪，遵章守纪，时时处处带好头，如此上行下效，天底下的老百姓都受你的感染，于是也就一切行为听指挥了。《春秋》责备贤者，就是要求领导人，以仁爱之心对待民众。

【原文】

子路问君子。子曰："修己以敬。"曰："如斯而已乎？"子曰："修己以安人。"曰："如斯而已乎？"子曰："修己以安百姓。修己以安百姓，尧舜其犹病诸！"

【译文】

子路问在位的君子应该怎样。孔子说："修养自己，从而严肃地处人处事。"子路又问："像这样就够了吗？"孔子说："修养自己，使贵族们安定。"子路又问："像这样就够了吗？"孔子说："修养自己，使全体百姓安乐。修养自己，使全体百姓安乐，尧舜尚且难做到哩！"

【注释】

人：与"己"相对。这里当指士大夫以上的贵族、上层人士。比下面的"百姓"所指范围要窄。病：这里有"难"的意思。诸："之乎"的合音。

【评析】

这一则，写"圣人头痛的事"。这样的理想境界连孔子十分推崇的尧舜都很难达到，不要说世人了。这足以看出知其难而不畏其难，这是道德者的勇气和无畏；见其远而不畏其远，这是道德者的恒心和毅力。孔子的一席话充分体现了他修养自身、追求完美的人格，治理国家、治理社会的思想纲领。孔子认为修养自身是君子立身处世和管理政事的关键所在，只有这样，才可以使上层人物和老百姓都得到安乐。孔子的修身，是为了"治国平天下"。子路浮躁，故以此言相对。这也是一个修养的过程，先修身后治国，重在对自身的修养。

【原文】

原壤夷俟。子曰："幼而不孙弟，长而无述焉，老而不死，是为贼。"以杖扣其胫。

【译文】

原壤左右伸腿叉开两只脚坐在地上等孔子。孔子说："你年幼时不讲孝悌，长大了却没有作为，老了还不死，简直是个害人的贼。"说着就用手杖敲了敲原壤的小腿。

【注释】

原壤：鲁国人，孔子的老朋友。据说他母亲死了，孔子去帮他治丧，他却站在棺材上唱歌。夷：箕踞，坐着叉开两腿。古人认为这样坐是傲慢无礼的表现。俟（sì 似）：等待。孙弟：同"逊悌"，孝悌。

【评析】

这一则，写孔子的"一句玩笑话"。原壤是孔子的老朋友，不守礼法。据说他母亲死时，他蹲在棺材上唱歌，孔子帮他料理丧事，经过时当着没看见，其不拘不羁（jī 及）大有道家风度。平时习为吐故纳新之术，故而孔子说老而不死是祸害。这只是朋友之间的玩笑话而已，但是玩笑中也有着某种理解和婉劝。这一境况中充满了生活的情趣和幽默，也展示了孔子性格中诙谐和

宽厚的一面，虽然认为原壤也许可以做更多的在孔子认为有用于世的事，但并不以自己的意志强加于人，不勉强人做他所不愿做的事。

【原文】

阙党童子将命。或问子曰："益者与?"子曰："吾见其居于位也，见其与先生并行也。非求益者也，欲速成者也。"

【译文】

阙党地方的一个儿童来向孔子传信。有人问孔子说："这儿童是要求上进的人吗?"孔子说："我见他坐在成年人的位子上，又见他与长辈并肩而行。他不是要求上进的人，而是一个想急于求成的人。"

【注释】

阙（què 确）党：鲁国地名，在今山东省曲阜市境内。一说即"阙里"，是孔子的家乡。将（jiāng 江）命：传达信息，传话。居于位：坐在席位上。按古代礼节，大人可有正式的席就坐，儿童没有席位。先生：这里是对年长者、长辈的尊称。

【评析】

这一则，写孔子"对年轻人的教育"。人的言行举止能够体现一个人的气质风度，也能体现人的精神面貌。孔子并不会看相，但生活的经验使他具有相人知人的能力。中国人的经验是很讲究从小看到大，所以也说立志当早，阙党的童子如此也可见世风之浸染，真正令人感到恐惧的不是一个人的举止，而是从一个人身上映现的环境和氛围对人成长的影响。年轻人的教育该是多么重要！

卫灵公篇第十五

《卫灵公》这一篇，主要记孔子及其弟子在周游列国时所论的以仁德治国的道理。

【原文】

卫灵公问陈于孔子。孔子对曰："俎豆之事，则尝闻之矣；军旅之事，未之学也。"明日遂行。

【译文】

卫灵公向孔子问军队作战时列阵的方法。孔子回答说："礼节仪式方面的事，曾经听说过，军队的事情，没有学习过。"第二天孔子就离开了卫国。

【注释】

陈：同"阵"。军队作战布列阵势。俎豆之事：指礼节仪式方面的事。"俎（zǔ祖）"，古代祭祀宴享，用以盛放牲肉的器具。"豆"，古代盛食物的器具，似高脚盘。尝：曾经。遂行：就走了。孔子主张礼治，反对使用武力。

【评析】

这一则，孔子谈"战争不是最终的目的"。孔子不是不知，而是不愿谈论军旅，反对战争，就像孟子说的"仲尼之徒无道桓文之事"。卫灵公不是不愿重用孔子，只是两人在治国上大相径庭，一个要成就霸业，一个要倡导仁政。所谓"道不同不相与谋"，所以孔子非常注重事有可行有不可行。俎豆之事，是指祭祀之礼，这不是一种虚礼，而表明了一种人生的态度。孔子对祖宗的重视，也是他对传统文化和对历史甚至可以说是对一个国家的重视。因为它体现了以孝为其根本的人伦制度和人心的引导教化。古代骂人很厉害的一句话叫数典忘祖。这里面大有深意。

【原文】

在陈绝粮，从者病莫能兴。子路愠见曰："君子亦有穷乎?"子曰："君子固穷，小人穷斯滥矣。"

【译文】

孔子在陈国断绝了粮食，跟随他的学生饿坏了，不能起身行走。子路满脸恼怒，来见孔子说："君子也有穷困到这般严重地步的时候吗?"孔子说："君子遇到穷困到这般严重地步时信念坚定，小人遇到穷困就如河水泛滥而无规矩可寻了。"

【注释】

在陈绝粮：孔子周游列国时，从陈国去蔡国的途中，因故被陈国人包围，绝粮七天。病：苦，困。这里指饿极了，饿坏了。兴：起来，起身。这里指行走。愠（yùn 运）：恼怒，怨恨。固：坚固，坚定，毫不动摇。斯：就。滥：像水一样漫溢，泛滥。这里比喻没有规矩。

【评析】

这一则，写孔子"处乱不惊"。鲁哀公四年（前491），孔子师徒一行辗转来到陈蔡的边境，正遇上吴国与陈国交战，秩序混乱，故绝粮七日。子路恼怒着来问孔子，孔子则以君子和小人对待困境的不同态度来开导子路。君子虽然困窘，却能够坚持自己的操守而不改变；小人一旦困窘，便会失去自持而无所不为了。毫无疑问，孔子的回答是极有针对性的。他希望他的学生做君子，不要做小人，要能够坚持自己的理想而毫不动摇。"三军可夺帅也，匹夫不可夺其志也"。孔子一贯这样激励他的学生，要他们树立崇高的理想，百折不回地为之奋斗，而他自己正是学生的表率。

【原文】

子曰："赐也，女以予为多学而识之者与?"对曰："然。非与?"曰："非也。予一以贯之。"

【译文】

孔子说："端木赐呀，你以为我是学习了很多而又一一记住的吗?"端木赐回答说："是的。不是这样吗?"老师说："不是的。我是用一个基本的思想观念来贯穿它们的。"

【注释】

赐：端木赐，字子贡。女：同"汝"，你。识（zhì 志）：同"志"，记。以：用。一：一个基本的原则、思想，孔子这里指的是"忠恕"之道。贯：贯穿，贯通。

【评析】

这一则，孔子谈"以一胜多"。孔子告诉我们一个很重要的学习方法，学习是靠自己的理解，不盲目崇拜古人和书本，正后世所谓尽信书不如无书，此其一。学习重在融会贯通，能进能出，以及有自己的思想作为主干，书为我们所用，不是我为书所役，此其二。这同样也是贯穿孔子整个哲学思想的一种思辩方式，即以一胜多。理有无穷之理，人生有限，然而人却可以因为智慧、因为变通而使人生进入浩瀚之境，因此而充盈。

【原文】

子曰："由！知德者鲜矣！"

【译文】

老师说："仲由啊！真正懂得道德的人太少了！"

【注释】

鲜（xiǎn 险）：少。因为道德必须由自身加强学习与修养，日积月累，长期努力，才能将其义理得之于心，见之于行，故孔子说"知德者鲜"。

【评析】

这一则，孔子感叹知德的人太少了。在《易·辞系上》有这样一句话："日新谓之盛德。"它的意思是，一个人如果能做到在道德上每天有所上进，那就是最了不起的盛德了。但是令人遗憾的是，在现实生活中，不要说是人们在道德上每天有所增益、上进，就是真正了解什么叫德的人，也是少得可怜，因此，孔子发出了深深的叹息。慨叹之余，孔子意在勉励子路，做一个有德之人，有益于社会之人。

【原文】

子曰："无为而治者，其舜也与？夫何为哉？恭己正南面而

已矣。"

【译文】

孔子说："好像无所作为而使天下得到治理的，大概只有虞舜吧？他做了些什么呢？他只是恭恭敬敬郑重地脸朝南面坐着而已。"

【注释】

无为而治："无为"，无所作为。据传，舜当政时，一切沿袭尧的旧法来治国，似乎没有新的改变和作为，而使天下太平。后泛指从德化民，并且任用贤人。与：同"欤"，语气词。夫（fú 扶）：他。

【评析】

这一则，孔子谈"无为而治"。"无为而治"是道家所称赞的治国方略，符合道家思想的一贯性。但孔子所说的"无为而治"与道家的观点有着根本的不同。孔子认为，圣人既能以身作则教化民众，又能任用贤者，自然不须再多做什么了。也就是孔子所主张的"为国以礼"、"以礼治国"而已。

【原文】

子张问行。子曰："言忠信，行笃敬，虽蛮貊之邦，行矣。言不忠信，行不笃敬，虽州里，行乎哉？立则见其参于前也，与舆则见其倚于衡也，夫然后行。"子张书诸绅。

【译文】

子张问自己的主张如何能行得通。孔子说："言语忠诚信实，行为忠厚严谨，即使在蛮貊地区，也行得通。语言不忠诚信实，行为不忠厚严谨，即使在本乡州里，能行得通吗？忠信笃敬这几个字站着，仿佛看见它直立在眼前；坐车，仿佛看见它倚靠在车辕的横木上。这样做了以后就能行得通。"子张把老师的话写在束腰的大带子上。

【注释】

笃敬：忠厚严谨，或敦厚恭敬。蛮貊之邦：不开化的国家。蛮，古代对南方边疆少数民族的称法。貊（mò 末），古代对北方边疆少数民族的称法。州里：古代二千五百家为州。五家为邻，五邻为里。这里代指本乡本土。参：本意为直、高。这里引申为一个高大的东西直立在眼前。舆（yú 余）：车。

衡：车辕前的横木。书于绅：即"书之于绅"。"绅"，士、大夫系在腰间下垂的宽大的衣带。

【评析】

这一则，孔子谈"修德始于平常和具体的行为之中"。孔子认为只有做到"言忠信，行笃敬"，在社会上才能获得人们的信任，并且做出一番事业来，即使到南蛮、北狄异邦，也畅通无阻。反之，如果言不忠信，行不笃敬，即使在本乡本土，人们也会对你失去信任，是根本行不通的。可见，"言忠信，行笃敬"在孔子学说中的重要性。言与行的不苟，这是人最外在的具体表现，然而也一样可以由此体现内在，故言与行的诚信和恭敬是德的生成之始。这里面包含了对自我的内心要求和与他人相处的行为规则。

【原文】

子曰："直哉，史鱼！邦有道，如矢；邦无道，如矢。君子哉，蘧伯玉！邦有道，则仕；邦无道，则可卷而怀之。"

【译文】

孔子说："直而不屈啊，史鱼！国家有道，像箭一样直；国家无道，也像箭一样直。君子啊，蘧伯玉！国家有道，就做官；国家无道，就把自己的才智收藏起来。"

【注释】

史鱼：卫国大夫，名鳅（qiū 丘），字子鱼。他曾多次向卫灵公推荐贤臣蘧伯玉，未被采纳。史鱼病危临终时，嘱咐儿子，不要"治丧正堂"，用这种做法再次劝告卫灵公一定要进用蘧伯玉，而贬斥奸臣弥子瑕。等卫灵公采纳实行之后，才"从丧北堂成礼"。史鱼这种正直的行为，被古人称为"尸谏"。蘧伯玉：参看《宪问》第二十五则。

【评析】

这一则，孔子谈"道的两种情境"。史鱼是卫国的大夫，曾多次劝谏卫灵公进用蘧伯玉，斥退弥子瑕，但卫灵公不听。子鱼临死时嘱咐儿子，不要治丧正室，以此劝谏，史称尸谏。卫灵公终于进用了蘧伯玉、斥退弥子瑕。据说吴公子季扎到卫国，出来时遇见史鱼，对卫灵公说：卫国能够太平，就因为有像他这样的大臣。史鱼的直道而行和蘧伯玉的可进可退形成了道的两种

情境，这两种情境之中蕴涵了道的变通和通达的哲学精神。孔子称赞史鱼的正直，但他认为，真正的君子应像蘧伯玉那样，在国家无道时抽身隐退。这方面孔子很欣赏国家无道时能免于刑罚的南宫适；也称赞过政治黑暗时能装痴的宁武子。

【原文】

子曰："可与言不与之言，失人；不可与言而与之言，失言。知者不失人，亦不失言。"

【译文】

孔子说："可以同他谈论而没有同他谈论，失掉了志同道合的朋友；不可以同他谈论而同他谈论，就是言谈犯了错误。明智的人不失掉志同道合的朋友，言谈也不犯错误。"

【注释】

知：同"智"，智者，明智的人。

【评析】

这一则，孔子讲"为人处世的道理很难把握"。知人也不易，同时这也是慎言的另一种表现。人才既有着被发现的可能性，也有着沧海遗珠的可能性。应该谈而不谈、不应该谈而谈，孔老夫子认为都是一种缺乏见识的表现，是愚蠢人才干的事。那么，聪明人是怎样的呢？聪明人既不错过谈话对象，也不与不该谈而谈的人白费口舌。在人生的匆忙之中，机会不会自己找到你，它也许只会在某一个地方等待，可能失之交臂，也可能相遇恨晚。人生原本就有很多的遗憾。在日常生活中，可见，谈话也是一门高深的艺术。

【原文】

子曰："志士仁人，无求生以害仁，有杀身以成仁。"

【译文】

孔子说："有志之士、仁德之人，没有为了求得生存而损害仁德的，只有牺牲自己来成全仁德的。"

【注释】

求生：贪生怕死，为保活命苟且偷生。杀身：勇于自我牺牲，为仁义当

死而死，心安德全。

【评析】

这一则，孔子谈"人生的壮丽"。"杀身成仁"已演变为一句名言。孔子说的这番话，表明他的生死观是以"仁"为最高原则的。生命对于每个人来说都是十分宝贵的，但"仁"比生命更为宝贵，它的纯洁性比生命还重要。"杀身成仁"就是要人们在生死关头宁可舍弃自己的生命，也不能对"仁"有丝毫损害。这一理论原则，自古以来鼓舞着许许多多的"志士仁人"去维护正义，奏出了一曲又一曲民族正义之歌。这种精神由此激励了后世无数的仁人志士，使中国文化喷发出气贯长虹的壮丽。中国士可杀不可辱的气节，见义勇为挺身而出的大无畏精神等等充满阳刚之气的追求，因此而生发博大。

【原文】

子贡问为仁。子曰："工欲善其事，必先利其器。居是邦也，事其大夫之贤者，友其士之仁者。"

【译文】

子贡问怎样实行仁德。老师说："工匠要把活儿干得好，必须先把工具弄得精良合用。（要实行仁德，）住在一个国家，就要侍奉大夫中有贤德的人，与士中有仁德的人交朋友。"

【注释】

善：用作动词。做好，干好，使其完善。利：用作动词。搞好、弄好，使其精良。事：侍奉，为……服务。

【评析】

这一则，孔子谈"学习的榜样"。孔子在这里用的是比喻的说法。一个人要想施行仁德，就好像一个工匠要想干好活，就一定要使他的工具精良。俗语"磨刀不误砍柴工"，正是这个意思。所以，孔子认为要做到仁，就要侍奉贤者，与有德的人相处，这是需要首先做到的。对贤者敬，是以谦虚诚敬的态度学习贤人的长处；与仁者交，是以仁者的情操风格来熏陶自身。贤人与仁者可为世间人的风范，起到借鉴和教化的作用。

【原文】

颜渊问为邦。子曰："行夏之时，乘殷之辂，服周之冕，乐则

韶舞。放郑声，远佞人。郑声淫，佞人殆。"

【译文】

颜渊问怎样建设国家。老师说："遵行夏代的历法，驾乘殷代的车子，戴周代的礼帽，音乐用伴有舞蹈的韶乐。禁止郑国的乐曲，疏远花言巧语善于狡辩的小人。郑国的乐曲放荡淫秽，花言巧语的小人危险。"

【注释】

为：建设，治理。邦：邦国，诸侯国。夏之时："时"，时令，时节。此指历法。夏历最合于农时，故孔子推行夏历。乘殷之辂：辂（lù 路），古代的大车。旧说殷代的大车木质无饰，最俭朴实用，故孔子提倡。乐则韶舞："韶"是舜时的音乐，奏"韶"乐时伴有舞蹈，故曰"韶舞"。放：驱逐，排斥，禁止。郑声：郑国的民间音乐，它的形式活泼，与典雅板滞的古乐有很大不同，孔子难以接受。远：作动词用，疏远。殆：危险。

【评析】

这一则，写"化育人生泽及万境"。颜渊问治国之道，孔子答以礼乐。礼乐包含的意义很多，总的来说是一种传统文化的精神。中国传统文化强调的是道德文化和乐感文化的融合，这便是礼乐。道德文化要求人心进入理和善，乐感文化要求人心进入情与美。合之，则尽善尽美，合情合理。所以在中国的传统文化中，任何的法度和规则，包括政治的和道德的，总不免有明显的人情味和艺术情味，由此生发的境况充满了亲和平近和温柔敦厚的蕴藉情韵，从而滋润和化育人生。实行夏朝的历法，乘坐殷朝的车子，戴着周朝的礼帽。在真实的生活境况中，这会是一种很奇怪的举止，然而孔子在此是运用了艺术的描述：撷取各种意象，而这种种意象是超越了时间和空间的，是一种分解的重新组合，表达一种理想的情境而已。

【原文】

子曰："人无远虑，必有近忧。"

【译文】

孔子说："一个人没有长远的考虑，必定会招来眼前的忧患。"

【注释】

有：此当"取"讲，今译为"招来"。

【评析】

这一则，写"急功近利，忧患所存"。这是经验之谈，所以流传至今。什么是经验？经验就是人在不断的经历中累积的智慧和见识。对未来存畏惕之心，因为未来与现在有着某种内在的关联，这是前人的生活经验。未来是不可知的，不能因为它的不可确定不可捉摸而置之不理。任何事物都有它必然的走向，这种走向就潜伏在人心的思虑之中。你可以在今天的轨迹中找到未来的走向，也一样可以在对未来的看法中了解今天的作为。没有深谋远虑和警惕，则遇事不能沉着，不能豁达和变通，便容易鼠目寸光急功近利。如果自己都不为自己考虑将来的事情，没有人会提醒你。一定要有居安思危的思想，才能防患于未然。因此，孔子说："人无远虑，必有近忧。"

【原文】

子曰："已矣乎！吾未见好德如好色者也。"

【译文】

孔子说："道德被丢弃啦！我不曾见喜好美德像喜好美色一样的人。"

【注释】

"已矣乎"：的"已"，不是虚词，是实词。已，弃也，即丢弃义，这里指丢弃了道德。

【评析】

这一则，写"英雄无奈是多情"。食、色是人性的本能，孔子并不否定人对它的爱好，但希望同时也能以此心推及而爱好品德的修养。对人性的本能既不能压抑窒息，但也不能过于放纵恣肆，一切在于适度的把握。如果光是拘泥于此，则人生容易陷入低俗粗鄙。而道德的培养是对本能的一种引导和提升，使人生从物欲的世界中得以升华到理想的世界。

【原文】

子曰："臧文仲其窃位者与！知柳下惠之贤而不与立也。"

【译文】

孔子说："臧文仲，恐怕是窃取高位的人吧！知道柳下惠的贤良却不给他职位。"

【注释】

窃位：窃取高位，占有官位而不称职、不尽责。柳下惠：本姓展，名获，字禽，又名展季。春秋的贤者，鲁国的大夫，以讲究礼节而著称。立：古同"位"。

【评析】

这一则，写孔子"委婉而深刻的批评"。这是孔子读鲁史而发的评论。孔子主张举贤，所以说身居要职的臧文仲明知柳下惠贤而不举荐"是为窃位"。窃居高位有才能不胜的意思在其中，因此深怕有才能之士被进用，造成某种对自己处境的危险。有私心在，如何能以天下为公？所以为窃据。其次心胸狭隘，利用职权阻挡才路，有暗中蒙蔽上下之实，也为窃据。而现实中这样的人也多，故有后世"豺狼当路衢"的忿懑。

【原文】

子曰："躬自厚而薄责于人，则远怨矣。"

【译文】

孔子说："多责备自己而少责备别人，就可以避开怨恨了。"

【注释】

躬自厚：意为责己要重，应多多反省责备自己。"躬"，自身。"厚"，这里指厚责，重责。薄责于人：意为待人要宽，要行恕道，少挑剔责备别人。"薄责"，轻责，少责备。远：远离，避开。

【评析】

这一则，写"自我保护意识引发的惰性"。怨恨之所集有人自身的因素所在。如果一味苛责他人而对自己放纵，一是不能服众，二是有欠公允，这样的指责对于他人而言，容易出现逆反心理，也不容易心悦诚服。孔子这句话也就是今天说的凡事多做自我检查而少去指责别人。这是修身处世的关键。重责自己宽以待人，是一种理想化的状况。因为人往往很容易做到对自己的将就，总可以找出千万种的理由为自己的过失辩护，为自己开脱。但就是很难原谅他人的过错，同样会找出很多的理由陈述他人的不是。说是人的自我保护的本能也罢，说是对他人的期望也罢，它确实是存在于人性中的一种习惯和惰性。严以律己，宽以待人，是保持良好和谐的人际关系所不可或缺的原则。"远离怨恨",不仅仅是保护自身,更重要的是体现了道德修养的水准。

【原文】

子曰:"不曰'如之何,如之何'者,吾末如之何而已矣。"

【译文】

孔子说:"不说'怎么办,怎么办'的人,我对这种人也没办法啊。"

【注释】

如之何:对这事怎么办。末如之何:没办法。末,没。

【评析】

这一则,孔子讲"对自己的言行要深思熟虑"。要多问几个"该怎么办",因为只有深思熟虑的人,才能真正想出解决问题的好办法。否则,就是人称孔圣人的孔子也无可奈何。一个人处理任何事情,都要有头脑,要富有研究性。做科学要提问题,做哲学也要提问题,处理公文,拿到手上真正用心处理,也要"如之何,如之何",究竟这个内容对不对?有没有虚报?实在是这样吗?尤其像执法的人,更要鸡蛋里挑骨头,看有没有冤枉的?有没有放纵的?这几句话,文字很简单,问题很深刻。

【原文】

子曰:"群居终日,言不及义,好行小慧,难矣哉!"

【译文】

孔子说:"一伙人聚合在一起整天议论,言谈中没有一句谈及道义,专好卖弄小聪明,这种人是难以有什么成就的。"

【注释】

"难矣哉":郑玄注:"言终无成也",译文从之。

【评析】

这一则,写"精神失落的病态"。凭耍小聪明行事的人,往往自以为是,他们只看到眼前的一点点蝇头小利,哪管得天下的大道理。对于这种蝇营狗苟、如意算盘敲得咯咯响的人,孔子叹息他们"难以有什么成就"。一方面,这种人全无道德观念,长久以来,个人意识很浓,所以一时难对他们进行仁德教育。另一方面,这种人总是以为比别人聪明,如此就造成了自以为是的

心态，结果沉溺其中而不能自拔，当然就难以有什么成就了。

【原文】

子曰："君子义以为质，礼以行之，孙以出之，信以成之，君子哉！"

【译文】

孔子说："君子以义为根本，以礼法来实行义，以谦逊的语言来表达义，以忠诚的态度来完成义，这就是君子啊！"

【注释】

质：本意为本质、质地。引申为基本原则，根本。孙：同"逊"。出：出言，表达。

【评析】

这一则，孔子讲"君子的公众形象"。孔子说，一个真正的知识分子，要重视自己人生的责任，注意义、礼、孙、信四个字。本质上要有义。这里的义，一是孟子的观念——义者宜也，也就是适宜，合宜。二是传统的仁义——人格标准。三是指"词章之学"、"记闻之学"之外的"义理之学"。——现代所谓哲学的、科学的也是义理之学，都是探讨人生最高道理——真理。"君子义以为质"的"义"，同时也就是义理的义，用它作为本质。此处引申为根本。表达在外面的行为是礼，有高度文化修养的行为。孙就是逊，态度上非常谦虚，不自满，不骄傲。对人对事，处处有信，言而有信，自信而信人。具备了这四个条件，就是君子之行，也就是一个知识分子，合于一个模范人格的标准。绝不是"群居终日，言不及义，好行小慧"之人可比。如果做不到这样，专在小聪明上玩弄，那就完了。

【原文】

子曰："君子病无能焉，不病人之不己知也。"

【译文】

孔子说："君子只忧虑自己没有才能，不忧虑别人不知道自己。"

【注释】

病：担心，担忧。

【评析】

这一则，写"心理暗示和自我安慰"。这层意思孔子已经多次强调，可见他的用心良苦，或者是因为时弊之深。但从另一个角度看，可能是一种心理暗示和自我安慰。一个汲汲于世，而屡屡困窘，没有一种博大而和平的胸襟支撑，恐怕早已颓唐甚至崩溃。孔子不然，他能始终坚守自己的信条，并作不停的自我安慰。所以，一个人的平和或者平淡，本来就不是一件容易的事。这其中有没有苦涩或无奈，也只能问问孔老夫子自己了。

【原文】

子曰："君子疾没世而名不称焉。"

【译文】

孔子说："君子就怕死后没有好的名声被人称颂。"

【注释】

疾：恨，怕，感到遗憾。没世：终身，死。称：称述，称道，称颂。

【评析】

这一则，写"君子也深以为憾的事"。君子的修养、学习是为自己，当然不是为了被别人称颂，但当到了去世时还得不到人们的肯定，说明缺乏善行、令人钦佩的表现，因此深以为憾。这里，孔子劝诫人们，光阴易逝，人生难得，在这有限且又难得的人生中，趁着年轻力壮，努力进修德业，干一番轰轰烈烈的大事。

【原文】

子曰："君子求诸己，小人求诸人。"

【译文】

孔子说："君子责备自己，小人责备别人。"

【注释】

求：责备。刘宝楠曰："求训责"。诸：（之于的合音），介词。

【评析】

这一则，与前面所言重责自己，宽以待人，则远离怨恨，是差不多的意思，也许是语境有所不同，但我们已很难体会出当时的语境了，故不再作

探讨。

【原文】

子曰："君子矜而不争，群而不党。"

【译文】

孔子说："君子慎重拘谨而不同别人争执，团结众人而不结党营私。"

【注释】

矜（jīn 今）：庄重，慎重拘谨。党：结党营私，拉帮结伙，搞小宗派。

【评析】

这一则，写"交游之道"。要做到一个君子，必须"矜而不争"。也可以说"矜"是内心傲，（骄傲是两回事。没有真本事，看不起人，是骄；有真本事，而自视很高，是傲。）傲要傲在骨子里，外面对人不必傲，内在有气节，穷死饿死可以，绝不低头，这是矜。"群"，也可以说是敬业乐群，彼此相处融洽，但"不结党营私"，走的是大公之路。君子与人的关系是孔子理想化的一种关系。在现实中，由于人与人的利害冲突，已经深深地侵入人的各种关系之中，孔子对现实应该是有着清醒的审视，但他内心更希望有一种超脱于现实利害的理想状态。他让梦和梦想进入真实，将想象的和现实的混淆在一起，阐述了某一种审美的意图。

【原文】

子曰："君子不以言举人，不以人废言。"

【译文】

孔子说："君子不根据其人讲的某一正确的话就荐举他，不因为某人的品德不好而废弃他说过的正确的话。"

【评析】

这一则，孔子谈"观察人的两分法"。言谈与人品有时是不尽一致的。有的人言谈合理，但并不一定具有德行，所以不能"以言举人"；有的人虽然不具备德行，但他的言谈或许有一定的见解，所以不能"以人废言"。孔子曾说："有言者不必有德"，"听其言而观其行"，人品与言谈之间不能简单划等号。看来，在才华和品德两者之间，孔子是把品德放在第一位的。

【原文】

子贡问曰："有一言而可终身行之者乎?"子曰："其'恕'乎，己所不欲，勿施于人。"

【译文】

子贡问道："有一个字而可以终身奉行的吗?"老师说："那就是'恕'吧! 自己不愿意的，不要加给别人。"

【注释】

一言：一个字，即"恕"字。恕：宽恕。下一句解释恕，即将心比心，能体谅别人。

【评析】

这一则，写"应多为别人想一些"。曾参曾说："夫子之道忠恕而已。"其实，这句话概括了孔子对于君子的基本要求。作为君子当然负有教化民众、兼济天下的责任和使命，由于主观、客观的种种原因，它并不是每个人都能做到的，所以，孔子又提出了作为君子的最低要求，"己所不欲，勿施于人"，即是此处所说的"恕"道。恕道就是推己及人，替自己想也替人家想。拿现在的话来说，就是对任何事情要客观，想到我所要的，他也是要的。这样可以消除别人对自己的怨恨，缓和人际关系，安定当时的社会秩序，这正是儒家伦理的一个特色。

【原文】

子曰："吾之于人也，谁毁谁誉? 如有所誉者，其有所试矣。斯民也，三代之所以直道而行也。"

【译文】

孔子说："我对于别人，诋毁过谁? 赞誉过谁? 如有所赞誉，那是经过实践考验过的。这样无私地对待人，就是夏商周三代所用的直道而行的原则。"

【注释】

毁：诋毁。指称人之恶而失其真。誉：赞誉，溢美。指扬人之善而过其实。斯：这，此。以：当"用"讲。三代：指夏、商、周。

【评析】

这一则，孔子谈"毁与誉"。听了谁毁人，谁誉人，自己不要断语；另一方面也可以说，有人攻讦自己或恭维自己，都不去管。假使有人捧人捧得太厉害，这中间一定有原因。过分的言词，无论是毁是誉，都有问题。所以毁誉不是衡量人的绝对标准，听的人必须弄清楚。接着讲另外一句："三代之所以直道而行也"，夏、商、周这三代的古人，不听这些毁誉，人取直道，心直口快。走直道是很难的。假使不走直道，随毁誉而变动，则不能做人；做领导的也不能带人。因此，这一点，对做人、做事，对自己的修养和与人相处都很重要。王安石这个人，过去历史上有人说他不好，也有人说他是大政治家，这都很难定论。但是王安石有几点是了不起的，意志的坚定，是一般人所不能。他有过"天变不足畏，人言不足惧，祖宗不足法，圣贤不足师"的倔劲。没有把古圣贤放在眼里，自己就是当代的圣贤，可见这个人的气象，倔强得多厉害。相反的，说他是魔道呢？但也难下断语。他一辈子穿的都是破旧衣服，乃至他当宰相的时候，皇帝都看到他领口上有虱子。眼睛又近视，吃菜只看到面前的一盘，生活那么简朴，可是意志之戆，戆得不得了。他对毁誉动都不动，表面上的确不动，实际上内心还是动的。所以这一则可以作为我们的座右铭，能够做到毁誉都不动心，这种修养是很可贵的！

【原文】

子曰："吾犹及史之阙文也。有马者借人乘之，今无矣夫！"

【译文】

孔子说："我还看到过史官对于某些事实有所怀疑时阙而不书。过去有马难以驾御就依靠别人训练，今天没有了啊！"

【注释】

阙：同"缺"。借：凭借，依靠。乘：治。之：代词，借代马。

【评析】

这一则，孔子谈"史官对有疑问的事，应缺而不录"。史书中有存疑而空缺之处，是史书的求实态度，不虚妄，不矫饰，对待历史的态度也是古人对待一切疑问的态度。"借人乘之"即依靠别人对马加以训练。那么"有马者"之"马"当然是未经训练的难以驾御的马。"今亡矣夫"，现在没有这样做的

了，而是人们逞能对难以驾御之马不量力硬是自己驾御。这是讽示今之史官对未弄清楚的事实不肯阙疑待考，而是逞能，妄自书写。如此解释于理于情均通达无碍。

【原文】

子曰："巧言乱德。小不忍，则乱大谋。"

【译文】

孔子说："花言巧语会败坏道德。小事上不能忍耐就会坏了大事。"

【评析】

这一则，孔子谈"小忍与大谋"。巧言的内涵，也可以说包括了吹牛，喜欢说大话，乱恭维，说空话。巧言是很好听的，使人听得进去，听的人中了毒、上了圈套还不知道，这种巧言最会搅乱正规的道德。"小不忍，则乱大谋"，成为后世鞭策激励的某种动力，既为道德者用，也为权术者用。为道德者用，则有包容之心；为权术者用，则有虚仁假义。

【原文】

子曰："众恶之，必察焉；众好之，必察焉。"

【译文】

孔子说："众人都厌恶他，一定要仔细考察详情原因；众人都喜欢他，一定要仔细考察详情原因。"

【评析】

这一则，孔子讲以"察"定好恶。"察"，即观察、考察。孔子认为大家都厌恶的人和事，不一定是坏人坏事，因人不同，而性情相异，各有其好恶的标准和是非观；同样大家都喜爱的人和事，不一定是好人好事。必须经过一番考察和一段时间的检验之后，才好下结论。"群众的眼睛是雪亮的"，"时间是最公平的裁判者"，两句话合起来讲，就比较完善，可能比较切合实际。

【原文】

子曰："人能弘道，非道弘人。"

【译文】

孔子说："人能弘扬道，不是道能弘扬人。"

【注释】

弘：弘扬，光大。

【评析】

这一则，孔子专谈"人道"。他认为人的才能智慧能够弘扬大道，道不可能弘扬人的智慧和才能。"道"是指人和事物的活动和运行必须遵循的法则和规律，分人道、天道、地道三个方面。此处专讲人道，人道是人类生存发展、伦理日常的法则和规律。孔子的"人能弘道，非道弘人"思想是我国人本思想处于启蒙时代的一种说法。哲学、科学、技术思想发展到今天这样一个恢弘的时代，这种思想就有它的局限性了。规律和法则反过来可以提高人们的认识、扩展人们的视野、增强人们的才干和智慧，并且能够促进人类进步。人能弘道，反过来道也能够弘人。两千五百多年前的孔子能够高举"人能弘道"的旗帜，其哲学意义已非同一般了。人在生活实践中掌握、运用法则和规律，于实践中丰富了它、弘扬了它，这也应同时认识到。

【原文】

子曰："过而不改，是谓过矣。"

【译文】

孔子说："有过错而不改，这才真叫做过错呢。"

【注释】

改：改正，纠正。是：代词，表示近指，相当于"此"、"这"。

【评析】

这一则，孔子谈"过"。知"过"能改，需要很大的勇气。这种勇气可以是来自寻求完美的心理，也可以是对自己的一种信心。人往往因循于固执己见，不思改进，从而一错再错。相信必从自身做起，返求于自身，是不是有过错，这就需要一种善于反省的精神，需要理性的参与；反之，或者只是凭着一己的感觉或者对世界的感性认知，一意孤行地一路错下去，而不知错在何处甚至不知有错，这就很危险了，因为又犯了一次过错。古人云：不贵于无过，而贵于能改过。无过之人是没有的，知过必改才是最可贵的。所以《左传·宣公二年》才说："人难无过，过而能改，善莫大焉。"

【原文】

子曰："吾尝终日不食，终夜不寝，以思，无益，不如学也。"

【译文】

孔子说："我曾经整天不吃饭，整夜不睡觉，一个劲地想问题，没有好处，不如学习啊。"

【注释】

终：竟也。寝：眠也。

【评析】

这一则，孔子再谈"思与学的问题"。孔子强调学而思，也强调思而学，"学而不思则罔，思而不学则殆"。思是理性活动，其作用有二：一是发觉言行不符合、或者违背了道德，就要改正过来；二是检查了自己的言行符合道德标准，就要坚持下去。但学和思不可以偏废，只学不思，造就的只是一个书呆子，只思不学定会陷入空想的深渊。可见学与思本是彼此依存、互相促进的，任何顾此失彼、厚此薄彼的做法，都为孔圣人所不取。只有学思结合，才会使自己成为有德行、有学问之人，这正是孔子教育思想的组成部分。

【原文】

子曰："君子谋道不谋食。耕也，馁在其中矣；学也，禄在其中矣。君子忧道不忧贫。"

【译文】

孔子说："君子谋求学道行道，不谋求衣食。耕田，未必不挨饿；学习知识，就可以获得俸禄。君子担忧道学不成或不能行，不担忧贫穷。"

【注释】

馁：饥饿。禄：做官的俸禄。

【评析】

这一则，孔子谈"忧道不忧贫"。追求衣食者，则躬亲力耕；追求俸禄者，则用功读书。然而力耕未必能解决衣食问题，用功虽可能得到俸禄却未必有所作为。衣食或者俸禄，都是物欲之求，对于君子而言，这两者都不是最终的追求，特别关注和忧患的是谋求学道、行道是否成功。这就给后世学

子提出了一个令人深思的问题：学而优则仕，然而仕的目的是什么？是为了实现致君尧舜、经世济民的理想，还是为了口腹之欲，俸禄之求？

【原文】

子曰："知及之，仁不能守之，虽得之，必失之。知及之，仁能守之，不庄以莅之，则民不敬。知及之，仁能守之，庄以莅之，动之不以礼，未善也。"

【译文】

孔子说："依靠聪明才智得到的学问、修养，如果不能用仁德去守住它，虽然得到了，也必定会失去它。依靠聪明才智得到的，能够用仁德去守住它，但如不能庄重严肃地用它去为社会、民众服务，民众也不会敬服。依靠聪明才智得到的，能用仁去守住它，又能用庄重严肃的态度去认真对待，但是行动不符合礼仪，也不能算是完善的。"

【注释】

知：同"智"，聪明，才智。莅（lì 立）：到，临。这里指临民众、社会。之：这则里前十个"之"字，都是代词，代指学问、修养。动之：行动。"之"，语助词，无义。

【评析】

这一则，孔子讲"学问、修养在处世时的一些标准"。人们的眼光看得准，创业容易；在春风得意、该煞车的时候也能煞住，则是最高修养。老子告诉我们的"功成、名遂、身退。"要做得恰到好处。这样好像是手段了，但手段与道德，差别在于内心：走恕道，替别人着想，多为人，少点私心，就是道德。如果智慧能够看得准，"仁能守之"，也拿得稳，但是不"庄以莅之"，内心上没有真正庄敬，口头说为社会、为民众，人家还是不服气的。做到了"知及之，仁能守之，庄以莅之"这三点以后，外在的行为动作，还要处处守礼，有礼貌，有法度，有规矩。做到了这四点，做人、做事、从政、修养、事业，才能尽善尽美，否则总归有问题。

【原文】

子曰："君子不可小知而可大受也，小人不可大受而可小知也。"

【译文】

孔子说:"君子不可用小事来鉴别他,却可以授与重大任务;小人不可以授与重大任务,却可以对小事有正确了解。"

【注释】

知:意为识别、鉴别、了解。受:同"授",这里作"授与重大任务"解。

【评析】

这一则,写"对于智性表现的一种态度"。所谓小智大智,有大智则不会过于计较小事,大智若愚也,小智反是。在人生体会上,我们看到过许多的聪明人,年纪轻轻一得志就完了,这就是"小人不可大受,而可小知也"。有许多人有真的智慧,要看大节,在大节处能授,就是大根大器。有一首古诗是借咏松来刻画人生的:"自少齐埋于小草,而今渐却出蓬蒿。时人不识凌云干,直待凌云始道高。"这诗是讲一棵松树的幼苗,当小的时候,和一般的草一样,都埋在那里,谁也想不到,这一片小草里的一株幼苗,几十年、几百年以后,会成为那么高大的树。但它在当时是慢慢地出头,比小草只高一点,当时的人也绝对认不出它将来会变成神木。一般人都等到这棵树长大了,高得看来差不多挨到天了,才仰头赞叹:"伟大啊!高呀!好!了不起!"人生也就是这样,当平常在努力的时候,就是那么可怜,没人了解,等到成功以后,各个都叫好了。看透了人生,只有自己去努力,到成功了,自然有人赞美、喊伟大。学问也好,事业也好,都是这样。

【原文】

子曰:"民之于仁德,甚于水火,水火吾见蹈而死者矣,未见蹈仁而死者也。"

【译文】

孔子说:"人民对于仁德,比对水火更急切需要;但是我见过溺水蹈火而死的,却没见过实践仁德而死的。"

【注释】

蹈(dǎo岛):踏,踩,投入。引申为追求,实行,实践。

【评析】

这一则，孔子讲"仁也难求"。在日常生活中，百姓生活、生存（吃、喝）离不开水和火，孔子认为，这是看得见摸得着的。然而，还有一个东西，比水和火更重要，而又看不见摸不着，但又可以贯彻到行动之中去，那就是仁。没有仁，人与人之间就没有感情可言，彼此之间只是冷漠，只是离异。水和火，让人生活无忧，然而水火无情，一旦被水淹，被火烧，那是多么令人悲观的事。淹死的，是会水的；玩火者，必自焚。然而没有一个人为仁赴汤蹈火，肯积极献身于人类事业。所以孔子认为，对百姓普及仁爱教育，是任重而道远的事，它比百姓的生活、生存更重要、更迫切。

【原文】

子曰："当仁不让于师。"

【译文】

孔子说："当实行仁德之事时，对老师也不能谦让。"

【评析】

这一则，孔子谈"正义所在，一定要争"。在"仁"之前，众生平等。或者说真理面前，人人平等。孔子虽有长幼之序等等序别之说，但这种序别是为了社会的和谐和人与人相处的和谐而设定的，并非不变。如果有仁，则仁重于一切，仁是一切的根本。秩序如果有利于仁，则可因循，如不利于仁，也可以有所突破，这就是一种进步的思想。孔子这句话就是告诉学生，只要认真理、认正义。真理对了，正义对了，就不要考虑我这个老师怎样了。也等于西方哲学家亚里斯多德说的："吾爱吾师，吾更爱真理。"这是他当时与他的老师柏拉图，发生了相左的意见，而这种意见相左，并不是对老师不尊敬。真理所在，对于老师的意见，也没有办法同意的。这就是做学问的精神，正义所在，一定要争，这是中国知识分子必守的信条。

【原文】

子曰："君子贞而不谅。"

【译文】

孔子说："君子抱大信就不必拘泥于小信。"

【注释】

贞：坚贞，专一。这里与"谅"相对而言，当指大信。"谅"指小信。

【评析】

这一则，孔子谈"大小之辨"。大智小智，大信小信，说的都是大小之辨，其中蕴涵着一个变通的道理。如前面所提到的管仲不但不效召忽之死，不能为旧主的恩遇而自杀，反而辅助齐桓公成就霸业，而孔子是肯定他的这番作为的，也就是这样的道理。大信是什么？小信又是什么？要视具体情况而言，其中也许有一定的原则，即它的相对性。相对于个人的诚信而言，对于国家的诚信就显得更为重要；相对于对待国家而言，对待百姓的诚信也更为重要。孔子把诚信看得比粮食和军备都重要，"自古皆有死，民无信不立。"

【原文】

子曰："事君敬其事，而后其食。"

【译文】

孔子说："侍奉国君要努力完成他交办的事情，而后享受他给予的俸禄。"

【注释】

其：代词，指代的是首句的"君"字。食：享受。

【评析】

这一则，孔子谈"事君之道与个人修养"。事君之道不完全在于食禄，而首先在于对职责的敬重。孔子追求的是精神的进取，他既不否定人对物质生活的寻求，也不希望人在物质生活中沉沦。工作以及工作的态度，是体现个人价值的一个方面，也是体现人类理想的一个方面。诚敬地对待职责是成就个人修养和公共道德修养的一个途径。

【原文】

子曰："有教无类。"

【译文】

孔子说："对谁都进行教育，不分贫富、智愚的类别。"

【注释】

教：教诲，教育。类：类别，分别。

【评析】

这一则，写孔子为中国的"教育民间化"开辟了道路。教育是修养道德和人生的重要途径，每个人都有受教育的权利，也应该有受教育的机会。在当时能提出这样的理论并实践，的确不是一件小事，这是人道人文精神在孔子教育思想中的体现。孔子提倡平民教育，希望教育所有的人而同归于善。他的弟子中，富有的（如冉有、子贡），贫穷的（如颜回、原思），地位高的（如孟懿子为鲁国贵族），地位低的（如子路为卞之野人），鲁钝一点的（如曾参），愚笨一点的（如高柴），各种人都有，唯独没有女子，不能说不是一件憾事。

【原文】

子曰："道不同，不相为谋。"

【译文】

孔子说："政治主张不同，不互相商议政治问题。"

【注释】

道：政治主张。谋：商议。

【评析】

这一则，孔子谈大事大非的问题。"道不同"之"道"是政治主张。本篇第一则"卫灵公问陈于孔子"，孔子拒绝回答，"明日遂行"，就是孔子实践"道不同，不相为谋"的一例。但是，在当今时代，对孔子的这一箴言，要有辩证的理解。即使制度不同，也要找到两全其美的共同点，以达求同存异。如我国现在"一国两制"的构想和实施就闪耀着中华民族的政治智慧和理性的光辉。

【原文】

子曰："辞达而已矣。"

【译文】

孔子说："言辞能够通顺地表达心里想的意思就行了。"

【注释】

辞达：言词表达通顺明白。

【评析】

这一则，孔子谈"辞达"。说话、文章都是辞。当然，写文章要成为一个文学家很难，说话要训练得擅于言词，擅于讲演也很难。虽然不要求太华丽，但有一个主要的目的，那便是能够真正表达自己的意思。在人生的经验上，有许多人真爱说话，开口就是一大篇，可是讲了半天，不知他讲了些什么。写文章也是一样，许多人面对稿子，心里说"我要写文章"，十分精神中七分在担心写不好，花了半天时间，两行都写不下来。其实不要管这些，心里想到哪里就写到哪里，写完以后，再增删调整一下就好了。所以孔子说"辞达而已矣"！真正的好文章，是表达意思，雕凿起来就不行了。

【原文】

师冕见，及阶，子曰："阶也。"及席，子曰："席也。"皆坐，子告之曰："某在斯，某在斯。"师冕出，子张问曰："与师言之道与？"子曰："然！固相师之道也。"

【译文】

乐师冕来见孔子，走到台阶旁，孔子说："这是台阶。"到了坐位边上，孔子说："这是坐位了。"一同坐下，孔子对他说："某人在这里，某人在这里。"乐师冕告辞走出门去，子张问道："这是接待盲人乐师之礼吗？"孔子说："对啊！这是专门扶助盲人乐师的礼。"

【注释】

师冕：师，乐师。冕，人名。古代乐师，一般由盲人充任。席：坐席。古人习惯席地而坐。道：皇侃疏："犹礼也"。固：专一。相：扶。

【评析】

这一则，写孔子接待盲乐师的礼节。古代乐师一般由盲者充任，所以在这一段描述中，孔子不厌其烦地提示和指点正表现了他恰到好处的照料。如果不是一种爱心，人们很难做到设身处地地为他人着想。"仁"，就存在于感情之中。孔子在平常的小事之中，恰恰体现了一个人的修养和心胸。

季氏篇第十六

《季氏》这一篇，主要记孔子论君子怎样修身、如何以礼法治国。其第一、二、三则集中地体现了孔子政治学说的基本精神。

【原文】

季氏将伐颛臾。冉有、季路见于孔子曰："季氏将有事于颛臾。"孔子曰："求，无乃尔是过与？夫颛臾，昔者先王以为东蒙主，且在邦城之中矣，是社稷之臣也。何以伐为？"冉有曰："夫子欲之，吾二臣者皆不欲也。"孔子曰："求！周任有言曰：'陈力就列；不能者止。'危而不持，颠而不扶，则将焉用彼相矣？且尔言过矣。虎兕出于柙，龟玉毁于椟中，是谁之过与？"冉有曰："今夫颛臾，固而近于费。今不取，后世必为子孙忧。"孔子曰："求！君子疾夫舍曰欲之而必为之辞。丘也闻有国有家者，不患贫而患不均；不患寡而患不安。盖均无贫，和无寡，安无倾。夫如是，故远人不服，则修文德以来之。既来之，则安之。今由与求也，相夫子，远人不服，而不能来也；邦分崩离析，而不能守也；而谋动干戈于邦内。吾恐季孙之忧，不在颛臾，而在萧墙之内也。"

【译文】

季氏将要讨伐颛臾。冉有、子路去见孔子，说："季氏将对颛臾采取军事行动。"孔子说："冉求！这难道不该归咎于你吗？颛臾，过去周天子曾经授权它主持东蒙山的祭祀，而且就在鲁国的疆域之中，是与我们鲁国共安危的臣属，为什么要讨伐它呢？"冉有说："季氏大夫想这么做，我们二人作为家臣，都不想这么做。"孔子说："冉求！周任曾有句话说：'能够施展自己的才华，就担任职务；实在做不到，就该辞职。'（比如盲人）遇到危险却不扶持

拉住他，摔倒了却不搀扶他起来，那么，用你这助手做什么呢？而且你的话错了。老虎、犀牛从关它的笼子里跑了出来，占卜用的龟甲、祭祀用的玉器在木匣中被毁坏了，这是谁的过错呢？"冉有说："如今颛臾城墙坚固，而且离费邑很近。现在不占领它，后世必然成为子孙的祸患。"孔子说："冉有！君子厌恶那种嘴上不说'想得到它'，一定要找个借口的人。我听说过，对于拥有国家的诸侯和拥有采邑的大夫，担心的不是贫穷，而是分配不均；担心的不是人少，而是社会不安定。因为财富分配均匀了，就无所谓贫穷；国内和睦团结了，就不显得人少势弱；社会安定了，国家就没有倾覆的危险。要是这样做了，远方的人还不归服，便提倡仁义礼乐道德教化，以招徕他们。（远方的人）已经来了，就使他们安心住下来。现在仲由、冉有你们两人辅佐季康子，远处的人不归服，而不能招徕他们；国家四分五裂，而不能保全；反而打算在国境之内使用武力。我怕季孙氏的忧患不在颛臾，而在于宫殿的门屏之内呢。"

【注释】

季氏：即季孙氏，指季康子。鲁国大夫。颛臾（zhuān yú 专鱼）：附属于鲁国的一个小国。故城在今山东费县西北八十里。有事：这里指施加武力，采取军事行动。无乃：岂不是，恐怕是，难道不是。尔是过：倒装句，即"过尔"，责备你。过，责备。"是"字是倒装用的词。何以伐为："何以"，以何，为什么。"为"，语气助词，相当于"呢"。周任：周朝有名的史官。陈力就列：有能力可尽，才可列于朝廷之中担任职务。相：辅佐，帮助，引申为助手。兕（sì 四）：古代犀牛类的野兽。柙（xiá 侠）：关猛兽的木笼子。椟（dú 毒）：木制的柜子，匣子。疾：厌恶，痛恨。舍曰：不说。辞：托辞，借口。夫：句首发语词。修：装饰，此指推行、提倡的意思。来：通"徕"，招徕，吸引，使其感化归服。萧墙：国君在宫门内设立的屏风。

【评析】

这一则，通过师生之间的对话，展示了他们之间对"季氏将伐颛臾"这一事件的不可调和的矛盾和深刻的分歧，阐述了孔子的"治国以礼、为政以德"的一贯主张。

先交代人物和事件的情况。冉有和子路将这事件轻描淡写，故意回避"伐"字，用"有事"两个字蓄意掩盖事情的实质。孔子一听便立即表明自

己的原则立场："冉有，恐怕是你们的过失吧"，并说明自己反对攻打颛臾的三点理由：颛臾是周先王的封国，是东蒙山的主祭（是历史存在），是伐不得的；颛臾在国境之内（是现实存在），是不必伐的；颛臾是社稷之臣（有政治影响），是不应当伐的。有理有据、义正词严，以"何以伐为"作为结语。

冉有在孔子的责备下，以"夫子欲之，吾二臣皆不欲也"闪烁其词，企图将责任推到季孙肥身上。孔子一听便说："冉求呀，周任曾经说过：'能够施展才能，就担任职务，不能的话，就辞职不干。'盲人站不稳，不去搀；他要倒下去，又不去扶，要他那个搀扶人啥用！"引生活中的例子更有说服力。继而孔子进一步反驳，猛兽出笼和匣玉遭毁，谁的过错，显然是看守人的失职！孔子引用名言、比喻和类比的方法，有力地驳斥了对方的论点。

冉有理屈并不词穷，反而端出季氏讨伐颛臾的必要性的所谓论据："今天的颛臾，城池坚固，而且靠近费邑，倘使现在不去攻取，往后必定成为季氏子孙的隐患。"从冉有的话中，足见"吾二臣皆不欲也"之虚妄，这可激怒了孔子。孔子首先批评冉有政治品质不端：明明想要得到某种东西而不直说，却为了打掩护而寻找某种借口。然后以例证之，而发慷慨之词：财富平均便无所谓贫穷，和睦相处便无所谓你多我少，社会安定，便不会有政权的倾覆，以及"既来之，则安之"的高论。并尖锐地指出季孙氏的忧患不在颛臾，而在鲁国宫墙的内部，使得冉有、子路，理屈词穷，张口结舌，难以对付，人物个性、语言风格跃然纸上。

一个国家繁荣富强的前提条件必然是无内忧；内乱的国家也必然不能繁荣昌盛。家与国一样，人们常说"家和万事兴"同样是这个道理。

【原文】

子曰："天下有道，则礼乐征伐自天子出；天下无道，则礼乐征伐自诸侯出。自诸侯出，盖十世希不失矣；自大夫出，五世希不失矣；陪臣执国命，三世希不失矣。天下有道，则政不在大夫。天下有道，则庶人不议。

【译文】

孔子说："天下有道，制礼作乐、出兵征伐都由天子决定；天下无道，制礼作乐、出兵征伐都由诸侯决定。由诸侯决定，大概传十代就很少有不丧失政权的；由大夫决定，传五代就很少有不丧失政权的；大夫的家臣把持国家政权，传上三代就很少有不丧失政权的。天下有道，国家政权不会落到大夫手里。天下有道，黎民百姓就不议论朝政了。"

【注释】

希：通"稀"，稀少。陪臣：大夫的家臣。庶人：普通百姓，也称庶民。

【评析】

这一则，谈"长此以往，国将不国"。孔子对历史的分析，得出其中的演变发展规律，是对未来的担忧。天下有道，指尧、舜、禹、汤、周武王和西周天子之时。孔子虽不得见，但有很多的文献典籍可资借鉴，孔子对于社会的理想构建，恐怕也是从中发现和重建。天下无道，大抵指周平王东迁之后，王室式微，诸侯称雄之时。此时，周天子已名存实亡，所有的征伐礼乐之事出自诸侯，政令出自诸侯，这是秩序毁坏人心涣散的发始。然而现在，诸侯衰弱，大夫专政，以至家臣执掌了国家命运，是后世对前世的效仿，人心和社会秩序一路衰败堕落。孔子从历史的演变中看到了未来的危机四伏，感慨应该是很多的，借用鲁迅杂文中的一句话，即："长此以往，国将不国"。

【原文】

孔子曰："禄之去公室五世矣，政逮于大夫四世矣，故三桓之子孙微矣。"

【译文】

孔子说："政权离开鲁君已有五代了，政权落于大夫之手已有四代了，所以鲁国三卿的子孙现在也衰微了。"

【注释】

禄之去公室：政权离开王室。禄，俸禄，这里代指政权。公室，王室。逮：及，到。三桓：鲁国三卿，即仲孙、叔孙、季孙皆出于鲁桓公，故称三桓。微：衰落，衰微。

【评析】

这一则，写孔子的"忧患意识"。鲁君丧失权力已经历宣公、成公、襄公、昭公、定公五代。季氏把持朝政也经历了文子、武子、平子、桓子四代。到季桓子时，家臣杨虎势力强盛，因此，孔子说三桓子孙势力要衰微了。此则与上文意思相接，是以鲁国的现状作为对历史分析的实证。国家将要何去

何从，这才是孔子真正关心的事。孔子表面上只是一种对历史的剖解，然而其内心的焦灼忧虑，从对历史剖解的角度中还是可以体会出来。

【原文】

孔子曰："益者三友，损者三友。友直，友谅，友多闻，益矣。友便辟，友善柔，友便佞，损矣。"

【译文】

孔子说："有益的朋友有三种，有害的朋友也有三种。与正直的人交朋友，与诚信的人交朋友，与见闻学识广博的人交朋友，是有益的。与习于歪门邪道的人交朋友，与善于阿谀奉承的人交朋友，与惯于花言巧语的人交朋友，是有害的。"

【注释】

谅：诚实。便辟（pián pì 骈譬）：习于摆架子装样子，内心却邪恶不正。善柔：善于阿谀奉承，内心却无诚信。便佞（pián nìng 骈泞）：善于花言巧语，而言不符实。

【评析】

这一则，孔子谈交友问题。人生来害怕孤寂，渴望着朋友和朋友的认同，在这认同之中，又可以互相影响，同时也容易促成或者助长社会某种风气的形成。人们常说：环境对人的影响，关系到一个人的性格形成。然而环境是静止的，重要的在于处在同一环境中的人是怎么样的？对你的修养是有利还是有损？所以古人非常注重所交的朋友，因为这是你的选择，既为选择，必有所取舍。社会上的人际交往，择友是极重要的一环。曾参曾说，结交朋友是为了辅助仁德，"以友辅仁"。朋友好，你将会在朋友身上获得人格的熏陶，道德的感召，自然受益无穷；朋友不好，你将会在朋友身上受到意想不到的牵连和伤害，上了贼船就难以脱身。正所谓"近朱者赤，近墨者黑"，其中的道理显而易见。

【原文】

孔子曰："益者三乐，损者三乐。乐节礼乐，乐道人之善，乐多贤友，益矣。乐骄乐，乐佚游，乐宴乐，损矣。"

【译文】

孔子说:"有益的快乐有三种,有损的快乐也有三种。以得到礼乐的调节陶冶为快乐,以称道别人的优点好处为快乐,以多交贤德的友人为快乐,是有益处的。以骄奢放肆为快乐,以闲佚游荡为快乐,以宴饮纵欲为快乐,是有损害的。"

【注释】

乐节礼乐:以有节制的礼乐文化来陶冶自己为乐。两个"乐"字的读音不一样,第一个读"洛"(luò),今读"勒"(lè);第二个读"岳"(yuè)。乐骄乐:以骄奢淫乐为乐。两个"乐"字均读"勒"(lè)。佚(yì异)游:同"逸游",放纵游荡而不自知检束。宴乐:贪图享乐,酒肉征逐。

【评析】

这一则,孔子谈"益"与"损"的问题,对举成文,并分述"三乐"的具体内容及益者三乐之益,损者三乐之损,这样孔子提倡什么,反对什么,就泾渭分明了。第一种快乐是礼的适度和艺术带来的快乐,它能使人身心得到浸染和润泽,利于修身养性。第二种快乐来自于宽容和厚道,多想他人的好处和优点,少去很多的烦忧,嫉恨一个人其实也是对于自身的心理扭曲和摧残,因为在你心中始终会有一种不忿之气无法排遣。第三种快乐来自交友的快乐,好的朋友能给你以向上的进取,能促使你不停地反省自身。这三种快乐,对于自身可以有不同的促益。有损的快乐同样也有三种:第一种惟我独尊,盲目地狂妄自大则不思上进。第二种自我放任,怂恿惰性的生长,人生懈怠,玩物丧志。第三种骄奢淫逸,一味追求物欲享受,使人生在物欲的不断膨胀中堕落沉沦。

【原文】

孔子曰:"侍于君子有三愆:言未及之而言谓之躁;言及之而不言谓之隐;未见颜色而言谓之瞽。"

【译文】

孔子说:"陪着君子说话容易犯三种过失:没轮到自己说话就先说,称之为急躁;该自己说话却不说,称之为隐瞒;不观察对方脸色而贸然说话,称之为瞎子。"

【注释】

愆（qiān 千）：过失。颜色：脸色。瞽（gǔ 古）：双目失明，盲人。

【评析】

这一则，讲孔子教导人们"要慎于言行"。侍奉君子必须持谨慎态度，偶一不加检点，要犯三种无心之过：急躁、隐讳、盲目。犯急躁病者，素质低，少修养；犯隐讳病者，缺诚少信；犯盲目病者，缺变通，少礼貌。

【原文】

孔子曰："君子有三戒：少之时，血气未定，戒之在色；及其壮也，血气方刚，戒之在斗；及其老也，血气既衰，戒之在得。"

【译文】

孔子说："君子有三件事要警惕戒备：年轻时，血气还不成熟，要警惕迷恋女色；壮年之时，血气正旺，要警惕争强斗能；老年之时，血气已衰，要警惕贪得无厌。"

【注释】

未定：未成熟，未固定。得：泛指对于名誉、地位、钱财、女色等等的贪欲、贪求。

【评析】

这一则，孔子谈"人生难过的三道关"。这种经验是对人一生经历和不同阶段特性的观察所得。尤其女色、争胜和得失是人生最难过的三道关口。不同的时期有不同的偏好，这与人的身体状况、心理状况有着关联。人在少年时期，贪恋女色，易致身心萎靡；壮年时期，最容易犯的是争强好胜之心，则祸乱易生；晚年时期，关乎名利得失，或者生老病死，最放不下的是一颗患得患失的心，或者是对过去的留恋，或者是感觉时日不多，总想再求得一些什么，却不知身体状况如日薄西山，力不从心了，须放手时不放手，徒增悲伤和无奈。经验的叙说，是为了让后人不至于重蹈覆辙，然而却常听人说骑虎难下，或者人在江湖，身不由己，借以推诿自己应该承担的责任，于是依旧在女色、纷争或利害得失中纠缠沉溺而难以自拔，或者终有一日，发现这一切成了陷阱，覆辙重蹈，则说，责任不在我。有人冲冠一怒为红颜，有人名利至死心未休。汉代哲学家、文学家刘安的《淮南子·诠言训》云：

"凡人之性，少则猖狂，壮则暴强，老则好利。"其立意源于孔子的"三戒"。以之为戒，益于立身。

【原文】

子曰："君子有三畏：畏天命，畏大人，畏圣人之言。小人不知天命而不畏也，狎大人，侮圣人之言。"

【译文】

孔子说："君子有三畏：敬畏天命，敬畏在高位的人，敬畏圣人的话。小人不知天命而不畏惧，不尊重在上位的人，蔑视圣人的话。"

【注释】

畏：怕。这里指心存敬畏，敬服。大人：在高位的贵族、官僚。狎（xiá 侠）：狎侮，轻慢，不尊重。

【评析】

这一则，写了两类人：君子、小人；三个问题，天命、大人、圣人言。因两类人的道德秉赋不同，对三个问题的态度相异。这就为两类人画了像，并围绕三个问题揭示了他们的内心世界。天高不可攀，不可见，天可信仰，不可评说；圣人言，箴语玄机，意深难测，只可尊圣人言，行君子事；至于大人，人间的人，现代人，自有很多评说处。遗憾的是，某些身居高位的人，不学无术，无品无德，养尊处优，前呼后拥，不值得敬仰。《孟子·尽心下》："说大人，则藐之，勿视其巍巍然。"也就是说，向大人进言，就得轻看他，不要把他高高在上的气派放在心上，助他的官气。

【原文】

孔子曰："生而知之者上也；学而知之者次也；困而学之，又其次也；困而不学，民斯为下矣。"

【译文】

孔子说："生下来就知道的是上等；通过学习才知道的是次一等；遇到困难然后学习，是再次一等；遇到困难还不学习，这样的普通百姓就是最下等了。"

【注释】

民斯为下矣：这种人就是最差的了。孔子对这种人表示最大的失望。斯：

副词,就。

【评析】

这一则,孔子把人分为四类:生而知之,学而知之,困而学之,困而不学之。孔子虽说"生而知之者",然而事实上孔子也不承认自己是"生而知之者"。他所谓的"生而知之者",是虚悬一格,并非实有,世界上并无此"理想状态"的人。他十分强调次一等的人,即"学而知之者",这种人要通过学习才能掌握知识。孔子认为自己一生好学不厌,正是学而知之者,这是贤者、智者增长才干的必由之路。再次一等的人,是困而学之者,即遇困难受挫折,就发奋学习,迎着困难往前闯,这种人比比皆是。孔子认为最次一等的人,就是那些困而不学者。这种人束书不观,游谈无根,语言无味,面目不端。更有甚者,或"群居终日,言不及义",或"饱食终日,无所用心",是无聊乏味之人。对青年人来说,学习和不学习是一个"人生价值取向"问题,是一生成败的关键和节骨眼。孰优孰劣,审之、视之、择之、行之。

【原文】

孔子曰:"君子有九思:视思明,听思聪,色思温,貌思恭,言思忠,事思敬,疑思问,忿思难,见得思义。"

【译文】

孔子说:"君子有九种考虑:看时考虑是否看清楚了,听时考虑是否听清楚了,脸色考虑是否温和,外貌考虑是否庄重,语言考虑是否诚心,办事考虑是否认真,有疑问考虑怎样向人请教,要发怒考虑是否会有后患,看到可得到的东西考虑得到是否合适。"

【注释】

恭,恭敬:谦让、谦抑、谦虚。忠:真心诚意,心口一致。敬:认真负责。难(nàn):危难,祸患,责难。得:获取(指获得名利,地位等)。义:合宜、合理。

【评析】

这一则,孔子谈"君子有九思"。孔子理想中的成德君子,在求知和修身当中提出的"九思"是君子在九个方面的修养。能够在这九个方面注意修养就能成为君子。由此可见,孔子所谓的"君子"不是一个固定不变的目标,即使达到了君子的水准，也还要不断保持、完善，否则很可能失去。"九思"确是概括日常生活、待人接物的重要方面，而一般人往往不思而凭感觉之自然反应，有时因而造成大错；所以孔子的"九思"说很有现实意义。

【原文】

孔子曰："见义如不及，见不善如探汤。吾见其人矣，吾闻其语矣。隐居以求其志，行义以达其道。吾闻其语矣，未见其人也。"

【译文】

孔子说："看见好的，学着去做，如同怕自己赶不上似的；看见邪恶，如同把手伸进开水要赶快避开。我见过这种人，我听过这种话。以隐居来求得保全自己的志向，以实行仁义来贯彻自己的主张。我听过这种话，没见过这种人。"

【注释】

义：见义中的"义"，有的版本是"善"。不及：赶不上。探汤：用手去试探沸水。汤：沸水，开水，如赴汤蹈火。达：达到，全面贯彻。

【评析】

这一则，写了积极入世、隐居避世两部分内容。积极入世者，见嘉思齐从善如流，见恶避之惟恐同污。孔子认为，有嘉言善行，学之思齐，惟恐自己少悟性，不能照做，不能跟上；碰到缺德败行，有伤风化，便极避之，惟恐避之不及，避之心切，就像不愿用手去试探开水一样。既对比，又比喻，收鲜明形象之效果。隐居避世，如幽壑之潜蛟，存青云之志，以待腾云；推行礼义来贯彻实践自己的主张。孔子表示他听到过这种言论，却未曾见过这种人品。远古唐尧时候，有贤士巢父和许由，尧帝欲以帝位禅让，因为执意不从，分别逃往箕山隐居。后来尧帝派人找到许由，许由认为听了这样的话，有辱清高，就在颍水边上洗耳朵；巢父见到了，问清缘由，便牵着他的牛到上游饮水，认为下游的水也已经被弄脏。清高至于此，未免夸张，但这也算是洁身自好吧，他们的隐退是对自己志向的成全。

【原文】

齐景公有马千驷，死之日，民无德而称焉。伯夷、叔齐饿于首阳之下，民到于今称之。（诚不以富，亦只以异。）其斯之谓与。

【译文】

齐景公有四千匹马，死的时候，人民认为他没有什么美德可称颂。伯夷、叔齐饿死在首阳山下，但人民到现在还称颂他们。（这实在不是因为富或不富，也只是因为品德行为的不同。）说的就是这个意思吧。

【注释】

千驷：古代一辆车套四匹马，驷就是四匹马的统称。千驷就是四千匹马。作为诸侯而有马千驷，在当时是豪侈而越制的。首阳：首阳山。又称雷首山，独岭山。在今山西省运城（一说永济）县南，为当年伯夷、叔齐采薇隐居处。南山有古冢，松柏茂盛，传说即伯夷、叔齐的墓。"诚不"句：这两句原在《颜渊篇第十二》第十则中。有人说应加在这里，与后句"其斯之谓"衔接。姑按前人说，加括号补入。

【评析】

这一则，谈"人生一世，草木一春，做到雁过留声，人过留名"，委实不是容易的。一个人的财富不是一个人所有，惟品德可以成为名声。贵为春秋时齐国国君的齐景公，生前家资豪富声名显赫，而死后何等寂寞？而生前寂寞的，如伯夷、叔齐，虽然一物所有，甚至饿死首阳山下，死后却以其精神留名在人间。所以人生自我价值的成就是什么？是来自于外界的财富，还是来自于内心的品德？虽然经常可以听到现在人说，金钱乃身外之物，但是有几个真正做到撇弃身外之物的？倒有这么多人为了这身外之物忙碌操心，生怕生前所聚无多。这就是金钱的魅力了，一般人难以抵挡！

【原文】

陈亢问于伯鱼曰："子亦有异闻乎？"对曰："未也，尝独立，鲤趋而过庭。曰：'学诗乎？'对曰：'未也。''不学诗，无以言。'鲤退而学诗。他日，又独立，鲤趋而过庭。曰：'学礼乎？'对曰：'未也。''不学礼，无以立。'鲤退而学礼。闻斯二者。"陈亢退而喜曰："问一得三：闻诗，闻礼，又闻君子之远其子也。"

【译文】

陈亢向伯鱼问道："您从老师那里听到过什么特别不同的教导吗？"伯鱼回答："没有。有一天，我父亲一个人站在那里，我快步经过庭院。父亲问：

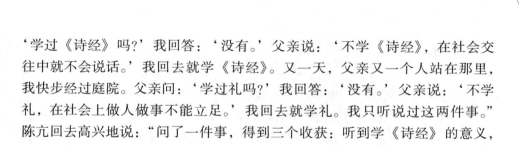

‘学过《诗经》吗?’我回答：‘没有。’父亲说：‘不学《诗经》，在社会交往中就不会说话。’我回去就学《诗经》。又一天，父亲又一个人站在那里，我快步经过庭院。父亲问：‘学过礼吗?’我回答：‘没有。’父亲说：‘不学礼，在社会上做人做事不能立足。’我回去就学礼。我只听说过这两件事。”陈亢回去高兴地说：“问了一件事，得到三个收获：听到学《诗经》的意义，听到学礼的好处，又听到君子并不偏向自己的儿子。”

【注释】

陈亢：陈子禽，孔子的学生。伯鱼：孔子的儿子。名鲤，字伯鱼。异闻：得到特别的传授。趋：快步走。古代见到长者，“趋而过”表示尊敬。诗：指《诗经》。远：不偏爱。

【评析】

这一则，谈“诗礼传家”。通过陈亢和伯鱼的问答，如实反映他父亲有过两次提示：要学诗，要学礼。不学诗，语言无味，表达效果不好；不学礼，面目可憎，何以立身处世？这是孔子的一种“诗礼传家”的教育，被称之为“庭训”。陈亢有悟性，闻伯鱼之语，欣然而喜。“我问一而得三：知道了学诗和学礼的重要意义，并得知君子对自己儿女的教育采取的态度。”有关“庭训”，孔子的七十七代嫡长孙孔得成在《庭训与师道》一文中写道：他受的庭训是“忠以事上，孝以事亲，敬以律纪，诚以待人”。这四点可视为孔府的传家宝，有普遍推行和发扬光大的现实意义。

【原文】

邦君之妻，君称之曰夫人，夫人自称曰“小童”；邦人称之曰君夫人，称诸异邦曰寡小君；异邦人称之亦曰君夫人。

【译文】

国君的妻子，国君称她为“夫人”，夫人自谦称“小童”；国内的人称她为“君夫人”，在其他国家的人面前谦称她为“寡小君”；其他国家的人也称呼她“君夫人”。

【注释】

邦君：指诸侯国的国君。小童：谦称。犹说自己无知如童子。诸：“之于”的合音。

【评析】

这一则，谈"称谓"。强调称谓，是因为称谓意味着某一种秩序的遵循和规范，这是礼制所规定，也是孔子所说的"名不正，则言不顺"的一方面的体现。古代对国君之妻的称谓问题极为讲究，带有规范性质。其他称谓也较规范。关于孔子对称谓问题的讲述，《论语》中都有记载，说明中华礼仪文化源头之悠远。

阳货篇第十七

《阳货》这一篇，主要记孔子教育弟子讲究仁德，阐发以礼乐治国的道理。

【原文】

阳货欲见孔子，孔子不见。归孔子豚。孔子时其亡也，而往拜之，遇诸涂。谓孔子曰："来！予与尔言。"曰："怀其宝而迷其邦，可谓仁乎？"曰："不可。""好从事而亟失时，可谓智乎？"曰："不可。""日月逝矣，岁不我与。"孔子曰："诺！吾得仕矣。"

【译文】

阳货想会见孔子，孔子不去见。他就送给孔子一只蒸熟了的小猪。孔子了解到阳货一时外出，依礼回拜，不巧两人在归途中狭路相逢。他对孔子说："来！我和你谈一谈。"他接着说："自己藏着一身本事，却听任国家一片迷乱，这能说是仁吗？"他又自问自答说："不能。""自己喜欢做官，却屡次错过机会，这能叫做智吗？"又自答说："不能。""时光在流失，岁月不待人。"孔子说："好吧！我要去做官了。"

【注释】

阳货：又名阳虎，杨虎。鲁国季氏的家臣，曾一度掌握了鲁国的大权，是孔子说的"陪臣执国命"的人物。归：同"馈"，赠送。豚（tún 屯）：小猪。这里指蒸熟了的小猪。时：同"伺"。意指窥伺，暗中打听，探听消息。亡：同"无"。这里指不在家。涂：同"途"。途中，半道上。迷其邦：听任国家迷乱，政局动荡不安。亟（qì 气）：屡次。知：同"智"。岁不我与：即"岁不与我"，年岁不等待我。"与"，在一起。这里有等待意。将仕（shì 示）：打算做官。

【评析】

这一则，记阳货"可说动之以礼，晓之以仁智"的事。孔子认为不可与言而与之言，失言，只好含糊以对。故有阳货连续用四个"曰"字的自问自答语。显而易见他想拉拢孔子，故絮叨不休，而有这一次戏剧性的事件发生。三年之后，阳货终于发起叛乱，足见孔子有见事于前的先见之明、看人看本的知人之圣。不然同流合污，自毁于仕途，有口莫辩。孔子在进退上做到了原则性与灵活性的相结合，既合礼，不拒人于千里之外，又遵礼义不俯仰随人，以污其身，正是"合乎时宜，适乎中道"，深得个中之妙！此则语言，自有绝妙处。如："诺！吾将仕矣。"于细微处作精深刻画，足见功夫。

【原文】

子曰："性相近也，习相远也。"

【译文】

孔子说："人的本性差不多，因后天受环境的习染而使差距扩大。"

【注释】

性：人的本性，性情，先天的智力、气质。习相远：指由于社会影响，所受教育不同，习俗、习气的沾染有别，人的后天的行为习惯会有很大差异。这里孔子是勉励人为学，通过学习提高自己的修养。

【评析】

这一则，谈孔子的"性近习远观"。孔子认为人的本性是十分接近的，因社会环境的熏染不同，才产生了善恶、智愚、贤与不肖种种差别。所谓"近朱者赤，近墨者黑"，也是说的这个意思。要培养和发展少儿的善良天性，养成良好的习惯和真、善、美的品德，使之德才兼备，健康成长，成为有益于人类社会的人；要家庭、学校和社会三位一体，形成合力，营造一种美好的教育环境，让其在此环境中生活、成长，这是百年树人的大计。

【原文】

子曰："唯上知与下愚不移。"

【译文】

孔子说："只有最上等的有智慧的人和最下等的愚笨的人是不可改变的。"

【注释】

知：同"智"。不移：不可移易、改变。

【评析】

这一则，谈孔子又从另一方面阐述人性难改。才高八斗的聪明人，有自己的思想、见解、主张，不会随外界的干扰随波逐浪、同流合污，遇善人亦善，遇恶人亦善，难移其秉性；自暴自弃者与昏愚之至者，虽圣人与居也难以感化影响他，遇恶人亦恶，遇善人亦恶，断难改变秉性。此两种人在世界上是极少数。大多数人的本性是会随着环境和文化氛围的变化而变化的。

【原文】

子之武城，闻弦歌之声。夫子莞尔而笑，曰："割鸡焉用牛刀？"子游对曰："昔者偃也闻诸夫子曰：'君子学道则爱人，小人学道则易使也。'"子曰："二三子！偃之言是也。前言戏之耳。"

【译文】

孔子到武城，听到弹琴唱歌的声音。他微微含笑说："杀鸡哪里用得着宰牛的刀？"子游回答说："以前我听老师您说过，做官的学了礼乐之道，就会爱护人民，老百姓学了礼乐之道，就利于听从指挥。"孔子说："学生们！偃的话是对的。我刚才的话只是开玩笑。"

【注释】

之：往，到。武城：鲁国的一个小县城。莞（wǎn 晚）尔而笑：微微地一笑。焉：哪得，怎么。诸："之于"的合音。戏：开玩笑，逗趣。

【评析】

这一则，谈"当仁不让于师"。以闻弦歌开篇，而引发孔子牛刀割鸡之论。以孔子用词、语境及笑貌，似有大材小用之意，这与他有关礼乐文化的作用一贯看法、说法不同，故使此则转入子游"当仁不让于师"的场面，而展示孔子勇于改过的品德，从而衬映出师生讨论问题的随意性和活跃性，于细微处见到一种精神的力量，于微言中体味蕴藏的大义。孔子能在学生面前公开承认自己的过失，说明他的虚心、无畏，折射着一种诚实的光芒，反映出坦然自若的生活情趣。

【原文】

公山弗扰以费畔，召，子欲往。子路不说，曰："末之也已，何必公山氏之之也？"子曰："夫召我者，而岂徒哉？如有用我者，吾其为东周乎！"

【译文】

公山弗扰据费邑谋乱，召请孔子，孔子准备去。子路不高兴地说："没有地方去就算了，为何一定去公山氏那里呢？"孔子说："他召我去，难道是白白召我吗？假如有人用我，我将在东方复兴周公之道啊！"

【注释】

公山弗扰：又名公山不狃，字子泄，鲁国大夫，季孙氏的家臣。后据费邑叛季氏，失败后逃亡齐国，又奔吴。畔：同"叛"。末：代词，没有地方，无处。之：动词，去。已：止，罢了，算了。之之：前一"之"字是倒装句的结构助词，后一"之"字是动词，"往……去"的意思。为东周：在东方从事周代礼乐文化建设。东：东方，这里实指鲁国。

【评析】

这一则，写孔子"图大业，解民困"的思想。据《史记·孔子世家》记载，鲁定公八年，公山不狃依仗阳虎的势力，在费邑反叛季氏，派人邀请孔子前往费邑共图大事。当时孔子已进入"天命"之年，长期郁郁其志难展，对公山不狃的邀请寄予希望，打算前往，想再兴文王、武王之盛事，认为费邑虽褊（biǎn 扁）小，也可能有所作为。孔子此举目的很清楚：效法文、武二王，以费邑为根据地而有天下来行仁政，使周文王、周武王时代的诗书礼乐文化事业在东方得到复兴。此时，孔子已到天命之年，尚欲兴礼乐文化事业，可谓难得。

【原文】

子张问仁于孔子。孔子曰："能行五者于天下为仁矣。"请问之。曰："恭、宽、信、敏、惠。恭则不侮，宽则得众，信则人任焉，敏则有功，惠则足以使人。"

【译文】

子张向孔子请教仁。孔子说："能够在天下实行五种品德就是仁了。"请

问哪五种？孔子说："庄重、宽厚、诚信、勤敏、慈惠。庄重则不致轻侮，宽厚则能得众人拥戴，诚信则得人信任，勤敏能见成效，慈惠则足以指挥人们。"

【注释】

行：实行，实施。

【评析】

这一则，孔子回答子张关于"仁"的问题。"仁"是什么，还是个模糊的概念，只能在具体的表现中叙述它的存在。孔子说的是它的外部表现和功用，五种品德偏重于如何在处世之中尤其在对政事的参与中体现"仁"。但是所有的品德都不应该成为单纯的理念，否则，人生也会走入另一极端。庄重太过则会呆滞拘泥，令人望而生畏甚至望而生厌；宽厚太过，或者愚蠢或者虚伪；诚信太过，则容易不辨真伪，轻捐生命；勤敏太过，则劳碌烦琐；慈惠太过，容易被人视为懦弱可欺，难立威仪。物极必反，也是自然规律，所以教条地运用不如不知不用，或者过分地遵循失去创造的乐趣。理念是存在于心中的抽象思维，实践是在现实中具体的运用，善于学习的人能在运用之中使毫无生气的理念化为勃勃生机的行为，也是一种颇富意趣的人生创造。

【原文】

佛肸召，子欲往。子路曰："昔者由也闻诸夫子曰：'亲于其身为不善者，君子不入也。'佛肸以中牟畔，子之往也，如之何？"子曰："然，有是言也。不曰坚乎，磨而不磷；不曰白乎，涅而不缁。吾岂匏瓜也哉？焉能系而不食？"

【译文】

佛肸召请孔子，孔子准备去。子路说："从前我听老师这样说过，'亲自做坏事的人那里，君子是不会去的。'现在佛肸在中牟谋反，您却要去，此举怎能说得通？"孔子说："对。我说过那话。但是不是说过，最坚硬的东西，是磨不薄的；最洁白的东西，是染不黑的。我难道是匏瓜吗？怎么只挂着而不给人吃呢？"

【注释】

佛肸（bì xī 闭希）：晋国大夫范中行的家臣，担任范中行的采邑（领地）

中牟的主管。中牟：春秋时晋国城邑。故址在今河北邢台和邯郸之间。当时佛肸为中牟宰。磷（lìn 吝）：薄。涅：本是矿物。古人作为黑染料。这里用如动词，染黑。缁（zī 姿）：黑色。也哉：复合语气词，相当现代汉语"了吗"。系（xì 细）：悬挂。

【评析】

这一则，谈孔子积极用世的思想。此处所记之事，可能发生在鲁哀公五年（前490年），孔子62岁的时候。写佛肸召唤孔子赴中牟，共商大事。孔子仍有意赴召。其目的用意十分清楚，乃是要在中牟从事周代礼乐文化建设。子路用孔子说的话来劝阻孔子，便引出孔子向子路掏心的话，孔子以坚硬、洁白之物作比，言其"磨"而不损，染而不黑，然后以两个问句厉声严肃问道，"我难道只是一只大葫芦瓜，只能挂在墙上而不能给人果腹吗？"由此语可见孔子积极用世的思想。孔子诉说衷肠，两千多年后，仍然如闻其声，如见其人。之所以有如此形象生动的描绘，盖因用了三个比喻，将掏心之话理解得更清楚，则探求其意更深刻。

【原文】

子曰："由也！女闻六言六蔽矣乎？"对曰："未也。""居！吾语女。好仁不好学，其蔽也愚；好知不好学，其蔽也荡；好信不好学，其蔽也贼；好直不好学，其蔽也绞；好勇不好学，其蔽也乱；好刚不好学，其蔽也狂。"

【译文】

孔子说："仲由！你听说六种品德有六种隐患吗？"子路回答说："未曾听说。""坐下来！我对你说。喜好仁德而不爱学习，隐患是容易被人愚弄；喜好聪明而不爱学习，隐患是放荡浮夸；喜好诚信而不爱学习，隐患是容易被伤害；喜好直率而不爱学习，隐患是说话尖刻；喜好勇敢而不爱学习，隐患是好犯上作乱；喜好刚强而不爱学习，隐患是狂妄。"

【注释】

女：同"汝"，你。六言：六个字，此处实指六种品行，即仁、知、信、直、勇、刚。六蔽：六种弊端。蔽：同"弊"，弊病，害处。居：同"踞"，蹲也。知：同"智"，聪明。荡：放荡，行为不受约束。贼：本义为害，杀害；此指被人坑害的意思。绞：尖刻，不尽情理的意思。狂：不知检束。

【评析】

这一则，孔子谈"品德也可能转为荒唐"。所有的品德有如光晕的笼罩，既有它的光芒之处，也有阴影之所存。品德如果用不得当，弊端则现。孔子已经说得很清楚。这是品德的缺憾，然而何以弥补？学习便是。这里的学习包含实践，实践是理论的或者抽象的在实际中的运用和认证，而不断修正，而使之趋于完善。孔子从不爱学习的角度，对现实人生现象作了一种观察归纳，并对子路郑重提出，具有针对性。子路好勇过人，为人耿直，主张"何必读书，然后为学"，对老师讲话直言无讳，孔子也直面相待，经常批评他。师生感情甚笃，故对子路的教诲总是开门见山。此处以负面强调"学而时习之"对做人的重要性，当时对子路是一种鞭策，今天对我们仍有现实意义。

【原文】

子曰："小子何莫学夫诗？诗可以兴，可以观，可以群，可以怨。迩之事父，远之事君；多识于鸟兽草木之名。"

【译文】

孔子说："弟子们，为何不学习诗？学习'诗'可以使人振奋，可以使人提高观察能力，可以使人增强合群意识，可以使人懂得怨恨。从近处说可以用其中的道理侍奉父母，从远处说可以用其中的道理侍奉君主；还可以从诗中多多知道鸟兽草木的名称。"

【注释】

小子：弟子们，年轻人。何莫：何不，为什么不。夫：这，那。兴：本义是兴起，发动。这里指激发人的意志和感情。观：本义是观察，观看。这里是指提高人的观察能力，可引申为欣赏力。群：使合群。诗离不开写人，多读诗就可以更深切了解人，懂得如何与人相处、相交，培养锻炼人的合群的本领。怨：怨恨。《诗经》中有不少怨刺诗，表达对现实的愤懑，抒发人们心中的不平，讽刺不合理的社会现象。迩（ěr耳）：近。

【评析】

这一则，写孔子"重论诗教"。诗"可以兴"，兴就是排遣情感，人的喜、哀之情，可以通过诗、词表现出来。这个兴是兴致，就是一切感情的发

挥。"可以观"，在读诗的过程中可以得到很多道理，得到很多启发。对自己的诗，也可以看出自己思想的路线与情绪。看一个人的作品，大致上就可以断定作者的个性。"观"就是这个道理，从作品中可以了解人。"可以群"，即可以合群，自己调整心境，朋友之间、社会之间，可以敬业乐群而不孤立，所谓以文会友。"可以怨"，这很明显，有了文学的修养，可以发发牢骚，有时心里的苦闷没有办法消散，压制在里面，慢慢变成病。会作诗就可以发牢骚了。"迩之事父"，近一点可以孝顺父母。怎样孝顺？有艺术修养，侍奉父母，则有乐观态度。"远之事君"，远大一点可以对国家社会有贡献。最后一句，因为喜欢在文学方面多研究，喜欢诗词，就"多识于鸟、兽、草、木之名"。知识渊博了，等于学了现在的"博物"这一科，什么都知道了。在孔子的时代，工具书是绝对没有的，就靠一些诗才知道。孔子当时所以特别提倡学诗，也是为了获得各种各样的知识。这是孔子教学生们一定要学诗的道理。

【原文】

子谓伯鱼曰："女为《周南》、《召南》矣乎？人而不为《周南》、《召南》，其犹正墙面而立也与？"

【译文】

孔子对伯鱼说："你认真学习过《周南》、《召南》了吗？人若不认真学习《周南》、《召南》，那就像对着墙站立而看不见里面的东西吧？"

【注释】

为：本义是做，这里指学习。周南，召（shào 哨）南：《诗经》十五国风中的第一、第二部分。而：如果，假如。其犹：那好像，那好比。正墙面而立：面对墙壁站立着。也与：复合语气助词，表推测语气，相当于现代汉语的"吧"。

【评析】

这一则，记"面壁而立的悲叹"。孔子叫伯鱼要学习《诗经》十五国风中的前面两部分，即《周南》、《召南》，简称之为"二南"。"二南"内容最富人民性和艺术性，大都有关男女夫妇之道。历代儒者认为具有一定的礼乐文化的教育意义。《诗大序》誉之为"正始之道，王化之基"（是拨乱反正的起步手段，是确立王道教化的基础）。孔子认为：一个人知识不渊博，文学修养不到最高的境界，等于正面对着墙壁而立，墙外面什么也看不见，背后有什么更看不见，就是文盲、白痴了。依孔子的说法，不认真弄懂《周南》、《召南》这两部分，就不能懂得全部《诗经》。其实这两部分是最好懂的，也许孔子的意思是，这两部分还没有读懂，其他的就更不用说了，用意在让伯鱼认真读这两部分诗。

【原文】

子曰："礼云礼云，玉帛云乎哉？乐云乐云，钟鼓云乎哉？"

【译文】

孔子说："礼呀礼呀！难道就是玉帛之类的礼品吗？乐呀乐呀！难道就是击钟、敲鼓之类的乐声吗？"

【注释】

礼云：相当现代汉语"礼呀"。玉帛（bó 博）：礼仪和祭礼所用器物，即玉器和丝织物。

【评析】

这一则，因时而写，孔子针对春秋时期礼崩乐坏的现实，发出"礼呀礼呀"、"乐呀乐呀"这种感喟呼告，抒情写意，似赞似叹。若光有玉帛钟鼓，没有虔诚，没有和气，就丢失了礼乐文化的真实意义。玉帛钟鼓是礼乐之形，虔诚，和气方是其意，孔子认定精神内涵是其主，是其本，是其质，这不恰恰强调了意的重要吗？物质形式是其次，是其末，是其形。形随意迁，孔子认为莫让玉帛、钟鼓遮盖和淹没了礼的安邦定国之功和乐的化民成俗之用，这样礼乐才能放射出无限的光芒！

【原文】

子曰："色厉而内荏，譬如小人，其犹穿窬之盗也与！"

【译文】

孔子说："外表神色严厉而内心怯懦虚弱，以小人来作比喻，就像是挖墙洞爬墙头行窃的盗贼吧！"

【注释】

色厉内荏：外貌似乎刚强威严，而内心却柔弱窃惧。"色"，神色，脸色，

外表的样子，"荏（rěn忍）"，软弱，怯懦，虚弱。穿：挖，透，破。窬（yú鱼）：洞，窟窿。从墙爬过去也叫窬，窬，通"逾"。

【评析】

这一则，孔子谈"摆虚架子"的人。这种人内心空虚，神色严厉，完全是一个伪君子，所以孔子毫不客气地把这种人比作小人。小人虽然不一定做坏事，但内心却像是"挖墙钻洞的小偷"那样慌张惶恐，行为鬼鬼祟祟，总担心有什么东西被人看破似的。心地不正，行为自然不会大方。说穿了，"色厉内荏"者，其实就是一种变态心理的表现。

【原文】

子曰："乡原，德之贼也。"

【译文】

孔子说："好好先生，是对德的败坏。"

【注释】

乡原：不问是非的和事佬，好好先生。贼：伤害，祸害。

【评析】

这一则，写孔子对"好好先生"的批评。什么是"乡原"？乡就是乡党，在古代是普通社会的通称。这个原字，也与愿字通用。原人就是老好人。看起来样样好，像中药里的甘草，每个方子都用得着他，可是对于一件事情，问他有什么意见时，他都说，蛮有道理；如碰到另一方面的反对意见，也说不错。反正不着边际，模棱两可，两面讨好。现在的说法是所谓"汤圆作风"或"太极拳作风"，而他本身没有毛病，没有缺点，也很规矩，可是真正要他在是非善恶之间下一个定论时，他却没有定论，表面上又很有道理的样子。这一类人儒家最反对，名之为乡原，就是乡党中的原人。孔子说这一类人是"德之贼也"，表面上看起来很有道德，但他这种道德是害人的，不明是非，好歹之间不做定论，看起来他很有修养，不得罪人，可是却害了别人。有时也害了自身，如"农夫与蛇"、"东郭先生与狼"这些寓言中类似的情节也正是我们现实生活中的反映。

【原文】

子曰："道听而涂说，德之弃也。"

【译文】

孔子说："听到传闻不加考证而随意传播，从道德来讲，是应当抛弃的。"

【注释】

道听而涂说：是成语"道听途说"的出处。指路上听来的传闻，不经核实，又于路上再度传播。涂：同"途"。弃：背弃。

【评析】

这一则，讲"古老文化"的通病。"道听途说"是一种背离道德准则的行为，而这种行为自古以来就存在。在日常生活中，有些不仅是道听途说，而且到处捕风捉影，四下探听别人的隐私，然后到处传说，乐此而不疲，制造流言，谎言，真正是卑鄙小人之举。道听途说这句话，就是告诫我们，不管读书做学问，或者道德修养、做人处世，都要深入求证，不能胡乱相信传闻。故孔子说："道听而涂说，德之弃也。"

【原文】

子曰："鄙夫可与事君也与哉？其未得之也，患得之。既得之，患失之。苟患失之，无所不至矣。"

【译文】

孔子说："与品德恶劣的人怎么可以一起事奉君主呢？他没得到官位、富贵时，总怕得不到。既得到了，又怕失掉。假如老怕失掉官位、富贵，那就无论什么事都做得出来了。"

【注释】

鄙夫：鄙陋、庸俗、道德品质恶劣的人。患得之：乃"患不得之"，脱误一个"不"字，经考，东汉前尚有"不"字，东汉王符《潜夫论》："孔子关夫未之得也，患不得之；既得之，患失之者。"宋后脱"不"字。宋人沈作喆（同哲）《寓简》："东坡解云'患得之'当作'患不得之'。"无所不至：无所不为。

【评析】

这一则，孔子对患得患失的人做了"心理剖析"。早在两千五百多年前，孔子便能慧眼如炬，洞察人的心理，既得体，又深刻，入木三分。他为一般

人总结出名利得失的心理规律：未得，担心不能得；既得，又担心失。一味担心名利得失，斤斤计较个人的利害，意在必得。为得，这一类人要手段，搞疏通，拍领导，低三下四；当他们拥有既得利益，其思想感情喜中生怕，怕丢失，事先采取对策，耍手段，无所不用其极！或找靠山，尽拍马贿赂之能事；或缩头藏脑，蒙混过关为保其利，莫失既得，苟且度日。能不能正确对待个人名利问题，牵涉到一个人的自觉性和自律性。

【原文】

子曰："古者民有三疾，今也或是之亡也。古之狂也肆，今之狂也荡；古之矜也廉，今之矜也忿戾；古之愚也直，今之愚也诈而已矣。"

【译文】

孔子说："古代的民众有三种毛病，现在啊，三种毛病中的正直的东西已经没有了。古代狂人肆意敢言，现在的狂人放荡不定；古代骄傲的人有角有棱，现在骄傲的人忿怒暴戾；古代愚蠢的人直率，现在愚蠢的人就是欺诈罢了。"

【注释】

疾：本义是病。这里指气质上的缺点。或：有。是：正直。之：已经。亡：同"无"。矜（jīn金）：骄傲，自尊自大。廉：本义是器物的棱角，这里引申为不可触犯，碰不得，惹不得。忿戾（lì利）：凶恶好争，蛮横无理。

【评析】

这一则，孔子论"古今人物"。上古时代的人"狂、矜、愚"，虽然是毛病，但是还能被人们所接受。到孔子时代这三种毛病，而让世人深恶痛绝了。然而，这种毛病，从孔子时代到今天，不但没改变，反而有增加。因此，应当加强道德理念、精神素质的培养和教育，使我们的国民意识加强提高，民族性格得到完美塑造。

【原文】

子曰："巧言令色鲜矣仁。"

（此与《学而》篇第三则重复，不再译解。）

子曰："恶紫之夺朱也，恶郑声之乱雅乐也，恶利口之覆邦

家者。"

【译文】

孔子说："我厌恶紫色夺取朱色的地位，厌恶郑国轻佻淫乱之曲破坏传统雅乐，厌恶强口利舌巧言善辩的人来颠覆国家。"

【注释】

恶（wù务）：憎恶、厌恶、可恶。紫之夺朱：用紫色代红色。郑声：郑国的轻佻而淫乱的音乐。雅乐：周代京城的正统而高雅的音乐。利口：强嘴利舌。口：口舌。

【评析】

这一则，孔子批判当时的社会风气。杂色代正，淫乐坏雅，花言巧语者得势，麻雀占了凤凰窝，香花难入室，臭蒿满朝堂，孔子以"夺"、"乱"、"覆"三个动词揭示出负面势力的残暴及当时不好的风气，以其足见孔子对此深恶痛绝。孔子对现实的不满，但并不影响他的用世之心，就因为世道纷乱，更须有人极力挽之。孔子的拯救精神带来了执著，执著带来了真心的痛惜。痛惜周公礼乐的不复，痛惜人心的堕落，种种痛惜一日不能放得下的忧患意识，沉郁的心情无时无刻不萦绕在古今的对比之中。

【原文】

子曰："予欲无言。"子贡曰："子如不言，则小子何述焉？"子曰："天何言哉？四时行焉，百物生焉，天何言哉？"

【译文】

老师说："我想不说话了。"子贡说："您若是不说话，那么学生有何传述呢？"老师说："天有什么话呢？一样四季依然运行，世间万物依然生长，天有什么话呢？"

【注释】

述：传述、复述。天：上天，实指宇宙和自然界。四时：春夏秋冬四季。

【评析】

这一则，讲孔子以"行"代"言"的主张。突出了孔子身教重于言教的思想，要让弟子接受无言的教诲。览宇宙虽无穷而顺于时，察万物虽众然各

遵其序。天籁合鸣，自然之间而成趣，各有其理，于潜移默化当中，自学受教，胸怀百川，扩大视野，于中悟理，转变思想，体味人生的真谛！此则寄意玄奥，理深意远，似与道家、黄老思想和盛唐时方兴的佛家的禅宗旨趣有些相关。足见后人从孔子"天何言，四时行"语悟玄机，而成自家妙意的承传领悟。这一切只有步入灵魂生活境界才能有所悟。

【原文】

孺悲欲见孔子，孔子辞以疾。将命者出户，取瑟而歌，使之闻之。

【译文】

孺悲想见孔子，孔子推辞说有病。传话的人刚出了门，孔子拿过瑟来又弹又唱，故意让跟孺悲传话的人听到。

【注释】

孺悲：鲁国人。鲁哀公曾派孺悲向孔子学习士丧礼。将命者：传话的人。此则是语录整理者的记事之辞。使之闻之：前一个"之"，代词，指代"传命者"（即孺悲派来传达求见的人），第二个"之"，代词，代指瑟声和歌声。

【评析】

这一则，写孔子不愿见孺悲。孟子说："教亦多术矣，予不屑之教诲也者，是亦教诲之而已矣。"既为术，就是方法。不屑的教诲是一种最深刻的教诲，可以使人猛醒回头。因此可知，孺悲以前求学于孔子时，少谦恭，故有意让其受挫，以使自知；再者亦可视为身教，这对平步青云，志得意满的孺悲，来个碰头彩，触点霉头，吃点苦头，受点挫折，懂点事理，知大千世界并非处处顺心，任事随意，这也是孔子施行身教和因材施教的典型事例。

【原文】

宰我问："三年之丧，期已久矣。君子三年不为礼，礼必坏；三年不为乐，乐必崩。旧谷既没，新谷既升，钻燧改火期可已矣。"子曰："食夫稻，衣夫锦，于女安乎？"曰："安。""女安，则为之！夫君子居丧，食旨不甘，闻乐不乐，居处不安，故不为也。今女安，则为之！"宰我出，子曰："予之不仁也！子生三年，然后免

于父母之怀。夫三年之丧，天下之通丧也。予也有三年之爱其父母乎？"

【译文】

宰我问："父母去世，子女守孝三年，期限太久了。君子三年不讲习礼仪，礼仪必然荒废败坏；三年不演奏音乐，音乐必然生疏忘记。旧谷子已吃完，新谷子已上场，取火用的木料也都轮了一遍，守孝一周年就可以了。"孔子说："父母去世还不满三年你便吃大米饭，穿锦绸缎，你心安吗？"宰我说："我心安。"孔子说："你心安，就这样做吧！君子居丧守孝，吃美味不觉香甜，听音乐不觉快乐，住好房子不觉安适，所以不那样做。如今你心安，就去做吧！"宰我出去后，孔子说："是宰予的不仁啊！孩子生下三年之后，才能脱离父母的怀抱。为父母守孝三年，是天下通行的丧礼。宰予是不是也有三年的爱心报答他的父母呢？"

【注释】

期：时间，期限。已：副词，太过分。崩：废置。既没：已经吃完。已升：已经登场。钻燧（suì 岁）改火：钻燧取火的木料一年轮换了一遍。期（jī 基）：同"朞"，一周年。已矣：复合语气词，意与"矣"同。衣：动词，穿。夫：那。旨：美味，好吃的食物。乐：第一个"乐"，指音乐。第二个"乐"，指快乐。免于父母之怀：离开父母的怀抱。免：离开。通丧：通常的丧礼。

【评析】

这一则，记孔子及其门人宰我相互讨论"三年之丧"的问题。在孔子之前，华夏族就有为父母守孝三年的礼制，但孔子在继承时对它进行了新的解释。他认为，"三年之丧"不是一种外在的约束，而是出于子女之爱的情理，这样，孔子把原来强制性的规定，提升为基于生活的自觉理念；把宗教性的神秘化，转化为人之常情，与伦理规范、心理欲求融为一体；把对神的盲从，变为对人性、对自己的服从。如此，就使礼具有了更为普遍的可接受性和付诸实践的有效性。所以，李泽厚在《中国古代思想史论·孔子再评价》中认为，这一点"正是仁学思想和儒学文化的关键所在"，"在中国古代思想史上具有划时代的意义"。社会发展到今天，最主要的孝行，乃是父母有生之日，

力尽赡养和尊敬之责。让父母（含其他长辈）在物质上吃好，穿好，精神上享有天伦之乐，子孙绕膝，呼爷唤奶，嫩声解颐，鬼脸释烦。这是一个文明社会的重要标志之一。对那些只顾妻儿小家欢乐，虐待父母高堂者，应当予以舆论的谴责和法律的管束。我们提倡尊老、敬老、养老、爱老。

【原文】

子曰："饱食终日，无所用心，难矣哉！不有博弈者乎？为之，犹贤乎已。"

【译文】

孔子说："整天吃得饱饱的，一点都不动脑筋，真是难以教导呀！不是有掷彩下棋的游戏吗？玩一玩也比闲着好。"

【注释】

终日：整天。博：古代的一种赌博游戏，掷彩（骰子）确定胜负，称之为局戏，与现代赌博近似。弈（yì 益）：下棋；一般为两人对局。犹：还。贤：多，胜过，胜于，比什么都好一些。乎：在形容词"贤"后，表赞叹。已：止，引申为不干，不为。

【评析】

这一则，概述现实生活中，总有少数人游手好闲，成天白吃饭，吃了饭什么心思都不用，以无益之事，遣有涯之生。荒时废业，孔子以之暗示门人学子要有所用心，首先要用心于学习。在此提出对社会风气的培养和群众文化生活引导的问题，当政者应有前车之鉴，引起足够的重视。不要让那些好逸恶劳的富贵虫和寄生虫，成为社会的毒瘤和消极因素，放任自流，危害非浅。

【原文】

子路曰："君子尚勇乎？"子曰："君子义以为上。君子有勇而无义为乱；小人有勇而无义为盗。"

【译文】

子路问道："君子崇尚勇敢吗？"孔子说："君子以为义是最高尚的。君子有勇而无义，就会犯上作乱；小人有勇而无义，就会做强盗。"

【注释】

尚：推崇，尊崇，动词。上：同"尚"，作动词。

【评析】

这一则，孔子着重讲"勇"和"义"的关系。义者，宜也，适宜也。即要求每一个人的言行举止要自知检点，自行约束，合乎中道原则。勇，是一种美德，但它有个前提，应该和谋略、义理结合起来。勇如果脱离了谋略、义理，就会变得莽撞，变得没有方向，就会沦为盗贼。子路是个好勇的人，当他向老师提出君子是否崇尚勇的问题时，孔子就乘机告诫他，勇要以义来加以指导。

【原文】

子贡曰："君子亦有恶乎？"子曰："有恶：恶称人之恶者，恶居下流而讪上者，恶勇而无礼者，恶果敢而窒者。"子曰："赐也亦有恶乎？""恶徼以为知者，恶不孙以为勇者，恶讦以为直者。"

【译文】

子贡说："君子也有憎恶吗？"孔子说："有憎恶：憎恶宣扬他人坏处的人，憎恶居于下属而诽谤上司的人，憎恶好勇而无礼的人，憎恶果敢而刚愎自用的人。"老师又说："赐，你也有憎恶的吗？""憎恶剽窃而认为聪明的人，憎恶把不谦逊而认为勇敢的人，憎恶揭发别人的短处而认为是直率的人。"

【注释】

流：据清乾隆年间经学大家惠栋《九经古义》和清嘉庆年间学者冯登府《论语异文考证》，"流"字衍。晚唐以前的《论语》版本中无"流"字，至宋代，才有此衍误。讪（shàn 善）：诽谤，讥讽、诋毁。窒（zhì 志）：阻塞不通。引申为顽固不化。徼（jiǎo 搅）：抄袭，窃取，剽窃他人的知识成果（如言论、学问、见解等）。知：同"智"，孙：同"逊"。讦（jié 杰）：攻击别人的短处。

【评析】

这一则，子贡同孔子谈"君子之恶"。君子博爱但也有所憎，不是无原则

地无是非地爱世界，爱人类。因为有爱，才有憎，不然何以见爱？世间充满了卑劣的东西，从憎恶中可以有所批判和有所厌弃。道德不完全是一种感召力，它还有着对人性之恶的东西的威慑限制和评判纠正能力。

【原文】

子曰："唯女子与小人为难养也。近之则不孙；远之则怨。"

【译文】

孔子说："唯独女子和小人是难得相处的。亲近他，就无礼；疏远他，就怨恨。"

【注释】

唯：唯独，只有。难养：难于相处。不孙（xùn 训）：不谦让，无理。孙：同"逊"。

【评析】

这一则，历来不易疏解。我们认为孔子所讲的难于相处的人，实指女孩子和男孩子，他们入世浅，年尚幼，性格未定，况少阅历。他们之中，不少小孩子脾气，小肚鸡肠，亲近了，可能无理取闹，疏远了，可能一肚子怨气。孔子对他们心理性格特征的描述，可以说是深刻独到。但这种描述并不寓含恶意或贬义，只说明未成年男女心理性格未定型，涉世不深，不能严于律己，待人接物任性而行罢了。他们爱耍小孩子脾气，感情用事，故"为难养也"。

【原文】

子曰："年四十而见恶焉，其终也已。"

【译文】

孔子说："年纪到了四十岁还被人厌恶，他这一辈子算是完了。"

【注释】

见恶：被别人所厌恶，所讨厌。"见"，助词，表示被动。终：终结，到此为止，无所作为。也已：复合语气助词，表示一种感叹语气。

【评析】

这一则，谈"白了少年头，空悲切"。人到了四十岁，性格已经成型，人生已经过了一大半，尚不能通达，欲求太多，因此被人厌恶，还有什么前途？

　　这如果在当时是具体有所指，则可；如果不是，相对来说，是一种普遍性。但也有特殊的，未免绝对。中国大器晚成的人见于记载也颇多。如周处，年轻之时，徒呈勇武，鱼肉乡里，被乡人视为祸害。后来悔过自新，造福乡里。唐代诗人韦应物少时懈怠放纵，年过四十好好学习，成就声名。这些都是历史上有依据的事实。由于人类平均寿命的延长，五十岁以后还作出成就的人，已经不是个别现象，八九十岁的人为人类作出贡献者诚不在少数。老有所为、大器晚成等成语，并不都是宽慰老人的口头禅。老有恒，增学养，必会有为。

　　但是孔子在这里或也有激励之意，时光不再，劝君惜取少年时。

微子篇第十八

《微子》这一篇，主要记历史上圣贤的事迹，孔子及其弟子周游列国时的行为，以及世人对于处乱世的不同态度。

【原文】

微子去之，箕子为之奴，比干谏而死。子曰："殷有三仁焉！"

【译文】

（纣王无道，）微子离开了他，箕子做了他的奴隶，比干因为力谏而被杀死。孔子说："殷朝有三位仁人哩！"

【注释】

微子：名启，殷纣王的哥哥。去：离开。之：他，指纣王。箕子：名胥馀，殷纣王的叔父。他谏纣王而不听，并被纣王降为奴隶。比干：殷纣王的叔父。他力谏纣王，被剖心而死。

【评析】

这一则，写"杀身以成仁"。微子是与商纣王同母的兄弟，为长子，当时生微子之时，他的母亲还是小妾，生纣王时，已被立为正室，故立纣为太子。纣王无道，不听劝谏，微子不忍心见国事衰败，离开了殷商投奔周朝，后来武王立朝，微子介绍了治国之道。微子是以国家百姓为念，而不是局限于对某一朝代的尽忠。箕子和比干都是纣王的叔父，当时是辅助纣王的宗亲和大臣。所以不能如微子一般远身离去，而是尽忠直谏。纣王不听，箕子被囚，假装疯狂，而成了奴隶。比干死谏，纣王大怒说：我听说圣人的心有七孔，于是杀比干，剖心而视。这三个人都是处于乱世而能以不同的方式尽忠，孔子称为仁人者，是因为他们都能够忠于职守，忠于国家，不惜生命，即所谓杀身以成仁。

【原文】

柳下惠为士师，三黜。人曰："子未可以去乎？"曰："直道而事人，焉往而不三黜？枉道而事人，何必去父母之邦？"

【译文】

柳下惠担任法官，屡次被罢免。有人说："你不能离开鲁国吗？"柳下惠说："按照正道来侍奉人，到哪儿不被罢免呢？如果以歪门邪道来侍奉人，何必要离开自己的祖国呢？"

【注释】

柳下惠：姓展，名获，又名禽，鲁国的贤大夫。"柳下"是他的封地名，"惠"是他的谥号。士师：官名，主管刑法。三黜（chù 处）：多次降职或罢官。去：离开。焉往："往焉"的倒装，去哪儿。往：去，到。枉道：不是正道。父母之邦：父母所在之国，即祖国，本国。

【评析】

这一则，将柳下惠的高风亮节浓缩为四个字："直道事人"。柳下惠在进退去留上不讲个人得失，自行正道。在待人接物上，把温暖和关怀送给别人，不畏讥议。因正道而名誉远播，其"直道事人"的品德将永放光晔。柳下惠奉行直道，侍奉鲁国国君，是儒家推崇的仁人君子。

【原文】

齐景公待孔子曰："若季氏则吾不能；以季、孟之间待之。"曰："吾老矣，不能用也。"孔子行。

【译文】

齐景公谈起对待孔子的待遇说："要像鲁君对待季氏那样，我做不到，对您的待遇可以低于季氏、高于孟氏。"（可是不久，）齐景公说："我老了，不能任用了。"孔子就离开了齐国。

【注释】

齐景公：名杵臼（chǔjiù 楚旧），齐国的国君。季氏：季孙氏，鲁国的大夫，位在上卿。孟：孟孙氏，鲁国的大夫，位在下卿。

【评析】

这一则，写孔子仕途上的坎坷。鲁昭公二十五年，鲁国内乱，昭公奔齐，随后孔子率少数弟子亦投奔到齐国，曾经受到齐景公的敬重和礼遇，在政治待遇上，按低于季氏、略高于孟氏的规格来接待孔子。后来日渐疏远，并改口说："我老了，不能任用了。"其言中意思很清楚，这是搪塞语，是逐客令，孔子听到这话，只好返回鲁国。这就写出了孔子仕途上的坎坷。由齐景公的关注礼遇到季、孟之间，再到不能用，这是直线下降的仕途轨迹。

【原文】

齐人归女乐，季桓子受之，三日不朝。孔子行。

【译文】

齐国赠送歌女舞姬及乐师，季桓子接受了，好几天不上朝处理政务。孔子离职而去。

【注释】

"归"是"馈"的假借字，意为赠送。女乐：歌女、舞姬、乐师。季桓子：季孙氏，鲁国的宰相。

【评析】

这一则，写齐国用美人计，鲁国中计。鲁定公十四年（前496年），孔子在鲁国任代理宰相，刚三个月的时间，齐国人害怕鲁国因此强大起来，于是商量给鲁国送了漂亮女子八十人，奏乐跳舞，于是发生了"季桓子受之，三日不朝"的事。孔子看到鲁国国君迷恋声色，置国家大事于不顾，他不愿意尸位素餐，终于弃官不做，拂袖而去，另到他国，一展抱负。

【原文】

楚狂接舆歌而过孔子。曰："凤兮！凤兮！何德之衰？往者不可谏，来者犹可追。已而，已而，今之从政者殆而。"孔子下，欲与之言。趋而辟之，不得与之言。

【译文】

楚国的一个狂人迎着孔子的车子唱歌，他从孔子的车子前边走过去。歌词是："凤凰啊！凤凰啊！为什么你的品德衰败了呢？已经过去的不可挽回了，未来的还可以补救。算了吧！算了吧！现在从政的人危险啊！"孔子下车，想和这个狂人谈话。他却快走几步躲开了，孔子没有能够和他交谈。

【注释】

接舆：接，迎；舆，车。即迎面遇着孔子的车。凤：凤凰。古时传说，世有道则凤鸟见，无道则隐。这里比喻孔子。楚狂人认为孔子世无道而不能隐，故说"德衰"。谏：规劝，这里有无法挽回的意思。已：止。而：语助词，吧。殆：危险。趋：赶快，急忙。

【评析】

这一则，写楚狂人"以歌讽劝"孔子的事。楚狂人是楚国的隐士，见楚国政令无道，佯狂归隐。当时孔子被楚王派人从陈地救回，想要重用孔子，但同样受到大臣令尹子西的反对，所以楚狂人劝谏。身处乱世，很多有识之士或佯狂或归隐以避世，这也是乱世的现象，无奈的情怀。狂与隐都是以一种独特的出世的人生态度作为对浊世的反抗，两者在表现形式上处于完全不同的极端。狂者以破坏的姿态出现在人前，或与社会礼俗文明的对抗，或对自己的生命的鄙视，矫言厉行，以一种惊世骇俗的言行特立独行于世。极端抑郁的逆反，隐藏了一段无以言说的悲哀。而隐者则是高韬于世外，借山水田园以修身，求其保真全性返璞归真之意以与现实抗衡。其内心则蕴涵了太多与世不偶的无奈和辛酸。孔子下车，想和楚狂人交谈，他却扬长而去，不愿和孔子搭话。由此观之，孔子和狂人毕竟是"志不同，不相为谋"：一个是积极入世者，一个是消极遁世者，两者不同道，何有共同的语言呢？

【原文】

长沮、桀溺耦而耕，孔子过之，使子路问津焉。长沮曰："夫执舆者为谁？"子路曰："为孔丘。"曰："是鲁孔丘与？"曰："是也。"曰："是知津矣。"问于桀溺。桀溺曰："子为谁？"曰："为仲由。"曰："是鲁孔丘之徒与？"对曰："然。"曰："滔滔者天下皆是也，而谁以易之？且而与其从辟人之士也，岂若从辟世之士哉。"耰而不辍。子路行以告。夫子怃然曰："鸟兽不可与同群，吾非斯人之徒与而谁与？天下有道，丘不与易也。"

【译文】

长沮、桀溺二人在一起耕地，孔子经过那里，让子路去打听渡口。长沮问子路说："那个驾车子的人是谁?"子路说："是孔丘。"长沮说："他就是鲁国的孔丘吗?"子路说："他就是。"长沮说："他应该知道渡口在哪儿了。"于是子路去问桀溺。桀溺说："你是谁?"子路说："是仲由。"桀溺说："你是鲁国孔丘的学生吗?"子路回答说："是的。"桀溺说："整个天下都像洪水泛滥一样乱糟糟的，你们同谁去改变它呢? 你与其跟着孔丘那种逃避无道君主的人，还不如跟着我们这些逃避现实的人哩。"一边说，一边不停地用土覆盖播下去的种子。子路回来告诉孔子。孔子怅然若失地说："人与鸟兽是不可同群的，我们不同世人一起生活又同谁呢? 假若天下有道，我孔丘就不参与变革现实的活动了。"

【注释】

长沮（jù 句）、桀（同"杰"）溺：都是形容人的形象，不是真实姓名。长沮，站在泥沼里的高个子。桀溺，浸在水中的大个子。耦（ǒu 偶）：二人合耕。执舆者：驾车的人。问津：打听渡口。与：通"欤"，吗。而：同"尔"，你。辟人之士：躲避人的人。指孔子，他离开鲁国，到处奔波，躲避与自己志趣不合的人，不同他们合作，故称。辟：同"避"。辟世之士：避开整个社会的隐士。耰（yōu 优）：古代农具，用来击碎土块和平整土地。辍（chuò 绰）：停止，中止。怃（wǔ 午）然：怅然若失的样子。斯人之徒：指世上的人们，现实社会的那些从政者，统治者。与：相与，参与。易：变易，改革。

【评析】

这一则，以对话来揭示人物的性格。孔子一行与两位隐士之间，在人生观、世界观、价值观上发生了针锋相对的对立。孔子是淑世主义者，隐士是避世主义者。其相同点，都不满意这个现实社会；其不同点是：一个要去改造它，一个要去回避它。孔子积极入世，胸怀大仁、大智、大勇；长沮、桀溺洁身自好，蓄意置身世外，销声匿迹于山水之间。人各有志，统一起来是万难的，也没有这种必要。要肯定孔子，但也不要简单地去否定隐逸之士。世界是多元的，只要遵守做人的基本规范，不侵犯别人的生存权限，我们对各种思潮、各种信仰，要兼容并蓄之，这样才能使社会有活力，有色彩，有特色。

【原文】

子路从而后，遇丈人，以杖荷蓧。子路问曰："子见夫子乎？"丈人曰："四体不勤，五谷不分，孰为夫子？"植其杖而芸。子路拱而立。止子路宿，杀鸡为黍而食之，见其二子焉。明日，子路行以告。子曰："隐者也。"使子路反见之。至则行矣。子路曰："不仕无义。长幼之节不可废也，君臣之义如之何其废之？欲洁其身而乱大伦。君子之仕也，行其义也。道之不行，已知之矣。"

【译文】

子路跟孔子出游，有一次落在后面。遇上一位老人，用木杖挑着除草的农具。子路问："您看见我的老师了吗？"老人说："你们四肢不劳动，五谷分不清，谁知哪个是你老师？"接着把木杖插在地上，就去除草了。子路拱手站在一旁。老人留子路在他家住宿，杀鸡、做黍米饭给子路吃，并让两个儿子见了子路。第二天，子路赶上了孔子，叙述了这件事。孔子说："这是位隐士。"让子路返回去看老人。子路到了那里，老人已经走了。子路说："不从政做官是不义的。长幼之间的礼节不可废弃，君臣之间的名分如何能废弃呢？只想洁身自好，却乱了君臣间大的伦理关系。君子之所以要从政做官，就是为了实行君臣之义。至于道之不能行，我们已经知道了。"

【注释】

丈人：老人。姓名身世不详。一说楚国叶县人。荷（hè贺）：挑，担，扛。蓧（diào掉）：古代一种竹制农具，用来除草。芸：同"耘"，除草。食（sì四）：拿东西给别人吃。反：同"返"，返回去。

【评析】

这一则，主要写荷蓧老人与孔子，性格各异。孔子虚怀若谷，长者之风，尊道修德，从善如流。当子路告之荷蓧老人之语，及款待子路事，孔子并未因老者说他"四体不勤，五谷不分"而气恼，却让子路返回，有面见隐者意，或劝其仕，或讨教些有益的东西，无不表现孔子气度和风范。荷蓧老者，虽似凤，天下无道则隐，但子路指责他不废长幼有序之小伦，他不仕，避君弃民，有失君臣之大论。君子出仕，不光是为了尽君臣之忠义，还有救民之识

心。要学习孔子明知乱世而特来，明知不行而不舍的精神。君子应为拯救百姓舍身成仁。

【原文】

逸民：伯夷，叔齐，虞仲，夷逸，朱张，柳下惠，少连。子曰："不降其志，不辱其身，伯夷、叔齐与！"谓："柳下惠、少连，降志辱身矣，言中伦，行中虑，其斯而已矣。"谓："虞仲、夷逸，隐居放言，身中清，废中权。我则异于是，无可无不可。"

【译文】

被遗弃的人才有：伯夷，叔齐，虞仲，夷逸，朱张，柳下惠，少连。孔子说："不改变自己的志向，不辱没自己的身份，就是伯夷、叔齐吧！"又说："柳下惠、少连，被迫扭曲了意志，辱没了身份，但说话合乎伦理，行为深思熟虑，他们只是这样做而已啊。"又说："虞仲、夷逸，过隐居生活，说话放纵无忌，能保持自身清白，废弃官位而合乎权宜变通。可是我与这些人不同，没有什么可以，也没有什么不可以。"

【注释】

逸民：遗落的人才，隐退不仕的人。失去政治、经济地位的贵族。虞仲：即仲雍，为推辞王位，与兄泰伯一同隐至荆蛮。夷逸：古代隐士。自称是牛，可耕于野，而不忍入庙而为牺牲。朱张：字子弓，身世不详。少连：东夷人。善于守孝，达于礼。中（zhòng 众）：符合，合于。"无可"句：意思是说：根据客观实际情况的发展变化而考虑怎样做得适宜。随机应变，见机行事。

【评析】

这一则，写孔子对七位隐者贤士的评价。孔子评伯夷、叔齐：不降己志，不辱身份。志不降，身不辱，可谓大贤大德矣。对柳下惠、少连的评价：虽"降志辱身"，但言论合道合伦，行为先虑而中合。柳下惠善于外交辞令，言谈话语，雄兵百万，能不战而退齐师；少女坐怀，而无淫乱之念，可称"不羞污君，不卑小官"，不卑不亢，品德高尚。少连善于居丧守孝，正是孝道，合乎伦常。以上都是用事实说明的。孔子对虞仲、夷逸的评价：隐居守志，自善行藏，直言不讳，为国自当；行为清白，洁身自爱；被弃冷落，权变自裁。孔子认为自己与逸民大异其趣，其行为准则："无可无不可。"

【原文】

太师挚适齐，亚饭干适楚，三饭缭适蔡，四饭缺适秦；鼓方叔入于河，播鼗武入于汉；少师阳、击磬襄，入于海。

【译文】

太师挚去了齐国，亚饭乐师干去了楚国，三饭乐师缭去了蔡国，四饭乐师缺去了秦国；打鼓的方叔去了黄河地区，摇小鼓的武去了汉水地区；少师阳和击磬的襄，去了海滨。

【注释】

太师挚：是乐官之长。亚饭：按周朝制度规定，天子和诸侯吃饭时要奏乐。"亚饭"是第二次吃饭时奏乐的乐师。"三饭"、"四饭"依此类推。干：及下文"缭"、"缺"，均为乐师名。鼓方叔：打鼓的乐师，名方叔。河：专指黄河。鼗（táo桃）：长柄摇鼓，两旁系有小槌。武：是摇小鼓乐师的名字。少师阳：乐官之佐（副乐师），名阳。击磬襄：敲磬的乐师，名襄，孔子曾向他学琴。以上这些鲁国的乐师流亡四方，各找出路，说明鲁公室已日益衰微。

【评析】

这一则，不厌其烦，以真名实姓及逃至何方来写出鲁国乐师不满鲁哀公荒于朝政、迷恋于齐国歌姬舞女、沉溺在当时的流行音乐中的情状，故礼崩乐坏人散去，投奔别国，再找出路。

【原文】

周公谓鲁公曰："君子不施其亲，不使大臣怨乎不以；故旧无大故，则不弃也；无求备于一人。"

【译文】

周公对鲁公说："君子不能疏远怠慢自己的亲族，不能让大臣埋怨不任用他们；老臣老友，如果没有重大的过错，不要遗弃他们；不要对一个人求全责备。"

【注释】

周公：武王之弟，名姬旦。鲁公：指周公的儿子伯禽。施：同"驰"。松驰，放松，弃置。引申为疏远，怠慢。以：用，任用。

【评析】

这一则，写周公姬旦对长子伯禽的告诫，希望他做一位务实的国君。以内容论，可分两层：第一层分述了对亲族、大臣及内臣老友应有的做法和态度。要团结他们，无内顾之忧；要重用他们，使其尽职尽责；旧臣老友无大过不可冷落，调动他们的积极因素，确保社会安定。对老臣故交、亲朋等突出"礼"字、"仁"字；礼遇之，礼中自含八分笑，一笑解千虑，敬也就在其中了。以仁心待人，人皆感其仁，被信用、重视，则心顺，会更好地工作。第二层是总结语：即对任何人不要求全责备，应宽厚待人，营造一种融洽和谐的氛围，使其尽才尽能，尽职尽责，为国效力。

【原文】

周有八士：伯达、伯适、仲突、仲忽、叔夜、叔夏、季随、季骐。

【译文】

周朝有八位名士：伯达、伯适、仲突、仲忽、叔夜、叔夏、季随、季骐。

【注释】

八士：……伯适（kuò 扩）……季骐（guā 瓜）。生平事迹不详。

【评析】

这一则，记载了周代的八位知名人士。由于世远年久，其生平事迹了无可考。若孔子不提及，恐怕他们的姓名都要随时泯灭，无闻于后了。周朝八百年天下，除开基立业周公、姜尚外，这八位有教养的人士，可能立下了汗马之功，故记之，彰之。或说，周初盛时，有八名才德之士：伯达通达义理，伯适大度能容，仲突有御难之才，仲忽有综理之才，叔夜柔顺不迫，叔夏刚明不屈，季随有应顺之才能，季骐德同良马。八人都很有教养，有贤名。或传说八士为一母所生的四对孪生兄弟（见《逸周书》）。

子张篇第十九

《子张》这一篇，主要记孔子的弟子们探讨求学求道的言论，以及对孔子的敬仰与赞叹。

【原文】

子张曰："士见危致命，见得思义，祭思敬，丧思哀，其可已矣。"

【译文】

子张说："读书人遇见国家危难时就献出生命，遇见有利可得时就想到是否该得，祭祀时就想到恭敬，服丧时就想到哀痛，这样就可以了。"

【注释】

致命：献出生命。思：反省，考虑。其：这样。已矣：复合句尾助词，同"矣"。

【评析】

这一则，是子张提出读书人应遵守的四项节操。贪生怕死、贪财爱欲、忘远、悲死，这些都是人性的弱点。作为一个有知识学问的读书人，临难不苟活，临财不苟得，这叫有道义；祭不忘远，丧能恤死，由为有仁德。有仁义道德的读书人，才叫品德修养高尚的读书人。

【原文】

子张曰："执德不弘，信道不笃，焉能为有？焉能为亡？"

【译文】

子张说："执守仁德不能发扬光大，信仰道义不能专一诚实，这种人哪能算有？哪能算无？"

【注释】

弘：弘扬，发扬光大。一说"弘"即今之"强"字，坚强，坚守不移。笃（dǔ堵）：忠实，全心全意，或真诚、统一。亡：同"无"。焉能为：无足轻重，有之不为多，无之不为少，有与无，一个样。

【评析】

这一则，谈品德修养、信仰真理的问题。掌握和弘扬这两点，其关键是你自己的主动权。你若有决心有毅力，怀诚笃行，必使其两点在你身上发扬光大。其理可推而广之，以此精神对待其他问题，举一反三，迎刃而解。

【原文】

子夏之门人问交于子张。子张曰："子夏云何？"对曰："子夏曰：'可者与之，其不可者拒之。'"子张曰："异乎吾所闻：君子尊贤而容众；嘉善而矜不能。我之大贤与，于人何不容？我之不贤与，人将拒我，如之何其拒人也？"

【译文】

子夏的学生向子张询问交友之道。子张反问："子夏是怎样说的？"子夏的学生回答："子夏说：'可交的就与他交，不可交的就拒绝他。'"子张说："这和我听说的不同：君子能尊敬贤人，又能容纳众人；能赞美好人，又能怜悯能力差的人。我如果是很贤明的，对于别人为何不能容纳呢？我如果不贤明，别人将会拒绝我，如何谈得上拒绝别人呢？"

【注释】

嘉：赞扬。矜（jīn今）：怜悯，怜恤，同情。与：同"欤"，语气词。

【评析】

这一则，写子夏门人请教子张交友的原则，但子张未做答，反问子夏怎么说，其作用有二：一是子张虚心，尊重子夏；二是了解子夏语后，再做回答，以免内容重复。子张的一席话，正是对孔子的"无友不如己者"最浅白的注解。人在世上不能孤立，不能搞孤家寡人，而是通过二人为"仁"，三人为"众"，搞好人际关系，联合众人。也就是说：人生一世，在社会上要争取朋友的扶持和帮助。人，各有所长，各有所短，每一个朋友都有比自己高明

的一面，应力学之，不要拿自己的长处和优点去和朋友的短处和缺点相比。每个人悟出这一点，就能深知"人将拒我，如之何其拒人也"之真谛了。

【原文】

子夏曰："虽小道，必有可观者焉，致远恐泥，是以君子不为也。"

【译文】

子夏说："虽是小的技艺，也一定有可取之处，但对远大的事业恐有妨碍，所以君子不从事这些小技艺。"

【注释】

小道：指某一方面的才能，技艺，如古代所谓农、圃、医、卜、乐、百工之类。泥（nì 腻）：不通达，拘泥，妨碍。

【评析】

这一则，讲子夏对"小道"的观察。他将伦理道德、诗书礼乐和政教以外者视为"小道"，虽有偏见，但在那个时代代表一种思潮，有它的现实意义。今天的时代不同了，时世变迁，弹指一挥两千五百年，花相似，人已变，概念不同，小道路宽，行行出状元。百家众艺，名重一时，是社会文化的一部分，也是民族精神的体现。

【原文】

子夏曰："日知其所亡，月无忘其所能，可谓好学也已矣！"

【译文】

子夏说："每天能学到一些自己所没有的知识，每月能不忘记自己所学到的知识，这可说是好学了啊！"

【注释】

亡：同"无"。这里指自己所没有的知识、技能，所不懂的道理等。其：反身代词，自己。下面其，同意。

【评析】

这一则，写子夏对孔子"温故知新"和"博文约礼"学习方法的具体诠释和发挥。"日知其所无"是知新，是博文，是学进；"月无忘其所能"是温

故，是约礼，是德进。日进有功，弗失为先；月无忘能，温故知新。这就是说做到温故、知新、约礼、德进的人，"可以为师矣"，子夏称为"好学也已矣"，语不同而意同，足见传承。

【原文】

子夏曰："博学而笃志，切问而近思，仁在其中矣。"

【译文】

子夏说："广博地学习钻研，坚定自己的志趣，恳切地问疑，多考虑当前的事，仁德就在其中了。"

【注释】

博学：广泛地学习，深入地研究。而：语气助词，表递进关系。笃志：认真记取，一说志向真诚统一。志：通"识"（zhì 至）：记住。近思：联系自身和身边的实际事物深入思考，或周密思考眼前的事。

【评析】

这一则，记子夏谈"学习过程的四个阶段"。子夏根据孔子的谆谆教导，把学习的过程分为四个阶段，即"学—志—问—思"，并分别作了简明的阐述。按子夏的方法来进行学习，他提倡"博"，即"广大"意，这是谈知识面，面广，容量必大。学有疑而问之，通过问而解疑，便由不知而知。知后志之，由面到点，转入深度，日有进，积水成渊，思想就会起变化，思必有所得，这样学习的知识必然博而深。因其所学，含修身立德，故仁在其中了。

【原文】

子夏曰："百工居肆以成其事，君子学以致其道。"

【译文】

子夏说："各行业的工匠要整天在作坊里完成自己分内的工作，君子要终身学习达到实现道的目的。"

【注释】

百工：指各种手艺工匠。居：止息，停留。肆：店铺，作坊。集市贸易处，或制造物品的场所。学以致其道：通过学习获得做人、做事、做学问的道理。致：获取，达到。道：道理。

【评析】

这一则，子夏讲人们在社会上的分工不同。子夏采用分述方法，写了两种人及其所学。他明确指出：各种手工业者要在工场中经过实践，在集市上通过交换，才能完成自己的工作；君子定要通过学习才能逐渐取得做人、做事、做学问的道理。实际上子夏的话是讲的人们在社会上的分工不同。

【原文】

子夏曰："小人之过也必文。"

【译文】

子夏说："小人对过错必定掩饰。"

【注释】

文：掩盖，如文过饰非。

【评析】

这一则，子夏讲小人对待缺点、错误、过失的态度。他们总是想遮盖它、掩饰它。结果呢，缺点不能改，终为错误，甚至错上加错，愈演愈烈，愈描愈黑。君子呢，子夏未明言；由于君子与小人词意相反，结论是君子必闻过则喜，知过必改。这种写法起到说一知二的作用。

【原文】

子夏曰："君子有三变：望之俨然；即之也温；听其言也厉。"

【译文】

子夏说："君子的态度有三种变化：远远望他，庄重严肃；接近他，温和可亲；听他说话，义正辞严。"

【注释】

俨（yǎn 演）然：庄重严肃的样子。即：靠近，接近，其反义词是"离"。如"若即若离"。厉：严厉，严肃。

【评析】

这一则，子夏给君子画了像，也是对孔子的形象一次粗线条的勾勒。简单几句话，抓特征，形象出，神情现，形神兼备，栩栩如生。谦谦仁人，君子风范。写君子给人的感觉有三种变化："俨"、"温"、"厉"，而这三种感觉

是通过"望"、"即"、"听"所揭示的。换句话说，是通过视觉、触觉、听觉来完成的。

【原文】

子夏曰："君子信而后劳其民；未信，则以为厉己也。信而后谏；未信，则以为谤己也。"

【译文】

子夏说："君子在得到百姓信任后再役使他们；不信任，百姓会认为你坑害他们。君子得到国君信任才去向他进谏；不信任，国君会认为你在诽谤他。"

【注释】

劳：役使，使百姓去服劳役。厉：本指磨刀石，此处用作动词，虐待，坑害。谏：古代对君王或长辈进行规劝叫"谏"。谤：恶意地攻击别人。

【评析】

这一则，记子夏教导门人搞好人际关系的至理名言。如何"劳其民"和"谏"，通俗说法，便是如何领导别人，如何受人领导。两者虽不同，但有其共同点，要取得对方的信任，信任则和和乐乐，万事成，劳民而民无怨，进谏则君主听。否则引发逆反心理，灾祸生。这是至理名言，仍有现实意义。

【原文】

子夏曰："大德不逾闲，小德出入可也。"

【译文】

子夏说："在德操大节上不能超过界限，在细微小节上有点出入是可以的。"

【注释】

大德：与"小德"相对，犹言大节。小德即小节。一般认为，大德指纲常伦理方面的节操。小德指日常的生活作风、礼貌、仪表，待人接物，言语文词等。逾：超越，越过。闲：本义是阑，栅栏，引申为限制，界限，法度。

【评析】

这一则，子夏讲人生处世，人际交往和事情处理上要分辨和掌握行为界

限。大节问题不能过界踩线，大事不糊涂。小节问题，不要过于纠缠，纠缠必被事物所累，必视小而不能见大，大不见，危矣。因此需要中庸一些，"大事讲原则，小事讲风格"。必须注意：在律纪方面不能忽视小德，大德是小德的积累和叠加。

【原文】

子游曰："子夏之门人小子，当洒扫应对进退，则可矣，抑末也。本之则无，如之何？"子夏闻之，曰："噫！言游过矣！君子之道，孰先传焉？孰后倦焉？譬如草木，区以别矣。君子之道，焉可诬也？有始有卒者，其惟圣人乎！"

【译文】

子游说："子夏的学生弟子们，充当年幼人干的那些打扫清洁、迎送宾客的工作，倒是可以的，但这是些琐碎的事务。根本的学问没有学到，怎么可以呢？"子夏听到了子游说的这些话后，就说："咳！子游错了。君子的立身之道，哪一些先传授？哪一些后传授？譬如草和木，要分类区别。对于君子的立身之道，怎么可以毁谤呢？有始有终按次序传授弟子的，大概只有圣人吧！"

【注释】

抑：抑或，或许。末：非根本的方面，末节。君子之道：指君子的立身之道。倦：当是"传"字之误。一说"倦"字不误，意思是：君子之道，传于人，宜有先后，非以其"末"为先而传之，非以其"本"为后而倦教，非专传其宜先者，而倦传其宜后者。

【评析】

这一则，记子游对子夏教学方法的异议，实际上是教学方法的大讨论。子游认为子夏只能用心于"洒扫、应对、进退"这些生活细节，对诗歌礼乐文化这个根本过于荒略。子夏认为教学如建大厦，起于一砖一瓦，无末何有本，无末无本，何以求其高？况凡事必以末为先务，末末相积贵在循序，并以草木成长为喻来说，哪些该先哪些该后传授，教诲先后有序，不能头发、眉毛、胡子一把抓，要"小处着手，大处着眼"，先打好生活的基础，而后逐步进入诗歌礼乐文化的传授和教诲。这是有始有终、有本有末的教学方式，

子夏认为大概只有圣人才能做到，一语论定，子游何言？子夏重视"洒扫、应对、进退"的启蒙教育，对长大后进入社会大有裨益，让"习与智长，化与心成"（朱熹语），即习惯在学知识中成长，思想在认识过程中形成。幼而学，壮而行，最后，成为国家之栋梁。这是在教法上的一次大辩论，正反对垒，论题明确。或以理论之，或用比喻论理，开论说文之先河。

【原文】

子夏曰："仕而优则学；学而优则仕。"

【译文】

子夏说："做官要做得好就应该学习；学习好了才可以做官。"

【注释】

优：优秀，优良。一说，"优"，充足，富裕。指人有余力。

【评析】

这一则，子夏讲"仕"和"学"之间的关系。此句名言是儒家"官文化"中的指导思想之一，把为官与学习有机地糅合在一起，与孔子的"举贤才"和"学也，禄在其中矣"的思想一致，并有源流关系。关于"学而优则仕"中的"仕"，当扩言之为"充当各行各业中的中坚分子"。在科教兴国中，特别需要学而优者做领路人和带头人。

【原文】

子游曰："丧，致乎哀而止。"

【译文】

子游说："服丧，表现出十分悲哀之意就行了。"

【注释】

致：达到，尽到。

【评析】

这一则，子游谈"丧事"。分两层意思：一是居丧崇尚悲哀之情，而不尚繁礼文饰，以致伤风败俗；二是既已哀，则当止。是以"节哀顺变"，既致其哀又有其理智。这是对孔子所提倡的丧礼的发展，注重内心的情感，对于外在形式适度即可。也见出儒家学说的合情合理之处，除了合乎情理以外，也要合乎现实的情况，这是一种变通的运用。

【原文】

子游曰："吾友张也为难能也，然而未仁。"

【译文】

子游说："我的朋友子张是很难能可贵的了，然而还不曾达到仁。"

【注释】

张：即颛孙师，字子张。朱熹说："子张行过高，而少诚实恻怛之意。"

【评析】

这一则，子游谈"仁之深远不可及"。一般人认为子游对子张颇有微词，不知何据？或许只是认为仁的难及，并没有其他太多的个人色彩在内。仁的难及在孔子所说中已经屡屡提到，孔子的学生只是作为一种体会重提也未尝不可。如颜渊所说的，越是学习先生的道，越是觉得深远不可测。这也是一般学习的心理，只在学习的表层徘徊的，反而觉得自己很了不起，很有学问；而越是钻研深入的，反而觉得自己原来这般浅薄，尽我一生也未必能达到最高的顶峰，于是感觉越加空虚。要是这样，则子游的评价未必不是中肯的。

【原文】

曾子曰："堂堂乎张也，难与并为仁矣。"

【译文】

曾子说："仪表壮伟的子张啊，却很难同他一起做到仁。"

【注释】

堂堂：容貌风度，如仪表堂堂。据说子张外有余而内不足，他的为人重在"言语形貌"，不重在"正心诚意"，故不能助他为仁，他也不能助人为仁。

【评析】

这一则，曾子谈"子张难与人一同进入仁的境地"。子张小孔子48岁，是孔子七十二门徒中年龄最小的，但立志颇高。他的为人如何，很难断定。但据《论语》中几次出现的问话，大致可以了解子张的志向是什么。第一次是向孔子问如何求得官禄；又一次是问十代以后的事可以预知吗；还有一次

是问交友之道是否在于他人的感觉、自我的修养和涵容等。从中可知，子张是很看重从事政治工作的。

【原文】

曾子曰："吾闻诸夫子，人未有自致者也，必也亲丧乎！"

【译文】

曾子说："我听老师说过，人没有自动充分表露内心真情的，如有必定是父母去世吧！"

【注释】

诸：之于的合音，介词。夫子：老师，此指孔子。自：副词，自动，没有外在原因的自动行为。致：极，竭尽全力。

【评析】

这一则，曾子谈"情感的承受"。这也缘于中国传统的发乎情而止乎礼，平常不敢轻易表露感情，而丧礼以尽哀为达，大可放肆地哭，不管哭的是什么。所以古代也有凶肆，代理办丧包括代哭，虽然丧事至于此，未免堕落，但也说明了居丧以哀的倾向。中国古代对于人的修养也很讲求仪容，过分的感情表达有损于形象修养。

【原文】

曾子曰："吾闻诸夫子，孟庄子之孝也，其他可能也，其不改父之臣与父之政，是难能也。"

【译文】

曾子说："我听老师说过，孟庄子的行孝，其他方面别人都能做到，他不更换父亲的旧臣，不改变父亲的政治措施，那是别人难以做到的。"

【注释】

孟庄子：鲁国大夫孟孙速。其父是孟孙蔑（孟献子），品德好，有贤名。

【评析】

这一则，谈"传统的和现实的冲突"。所谓一朝天子一朝臣，统治者换了，其下属也随之有变，也是当时的现实。如齐湣王一继承君位，马上对孟尝君说：我不敢以先王的大臣当我的大臣，先生你还是告老还乡吧。说不敢

是婉转的说法，其实是要厉行新政了，有老大臣在此怕受到牵制。因此，鲁国大夫孟庄子能做到既不撤换老臣，也不改先王的政治，从孝道上来说那是很难得的。其实这也过于拘泥，尊重传统固然重要，不变也未必能行。孝道上如此，只是表明做儿女的一种心意，是感情上的表现。但于政治，或者于真正意义上的孝来说，无视时与势的变化而泥古不化，未免可悲。当然对孝道个人的理解也会有所不同，曾子恐怕是个比较拘泥的人，从纯粹的个人情感上的孝道出发，没有理性的或者符合实践的顺从，未必就是真正的孝。

【原文】

孟氏使阳肤为士师。问于曾子。曾子曰："上失其道，民散久矣。如得其情，则哀矜而勿喜。"

【译文】

孟孙氏任命阳肤为司法刑狱长官。阳肤向曾子请教。曾子说："当政的人失去正道，百姓离心离德已久了。如果了解了百姓因受苦、冤屈而犯法的实情，应当同情怜悯他们，而不要因判他们的罪而沾沾自喜。"

【注释】

阳肤：相传是曾参七名弟子中的一名，武城人。矜：怜悯，怜惜，同情。

【评析】

这一则，记阳肤问"曾子的司法之道"。曾子答问，先讲了作奸犯科者之因。由于国家失纲坏纪、礼崩乐毁，当政者不行正道，民心离散已久，上行下效，作奸犯科的人不少。次讲阳肤入仕时，曾子正告他，要忠于职守，知案情底细后，应体恤怜悯罪犯，教育改造动之以情，使他们从罪恶的泥淖中走出来，重新做人。作为办案者，不要因抓了多少犯人而自鸣得意。犯罪现象不单纯是个人品质问题，有社会根源、学校教育和家庭背景种种。

【原文】

子贡曰："纣之不善，不如是之甚也，是以君子恶居下流，天下之恶皆归焉。"

【译文】

子贡说："商纣王的坏处，不像人们传说得那么严重，因此，君子憎恶居

于下流，天下坏事都归在他身上了。"

【注释】

纣：殷商时代的亡国之君，周武王伐商时，自焚而死。甚：严重，厉害。恶（wù 务）居下流：憎恶处于下游地位。恶（è 饿）：罪行，坏事。

【评析】

这一则，子贡谈"君子要善于自处，严格要求自己"。子贡说纣王虽不善，但不像传说的那么厉害，因此子贡认为君子必须善于自处，严格要求。若不求长进，放任自流，处于众恶所归地位，则百口莫辩，黄河难洗，只得含屈抱憾，遗恨终生了。

【原文】

子贡曰："君子之过也，如日月之食焉：过也，人皆见之，更也，人皆仰之。"

【译文】

子贡说："君子的过失，就像是日蚀月蚀：有过失，人人可见，改正了人人敬仰。"

【注释】

食：同"蚀"。更：变更，更改。

【评析】

这一则，子贡以"日蚀、月蚀"来喻君子之过。含其过本出于无心，在光天化日之下，众目睽睽，大家皆见，有惋惜和理解之意。由于"闻过则喜、知错必改"，改过像日、月蚀后，日依然骄骄，月仍旧洁洁，昭四野而无穷，耀宇宙而同辉。

【原文】

卫公孙朝问于子贡曰："仲尼焉学？"子贡曰："文武之道，未坠于地，在人。贤者识其大者，不贤者识其小者，莫不有文武之道焉。夫子焉不学？而亦何常师之有？"

【译文】

卫国的公孙朝向子贡问道："仲尼的学问是从哪儿学来的？"子贡说："周

文王、周武王之道，并未失传，还有人能记得。贤能的人了解记住大的方面，不贤的人了解记住小的方面，无处不有文武之道。我的老师何处不学呢？又何尝有固定的老师呢？"

【注释】

公孙朝：卫国大夫。焉：哪儿，疑问代词。文武之道：周文王和周武王的政治、经济、礼乐文化体系，文、武二王乃孔子心目中的圣人。坠于地：掉到地下。这里指被人轻视而遗弃，被人遗忘，失传。常师：固定的老师。理解时，可引申为学习的方式、方法。

【评析】

这一则，记子贡答公孙朝的问题。仲尼的学问是从哪儿学来的？周文、周武二王的思想没有丢失，仍然在人世间流传，春风化雨；不同修养不同素质的人所接受的也不同，贤人君子掌握其根本大要，不贤德的人只能了解细枝末节；文武之道无处不在，我们的老师时时、处处、事事都在学习和躬行实践当中（学而时习之），又哪能拘泥于一事一物、一枝一叶的方式方法上呢！这三点对现在的读者仍有启迪作用，结合现实，举一反三，必受教益。孔子的学问之道，通过子贡的阐述可见一斑。子贡对老师可以说是知之甚深，孔子学说的流传得到子贡全力的帮助，并非偶然。

【原文】

叔孙武叔语大夫于朝曰："子贡贤于仲尼。"子服景伯以告子贡。子贡曰："譬之宫墙，赐之墙也及肩，窥见室家之好。夫子之墙数仞，不得其门而入，不见宗庙之美，百官之富。得其门者或寡矣。夫子之云，不亦宜乎！"

【译文】

叔孙武叔在朝廷上对大夫们说："子贡比孔子强。"子服景伯把这话告诉了子贡。子贡说："用房舍的围墙做个比喻吧，我的围墙，只够到肩膀那么高，人们都能窥见房屋的美好。我老师的围墙有几丈高，找不到门，无法进去，看不到宗庙的美好和各个房舍的丰富多彩。能找到门进去的人或许还很少呢。叔孙武叔老先生那样说，不也是很自然的吗！"

【注释】

叔孙武叔：鲁国大夫，名州仇，字武叔。贤：贤德，引申为"强"。一说多，胜于。子服景伯：鲁国大夫，即子服何。宫：房屋，住舍。古代不论尊卑贵贱，住所都称"宫"。到了秦代才专称帝王的住所为宫。仞（rèn 任）：古代长度，七尺（或说八尺）叫一仞。官：本义是房舍，后来才引申为做官，官职，这里用本义。夫子：此处指叔孙武叔。宜：适宜，很自然。

【评析】

这一则，记子贡维护孔子的"声誉"。后世或者当时有人对孔子不甚理解，也表明了人心和观念的狭隘。而子贡为其师全力维护，其情之真挚足以动人。子贡为了避免舆论误导，不得不表明自己的立场观点。他用围墙为喻：我子贡的围墙只有肩膀那么高，墙里面的房舍之美，望之历历在目；而孔子的围墙甚高，宗庙美好、房舍多彩，莫可窥之。以此来说明孔子远胜自己，他老人家有高深奥妙之学问，己所不能比也。其比喻形象鲜明，通俗易懂，又以其高不可窥内，更增加了孔子学问的深奥感。

【原文】

叔孙武叔毁仲尼。子贡曰："无以为也！仲尼不可毁也。他人之贤者，丘陵也，犹可逾也；仲尼日月也，无得而逾焉。人虽欲自绝，其何伤于日月乎？多见其不自量也。"

【译文】

叔孙武叔毁谤仲尼。子贡说："不要这样做啊！仲尼是毁谤不了的。别的贤人啊，如丘陵，还可以越过去；仲尼，如日月，是无法越过的。有人虽然想要自绝于日月，对日月有什么损伤呢？只是看出这种人不自量力啊。"

【注释】

以：副词，如此，这样。自绝：自己，脱离或中断某种关系。多：副词，只是，恰好。不自量：不自量力。一说"不知圣人度量"。也：同"耳"。

【评析】

这一则，子贡论"仲尼不可毁"。先提出论题："毁仲尼。"然后进行反驳，可分四层：首先"无以为也"善意劝告；继之"不可毁"，给叔孙武叔当头一棒；又继之以比喻论证，言孔子如日月高悬，可仰望其光，而不可及；最后指出诽孔者"何伤日月乎？"只能表明诽者自不量力而已。其比喻精彩绝伦，似嘲似讽，诙谐有加，极富说服力。

【原文】

陈子禽谓子贡曰："子为恭也，仲尼岂贤于子乎？"子贡曰："君子一言以为知，一言以为不知，言不可不慎也。夫子之不可及也，犹天之不可阶而升也。夫子之得邦家者，所谓立之斯立，道之斯行，绥之斯来，动之斯和。其生也荣，其死也哀，如之何其可及也？"

【译文】

陈子禽对子贡说："您对仲尼太谦恭了吧，他难道比您更贤能吗？"子贡说："君子一语可以表现出明智，也可以表现出不明智，说话不可不谨慎呀。我们的老师是不可及的，好像天是不能通过阶梯登上去一样。我们老师如能获得治理国家的权位，如人们常说：要百姓立足于社会，百姓就会这样；要引导百姓，百姓就跟着走；要安抚百姓，百姓就来归附；要动员百姓，他们就会齐声响应。他老人家生前持有殊荣，去世了令人悲哀悼念，我怎么赶得上老师呢？"

【注释】

陈子禽：姓陈，名亢，字子亢，又字子禽，陈国人，孔子的弟子，小孔子四十。为：是，表现。知：同"智"。道：通"导"，引导，领导。绥（suí随）：安抚。来：同"徕"，招来，归附。

【评析】

这一则，记子贡批评陈子禽的错误观点，而衷心地敬慕孔子。子贡正言厉色，驳斥有力，先以概说一言能表现"智"、"不智"、"慎"，似乎未涉陈子禽。但读者思考后，正是指斥陈子禽"不智"、"不慎"。继之又以阶梯登天来比喻说老师不可及。继又以设想老师如居位掌权而能达到政通人和的局面，来写老师的才能，最后以人们的哀悼作结，说明孔子将永远活在人们的心里，这无形的丰碑更有价值。结合此段话看，当时称赞子贡的非叔孙武叔一人，陈子禽又是一个。但不管是谁，只要当他们说子贡的

才能超过孔子时，他就非常反感，说自己根本不能与老师相提并论，一个天上，一个地下，从而高度显示了一位孔子弟子崇高的谦逊德行，令人敬羡。

尧曰篇第二十

《尧曰》这一篇，主要记古代贤王尧、舜、禹、汤的言论以及孔子时为政的论述。

【原文】

尧曰："咨！尔舜，天之历数在尔躬，允执其中。四海困穷，天禄永终。"舜亦以命禹。

【译文】

尧说："啧啧！舜啊！按天意所定的顺序，帝位就落在你身上了，你要诚实恰当地保持执守中正之道。若有偏差，天下百姓陷于贫困，上天给你的禄位就永远完结了。"舜也是用这些话嘱咐了禹。

【注释】

尧：远古部落联盟首领，即帝尧，史称唐尧，后将其帝位禅让给虞舜。咨（zī 资）：文言感叹词，啊，喂。尔舜：你这舜呀！天之历数：按天意安排的帝王相继的次序。躬：身体。允：真诚，公正，认真。执：坚持保持执守。中：中道原则。天禄：天意给你的禄位。禹：远古部落首领。

【原文】

曰："予小子履敢用玄牡，敢昭告于皇皇后帝：有罪不敢赦。帝臣不蔽，简在帝心。朕躬有罪，无以万方；万方有罪，罪在朕躬。"

【译文】

商汤说："我小子履，大胆虔诚地用黑色的公牛来祭祀，冒昧地向光明而伟大的天帝祷告：对有罪的人，我不敢擅自赦免。您的臣仆的善恶，我也不敢隐瞒掩盖，对此按您的意愿判定。如果我自身有罪过，请不要责怪连累天

下万方；天下万方如果有罪过，罪过都应该归在我身上。"

【注释】

曰："曰"前应当有"汤"字，即"商汤说道"。履：商汤名履。敢用：大胆、冒昧、虔诚地用。玄牡：黑色的公牛。皇皇：大，伟大。后帝：天帝，上帝。蔽：掩盖。简：古代写字用的竹板，相当于现代的纸。简在：刻写在，反映在。朕躬：我本身。朕：原意"我"，从秦始皇开始，专门用作帝称之词。以：牵连到。万方：万邦，各方诸侯，后引申为全国。

【原文】

周有大赉，善人是富。"虽有周亲，不如仁人，百姓有过，在予一人。"

【译文】

周朝初年大发赏赐分封诸侯，善人都得到富贵，周武王说："虽有至亲，却不如有仁德的人。百姓如有过错，都应该由我一个人来承担。"

【注释】

大赉（lài 赖）：大发赏赐，奖赏百官，分封土地。赉：赏赐，赐给。周亲：至亲的人。仁人：有仁心、仁德的人。

【原文】

谨权量，审法度，修废官，四方之政行焉。兴灭国，继绝世，举逸民，天下之民归心焉。所重：民，食，丧，祭。宽则得众，信则民任焉，敏则有功，公则说。

【译文】

（孔子常说：）"谨慎地制定审查度量衡，恢复被废弃的官职与机构，天下四方的政令就通行了。复兴灭亡的国家，接续断绝了的世族，推举起用前代被遗落的德才之士，天下民心就归服了。国家所要重视的是：人民、粮食、丧葬、祭祀。做人宽厚，就会得到众人的拥护；诚实守信，就会得到民众的任用；做事勤敏，就会取得成功；处事公平，就会使大家高兴。"

【注释】

谨权量：认真统一国内的重量和容量的标准。权：秤锤，指计重量的标准。量：量器，指计容积的标准。法度：指计量长度的标准。修废官：整顿国家机构和官员职守。兴灭继绝：复兴灭亡的诸侯国家，延继已经绝代的世族。古注：谓封黄帝、尧舜、夏商之后，包括"释放箕子之囚，复商容之位"。举逸民：提拔遗弃的可用人才。说：同"悦"，高兴。这则文字，前后不连贯，疑有脱漏。风格也不同。前半文字古奥，可能是《论语》的编订者引自当时可见的古代文献。从"谨权量"以下，大多数学者认为可能就是孔子所说的话了。

【评析】

这是《尧曰》篇的第一则，为了便于解释，可分四层来讲：

一是唐尧向虞舜和虞舜向夏禹禅让帝位时的致辞内容，尧告诫舜说："四海困穷，天禄永终。"而虞舜向夏禹致辞的内容只用"命禹"带过。所谓禅让，是指远古部落联盟首领，授意联盟议事会的成员（如唐尧时代的"四岳"）推举继承人，这种推举与长时间考核相结合的确认首领继承人的做法，史称"禅让"，是一种"公天下"而不是"家天下"（子承父业）的做法。

二是商汤讨伐夏桀，并将夏桀驱赶到南巢这块地方后，举行祭天仪式的祷辞。其祷辞，就像今天的就职演说，但他是向天帝举手宣誓，表现出自己的爱心及敢于承担责任的博大胸怀，体现出仁慈和爱民。

三是周武王讨伐商纣，在黄河北岸巡视各诸侯国军队时的誓辞。其誓辞含两句箴言："虽有周亲，不如仁人"，无疑是任人惟贤的思想光辉；"百姓有过，在予一人"，是敢于承担责任的博大胸怀。商纣后来兵败于牧野，举火自焚而死。

四是孔子对周武王取得天下政权后所采取的一些政治举措的评价。举遗贤、予重任，民心归服；顺民心，民众悦服。

尧、舜、禹、汤和周文王、周武王启示了一条通往理想图景的路，因此而绘制了另外的一个世界，在这个世界中依存着孔子实在的人生和心灵的慰藉。孔子在历史的废墟上建造了一个美好的世界，寄托了他的理想。而为了这个理想的实现，付出了一生的努力，拾掇、修复乃至于重建。他达成了多少？有弟子三千，有弟子的弟子无数，虽然他自己并不曾为时所用，然而所留下来的不屈的精神，却一直激励着后世无数的仁人志士，形成一种传统文化的积极意义。而最重要的是，中国的文化传统能够以一代一代的相传，形

成了博大精深的浩然之气，其中蕴涵着一种进取的精神，穿越时空之所限，依次传递着信心和希望。

【原文】

子张问于孔子曰："何如斯可以从政矣？"子曰："尊五美，屏四恶，斯可以从政矣。"子张曰："何谓五美？"子曰："君子惠而不费，劳而不怨，欲而不贪，泰而不骄，威而不猛。"子张曰："何谓惠而不费？"子曰："因民之所利而利之，斯不亦惠而不费乎？择可劳而劳之，又谁怨？欲仁而得仁，又焉贪？君子无众寡，无小大，无敢慢，斯不亦泰而不骄乎？君子正其衣冠，尊其瞻视，俨然人望而畏之，斯不亦威而不猛乎？"子张曰："何谓四恶？"子曰："不教而杀谓之虐，不戒视成谓之暴，慢令致期谓之贼，犹之与人也，出纳之吝谓之有司。"

【译文】

子张请教孔子说："怎样就可以从政呢？"孔子说："要尊重五种美德，摈弃四种恶政，就可以从政了。"子张说："什么叫五种美德？"孔子说："君子使百姓得到实惠，自己却无所耗费；劳役虽苦，百姓却不怨恨；希望实行仁义，而不贪图财利；舒泰平和，而不骄傲放肆；庄重威严，而不凶猛。"子张说："怎样做能使百姓得到实惠，自己却无耗费呢？"孔子说："顺着百姓所得到利益之处而让百姓去获得利益，不就是使百姓得到好处而自己却无所耗费吗？选择百姓能干得了的劳役让他们去干，谁还怨恨呢？希望实现仁义而得到了仁义，还贪求什么财利呢？君子不论人多人少，势大势小，都不敢怠慢，这不就是舒泰平和而不骄傲放肆吗？君子端正衣冠，重视仪态，威严端庄使人望而敬畏，这不就是庄重威严而不凶猛吗？"子张说："什么叫四种恶政？"孔子说："事先不进行教育，犯了错误就杀，这叫虐；事先不告诫不打招呼，而要求马上做事成功，这叫暴；很晚才下达命令，却要求限期完成，这叫贼；同样是给人东西，拿出手时显得很吝啬，这叫有司。"

【注释】

斯：才，就。屏（bǐng 丙）：摈弃，排除。泰：安定，宽广。瞻视：仪态，外表。俨然：有威严、有威信的样子。犹之：如同，同样。出纳：支出

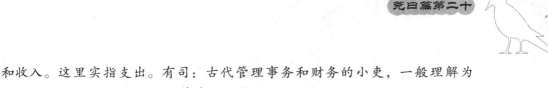

和收入。这里实指支出。有司：古代管理事务和财务的小吏，一般理解为"小家子气"的人，要害是刻薄草民，这是一种恶政。

【评析】

这一则，孔子谈"从政以德"。子张向老师进一步讨教，如何才能从政和治理好国家。孔子提出崇尚五种美德、摈弃四种恶政的主张。有正面的要求，也有负面的告诫。五美、四恶攸关百姓，思之、虑之、谨之、慎之。五种美德：多搞些公益事业，功在国家，利在百姓，投资少，效益明，可谓"惠而不费"。劳役安排，择冬闲，不同百姓争时，利民民乐，劳而不怨。缴粮纳税，民无怨，但为官者不贪，谓"欲而不贪"。指其欲在实行仁义，而不在贪图财利。皇侃《论语义疏》云："欲仁义者为廉，欲财色者为贪。"人无多少，一碗水端平，事无大小，认真完成，不骄不蛮，心地平，谓"泰而不骄"。仪容端，衣冠正，庄重使人畏，待人热情，谓"威而不猛"。四恶政：简言之谓虐政、暴政、贼政、苛薄政。总之要崇尚五美德，摈弃四恶政。这是治国安邦的大道理。其五美四恶，不仅有用于当时，且足可为千古之垂训，执政者受益终身，且可防腐、防贪，极富哲理而含情，含爱民之情，亦是文章中的佳品。

【原文】

孔子曰："不知命，无以为君子也；不知礼，无以立也；不知言，无以知人也。"

【译文】

孔子说："不懂天命，就无法做君子；不懂礼，就无法立足于社会；不懂分析别人的言论，就无法了解认识他人。"

【注释】

命：命运，天命。儒家以为人在一生中的凶吉、祸福、生死、贫富、利害都是上天所主宰，都是与生俱来而命中注定的；人对之无可奈何、无力改变。这是唯心主义的一种观点。不过，孔子所说的"知命"，也包含一些有积极意义的内涵，如提倡要面对现实，识时务；要了解与顺应客观事物发展规律，而不应与之违背；要明确人生的道义与职责等。知言：善于从言语中辨别是非善恶。

【评析】

这一则，孔子谈"君子的修养"。他讲了三个"不知"的后果。"不知命，无以为君子也"。这里的"命"指天命，是指赋予意义的天命；具体说，就是关系到每个人的天赋，道德使命的自觉性。人是个载体，上天赋予人以天赋，这一天赋决定了人的能力之高低，学养之快慢。换言之，即一个人聪明，悟性高，对修德建业来说是大有好处的。同时天也将赋予人以德行，天赋你使命感，便能产生主观自觉性，责任感，可为正义事业奋不顾身，赴汤蹈火，甚至献出生命，这就是孟子所说舍生取义。不知命，是不能成为有德行，有修养，有学养，有献身精神的君子的。"不知礼，无以立"，礼是立身行事的规范，是人素质的外在表现，是人与人交际、交流时的上下、尊卑、长幼的秩序，是维系社会生活的纽带。人如果没有礼仪、礼节，不知礼义，便难以在社会上安身立命。"不知言，无以知人"。言者，心声也，言是心声的载体，是传达心声的工具、听其言，观其行，便可对一个人的意图、心事、品格、品味、素质知大概。君子是孔子的人文理想所依存的对象，在他身上，有着对人性的发现和引导，由此倾注了对人格的追求和理想。孔子的思想把人类拯救意识从对于天命的虚幻寄托中引向自身，转为人类寻求在自我中的拯救，这是孔子入世精神的积极进取意义之所在。

主要参考书目

主要参考书目

《〈论语〉别裁》（上下册），南怀瑾著，复旦大学出版社。

《〈论语〉译说》，古棣、戚文、周英，时代文艺出版社。

《论语》（珍藏本），金凡平评注，中国少年儿童出版社。

《论语》郭竹平注译，丁乐配画，中国社会科学出版社。

《〈论语〉通译》：徐志刚译注，人民文学出版社。

后 记

　　《论语一本通》是为了提高中学生、大学生语文素质，增强语文课程现代意识，大力推进新型学习方式的需要而编著的。它的问世将对中学生、大学生课本中的《论语》原文的阅读，字词句的落实，逐条理解思想内容，会有多方面的启示与帮助。现在能结集出版，应深深感谢我院领导对我的大力支持和鼓励。特别是院党委刘发兴同志在百忙中挤出时间审订了全稿，并为《论语一本通》而序，使此书增色不少。

　　在编著过程中，我参阅了有关资料，吸取融合了同行们的研究成果，因篇幅限制，恕不一一注明。为我看稿、校对、关心出书的同志有：钱焕东、钱波东、张幸峰、高乔明、张长忠、卢金甫、龚新权、向光功、徐革清、徐泽粮、胡惠平、胡江陵、胡则军、胡则民、梁恒生、胡婧、胡景怡、周美英等，在此表示深深的谢意。

　　此书中的疏漏乃至不妥之处定然不少，恳请读者、专家多多赐教。

编著者

2014 年 3 月于阳春书屋